KB196849

놀이 기반
인문카운슬링의
이론과 실제

놀이 기반 인문카운슬링의 이론과 실제

2024년 11월 1일 초판 인쇄
2024년 11월 5일 초판 발행

지은이 이병돈 | 교정교열 정난진 | 펴낸이 이찬규
펴낸곳 북코리아 | 등록번호 제03-01240호
전화 02-704-7840 | 팩스 02-704-7848
이메일 ibookorea@naver.com | 홈페이지 www.북코리아.kr
주소 13209 경기도 성남시 중원구 사기막골로 45번길 14 우림2차 A동 1007호
ISBN 979-11-94299-01-1 (93100)
값 23,000원

놀이 기반 인문카운슬링의 이론과 실제

이병돈 지음

북코리아

머리말

복잡한 현대사회를 살아가는 우리는 종종 마음의 문제를 겪게 된다. 그 문제는 때로는 삶에 대한 회의로, 때로는 가치관의 혼란으로, 때로는 주변과의 갈등으로 나타난다. 물론 이런저런 소소한 문제를 헤쳐나가며 살아가는 것이 인생의 묘미이기도 하지만, 이것이 지나치게 심각하게 다가오면 우리는 매우 고통스러운 상황에 놓인다. 인문카운슬링 활동은 삶의 소소한 문제가 나를 괴롭히는 심각한 상황이 되지 않도록 미리 '예방주사'를 맞는 것과 비슷하다. 인류의 유산인 인문학 작품과 철학자들의 이야기, 그리고 그들의 사유방식을 통해 우리는 새로운 세계관을 접하게 되고 내가 갖고 있던 세계관을 확장하게 된다. 이렇게 더 커진 나는 이전에 크게만 느껴졌던 문제를 그리 크지 않은 문제로 한 걸음 물러서서 바라볼 수 있다.

'인문카운슬링'은 이제 막 태동하고 있는 학문의 한 영역이다. 따라서 용어가 다소 낯설고 생소하겠지만, 나는 다년간의 실천 활동을 통해 인문카운슬링이 사람들에게 '사유의 확장'과 '삶의 활력' 등의 도움을 제공할 수 있다고 확신한다. 물론 인문학을 활용해서 삶의 문제에 도움을 주려는 시도가 인문카운슬링에서 처음 이루어진 것은 아니다. 가장 가까이에 있는 인근 영역으로는 '철학상담'이 있으며, 문학을 기반으로 한 여러 가지 치유 기법들도 왕성하게 활동하고 있는 인근 영역이다. 이러한 환경 속에서 피어나기 시작한 인문카운슬링은 그 고유성을 드러내면서도 인근 영역과의 상호보완적인 교류를 통해 실천 영역을 넓혀 나가는 것이 매우 중요한 과제이다. 이러한 이유로 현재 인문카운슬링 프로그램은 일반인들을 대상으로 한 집단 프로그램이나 강연의 형식으로 활발하게 이루어지고 있으며, 개인을 상대로 한 진로상담이나 생애사 쓰기 등의 활동도 이루어지고 있다.

특별히 문제가 없다고 생각하는 일반인을 대상으로 하는 인문카운슬링 프로그램은 우선 재미있어야 한다. 인문카운슬링 프로그램에서는 일반인들의 자발적인 참여를 끌어내는 것이 매우 중요하기 때문이다. 이것이 내가 인문카운슬링 프로그램이 하나의 '놀이'가 되어야 한다고 생각하는 이유이다. 하지만 여기서 이야기하는 놀이는 근대 이후 왜곡된 개념의 놀이가 아니다. 현대 자본주의에서 놀이는 하나의 산업으로 자리 잡아 이익을 창출하는 형태가 아닌 이상 그다지 환영받지 못하는 형편이다. 근면과 성실, 그리고 합리적인 사고로 무장한 '산업 역군'에 비해 '놀이하는 인간'은 사회를 좀먹는 존재이며 본받아선 안 될 삶의 모델로 여겨진다. 하지만 철학적 · 사회학적 · 인류학적 논의를 조금만 유심히 살펴보면 우리가 놀이에 대해 상당히 많은 오해를 하고 있다는 것을 알 수 있다.

놀이는 인간의 본능이자 우리 인류가 누리고 있는 다양한 문화 활동의 기원이다. 우리는 놀이할 때 생명력이 넘치며 창조적인 삶을 살아갈 수 있고 몰입하는 즐거움을 누릴 수 있다. 인문카운슬링이 하나의 놀이가 된다는 것은 마치 맛있는 음식을 먹고 재미있는 스포츠를 즐겼을 뿐인데 어느새 건강한 몸을 갖게 되는 것과 같다. 인문학의 매력에 빠져 다양한 사람들과 함께 이야기를 나누다 보면 어느새 우리는 마음의 문제를 해결할 힘을 갖추게 되는 것이다. 이러한 '놀이 기반 인문카운슬링' 프로그램이 우리 일상의 곳곳에서 언제든 경험할 수 있는 활동으로 대중화된다면 개인은 물론 사회가 겪고 있는 여러 가지 문제들 또한 치유와 회복을 넘어 더 나은 방향으로 나아갈 수 있는 계기가 될 것이다.

이 책은 내 박사학위 논문인 「놀이 기반 인문카운슬링에 대한 연구」를 일부 수정하여 출판하는 것이다. 놀이에 대한 학문적 관심은 전적으로 내 지도교수인 정낙림 교수님의 가르침 덕분이다. 이미 놀이철학 분야에서 탁월한 학문적 성과를 쌓아 올린 지도교수의 지지와 도움이 없었더라면 글을 완성하는 것은 불가능했을 것이다. 또한, 내 프로그램을 다양한 현장에서 실천할 수 있었던 것은 경북대학교 인문카운슬링센터가 있었기에 가능한 일이었다. 늘 적극적으로 현장 활동을 지원해 주신 센터장 이재현 교수님과 프로그램을 함께 개발하고 진행한 동료들에게 감사함을 전한다.

2024년 9월

이병돈

차례

머리말 /5

I
서론: 놀이 기반 인문카운슬링을 통한 삶의 문제 해소

|1| 연구 배경 — 17
|2| 놀이 기반 인문카운슬링의 필요성과 목적 — 21

II
인문카운슬링의 이론적 배경

|1| 인문카운슬링의 정의와 관련된 논의 — 29
1) 인문카운슬링의 정의 — 29
(1) 인문학과 치유 — 30
(2) 치유, 상담, 카운슬링 — 35
2) 인문카운슬링 활동의 범위 — 40
(1) 현장에서의 인문카운슬링 활동 — 40
(2) 인문카운슬링 활동 범위의 확장 — 43

| 2 | 인접 학문과의 관계 —— 48
1) 정신의학 또는 심리치료와의 관계 —— 49
(1) 정신의학 또는 심리치료의 한계 —— 49
(2) 의학적 심리치료와 인문카운슬링의 차이: 유사 영역인 철학상담과의 차이를 중심으로 —— 53
2) 철학상담, 인문치료와의 관계 —— 59
(1) 철학상담과의 관계 —— 59
(2) 인문치료와의 관계 —— 64

| 3 | 인문카운슬링의 실제 —— 72
1) 인문카운슬링의 목적 —— 73
2) 인문카운슬링의 대상 —— 77
3) 인문카운슬링 방법론 —— 82
4) 융합과 놀이로서의 인문카운슬링 —— 87

III
놀이의 이론적 배경

| 1 | 놀이에 대한 철학사적 논의 —— 95
1) 고대적 놀이: 헤라클레이토스와 플라톤(놀이의 원형) —— 95
(1) 헤라클레이토스의 B52에서 나타난 놀이 —— 95
(2) 플라톤의 모방으로서의 놀이 —— 98
2) 근대적 놀이: 칸트와 실러(분화된 세계의 통합) —— 103
(1) 칸트의 지성과 상상력의 놀이 —— 103
(2) 실러의 놀이충동 —— 107

3) 현대와 놀이: 니체, 하위징아, 카이와, 볼츠(자기긍정 행위) —— 112
(1) 니체의 삶의 놀이 —— 112
(2) 하위징아의 문화를 추동하는 놀이 —— 116
(3) 카이와의 놀이의 사회학 —— 121
(4) 볼츠의 삶에 대한 긍정으로서의 놀이 —— 124

| 2 | 놀이의 일반적인 특성 —— 130
1) 하위징아의 놀이 요소 —— 130
(1) 놀이의 일반적 특성 —— 130
(2) 놀이의 확장 —— 135
(3) 놀이와 서양문명의 발전 —— 144
2) 카이와의 놀이의 분류 —— 146
(1) 놀이의 분류원칙 —— 146
(2) 놀이의 타락 —— 155
(3) 놀이와 사회학 —— 160
(4) 놀이의 조합과 확대 —— 165
3) 놀이의 일반적 특성이 갖는 인문카운슬링적 함의 —— 180

| 3 | 현대인의 삶과 놀이 —— 185
1) 볼츠의 놀이하는 삶 —— 185
(1) 현대사회와 놀이의 특성 —— 185
(2) 놀이에서의 우연성 —— 196
(3) 가상세계와 현실에서의 놀이 —— 202
(4) 놀이를 대하는 현대인의 자세 —— 212
2) 칙센트미하이의 몰입과 놀이 —— 215
(1) 삶의 즐거움 —— 215
(2) 현대의 일과 놀이 —— 220
(3) 놀이와 여가 —— 222
(4) 놀이를 통한 몰입 —— 225

| 4 | 놀이 기반 인문카운슬링 프로그램의 필요성 —— 228

1) 현대인의 삶에서 결핍된 놀이 —— 228

(1) 현대의 놀이와 놀이 방해꾼들 —— 228

(2) 아곤을 통한 놀이정신의 회복 —— 230

(3) 현대인의 삶과 몰입 —— 232

2) 기존 놀이치료와의 차이 —— 235

(1) 놀이 기반 인문카운슬링 프로그램의 개요 —— 235

(2) 유사 영역에서의 선행연구 비교: 놀이치료와 상호작용놀이 —— 236

IV

사례 분석

| 1 | 인문카운슬링 프로그램에 나타나는 놀이적 특성 —— 243

1) D중학교 '철학적 독서토론' 프로그램 사례 —— 243

(1) 프로그램의 이론적 배경 —— 244

(2) 프로그램에 적용된 철학적 요소: 성독, 관점의 확장, 완독 —— 247

(3) 프로그램의 설계 —— 258

(4) 프로그램 진행 —— 263

(5) 프로그램의 효과 —— 269

(6) 의미와 시사점 —— 280

2) '소크라테스 대화'에서 발견되는 놀이 요소 —— 282

(1) 소크라테스 철학과 놀이 —— 282

(2) 넬손과 헥크만의 '소크라테스 대화' —— 287

(3) '소크라테스 대화'에서의 놀이 요소 —— 291

| 2 | 놀이 형식의 인문카운슬링 프로그램 사례 ——— 294

1) 놀이의 형식적 특성을 강화한 인문카운슬링 프로그램 —— 294

(1) 프로그램의 이론적 배경 —— 295

(2) 프로그램에 적용된 놀이의 형식적 특성 —— 298

(3) 프로그램 개발 —— 302

(4) 프로그램의 진행 —— 306

(5) 프로그램의 효과 —— 317

(6) 놀이 요소 경험의 효과 —— 324

(7) 의미와 시사점 —— 329

2) '사유놀이'를 활용한 독서 기반 인문카운슬링 프로그램 —— 332

(1) 프로그램의 이론적 배경 —— 333

(2) 프로그램의 개발 과정 —— 335

(3) 프로그램의 진행 —— 341

(4) 프로그램의 효과 —— 345

(5) 의미와 시사점 —— 351

3) 챗GPT와 함께하는 '사유놀이' 프로그램 —— 353

(1) 프로그램의 이론적 배경 —— 353

(2) 프로그램의 개발 과정 —— 359

(3) 프로그램의 진행과 효과 —— 366

(4) 의미와 시사점 —— 380

결론

385

참고문헌 /397

찾아보기 /405

표 차례

표 1. 철학적 독서토론 프로그램 요약 ― 259
표 2. 수업 지도안 예시(성독 회기) ― 260
표 3. 수업 지도안 예시(토론 회기) ― 262
표 4. 활동 수첩 예시 ― 263
표 5. 설문지 검사내용 ― 270
표 6. 프로그램에 관한 질문 내용 ― 272
표 7. 실험설계 모형 ― 272
표 8. 설문 점수 검증에 의한 독서토론 효과 분석 결과 ― 273
표 9. 자기효능감 하위요소들에 대한 효과 분석 결과 ― 274
표 10. 학교적응 하위요소들에 대한 효과 분석 결과 ― 274
표 11. 인문카운슬링 프로그램 세부 내용 ― 306
표 12. 1회기 진행표 예시 ― 309
표 13. 프로그램 참여에 관한 질문 ― 318
표 14. 프로그램 참여 경험 자료 분석 결과 ― 319
표 15. 회기별 주제와 공통적인 구성 ― 338
표 16. 4회기 진행계획서 ― 339
표 17. 사후 질문지 ― 341
표 18. 프로그램 진행계획 ― 366

그림 차례

그림 1. 철학상담과 관련된 명칭과 체계 개념도 ― 66
그림 2. 철학의 이론과 실천 지형도 ― 67
그림 3. 인문학의 이론과 실천 지형도 ― 68
그림 4. 규칙과 질문지 ― 264
그림 5. 포스트잇을 활용한 토론 주제 제시 ― 265
그림 6. 주제 선정을 위한 투표 결과 ― 265
그림 7. 팀 선정(자율) ― 268
그림 8. 팀 선정(사다리 타기) ― 268
그림 9. 팀 전략회의 ― 269
그림 10. 토론 내용 정리 ― 269
그림 11. 자기치유 세계 안내문 ― 308
그림 12. 파핏의 행복 분류 ― 313
그림 13. 사고실험(경험기계) ― 315
그림 14. 니체의 '영원회귀' 문구 ― 316
그림 15. 행복 아이템 초성 퀴즈 ― 317
그림 16. 내용 요약 보조자료 ― 342
그림 17. 주제 선정(룰렛) ― 360
그림 18. 챗GPT 사이트 ― 361
그림 19. 사유놀이 질문에 대한 답변지 ― 369

I

서론

놀이 기반 인문카운슬링을 통한 삶의 문제 해소

1
연구 배경

현대인에게 '놀이'는 자신이 위치한 자리에서 해야 할 의무들을 모두 마친 후에야 비로소 드러내놓고 할 수 있는 행위이며, 각자에 대한 사회의 요구가 많아지는 자리에 위치할수록 시간이나 심적 여유가 없다는 이유로 마음속으로만 동경할 수밖에 없는 행위다. 이러한 놀이에 대한 우리의 태도는 또 다른 관점에서 보면 우리가 처해있는 시대 상황을 방증傍證하는 것이기도 하다. 지금의 시대를 표현할 수 있는 단어는 여러 가지가 있겠지만 '물질만능주의', '왜곡된 능력주의'[1], '자본주의에서의 불평등'[2], '지나친 합리주의', '과학기술 지상주의' 등을 꼽을

---

1 샌델은 능력주의에 대한 오해를 현대의 심각한 문제로 지적한다. 교육 현장과 직장에서 지나친 경쟁을 촉발하는 능력주의로 인해 패자는 모멸감에 빠지고 승자는 오만함에 빠진다는 것이다. 실제로는 유전적 요인이나 태어난 환경 등으로 인해 '완벽하게 공정한 경쟁'이란 불가능한 것임에도 현대사회는 지나치게 능력주의를 맹신하고 있으며 이로 인해 사회적인 양극화는 점점 더 심해진다는 것이 그의 진단이다(마이클 샌델, 『공정하다는 착각』, 함규진 역, 서울: 미래엔, 2020, 27~38쪽 참조).

2 피케티는 자본주의의 탄생 이후 지난 200년 이상의 방대한 데이터를 분석해 부의 불평등을 수치로 밝혀냈다. 그에 따르면 미국을 기준으로 1980년대 이후 부의 불평등은 폭발

수 있다. 이러한 상황은 합리주의 그리고 자본주의와 함께 시작된 근대를 지나 지금 우리가 살아가고 있는 현대에 이르기까지 우리를 지배하고 있다.

모든 것이 경제적인 가치로 환원되는 현대사회에서 경제적 가치를 창출해내는 능력과 합리적이고 과학적인 사고방식 등은 우리가 사회로부터 요구받고 있는 역량이기도 하다. 하지만 사회의 이러한 요구가 거세질수록 개인의 삶은 대체 가능한 그 무엇인가가 되어가며 도구화되어간다. 왜냐하면, 사회에서 한 개인의 존재 의미가 경제적인 가치나 소위 '단위시간당 일을 처리하는 능력' 등으로만 평가되고 수량화數量化된다면 그 수치를 대신할 수 있는 다른 존재는 얼마든지 있기 때문이다. 특히 최근에 주목받고 있는 로봇, 인공지능, 챗GPTChatGPT[3] 등의 기술이 등장한 이후 이러한 우려는 더욱 커지고 있다.[4]

오늘날 사람들은 치열한 경쟁 속에서 하루하루 의미 없는 삶을 살아가면서 허무주의에 빠지기도 하고, 돈으로 살 수 있는 감각적 쾌락이 널려있는 자본주의가 제공한 시장에서 쾌락을 쇼핑하기도 한다. 하지

했으며, 지금도 여전히 그 격차를 벌려가고 있다(토마 피케티, 『21세기 자본』, 장경덕 외 역, 파주: 글항아리, 2014, 7~50쪽 참조).

3 챗GPT(Generative Pre-trained Transformer)는 미국의 인공지능연구소 OpenAI가 개발한 대화형 인공지능 챗봇이다. 최근에는 인간 수준의 자연어처리 능력을 갖춘 GPT-4 기반 버전이 2023년 3월 14일에 출시되었다[한수영, 「디지털 전환시대의 책 읽기: 지식콘텐츠, 챗GPT 그리고 고전」, 『韓國古典研究』 60, 한국고전연구학회, 2023, 169쪽 참조; OpenAI 공식 홈페이지, https://openai.com/research/gpt-4/(검색일: 2023. 3. 29)].

4 현대사회를 '피로사회'로 규정한 한병철의 견해 또는 이에 동조하는 견해에 대해 비판의 시각도 존재한다. 통계적으로나 사회적 흐름으로나 지금이 과거에 비해 노동시간이 늘어나거나 놀 시간이 줄어든 것이 아니며, 오히려 더 주목해야 할 것은 삶의 의미를 상실해가는 상황에 놓여있는 것이라는 시각이다(이진오, 「피상적 피로와 실존적 피로: 철학상담 대상 탐색」, 『철학사상문화』 41, 동국대학교 동서사상연구소, 100~125쪽 참조).

만 니체의 말처럼 니힐리즘은 근원적이고 거대한 상실감을 가져다주는 "자신을 폐기하는 행위"[5]이며, 키르케고르의 말처럼 심미적 쾌락에만 머물러 있는 삶은 필연적으로 절망에 빠질 수밖에 없다. 점점 더 도구화되어가는 인간과 그로 인해 발생하는 다양한 마음의 문제들은 육체적 노동을 대체했던 기계의 등장으로 불안에 떨었던 산업혁명 시대의 노동자들처럼 이제 인공지능의 등장으로 '지적능력'마저 대체당할 위기에 처한 현대인에게 엄습하고 있다.

치열한 경쟁 속에서 도구로 전락하고 있는 현대인의 마음의 문제를 해소하기 위해서는 '놀지 못하는 현대인'의 마음속 깊숙한 곳에 꿈틀거리는 '놀이본능'을 일깨우는 것이 도움이 될 수 있다. 놀이에 대한 철학적 논의는 고대의 헤라클레이토스에서부터 플라톤, 칸트, 니체에 이르기까지 다양하게 이어져 내려왔지만, 근대 이후에 인류가 직면한 문제들을 놀이를 통해 해결하려는 시도는 하위징아, 카이와, 볼츠 등에 의해 본격적으로 논의되어왔다. 최근에는 컴퓨터와 인터넷, 스마트폰 그리고 메타버스 등의 등장으로 놀이에 대한 논의는 가상공간에까지 확산하고 있다.

마음의 문제를 해소하기 위한 시도는 특히 근대 과학과 의학의 발달에 근거한 정신의학과 심리치료의 등장으로 대중적으로도 주목받아왔다. 하지만 모든 것을 인과관계로 해결하려는 과학 지상주의적 접근은 이미 그 방법론에서 안고 있는 '인간 존재를 대상화한다는 거부감'과 삶의 다양한 문제의 근원적인 부분에는 접근하지 못한 채 보이는 증상을 해결하는 데만 집중한다는 등의 한계를 드러내고 있다.[6] 이러한 시

5 프리드리히 니체, 『즐거운 학문』, 안성찬 외 역, 서울: 책세상, 2005, 328쪽 참조.

6 이미 1920년대에도 빈스방거 등에 의해 자연과학에 경도된 정신의학과 정신치료법에 대

대적 맥락에서 등장한 것이 철학상담, 철학실천,[7] 인문카운슬링[8] 등과 같이 인문학을 활용해서 마음의 문제 해결에 도움을 주려는 시도다.

정신의학이나 심리학과는 구분되는 철학상담이나 인문카운슬링 등의 접근법은 아직 그 방법론이 명확하게 합의되어 있는 것은 아니다. 하지만 앞서 언급한 정신의학이나 심리치료의 한계를 극복하는 한편, 그 대상도 '환자'가 아닌 '정상인'에게까지 확대하는 것이 가능한 철학실천이나 인문카운슬링 관점의 접근은 현대인이 안고 있는 여러 가지 마음의 문제나 가치관의 혼란 등을 해소하는 데 도움이 될 수 있다. 특히 인문카운슬링의 경우 철학을 중심으로 한 인문학을 기반으로 한다는 점에서는 철학상담과 유사하나 다양한 학문의 영역을 포괄하는 일종의 융합학문이기 때문에 접근법과 방법론에 있어 포용 가능한 선택지가 더욱 다양하고 범위가 넓다고 할 수 있다.

한 강한 비판이 있었으며, 빅터 프랭클 같은 정신의학자는 야스퍼스의 실존철학을 기반으로 한 의미치료인 '로고테라피'를 제안하기도 했다(이진오, 「빈스방거, 보스, 프랑클의 정신의학과 현존재분석: 철학상담치료 적용 연구」, 『철학실천과 상담』 1, 한국철학상담치료학회, 2010, 222쪽 참조; 빅터 프랭클, 『죽음의 수용소에서』, 이시형 역, 파주: 청아출판사, 2005, 149쪽 참조).

7 '철학실천', '철학상담', '철학치료' 등의 용어에 대해서는 여러 가지 의견이 있지만, 철학의 실천적인 모습을 회복하는 '철학실천'이라는 용어를 이 분야를 가장 포괄하고 대표하는 용어로 보는 견해가 있다(이진남, 「철학상담의 한국적 적용을 위한 기초이론연구: 용어 정리와 체계 설정을 위한 제언」, 『범한철학』 52, 2009, 359쪽 참조).

8 인문카운슬링의 정의와 관련된 논의는 2장에서 다루기로 한다.

2
놀이 기반 인문카운슬링의 필요성과 목적

현대사회에서 놀이는 노동의 반대나 유희 또는 여가를 보내는 취미활동으로 치부되고 있지만, 우리의 삶과 사회에 오래전부터 매우 깊은 영향을 주고 있다. 여기에서 '놀이'라고 함은 근대 자본주의 시대에 이르러 왜곡된 단순한 취미활동으로의 놀이를 지칭하는 것이 아니다. 필자가 인문카운슬링에 접목하고자 하는 놀이는 형식적으로는 하위징아와 카이와가 밝혔듯이 고대로부터 인류의 문명을 가능하게 했던 원동력이던 '놀이의 요소'를 갖춘 활동이며, 의미적으로는 니체와 볼츠가 이야기한 '도전하는 삶의 태도이자 즐기는 삶의 태도'다.

근대 자연과학의 발달과 산업혁명 그리고 자본주의의 등장으로 과도한 이성주의와 틀에 박힌 합리주의 그리고 경제성과 효율성만을 강조하는 사회에서 개인은 소외당하고 도구화되어가고 있다. 이러한 상황에서 개인들이 겪는 다양한 마음의 문제와 인생의 고민, 가치관의 혼란 등은 더 이상 '근대정신'만으로는 극복될 수 없으며 삶의 주체성과 자율성 그리고 창조성을 회복하는 '놀이본능'을 통해 극복되어야 한다. 놀이를 대하는 우리의 태도는 어떠한 경우에라도 억지로 누를 수 없고 본능에 가까운 강력한 끌림이 있는 것이기에 이 '놀이본능'을 우리 마음의 문제를 해소하고자 하는 인문카운슬링 프로그램과 우리의 삶에 적절히 활용한다면 현대인이 직면하고 있는 마음의 문제를 해소하는 데 도움이 될 것이다.

인문카운슬링은 융합학문이자 그 방법과 대상이 매우 광범위한 분야다. 또한, 아직 그 방법론에서 정립 단계에 있어 앞으로 펼쳐질 논의가 기대되는 분야이기도 하다. 이제 막 자리를 잡아가려고 하는 인문카운슬링의 대상과 형식을 한정할 이유는 없지만, 이 책에서는 중고생, 대학생, 일반 성인 등 정신의학이나 심리치료에서 소위 '환자'라고 이야기하는 사람들이 아닌 정상인을 대상으로 하는 예방적·발달적 목적[1]의 집단 프로그램을 중심으로 논의하고자 한다. 왜냐하면, 아직 대중적으로 잘 알려지지 않은 인문카운슬링의 대중화를 위해서는 더욱 많은 사람들에게 접할 기회를 주어 그 효용성을 알릴 필요가 있으며, 이러한 활동이 활발하게 이루어진다면 치료를 목적으로 하는 개인 대상 인문카운슬링으로 확장할 기회도 마련될 것이기 때문이다.

이 책은 '놀이 기반의 인문카운슬링'에 대한 것으로 인문카운슬링 프로그램에 적용된 놀이 요소가 인문카운슬링의 목적에 어떠한 영향을 주는지에 대해 살펴보고자 한다. 마음의 문제를 다룸에 일반적으로

1 문학치료 영역에서 보면 1960년대에 독서치료가 심리치료에서 임상적으로 사용되는 것과 학교에서 교육적인 목적으로 사용되는 것이 구분되기 시작했으며, 1970년대에 베리(Berry, 1977)도 발달적 독서치료에 대해 치료자의 역할과 기능(치료자 대 집단지도자), 참여자의 특성(환자 대 건강한 사람), 목적(건강해지기 위해 대 자아실현 등) 등에서 구분된다고 정의했다(김현희 외, 『상호작용을 통한 독서치료』, 서울: 학지사, 2010, 17~18쪽 참조).

는 근대 이후 자연과학의 발달로 등장한 '정신의학 치료'와 '심리치료' 등의 방법이 있다. 하지만 이 두 가지 방법에 대한 비판과 반성으로 그리고 그 대상을 환자가 아닌 일반인에게까지 확장한다는 차원에서 철학상담이나 문학치료 같은 방법 등이 등장했다.

삶에서 벌어지는 복잡하고 다차원적인 마음의 문제를 하나의 방법이나 학문영역으로 해소하는 것은 무리가 있을 것이다. 따라서 카운슬러는 철학, 문학은 물론 사회과학적 방법의 실증적인 장점도 적극적으로 수용해 참여자에게 도움을 줄 수 있어야 한다. 바로 여기에 인문카운슬링의 장점이 있다. 인문카운슬링은 여러 영역의 학문을 융합하여 다양한 방법론을 개발하기에 용이하기 때문이다. 이러한 시도는 최근 시작되어 아직 연구가 깊게 이루어지거나 임상 실습이 풍부하게 시행되지는 못한 상황이지만, 여러 사례를 통해 그 가능성은 충분히 입증되고 있다.[2]

인문카운슬링이란 큰 틀에서는 철학상담이나 문학치료의 장점을 수용하고, 더 나아가 인문학 일반을 마음의 문제를 다루는 데 더욱 적극적이고 광범위하게 활용하는 카운슬링 방법론이라고 할 수 있다. 필자는 먼저 이제 막 태동한 인문카운슬링 활동의 이론적 근거를 제공하

---

2 경북대학교 인문카운슬링센터에서 2021년과 2022년에 대학생 집단을 대상으로 총 5개의 프로그램을 시행했으며 각 프로그램은 6회기에 걸쳐 '가치발견', '스트레스', '진로', '삶의 의미', '자기성장' 등의 주제로 진행되었다. 또한, 중학교와 MOU를 맺어 교육적 목적의 독서지도 프로그램으로 진행했다. '철학실천' 활동으로는 강원대학교의 '일상과 이상의 4CP 철학실천 인재 양성팀'이 있다. '일상의 회복'실천인 Class, Cafe, Camp와 '이상의 수리'실천인 Clinic으로 구성되어 발달적 또는 예방적 목적과 치유적 목적을 동시에 실천하고 있다[경북대학교 인문카운슬링센터 공식 홈페이지, '활동성과', https://incacenter.knu.ac.kr/(검색일: 2022. 11. 5) 참조; 강원대학교 BK21 일상과 이상의 4CP 철학실천 인재양성팀, '비전 및 목표', https://bk21.kangwon.ac.kr/edu/philosophy/(검색일: 2022. 11. 5)].

고 적용을 확대하기 위한 목적으로 인문카운슬링을 인접한 학문영역과 비교하여 정의해보고 그 대상과 목적 그리고 추구해야 할 방법론에 대해 논의해보고자 한다. 이러한 논의는 '놀이 기반 인문카운슬링 프로그램'이 인문카운슬링 영역에서 어떠한 의미가 있는지를 가늠하는 데 중요한 역할을 할 수 있을 것이다. 또한, 이후에는 놀이의 이론적 배경을 살펴본 후 인문카운슬링 방법론의 하나로 '놀이'를 인문카운슬링 방법론에 접목할 것을 제안하고자 한다.

마음의 문제를 다루는 기존의 치료체계로는 정신의학 치료와 심리치료가 있다. 정신의학 치료는 주로 DSM-5[3]에 따라 정신질환을 앓고 있는 '환자'를 그 대상으로 하고 있고, 심리치료는 사회활동에 지장을 주는 '문제'를 중심으로 접근하고 있다. 따라서 일반인이 겪는 어려움, 삶의 전환기에서 겪는 가치관의 혼란이나 일상에서의 외로움으로 인한 마음의 문제 등을 예방적·발달적 차원에서 접근하는 부분에서 이러한 기존의 치료체계가 개입할 수 있는 여지는 적다. 의학적 정신치료나 심리치료 모두 일상생활에 지장이 있을 정도로 심각한 마음의 문제를 겪는 '환자' 또는 '내담자'를 대상으로 당면한 '문제'를 해결하는 데 집중하고 있기 때문이다.

반면에 인문카운슬링은 정상인을 대상으로 예방적 차원에서 접근한다는 점에서 기존의 치료체계와 다른 의미가 있다. 인문카운슬링은 정상인이 살아가면서 자연스럽게 마주하게 되는 마음의 문제들에 대

3 DSM-5는 정신질환 진단 및 통계 편람(Diagnostic and Statistical Manual of Mental)으로 미국정신의학협회(APA)에서 발행한 분류 및 진단 절차다. DSM-5에 의하면 신경발달장애, 우울장애, 불안장애 등 약 22개의 범주가 장애에 따른 진단 절차에서 분류 기준으로 사용된다[https://www.psychiatry.org/psychiatrists/practice/dsm(검색일: 2023. 5. 31)].

해 다양한 인문학 내용과 사유방식 등을 활용하여 스스로 해소할 수 있도록 도움을 주는 활동이라는 점에서 기존의 치료체계와는 차별적인 가치를 제공할 수 있다. 그리고 대상자가 이미 마음의 문제를 가지고 있는 사람이라고 하더라도 당면한 문제를 해결하는 데만 중심을 두는 활동이 아닌 '자기치유', '근본적인 해결', '관점의 전환' 등 새로운 차원으로 접근한다는 데서 기존의 치료체계와는 다른 의미가 있다.

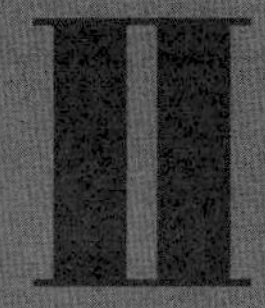

인문카운슬링의 이론적 배경

1
인문카운슬링의 정의와 관련된 논의

1) 인문카운슬링의 정의

이제 막 태동하기 시작한 학문이자 실천 활동인 인문카운슬링에 대한 정의를 규정하는 것이 자칫 활동 영역을 제한하는 방식으로 이루어지는 것은 지양해야 할 것이다. 왜냐하면, 인문카운슬링 활동이 앞으로 개인과 사회 그리고 더 나아가서는 우리 인류에 어떠한 영향을 끼칠지를 속단할 수 없기에 여러 가능성을 열어놓고 논의와 활동을 이어나가는 것이 필요하기 때문이다. 하지만 그렇다고 해서 모든 것에 가능성만을 열어둔 채 정작 인문카운슬링의 고유한 정체성이 제대로 정립되지 않는다면 독립적인 학문 영역으로 자리 잡기에는 한계가 있을 것이다. 따라서 인문카운슬링의 정의에 대한 논의는 그 고유성을 내포內包하면서도 활동 영역에서는 외연外延의 확장에 열려있어야 한다.

후발주자로는 다행스럽게도 이러한 고민이 이미 인문카운슬링보다 앞서 등장한 활동인 철학상담이나 인문치료 등의 영역에서 일부 이루어지고 있다. 그리고 아직 인문카운슬링에 대한 정의가 명확하게 정립되거나 합의되지 않았음에도 현장에서의 활동은 이루어지고 있으며, 그 가능성을 스스로 증명해나가고 있다. 따라서 인문카운슬링의 정의를 논의함에 인근 활동과의 관계나 실제 이루어지고 있는 현장 활동에서의 내용과 범위도 중요하게 다루어져야 할 것이다. 이에 필자는 인문카운슬링의 정의와 관련된 논의를 아래와 같이 전개하고자 한다.

먼저 '인문학'과 치유의 관계를 살펴보고 '카운슬링'이라는 단어에 대해 고찰하는 것으로 '인문카운슬링'의 정의를 포괄적으로나마 내려보도록 하겠다. 그리고 인문카운슬링의 활동 범위에 대해서는 실제 현장에서 이루어지고 있는 활동 범위를 짚어보고 앞서 살펴본 인문카운슬링의 정의를 기반으로 앞으로 확장해야 할 활동 범위를 제안할 것이다. 아울러 인접 학문인 심리치료, 철학상담, 인문치료와의 관계를 고찰해볼 것이며, 위의 논의들을 종합적으로 고려하여 인문카운슬링 활동의 목적, 대상, 방법론을 논의하는 것으로 인문카운슬링에 대한 논의를 마무리하고자 한다.

(1) 인문학과 치유

합성어인 '인문카운슬링'을 정의하기 위해서는 '인문'과 '카운슬링' 이라는 각각의 단어에 대한 정의를 살펴볼 필요가 있다. 하지만 첫 번째 단어인 '인문' 또는 '인문학'에 대한 정의를 내리는 것도 매우 어려운 일일 것이다. 인문학에 대한 정의는 학문의 범위, 자연과학과의 차이 등 매우 다양한 관점에서 접근이 가능하며 광범위한 작업이기에 '인문카운슬링'의 정의를 내리는 데 필요한 부분인 '인문학과 치유'의 관계에 대해서만 한정적으로 다룰 것이다. 왜냐하면, 인문카운슬링 및 인근 영역인 철학상담, 인문치료 등의 활동은 개인과 사회가 겪고 있는 문제에 대한 '치유'와 밀접한 관계가 있기 때문이다.[1] 물론 논의 과정에서 자연스럽게 '인문카운슬링'에서 인문학의 범위나 역사 또는 기능 등은 다뤄질 수 있을 것이나, 본 논의는 '인문카운슬링'을 정의하기 위한 목적에 맞춰져 있음을 밝힌다.

인문학과 연관된 치유의 인식은 고대로부터도 발견된다. 이집트의 람세스 2세(BC 1300년경)는 테베에 있는 자신의 궁전에 대규모 도서관을 만들고 이를 '영혼의 치유장소The Healing Place of the Soul'라고 불렀으며, 고대 그리스의 도서고 입구에는 '영혼을 위한 약Remedy for the Soul'이라는 현판이 새겨져 있었다.[2] 인문학의 출발점이 인간다움의 추구에 있다고 한다면 인문학은 인류의 역사와 함께 시작했다고 할 수 있다. 주술적인 원시 신앙부터 고대의 학문이 성립하기 시작한 시기를 지나 중세에는 문법과 논리학, 수사학, 산수, 기하, 천문, 음악 등 다양한 분야의 학문이 인문학에 포함되어 있었다.[3]

엄찬호(2010)는 인문학의 치유적 의미에 대한 기원을 인류 역사의 시발점에 두고 있다. 고대학문의 출현 시점에도 지금의 인문학에 해당

---

1 인문카운슬링의 목적이 정확하게 '치유'인지와 '치유'란 무엇을 의미하는 것인지에 대해서는 바로 다음에 이어서 다루도록 하겠다.

2 엄찬호, 「인문학의 치유적 의미에 대하여」, 『인문과학연구』 25, 강원대학교 인문과학연구소, 2010, 425쪽 참조.

3 배정순, 「가족병리와 인문카운슬링의 역할」, 『대한문학치료연구』 7(1), 대한문학치료학회, 2017, 14쪽 참조.

하는 문학·역사·철학의 출발은 종교를 근간으로 하고 있으며, 전근대 사회의 주술적인 원시 신앙에서 고대학문의 성립기에 이르기까지 당시의 문화적 활동은 모두 인간다움의 탐구이자 인문학으로 볼 수 있다는 것이다. 또한, 사람들은 근대의학이 발달하기 전에도 초자연적인 힘이나 종교에 의지하여 육체적·정신적 문제를 해결하려고 했고 이러한 노력은 지금도 여전히 남아있는 것이 사실이다. 이렇게 인문학의 범위를 '인간다움을 탐구하는 학문'으로 넓히고서 인류의 치유에 대한 근대의학을 넘어선 염원을 고려해볼 때 인문학의 치유적 의미의 기원을 인류 역사의 시발점에 두는 엄찬호의 주장은 무리해 보이지 않는다.

또한, 그는 인문학의 반성적 기능에 주목한다. "인문학은 인문학에 포함되어 있는 다양한 텍스트에 대한 해석과 탐구를 통하여 도덕적·미학적 감수성을 길러주고, 정신세계에 대한 시야를 넓혀주며, 논리적 사유능력을 길러준다."[4] 물론 현대의 다양한 매체를 고려해볼 때 텍스트로 이루어진 인문학 도서뿐만 아니라 영상과 사진 등을 포함한 해석과 탐구는 인간 전체에 반성적으로 접근하고자 하는 인문학의 목표에 도달하기 위한 중요한 접근법이다. 더불어 인문학은 정신치료나 심리치료와 달리 마음의 문제를 개인의 문제로만 보지 않고 우리 사회와 문명의 문제로 바라보며, 이를 삶의 가치와 의미 차원에서 다룬다는 점에서 의미가 있다.[5]

김기봉(2012)은 하늘의 무늬, 곧 별자리를 지칭하는 '천문天文'과 대비되는 의미로서의 '인문人文'이란 사람의 결을 지칭한다는 것을 떠올

4 엄찬호, 앞의 논문, 2010, 425쪽.
5 같은 논문, 425~427쪽 참조.

리며 인문학 본래의 기능과 가치를 되살린다면 인간 스스로 책임 있는 고통과 갈등을 치유할 수 있다고 보았다. 즉, 손상된 사람의 결을 치료할 목적으로 문학·언어학·사학·철학·종교학·미학 등을 기반으로 하되 인문학과 발생론적으로 한 뿌리인 예술·심리학·의료인문학 등과도 긴밀한 연관을 가져야 한다는 것이다.[6] 이러한 그의 견해는 인문학이 '교환가치'로서 치료의 역할을 해야 한다는 것이 아니라 그 자체가 가진 인문학 본연의 가치를 되살릴 때 치유가 가능해진다는 의미로 보아야 하며, '인문'이 포함하는 학문의 영역을 대단히 넓게 보았다는 점에 주목할 필요가 있다.

김유동(2013)은 인간과 세계에 대한 인문학의 관심이 고통의 치유에만 있지 않으며 인류의 인문적 자산과 인문학이 마음의 치유를 보장해주지 않는다고 이야기한다. 또한, 그는 고통의 사회적 원인을 파고들 때 공허하고 기만적인 '힐링healing' 담론을 비판하는 저항의 인문학이 곧 치유의 인문학과 대립하지 않음을 지적한다.[7] 그는 인문학이 가벼운 힐링문화에 물들지 않으면서도 경험의 의미 추구, 한계와 고통에 대한 직시, 모순에 대한 통찰, 새로운 것과 기존 것들을 대립시키거나 조화시키려는 노력 등 인문학적 활동들의 본질적인 부분들이 암암리에 이미 치유의 작업을 해오고 있었다는 것을 인정한다.

인문학의 대표적인 분야라고 할 수 있는 철학은 이미 그 시작에서부터 우리의 삶과 밀접하게 연결되어 있었다. 25세기 전 소크라테스는

6 김기봉, 「'치유의 인문학'이란 무엇인가」, 『철학과 현실』 94, 철학문화연구소, 2012, 38쪽 참조.

7 김유동, 「인문학, 치유, 그리고 우울」, 『인문과학연구』 39, 강원대학교 인문과학연구소, 2013, 440~441쪽 참조.

아테네의 아고라에서 대중과 정신의 문제에 대해 '철학적philosophical' '대화dialogue'를 나누며 철학을 몸소 실천했으며, 이후 키케로, 아우구스티누스, 아퀴나스, 칸트 등 고대에서 현대에 이르기까지 여러 철학자에 의해 철학은 단순히 이론적 탐구에만 국한된 것이 아니라 '영혼의 치유'라는 실천적 활동을 함께 수행해왔다.[8] 철학실천 운동의 개척자인 루 매리노프Lou Marinoff는 "철학은 연구의 대상으로 만족하는 것이 하니라 실제 적용되기를 바라는 학문"[9]이라고 이야기하며 19세기 이후 상아탑에 갇혀버린 철학을 비판한다.

철학과 더불어 인문학의 한 축을 이루고 있는 문학의 치유적 활동은 이미 독서치료, 시치료, 글쓰기치료 등 여러 영역에서 왕성하게 이루어지고 있으며 넓은 범위로 인문학의 영역에 포함할 수 있는 미술, 음악 등 예술의 영역에서도 미술치료, 음악치료 등 다양한 활동이 이루어지고 있다. 물론 이 모든 활동이 인문학을 기반으로 한다고 주장하기 위해서는 아마도 많은 논의가 필요하겠지만, 앞서 이야기했듯이 인문학의 범위를 단지 문학, 역사, 철학에만 국한하지 않고 '인간다움을 추구하는 학문' 또는 '인간 사회와 문화의 측면을 연구하는 학문'으로 확장해본다면 그리 무리한 요구도 아닐 것이다.

서두에 밝혔듯이 '인문카운슬링'의 정의에 대한 논의가 활동 영역을 확장하는 것에 걸림돌이 되지 않기 위해서는 인문학의 영역을 매우 광범위하게 정의할 필요가 있다. 이상의 논의에서 살펴보았듯이 인

8 이철우, 「철학상담 방법론에 대한 고찰」, 『현대유럽철학연구』 44, 한국현대유럽철학회, 2017, 125쪽.

9 루 매리노프, 『철학으로 마음의 병을 치료한다』, 이종인 역, 서울: 해냄출판사, 2000, 24쪽 참조.

간과 사회의 치유와 관련해서 인문학은 좁은 의미에서 문학, 역사, 철학뿐만 아니라 예술, 사회학, 교육학, 종교학, 미학, 심리학, 의료인문학 등의 영역을 아우를 수 있다. 하지만 실천적 영역에서는 외연의 확장뿐만 아니라 '인문카운슬링'의 고유성을 확보하는 것도 중요하기 때문에 이론적 근거를 무기로 무작정 영역을 확장하는 것만이 능사는 아닐 것이다. 실질적으로 모든 영역을 아우르지 않는다고 하더라도 인근 영역과의 상호보완, 협력적 관계 등의 설정은 충분히 가능하기 때문이다. 따라서 실천 현장에서는 인문카운슬링 활동이 집중해야 할 영역들을 논의해나가는 것이 필요하다.

(2) 치유, 상담, 카운슬링

앞서 '인문카운슬링'의 정의를 위해 인문학과 치유의 관계를 살펴볼 때 암묵적으로 전제한 것은 인문카운슬링이 치유와 밀접한 관련이 있다는 것이다. 현재 활동 중인 경북대학교 인문카운슬링센터 또한 "우리 사회가 겪고 있는 정신적 고통을 인문학적 관점에서 연구하고 치유하는 것"[10]을 목표로 하고 있음을 밝히고 있다. 하지만 인문카운슬링이 인문치유, 인문상담이 아닌 외래어인 '카운슬링'을 사용하고 있는 것은 나름의 의미가 있다고 보아야 한다. 물론 이러한 용어에 대한 논의가 실천현장에서 의미를 갖기 위해서는 그것이 소위 이론적 논쟁에만 그쳐서는 안 될 것이며 실제 활동에 도움을 주는 논의가 되어야 할 것이다. 그러한 관점에서 '인문카운슬링'의 정의를 위해 치유와 상

10 경북대학교 인문카운슬링센터 공식 홈페이지, '센터의 목표 및 비전', https://incacenter.knu.ac.kr/(검색일: 2022. 11. 5)

담 그리고 카운슬링의 의미에 대해 살펴보도록 하겠다.

'치유'라는 단어를 떠올릴 때 아마도 거의 동시에 떠오르는 단어는 '치료'일 것이다. 엄찬호(2010)는 치료treatment는 "병을 고치거나 상처를 아물게 하는 조치", 치유healing는 "병의 근본 원인을 제거해 그 병이 없던 상태로 되돌리는 것"으로 치유와 치료를 구분한다.[11] 하지만 실제 인문치료 현장에서는 이 두 용어를 명확하게 구분하지는 않는 것처럼 보인다.[12] 이러한 혼란에 대해 최희봉(2010)은 인문치료에서의 '치료'는 'therapy'에 대한 번역어이며, 의료영역에서 사용하는 상처를 처리해서 낫게 하는 'treatment'나 'cure'의 번역어가 아님을 지적한다.[13] 실제로 심리치료를 뜻하는 단어는 'psychotherapy'이며, 이는 '돌보다'라는 뜻을 가진 'therapeuein'과 영혼, 호흡, 성격을 뜻하는 'psukhe'가 합쳐진 개념이다. 이것은 영혼을 돌보는 사제, 목사, 랍비의 역할도 담고 있으며, 호흡을 돌보는 요가, 명상 스승의 역할, 또한 성격을 돌보는 심리치료사의 역할도 담고 있는 것으로, 과거의 'psychotherapy'는 영성치료, 심리치료, 의학치료를 모두 담고 있었다.[14]

치유를 의미하는 영어 단어인 'heal'의 어원은 '온전케 하다to make whole'이다.[15] 또한, 이 단어는 "원래의 순수상태 혹은 온전한 상태로 되

11 엄찬호, 앞의 논문, 2010, 422쪽 참조. 또한, 치유는 결과적 상태를 의미하고 유사한 단어인 치료는 방법 또는 과정일 수 있다.

12 "인문치료는 (…) 사람들의 인지적 · 정서적 · 사회적 문제를 예방하고 치유하고자 한다"라고 되어있어 인문치료의 목적에 이미 '치유'의 개념이 포함되어있다[강원대학교 인문치료센터 공식 홈페이지, '인문치료', http://www.humantherapy.co.kr/2018/sub.php?pg_id=1_3_1(검색일: 2023. 5. 24)].

13 최희봉, 「인문학, 인문학 실천, 그리고 인문치료」, 『인문과학연구』 25, 2010, 341쪽 참조.

14 매리노프, 『철학으로 마음의 병을 치료한다』, 61쪽 참조.

15 김기봉, 앞의 논문, 2012, 46쪽 참조.

돌리다restore to original purity or integrity"라는 의미도 있다. 'heal'에 해당하는 독일어 단어 'heilen' 역시 '복원하다wiederherstellen'라는 어원을 지니고 있으며, 형용사 'heil'은 '다치지 않은', '건강한'이라는 의미 외에도 '온전한' 등의 의미를 지니고 있다.[16] 즉, 인문카운슬링과 인접한 영역에서 치유가 갖는 의미는 단순히 상처를 낫게 하는 것을 넘어서 '근본 원인을 제거하는 것', '돌보는 것' 그리고 '온전한 상태로 되돌리는 것'을 포함한다고 볼 수 있다.

인문카운슬링에서의 '카운슬링'을 가장 일반적인 의미로 단순 번역하면 '상담'이다. 이진남(2011)은 대부분의 국내외 학자들이 '상담'과 '심리상담'을 거의 구분 없이 받아들이는 것에 대해 비판한다. 그는 상담을 기술 또는 과학으로 바라보는 관점이나 성장을 위한 학습으로 취급하는 것은 모두 심리학적 가정에 바탕을 두고 있는 것으로 보았다. 하지만 그는 일부에서 주장하는 "상담은 한 분야에 종속되지 않는 개방된 메타적 과정언어"라는 입장에 주목하면서 상담의 외연을 확장하고자 한다.[17] 이진남이 지지하는 박성희(2015)의 "상담은 인격적 만남을 통해서 생활세계 곳곳에서 사람들의 바람직한 변화를 돕는 과정이다"[18]라는 상담에 대한 관점은 '카운슬링'을 상담으로 번역한다고 하더라도 그 외연을 확장할 가능성을 열어준다.

하지만 인문카운슬링을 인문상담이라고 명명하지 않은 이유는 '카운슬링'이라는 단어가 가진 다른 의미가 있기 때문이다. '카운슬링

16 김유동, 앞의 논문, 2013, 444쪽 참조.

17 이진남, 「철학상담과 심리상담」, 『철학논집』 26, 서강대학교 철학연구소, 2011, 30~31쪽 참조.

18 최준섭 외, 「장자와 상담」, 『초등상담연구』 14(3), 한국초등상담교육학회, 2015, 236쪽 참조.

counseling'이라는 단어는 라틴어의 'consulere'에서 유래했는데, 이 단어는 '상담相談'이라는 뜻 외에도 '조언하다, 상의하다consult', '숙고하다deliberate', '반성하다reflect upon', '배려하다regard for', '돌보다take care' 등 다양한 의미가 존재한다.[19] 이러한 '카운슬링'이라는 단어의 의미는 앞서 논의한 '치유heal'가 가진 "근본 원인을 제거하고 돌보는 것", "온전한 상태로 되돌리는 것"이라는 의미를 포함한다고 할 수 있으며, 이진남과 박성희에 의해 확장된 상담의 의미를 받아들인다면 특정 분야의 종속성에서도 벗어난 매우 넓은 외연을 가지게 된다.

이러한 의미에서 카운슬링 활동은 사람들을 숙고하고 반성하게 하며, 마음을 돌보고 온전하게 회복하면서 근본 원인을 제거하도록 한다. 또한, 특정 분야에 종속되지 않는 개방된 과정이자 인격적인 만남을 통해 바람직한 변화를 돕는 과정이다. 그리고 조언과 자문consulting, 즉 도움을 준다는 의미에 주목해볼 때 카운슬링은 단순히 좋지 않은 상황에 놓인 대상을 정상적인 상황으로 회복하도록 한다는 의미를 넘어서는 것이며, 지금보다 더 나은 상황으로 도약할 수 있도록 하는 교육 또는 퍼실리테이터facilitator의 역할도 포함하게 된다. 이것은 비단 개인에게만 국한된 것은 아니며 소규모 공동체나 사회, 더 나아가서는 국가나 인류의 차원에서도 도움을 줄 수 있는 활동이 된다.

하지만 이러한 조언과 자문은 내적 돌봄을 넘어 필연적으로 실용적인 성격이 강한 도움을 요청하게 된다. 우리가 앞서 정의한 인문학

19 경북대학교 인문카운슬링학과 공식 홈페이지, '개요 및 목표', https://inca.knu.ac.kr/ (검색일: 2023. 5. 24); De Vaan, Michiel (2008), "consulo", in Etymological Dictionary of Latin and the other Italic Languages (Leiden Indo-European Etymological Dictionary Series; 7), Leiden, Boston: Brill, p. 131; https://en.wiktionary.org/wiki/consulo#Latin

에 대한 광범위한 정의를 되짚지 않더라도 '카운슬링' 자체가 요구하는 '실용성'은 좁은 의미의 인문학을 넘어선 다른 학문영역과의 융합을 요청한다. 특히 개인의 문제가 사회적 원인과 밀접한 관계가 있다는 것을 상기해볼 때 사회복지학을 중심으로 한 사회과학 영역과의 융합은 매우 중요해진다. 이러한 인문카운슬링의 실용성은 인근 영역의 다른 활동과의 중요한 차이점이기도 하다.

인문카운슬링에 대한 연구는 아직 활발하게 이루어져 있지 않으나 배정순(2017)은 인문카운슬링을 "인문학을 도구나 방법으로 활용하며 인문학적 가치를 실현하고자 하는 학문"[20]으로 폭넓게 정의하기도 한다. 지금까지의 논의와 인문학과 카운슬링의 의미를 바탕으로 아래와 같이 인문카운슬링을 정의해볼 수 있다.

> 인문카운슬링은 인문학적 가치를 바탕으로 치유뿐만 아니라 개인과 사회가 더 나은 지향점을 추구할 수 있도록 근본적이고 실용적인 도움을 주는 인문실천[21] 활동이다.

물론, 이러한 인문카운슬링에 대한 정의는 매우 포괄적이고 추상적이며 장래의 인문카운슬링 활동까지 포괄할 수 있는 불변의 정의도 아

---

20 배정순, 앞의 논문, 2017, 9쪽 참조.

21 유사한 개념으로 최희봉(2010)은 '인문학 실천'이라는 용어를 사용한 바 있다. 이는 문학·사학·철학·예술 등의 인문학 이론과 구분되는 개념으로 인문학 실천의 하위에는 인문상담·인문치료·인문교육·인문카페 등이 있다. 이러한 분류에 대해 최희봉은 철학실천을 상위범주로 삼고 그 하위범주로 철학상담·철학카페 등의 여러 활동을 분류한 이진남(2009)의 제언에서 아이디어를 얻었다고 밝혔다. 이에 관해서는 유사 영역인 인문치료와의 관계를 다루는 부분에서 좀 더 상세히 살펴보도록 하겠다(최희봉, 앞의 논문, 2010, 333쪽 참조).

닐 것이다. 그럼에도 이제 막 태동한 인문카운슬링 활동이 스스로 방향을 잡아나가기 위한 하나의 의견은 될 수 있을 것으로 기대한다. 필자는 앞으로 이러한 '인문학'과 '카운슬링' 그리고 '인문카운슬링'의 정의를 기반으로 인문카운슬링 활동의 범위를 실제 이루어지고 있는 활동을 중심으로 살펴보고, 인접 학문과의 관계를 살펴보는 과정을 통해 인문카운슬링의 정체성을 더욱 드러낼 것이다. 또한, 더 나아가 인문카운슬링의 대중화를 위해 현장에서 인문카운슬링 활동이 집중해야 할 목적과 대상 그리고 방법론에서 인문카운슬러가 고려해야 할 사항에 대해서도 다루어보고자 한다.

2) 인문카운슬링 활동의 범위

(1) 현장에서의 인문카운슬링 활동

인문학을 기반으로 하는 카운슬링인 '인문카운슬링'의 활용 범위는 지금의 '철학, 문학, 역사'로 대표되는 좁은 의미의 인문학 영역에만 국한할 이유도 없으며 그 방법에서도 개인이나 집단을 대상으로 하는 '상담' 외에도 컨설팅, 교육, 퍼실리테이션, 코칭, 예술 등 여러 가지 영역에서 이루어질 수 있다.[22] 특히 '상담'이라는 용어 또한 심리상담 등

22 경북대학교 인문카운슬링학과에서는 이러한 카운슬링의 의미를 명확하게 드러내면서 인문카운슬링의 활동 범위를 광범위하게 열어놓고 독서토론이나 철학적 대화, 생애사 쓰기, 진로 프로그램 등 여러 가지 활동을 진행하고 있다[경북대학교 인문카운슬링학과 공식 홈페이지, '개요 및 목표', https://inca.knu.ac.kr/(검색일: 2023. 5. 24)].

의 특정 분야에 종속되지 않은 독립적이고 광범위한 개념으로 생각해 볼 때[23] 개인과 집단을 대상으로 하는 상담 또는 반드시 심리상담의 절차를 준수한다거나 그 방법론을 따라야 하는 것은 아니다. 하지만 오랜 시간 경험을 축적해온 심리상담의 여러 가지 기법을 배척할 이유는 없으며 심리치료와 인문카운슬링의 상호보완적인 관계를 생각해볼 때 필요한 범위에서 적극적으로 수용할 필요는 있다.

인문카운슬링과 그 인근 영역의 현장에서 실천되고 있는 다양한 활동 중에 무엇이 인문카운슬링 활동인지를 구분하는 문제는 그리 단순하지 않다. 앞서 제안한 인문카운슬링의 정의에 따라 이루어지고 있는 모든 활동을 인문카운슬링으로 규정한다면 아마도 그 포괄적인 정의로 인해 문학치료, 예술치료, 철학상담, 인문치료 등 대부분 인근 영역의 활동들이 여기에 포함되어야 할 것이다. 만약 그렇다면 인문카운슬링의 외연은 확장될 수 있겠지만 그 고유한 정체성은 희미해질 것이다. 따라서 현장에서 이루어진 인문카운슬링 활동의 범위는 현재 인문카운슬링이라는 이름으로 활동하고 있는 경북대학교 인문카운슬링센터의 활동을 중심으로 보도록 하겠다.[24]

먼저 중학생을 대상으로 한 '철학적 독서토론 프로그램(2021. 3)'이 있다. 해당 프로그램은 문학치료 중 독서토론 방법론을 기반으로 철학적인 개념들을 추가한 집단 대상의 프로그램이다. 프로그램의 구성에

23 이진남은 '상담'이라는 용어를 심리상담에만 국한된 것으로 보는 관점을 경계한다. 그는 '상담'을 특정 문제에 한정된 개념이 아닌 대상과 목적에 무한히 열려있는 개념이라는 입장에 동의한다(이진남, 앞의 논문, 2011, 11~23쪽 참조).

24 인문카운슬링센터에서 시행한 여러 프로그램 중 인문카운슬링의 정체성과 관련해서 주목할 만한 프로그램을 선별해서 시사점을 논의할 예정이며, 이 중 일부 프로그램은 '사례연구' 부분에서 좀 더 자세히 다룰 것이다.

서부터 철학과 문학을 적절히 융합하고 실용적인 효과를 검증하기 위해 프로그램 전후에 KEDI(한국교육개발원)에서 개발한 측정 도구를 활용해 '자기효능감'과 '학교적응'을 측정했다. 그리고 중학생들이 어려워할 만한 단어나 철학적 개념들에 대해서는 미리 준비하여 일정 부분 교육도 이루어졌다. 이러한 프로그램의 특성은 실용성을 기반으로 교육과 집단상담의 성격을 아우른다는 점에서 앞서 논의한 인문카운슬링의 정의에 매우 적합하다고 볼 수 있으며 철학과 문학 그리고 사회과학적 방법이 융합되었다는 점에서도 인문카운슬링의 정체성을 담아내는 데 적합하다고 볼 수 있다.

다음으로 어르신들을 대상으로 한 '생애사 쓰기 프로그램'이 있다. 해당 프로그램은 경상북도노인전문간호센터(2020. 8)와 경산시노인종합복지관(2022. 6) 어르신을 대상으로 두 번에 걸쳐 진행되었다. 전자의 경우 요양원에 집단생활 중인 어르신들을 대상으로 했으며, 후자의 경우 '경도인지장애'를 가진 어르신을 대상으로 한 '인지 재활 프로그램'과 연계하여 이루어졌다.[25] 두 개의 프로그램 모두 어르신의 생애사를 경청하고 작성해드리는 형식으로 이루어진 개인 상담 프로그램이다. '생애사 쓰기' 또한 이야기치료와 글쓰기치료 그리고 사회복지 관점의 접근법이 융합되었다는 점과 경도인지장애 어르신의 삶의 질 향상이라는 실질적인 도움을 추구했다는 점에서 인문카운슬링의 정체성을 잘 드러내주는 프로그램이라고 할 수 있다.

또한, 주목할 만한 활동으로는 인문카운슬링센터에서 매 학기 시행하는 대학생 대상의 인문카운슬링 프로그램이다. 해당 활동은 학기마

25 대구대학교 언어치료학과에서 시행하는 인지 재활 프로그램과 협력한 프로그램이다.

다 다양한 프로그램으로 구성되어 있지만, 기본적으로 인문학을 즐기려는 모든 사람에게 열려있는 인문학 모임인 '인문학 카페'를 지향한다.[26] 이러한 프로그램의 특징은 현재 마음의 문제를 갖고 있다거나 사회적 취약계층이 아닌 대학생과 일반인을 대상으로 한다는 점에서 인문학 기반의 상호작용을 통한 조언과 조력이라고 볼 수 있다. 그리고 프로그램마다 정도의 차이는 있지만, 제공되는 콘텐츠가 문학·철학·예술 등이 적절하게 융합된 것이라는 점에서 인문카운슬링의 특성과 정체성을 잘 드러내고 있다고 볼 수 있다.

이상의 활동들은 현재 현장에서 이루어지고 있는 인문카운슬링 활동들이다. 하지만 이러한 활동들이 인문카운슬링의 정체성을 모두 드러내줄 수 있는 것은 아니며 다른 활동이라고 해서 인문카운슬링의 정의에 맞지 않는 것도 아닐 것이다. 다만, 이렇게 현장의 활동 범위를 살펴보는 것으로 인문카운슬링의 정의가 미처 담아내지 못하고 있는 부분들을 보완하고자 하며, 반대로 현재 인문카운슬링의 정의에 비추어 볼 때 어떤 영역에서의 활동을 확장해야 할 것인가에 대한 도움을 얻기 위한 것이다.

(2) 인문카운슬링 활동 범위의 확장

지금까지는 현장에서 실제로 이루어지고 있는 인문카운슬링 프로그램을 살펴보았다. 그렇다면 이제부터는 앞서 논의한 인문카운슬링

26 인문학 카페의 개념은 "철학카페는 (…) 일반인들이 취미로 즐기는 활동으로서 모든 사람들에게 열려있는 집단적으로 철학을 하는 모임이다"라고 한 철학카페의 개념을 도입했다(이진남, 앞의 논문, 2009, 358쪽 참조).

의 정의에 비추어볼 때 앞으로 인문카운슬링 활동은 어떤 영역에서 범위를 확장해야 하는지에 대해 논의해보도록 하겠다. 앞서 이야기했듯이 "인문카운슬링은 인문학적 가치를 바탕으로 치유뿐만 아니라 개인과 사회가 더 나은 지향점을 추구할 수 있도록 근본적이고 실용적인 도움을 주는 인문실천 활동이다"라는 정의를 받아들인다고 할 때 우리가 주목해야 할 부분은 '카운슬링'의 정의에서도 언급되었던 더 나은 상황으로의 도약을 위한 조언consulting과 티칭, 코칭, 퍼실리테이션facilitation 영역이다.

인문카운슬링 정의의 앞부분이 당면한 마음의 문제를 해소하기 위해 도움을 주는 활동이라면, 뒷부분은 특별한 문제가 없는 일반인들이 더 나은 삶을 위해 인문학을 활용한 여러 가지 활동을 경험하는 과정이다. 물론 일반인이라고 해서 마음의 문제가 전혀 없는 것은 아닐 것이다. 우리가 살아가는 동안 자연스럽게 겪는 가치관의 혼란이나 세계관에 관한 문제들은 누구나 갖고 있는 문제이며 이러한 문제를 해소해 나가는 것이 곧 더 나은 삶을 지향하도록 하는 것과 다르지 않다. 다만, 프로그램에 참여하는 사람의 입장에서 생각해볼 때 적어도 본인이 인문카운슬링 프로그램을 통해 문제를 인식하기 전까지는 자신에게 아무런 문제가 없다고 생각할 것이다. 또한, 정도의 차이에 따라 그것을 문제의 해소로 봐야 할 것인가 또는 더 나은 삶을 위한 활동으로 볼 것인가는 같은 고민이라도 달라질 수 있다.

여하튼 인문카운슬링 활동이 아우르는 넓은 외연을 고려했을 때 향후 인문카운슬링의 대중화를 위해 우리가 주목해야 할 부분은 앞서 언급한 일반인을 대상으로 하는 조언과 티칭, 코칭, 퍼실리테이션 영역일 수 있다. 하지만 그렇다고 해서 이 영역이 시중에 유행하는 얕은 자기계발이나 처세술 같은 것을 의미하는 것은 아니다. 왜냐하면, 정의에서 밝혔듯이 인문카운슬링은 인문학이 가진 본래의 가치를 회복하는 것인데 자기계발이나 처세술이 인문학 본래의 가치라고 보기에는 어렵기 때문이다. 오히려 이 영역은 자신의 삶을 주체적으로 살도록 해주고, 창조성과 생명력을 발휘하면서 살도록 해주는 영역이라고 보는 것이 맞을 것이다. 인문학 본래의 가치란 '인간다움을 추구하는 것'이며, '인간의 전체성[27]을 온전히 회복하는 것'이기 때문이다.

이러한 영역에서의 인문카운슬링 활동은 예방적·발달적 목적의 프로그램이라고 할 수 있다. 이는 아직 심각한 마음의 문제가 없는 사람들이라도 앞으로 겪을 수 있는 여러 가지 문제들에 대해 주체적으로 대응하고 성찰하는 힘을 기른다는 측면에서 '예방적'이라고 할 수 있으며, 일반적으로 발달해가는 과정에서 겪을 수 있는 갈등이나 문제를 다룬다는 차원에서 '발달적'이라고 할 수 있다. 그런 의미에서 보면 조언과 티칭, 코칭, 퍼실리테이션 영역에서의 활동도 문제의 해소와 전혀 관련이 없다고 보기는 어렵다. 그러나 프로그램 참여자는 당면한 문제가 존재하지 않는다고 생각하기에 참여 동기에 앞으로 더 나은 삶을 지향하고자 하는 자신의 욕구가 더 크게 작용할 것이다.

인문카운슬링 활동을 조언과 퍼실리테이션 영역에서 펼친다고 해서 일방적인 교육이나 충고 등의 방식으로 이루어지는 것은 아니다. 인문카운슬링 활동은 참여자 스스로 본연의 목적을 달성할 수 있도록 도움을 주는 과정일 뿐 해결책을 제시해주는 것은 아니기 때문이다.

27 실러는 전체성을 이성과 감성의 합일과 조화라고 이야기하며, 이는 놀이충동을 통해 이루어질 수 있다고 보았다(프리드리히 실러, 『미적 교육론』, 윤선구 외 역, 서울: 대화출판사, 2015, 53쪽 참조).

이것은 '지혜의 산파'라고 불리는 소크라테스의 대화법과 유사하다고 생각해볼 수 있다. 이것은 누구나 자기 스스로 삶의 문제를 치유할 힘을 갖고 있으며, 자신의 삶을 주체적이면서도 창조적이고 생명력 넘치게 영위할 수 있다는 믿음을 전제한다. 이 과정에서 인문카운슬러의 역할은 참여자가 그런 힘을 끌어낼 수 있도록 다양한 인문학적 내용과 사유방식 등을 제공하고 그 과정을 함께하는 것이다.

특히 집단을 대상으로 하는 인문카운슬링 프로그램의 경우 참여자들 간에 이루어지는 다양한 생각 나눔과 토론은 자신의 문제를 스스로 해소하는 데 큰 도움을 줄 수 있을 것이다. 인문카운슬러는 참여자들 간의 활발한 상호작용을 통해 서로가 서로에게 지혜의 산파가 되어줄 수 있도록 도와야 한다. 이러한 활동이 활발하게 일어날 수 있는 대표적인 프로그램으로 '독서를 기반으로 한 철학적 토론 프로그램'이 있다. 대중이 흥미를 느낄 만한 도서를 선정하여 그 안에 있는 철학적 개념들을 추출하고 사유를 확장할 수 있는 근본적인 질문들을 던지는 것은 참여자들을 스스로 돌아보게 하는 한편 다른 사람들과의 생각 나눔을 통해 사유를 확장할 수 있도록 한다.

또한, 기업이나 기관을 대상으로 퍼실리테이션 영역에서 활동을 확장하는 것도 필요하다. 비즈니스 영역에서 퍼실리테이션이란 회의 주최자나 고객의 요구에 따라 생산적이고 공정한 회의 결과에 도달하는 데 필요한 모든 절차다.[28] 이는 집단 내의 의사결정이 원만하게 합의에 이르도록 회의를 설계하고, 갈등을 중재하고, 참여를 독려하는 전반적인 활동이다. 하지만 이러한 활동을 꼭 회의 과정에만 국한할 이유는

28 https://en.wikipedia.org/wiki/Facilitation_(business)#cite_note-2(검색일: 2023. 5. 25)

없으며 퍼실리테이터facilitator, 즉 촉진자의 의미를 확장해볼 때 기업이 나 단체, 기관, 공동체 등이 역동적으로 움직이면서 더 나은 지향점을 추구할 수 있도록 하는 모든 활동을 포함할 수 있다. 그러나 인문카운슬링 영역에서 이러한 활동에 대한 구체적인 논의는 아직 활발하게 이루어지지 않고 있으며 앞으로 논의가 필요한 부분이다.

앞에서 살펴보았듯이 현장에서 이루어지고 있는 다양한 인문카운슬링 활동은 다양한 영역에서 활발하게 이루어지고 있으며 인문카운슬링 활동이 좀 더 대중화되기 위해서는 일반인들을 대상으로 하는 조언과 티칭, 코칭, 퍼실리테이션 영역에 그 역량을 더욱 집중할 필요가 있다. 또한, 인문카운슬링에 대한 논의가 상아탑에만 머무르지 않고 그 활동이 소수의 엘리트를 위한 교양 쌓기에 그치지 않으려면 좀 더 많은 사람들이 공감하면서 편안하게 다가갈 수 있는 방법론과 접근법에 대한 고민이 필요하다. 이러한 맥락에서 필자가 제안하고자 하는 '놀이 기반 인문카운슬링'은 하나의 대안이 될 수 있을 것이며, 이와 관련된 구체적인 방안은 인문카운슬링의 대상과 방법론 그리고 접근법과 관련된 부분에서 추가로 논의할 것이다.

2
인접 학문과의 관계

인문카운슬링의 정체성을 더욱 잘 드러내기 위해서는 인접 학문과의 관계를 통해 정립해보는 작업이 필요하다. 이에 사람의 마음을 다루는 실천 영역 중에서 가장 대중적인 정신의학 또는 심리치료, 비교적 최근에 등장한 철학상담 그리고 인문치료와 인문카운슬링의 관계를 통해 앞서 정립한 인문카운슬링의 정의를 보완할 것이다. 미리 밝혀두자면 철학상담, 인문치료, 인문카운슬링 등의 활동은 기존의 심리치료와는 대척점 또는 상호보완적 관계를 형성하고 있지만, 서로 간에는 거의 유사하게 다루어지고 있는 것이 사실이며 특히 실천현장에서는 더욱 그러하다. 따라서 정신의학 또는 심리치료와의 차이점을 논함에서는 유사 영역 중 가장 논의가 활발하게 이루어지고 있는 철학상담에 대한 내용을 적극적으로 활용하는 방식으로 논의의 효율성을 높일 것이다. 하지만 인문카운슬링이 철학상담 또는 인문치료와 비교했을 때 그 정체성을 확보할 수 있는 영역도 존재하기에 서로 간의 논의에서는 유사점과 함께 인문카운슬링의 차별점도 살펴보도록 하겠다.

1) 정신의학 또는 심리치료와의 관계

(1) 정신의학 또는 심리치료의 한계

오랜 기간 인간의 마음 문제를 다뤄온 인문학과 심리치료는 오늘날에 와서는 완전히 분리된 듯 보인다. 오늘날 심리치료는 '의학적 심리치료'에만 국한되는 듯 받아들여지고 있지만, 심리치료psychotherapy는 영혼, 호흡, 성격을 뜻하는 'psukhe'와 돌보다라는 뜻을 가진 'therapeuein'이 합쳐진 그 어원에서도 알 수 있듯이 의학적으로 정의된 질병을 치료하는 것을 넘어 영혼과 호흡을 돌보는 활동을 포함하며, 근대에 이르러 학문의 분화와 함께 심리치료 영역이 별도의 학문으로 분리되기 전에는 종교인이나 철학자 또는 무당 같은 주술사들이 그 역할을 담당하고 있었다고 볼 수 있다.

위와 같은 역사에도 불구하고 근대 과학혁명 이후 인과법칙에 입각한 자연과학적 결정론이 물질세계뿐만 아니라 인간의 정신세계도 움직이는 유일한 원리로 자리 잡아가게 되었으며, 이러한 시류時流는 인간의 마음 문제를 억압된 무의식의 작용으로 보는 프로이트의 정신분석적 입장이나, 유형적인 행동양식의 결과로 보는 파블로프나 스키너의 행동주의적 입장, 더 나아가서는 인간 정신 문제의 요인을 유전적 결함이나 뇌의 생화학적 이상에서 찾는 생물학적 입장을 강력하게 지지하면서 심리치료 영역을 '의학적 심리치료'에 더욱 국한되도록 만들었다.[1]

---

1 김석수 외, 『왜 철학상담인가?』, 서울: 학이시습, 2012, 317~320쪽 참조.

하지만 야스퍼스의 지적처럼 인간을 대상화하고 객관화함으로써 의사와 환자 사이에 실존적인 상호소통이 가능하지 않은 기존의 '의학적 심리치료'로는 내담자 스스로 실존적 결단을 하도록 이끌어내는 데 근본적으로 한계가 있다.[2] 정신과 의사이기도 했던 야스퍼스는 『기술시대의 의사』[3]를 통해 의학을 기반으로 한 정신분석과 심리치료에 대해 신랄하게 비판한다. 그에 의하면 정신분석의 오류는 첫째, 의미이해와 인과적 설명의 혼동이다. 이러한 혼동은 인간의 자유조차 하나의 인식될 수 있는 대상처럼 다루어 자유를 침해하는 결과를 낳게 된다. 둘째, 치료의 효과가 의심스럽다는 점이다. 실상 정신분석 과정에서 환자들의 만족은 '치유'로 기술될 만큼 그리 좋지는 않다. 그리고 마지막으로 정신분석의 접근 가능성에도 문제가 있다. 사람들은 대부분 고통을 겪는다고 해서 정신분석에 접근하여 이를 통해 문제를 해결하는 것은 아니기 때문이다. 이러한 오류는 인간의 정신적 문제 또한 과학적 방법으로 분석 가능하며 인과적 설명을 수반하는 기술로 모두 해결 가능하다고 보는 믿음에서 기인한다.[4]

또한, 야스퍼스는 심리치료의 한계를 명확하게 지적한다. 심리치료 과정에서 의사는 본능적으로 자신과 환자에게 안정을 가져다주는 권위에 집착하게 된다. 하지만 그 권위는 가상의 확실성에서 나온 것이기 때문에 의사는 자신과도 순수하게 거리를 둬야 하는데, 이것은 불

---

2 이철우, 앞의 논문, 2017, 126쪽.

3 『기술시대의 의사』는 1958년 비스바덴에서 열린 독일 자연과학자와 의사학회에서 발표한 강연으로 『임상 주간지』(1958)에 게재되었고, 이후 『철학 논문』(프랑크푸르트·함부르크, 1967) 등에 수록되었다(카를 야스퍼스, 『기술시대의 의사』, 김정현 역, 서울: 책세상, 2010, 164쪽 참조).

4 같은 책, 85~86쪽 참조.

가능하다는 것이다. 그리고 권위를 지키기 위해서는 환자를 인간 전체로 객관화하고 진료의 대상으로 보아야 하는데, 이 또한 불가능하다. 진정 필요한 것은 계획되고 연출된 것을 넘어서는 실존적 상호소통이다. 즉, 가상의 확실성에 기댄 권위에 의존하는 심리치료로는 치료 과정에서의 불안감을 일시적으로 해소해줄지는 몰라도 본질적인 치유가 일어날 수 없다.[5] 또한, 그는 심리치료에 대해 진료의 목적에 도달하는 관점에서도 두 가지 한계를 지적한다. 먼저 심리치료는 삶 자체만이 제공하는 것을 대체할 수는 없다. 객관적 · 이론적 · 권위적으로 묶여 있는 심리치료는 삶 자체만이 가져다주는 공동체에서의 연륜에 따른 사랑의 상호소통이나 책임 있는 과제 등을 가져다줄 수 없다. 그리고 심리치료는 한 인간의 존재 방식의 태생적 성격의 저항으로 인해 그것을 바꾸려는 시도는 헛된 것이 되고 만다.[6]

매리노프는 또한 심리치료가 물리학 같은 자연과학과 달리 타당한 법칙이 존재하지 않음에도 당면한 문제의 원인을 밝히는 것에 지나치게 집착한다는 점을 지적한다.[7] 이러한 견해는 인과적 설명으로 인간을 대상화하여 다루려고 하는 것에 대한 야스퍼스의 비판과도 유사한 입장이라고 볼 수 있다. 우리가 삶에서 겪는 경험은 매우 다양하고, 각자의 세계관이 다른 만큼 우리가 고통을 겪는 상황에 대한 원인을 몇몇 사건이나 상황으로 돌리는 것은 오히려 혼란을 줄 수 있다. 그리고 그는 원인을 밝혀내는 것이 반드시 그 문제를 해소하는 데 도움을 주는 것인가에 대해서도 회의적이다. 또한, 매리노프는 심리치료가 지나치

5 같은 책, 119~123쪽 참조.
6 같은 책, 132~133쪽 참조.
7 매리노프, 『철학으로 마음의 병을 치료한다』, 49~50쪽 참조.

게 의학 모델을 따르려고 하며 '정신병'을 진단하고 처방하는 것과 '질병화(즉, 약물 처방)'하는 데 치중한다는 점을 문제점으로 지적한다. 야스퍼스와 매리노프가 지적한 치료자의 일방성과 약물 처방의 남용과 관련해서 김석수(2009)는 "일방성이 지배하거나 이익과 손해라는 시장논리가 지배하게 되면 상담은 그 본래의 목적을 상실하기 십상이다. 상담이 전문가의 권위나 부를 위한 도구로 전락한다면 이미 그 자체가 고통을 낳는 현장이 되지 않을 수 없다"[8]라고 이야기하며 심리치료를 위한 상담이 본래의 정신에 충실해야 함을 강조한다.

이처럼 의학적 심리치료로 국한되어버린 심리치료는 권위에 기반한 치료자와 환자의 관계에서 그리고 인과론에 기반한 진단과 처방의 일반화에서 많은 한계를 드러내고 있다. 하지만 그러한 한계에도 불구하고 오랜 시간 동안 독립적인 학문의 틀을 정립해왔고 다양한 임상 사례를 통해 그 진단법과 방법론을 체계화해온 것은 주목할 만한 사실이다. 즉 의학적 심리치료와 인문카운슬링 및 철학상담, 인문치료 등 인접 학문과의 관계 또한 협력적 방안을 모색해야 한다는 논의는 매우 다양하게 이루어지고 있다. 따라서 의학적 심리치료의 한계를 극복하기 위해 상호보완의 길을 걸을 수밖에 없는 인문카운슬링의 정체성과 방법론을 의학적 심리치료와의 차이점을 중심으로 비교해보도록 하겠다.

8 김석수, 「심리치료와 철학상담의 발전적 관계에 대한 모색」, 『사회와 철학』 17, 사회철학연구회, 2009, 73쪽 참조.

(2) 의학적 심리치료와 인문카운슬링의 차이: 유사 영역인 철학상담과의 차이를 중심으로

인문카운슬링에 대한 독립적인 논의가 이제 막 시작되고 있는 단계에서 체계적으로 정립된 의학적 심리치료와의 차이를 논하는 것은 많은 부분에서 메워지지 않는 공간이 존재한다는 한계가 있다. 이러한 공간을 메우기 위해 앞서 인문카운슬링의 정의에서부터 인근 영역으로 다루어온 철학상담 영역에서의 논의를 적극적으로 활용하고자 한다. 철학상담 또한 그 정체성을 확립하기 위해 의학적 심리치료와의 차이에 대한 논의가 활발하게 이루어지고 있는 만큼 이러한 결과물에 인문카운슬링에 대한 내용을 추가하는 것은 논의의 효율성을 높일 수 있을 것이다.

철학상담의 정체성에 대한 많은 주장이 있음에도 대부분 기본적으로, 그리고 암묵적으로 동의하는 철학상담과 의학적 심리치료와의 차이점은 분명히 존재한다. 이것은 주로 철학상담이 추구하는 목적과 다루는 대상 그리고 방법론과 기대하는 효과에 대한 차이이다. 하지만 철학상담의 정의와 정체성에 대한 논의도 아직 완전한 합의에 이르지 못한 만큼 이러한 차이가 절대적인 것은 아니다. 그럼에도 그 차이점이 일반적으로 그리고 본질적으로 다른 부분이라는 점에는 동의하며 지금부터는 그 차이점에 대해 살펴보도록 하겠다.

첫째, 철학상담은 심각하고 특수한 질병에 해당하는 사안에 대해서는 의학적 심리치료와의 역할을 구분한다. 마음의 병에는 두 가지 유형이 있다.[9] 선천성 우울증, 조증, 강박증, 편집증과 같이 뇌를 비롯한 신경계의 물리적 결함이나 기능적 장애로 인해 마음의 병을 앓고 있는 환자들은 의학적 수술이나 약물치료가 도움이 될 수 있다. 하지만 신경생리적 원인이 아니라 자아관, 세계관, 사회적 관계, 삶의 의미, 가치 선택 등 인간 존재와 실존 때문에 '철학적 병'을 앓고 있는 사람들은 존재론, 인식론, 윤리학, 미학 등 철학 각 분야의 도움으로 치유가 가능하다는 것이다.[10] 즉, 철학상담이 다루는 대상은 아래의 예시와 같은 '철학적 병'이라고 할 수 있다.

- 존재론적 병: 실존적 허무, 세계관의 혼란
- 인식론적 병: 무지의 무지, 지식의 오용
- 논리적 병: 논리적 오류, 억지
- 윤리적 병: 도덕적 판단의 혼란, 앎과 행동의 괴리
- 미학적 병: 미적 가치판단의 혼란, 미적 가치에 대한 불감증[11]

인문카운슬링의 역할 또한 정상인을 포함한다는 점에서 심각하고 특수한 질병을 앓고 있는 '환자'의 치료를 그 역할로 하는 의학적 심리치료와는 차이가 있다. 향후 다양한 방법론이 발전한다면 질병을 앓고 있는 환자들에 대해 의학적 치료와 병행하는 방식으로 인문카운슬링이 그 역할을 감당할 수는 있겠으나 많은 노력과 충분한 논의가 필요한 부

9 마음의 병을 두 가지로 나누자면 의학적 병과 철학적 병으로 나눌 수 있는데, 철학적 병이라는 개념이 학문적으로 사용된 것은 엘리엇(Eliot, 1998)과 김영진(2004) 등에 의해서다(이영의, 「논리중심치료의 철학치료적 성격」, 『범한철학』 65, 범한철학회, 2012, 150쪽).

10 같은 논문, 같은 쪽.

11 같은 논문, 같은 쪽.

분임에는 틀림이 없다. 오히려 인문카운슬링이 주목해야 할 역할은 위에서 언급한 소위 '철학적 병'을 치유하는 데 도움을 주는 것과 더불어 인문카운슬링의 중요한 역할인 조언과 코칭, 티칭, 퍼실리테이션을 통해 주체적인 삶과 창조적이고 생명력 넘치는 삶을 추구하도록 돕는 것이다.

둘째, 철학상담의 대상인 '철학적 병'을 앓는 사람은 정신의학이나 심리치료에서 이야기하는 소위 '환자'가 아닌 정상인이다. 의학적 심리치료는 정신질환이나 조현병 같은 병리학적 질병을 앓고 있는 사람들을 대상으로 한다. 하지만 철학상담은 의학적 심리치료처럼 전문적인 의사나 심리치료사의 도움이 필요한 정신병자가 아니라 자기치료를 위해 준비된 모든 사람을 대상으로 한다.[12] 따라서 철학상담은 대중을 대상으로 발달적 또는 예방적 목적으로 행해질 수 있으며 라베가 이야기했듯이 교육의 영역으로 확장도 가능하다. 하지만 그럼에도 철학상담은 기존의 심리치료에 대해 상호보완적 입장에서 철학적 토대에 대한 반성, 그리고 치유과정에서 요구되는 철학적 문제 제기와 해결안을 제시하며 이에 대한 수용을 요구한다.

인문카운슬링의 대상이 '환자'에 국한되지 않고 '정상인'을 포함한다는 것은 철학상담의 대상과 같다고 할 수 있다. 철학상담 또한 그 영역을 대중을 대상으로 하는 교육에까지 확장해야 한다는 주장도 있는 만큼 그 부분에 대해서는 인문카운슬링과 철학상담이 거의 차이가 없다고 볼 수 있다. 더불어 인문카운슬링은 아직 실천적인 활동이 부족하지만, 그 역할과 정의에서 조언과 퍼실리테이션 영역을 주목해볼 때

---

12 루츠 폰 베르더, 『치유』, 김재철 외 역, 대구: 경북대학교 출판부, 2017, 20쪽 참조.

원만한 합의에 이르고자 하는 기업, 단체까지 아우를 수 있다는 점에서 좀 더 다양한 대상에 대해 열려있다고도 볼 수 있다.

셋째, 기존의 심리치료는 당면한 문제를 해소하여 사회적인 능력을 획득하는 것을 중요하게 생각하지만, 철학상담은 그것을 넘어서서 의미 추구와 자기 자신에 대한 초월을 목표로 한다. 베르더의 이러한 주장은 철학상담 방법론인 매리노프의 PEACE모델[13]이나 라베의 네 단계 모델[14]에도 잘 나타나 있다고 할 수 있다. 즉 철학상담의 방법론은 매우 다양하지만, 그것이 궁극적으로 추구하는 목적이 철학상담에 참여한 참여자가 갖고 있는 현재 마음의 문제를 해결하는 것에 그치지는 않는다는 공통점을 갖고 있다.

인문카운슬링의 목적 또한 당면 문제 해소나 사회적 능력의 획득에 그치지 않는다는 점에서 철학상담과 동일하다. 인문카운슬링에서 이야기하는 조언과 조력을 통한 더 나은 지향점은 반드시 우리가 살아가는 사회가 규정한 방향을 의미하는 것은 아니다. 지향점은 인문카운슬링 참여자 스스로 정하는 것이며 그 과정에서 인문카운슬러는 도움을 주는 것이다. 또한, 인문카운슬링의 정의에서 더 나은 지향점을 '추구'한다는 것과 인문실천의 '과정'이라는 의미는 온전한 상태에 도달하는 것이 최종 목적은 아니며 끊임없이 성찰하고 주체적으로 살아가고자 하는 일종의 생명력이 더 중요하다는 이야기다. 이것은 철학상담에서 이야기하는 의미 추구와도 연관이 있다.

---

13 Problem(상담해야 할 문제 설정) → Emotions(문제에 대한 정서적 반응) → Analysis(선택 가능성에 대한 철학적 분석) → Contemplation(편견에서 벗어나 내면적 자유와 거리를 두는 전체 관찰) → Equilibrium(다양한 주장을 관찰해 도달한 마음의 균형, 중용)

14 자유롭게 떠들기 → 당면 문제 해결 → 의도적 행위로서의 교육 → 초월(Transcendence)

넷째, 철학상담은 학파의 한계와 방법론적으로 제한된 영역을 넘어선다. 그 대신에 철학상담은 명상, 육체적 활동, 글쓰기를 통한 자기사유, 자신의 생철학 정립 같은 초개인적인 방법을 요구한다.[15] 이는 철학상담에 일정한 방법론이 없다고 주장한 아헨바흐의 견해와도 일치한다. 물론 아헨바흐의 이러한 '방법 초월적 방법'은 이론을 한정하지 않은 채로 두는 것이, 그리고 그 실천에도 모든 해석의 여지를 남겨두는 것이 더 낫다는 의미이며, 철학상담을 위한 아무런 방법도 존재하지 않는다는 것을 의미하지는 않는다. 왜냐하면, 아헨바흐에게는 단지 이론적인 지식을 다루는 것이 아니라 삶과 현장에서 철학적 지식을 실천적으로 사유한다는 의미를 지닌 '철학 함'이 철학상담의 핵심적 방법이기 때문이다.[16]

인문카운슬링 또한 방법론에서 특정한 방식을 고집하거나 영역을 제한하지 않는다. 기존의 문학치료, 복지상담, 철학상담은 물론 심리치료의 장점까지 적극적으로 수용하고 융합한다는 것이 인문카운슬링의 장점이기도 하다. 인문카운슬링에서 특정한 방법론을 제한하지 않는다는 것은 해석의 여지를 남겨둔다는 의미도 있지만, 다양한 시도를 통해 시사점을 발굴하고 이를 축적하여 점진적으로 발전해나가는 것을 기대한다고 볼 수 있다. 참여자들에게 실용적이고 근본적인 도움을 주는 것을 목적으로 하는 인문카운슬링은 점차 체계적으로 방법론을 정립해나가야 할 상황에 놓여있기 때문이다. 하지만 방법론을 정립해나간다는 것이 여타의 방법론을 제한한다는 의미는 아니며, 방법론의 지속적이고도 체계적인 발전을 위해서는 오히려 방법론을 제한하지

15 베르더, 『치유』, 21쪽 참조.

16 이철우, 앞의 논문, 2017, 135~136쪽 참조.

말아야 한다.

다섯째, 철학상담은 예방할 수 있거나 차후에도 치료를 받을 수 있는 자기치료에 집중되어 있다. 가능한 한 철학상담은 광기의 사회에서 정신이상이 되는 것을 막고, 심리치료제 없이 세상의 고통을 철학적으로 덜어주고자 한다. 이는 라베가 주장하듯이 철학상담이 내담자 중심적이고 대화를 중시한다는 점에서 그 근거를 찾아볼 수 있다. 철학상담을 통해 내담자는 상담자와 철학적 대화를 하면서 자신의 문제가 무엇인지를 근본적으로 성찰함으로써 스스로 문제의 답을 찾아나갈 수 있다. 철학실천의 선구자 격인 소크라테스가 그의 대화법(산파술)을 통해 상대방에게 스스로 철학적 성찰에 이를 수 있도록 질문을 던지며 대답을 유도한 것은 모든 사람은 스스로 철학을 할 수 있는 능력이 있으며, 스스로 성찰하는 훈련이 축적된다면 이후에 마음의 문제가 발생하더라도 다시금 자신의 문제가 무엇인지를 근본적으로 성찰함으로써 이를 치유할 수 있다는 믿음이 그 바탕에 있는 것이다.

참여자 스스로 문제를 해소할 수 있다고 보는 것은 인문카운슬링에서도 마찬가지다. 조언, 조력, 도움의 의미를 포함하고 있는 인문카운슬링의 정의에서도 알 수 있듯이 인문카운슬링 활동은 인과적인 해결법도 아니며 해소방안을 제시해주는 활동도 아니다. 다만 참여자 스스로 삶의 주체성과 창조성, 생명력을 회복할 수 있도록 다양한 인문학적 콘텐츠와 인문학의 사유방식을 접할 기회를 제공하는 것이라고 할 수 있다.

이상으로 살펴보았듯이 철학상담의 이론과 방법론에서 의학적 심리치료와의 비교를 통해 그 차이점을 드러냄으로써 고유성을 확립하는 작업은 앞으로도 지속적으로 논의되어야 할 부분임에 틀림이 없다.

하지만 여러 철학실천 분야의 학자들이 이미 고민하고 있듯이 양자 간의 발전적인 관계 또한 많은 논의가 필요한 시점이다. 또한, 앞서 논의한 의학적 심리치료와 철학상담의 차이점 중 일부는 시간이 지날수록 서서히 설득력을 잃어가는 것도 사실이다. 기존의 심리치료 영역에서도 내담자를 존중하고 대화를 중시하며, 문제의 진단을 통해 치료하는 차원을 넘어 자아실현을 추구하고 있기 때문이다.[17] 방법론에서도 한 가지 방법만 고집하기보다 철학상담의 고유성과 장점을 살리면서도 기존 심리치료의 장점을 적극적으로 받아들이는 상담의 구조화 모형[18] 같은 여러 방법을 적용해야 한다는 주장도 나오고 있다. 이러한 관점에서 인문카운슬링 역시 철학상담과 함께 기존 심리치료와 발전적인 관계를 모색하면서 그 정체성을 확립할 필요가 있다.

2) 철학상담, 인문치료와의 관계

(1) 철학상담과의 관계

먼저 논의에 앞서 철학상담의 정체성 문제는 아직 합의에 이르지 못하고 있을 만큼 철학상담 학자마다 의견이 분분한 상황임을 밝혀둔다.

---

17 김석수, 앞의 논문, 2009, 84쪽 참조.

18 의학적 심리상담에서의 정형화된 상담 방법론에서 착안한 것이다. 철학상담에서 상담의 큰 틀에 대해서는 철학상담의 정형화된 방법으로 라베의 방법, 매리노프의 방법, 베커의 방법 등을 적용(선험적 분석틀)하고, 상담과정에서의 디테일한 측면들은 아헨바흐가 주장하는 방법 초월적 방법(출현하는 분석틀)을 적용하는 모형이다(이철우, 앞의 논문, 2017, 146쪽 참조).

하지만 앞서 살펴본 바와 같이 철학상담과 심리치료의 차이를 논하는 과정에서 철학상담의 정체성은 상당 부분 다루었으며 점차 정립되어 가고 있다는 것을 알 수 있었다. 인문카운슬링의 정체성을 밝히는 과정에서 철학상담과 인문카운슬링의 관계를 논하는 것은 두 영역이 공유하고 있는 요소들이 매우 많고 서로 밀접하다는 것을 고려해볼 때 중요한 작업이다. 하지만 동일한 이유에서 인문카운슬링과 철학상담의 관계는 의학적 심리치료와의 차이를 논하는 부분이나 이후에 다룰 인문카운슬링의 방법론, 대상, 목적 등 여러 관점에서 중복으로 서술될 가능성이 있다. 따라서 지금부터는 중복적인 부분을 제외한 나머지 부분에서 제한적으로 인문카운슬링과의 관계를 논해보도록 하겠다.

먼저 철학상담의 정의와 관련해서는 피터 B. 라베에 의하면 철학상담의 주도적인 정의 방식인 부정적 정의antinomous인데, 그것은 "철학상담이 무엇이 아닌가를 설명함으로써 그것을 정의하고자 하는 시도"[19]다. 철학상담과 심리상담의 차이를 통해 철학상담을 정의하려는 철학상담사들은 슈스터Shlomit Schuster, 아헨바흐, 매리노프Lou Marinoff 등이 있다. 슈스터는 철학상담을 "심리학과 철학의 교배로 출생한 잡종이 아니다"[20]라고 이야기하며 철학상담을 심리학과 완전히 구분 지으려 했으며, 아헨바흐는 양자의 차이를 구별하여 그 고유성을 드러내고자 하면서도 완전한 분업이라기보다는 협업과 경쟁의 변증법적 관계로 보았다.[21] 매리노프는 철학상담이 다른 형태의 치료와 극단적으로 대립한다고 보지 않았지만, 차별성을 부정한다기보다 철학상담의 입장에

19 피터 B. 라베, 『철학상담의 이론과 실제』, 김수배 역, 서울: 시그마프레스, 2010, 2쪽.
20 같은 책, 22쪽.
21 이철우, 앞의 논문, 2017, 120쪽.

서 다른 치료들을 수용할 수 있다는 입장으로 해석된다.[22]

반면 철학상담에 대해 실질적인 정의를 내리는 라하브Ran Lahav나 라베Peter B. Rabber 같은 철학실천가들도 있다. 라하브는 철학상담의 다양한 접근법 사이에 공통점이 존재하며, 이러한 공통점은 철학상담의 본질을 명료하게 할 수 있다고 보았다. 라하브는 "철학상담은 좀 더 명료하게 내담자 자신과 실재에 대한 개념을 이해하기 위해 다양한 일상 태도에서 드러나는 철학적 함축을 탐색하며, 내담자의 행동, 감정, 선호, 희망 등에서 표현되는 세계관을 펼쳐 보이는 데 그 목적이 있다"[23]라고 이야기한다. 따라서 그에게 철학상담은 '내담자가 삶의 양식으로 표현하는 세계관을 해석하도록 돕기 위한 접근법'으로 특정된다. 라베 또한 부정적인 정의 방식은 기존 심리치료와의 차이점을 강조하는 반면 유사점은 거의 무시함으로써 심리치료나 철학상담 모두에 관한 정확한 설명을 할 수 없다고 비판[24]하면서, 철학상담의 고유성에 대해서는 "제빵업자가 훈련을 통해서 버스 기사와는 다른 직업에 종사하게 되는 것처럼, 철학상담사도 훈련을 통해서 심리치료사와는 다른 전문성을 지니게 된다"[25]며, 상담사의 철학적 준비를 강조한다. 그에 의하면, 더 효과적인 구분방법은 의도적인 교육과정을 철학상담의 한 단계로서 수용하는 일이고 이를 통해 철학상담의 최우선적인 의도가 내담자의 추론 능력을 향상시켜 자율성을 고취시키는 데 있다고 주장한다.[26]

방법론에서도 의견이 분분하기는 마찬가지인데, 현대적 철학상담

---

22 이진남, 앞의 논문, 2011, 26쪽 참조.

23 랜 라하브, 『철학상담의 이해와 실천』, 정재원 역, 서울: 시그마프레스, 2013, 9쪽.

24 라베, 『철학상담의 이론과 실제』, 2쪽.

25 같은 책, 333쪽.

26 같은 책, 같은 쪽 참조.

운동의 창시자로 인정받는 아헨바흐는 "철학상담은 어떤 분명하게 한정된definite 방법에 의해 특정 지어지지도 않고 그래서도 안 된다"[27]라고 주장한다. 왜냐하면 이론을 한정 짓지 않고 열어두고 실천에도 해석의 여지를 남겨두는 것이 더 낫다고 보았기 때문이다. 하지만 이러한 아헨바흐의 입장에 대해 철학자인 이다 용스마Ida Jongsma와 드라이스 뵐레Dries Boele는 철학상담의 경계와 내담자에게 줄 수 있는 것이 분명하지 않으면 철학상담에 대해 이야기하는 것이 불가능할 것이며, 어떤 방식이든 괜찮다는 식의 태도를 취한다면 전문성을 인정받지 못할 것이라고 비판한다. 이렇듯 철학상담의 정의나 방법론에 대해서는 매우 다양한 견해가 존재하며 아직 그 합의점에 이르지 못한 것으로 보이지만, 대부분의 철학실천가들은 기존의 심리치료와는 일반적으로 그리고 암묵적으로 동의하는 본질적인 차이가 있다는 것은 인정한다.

현대적 의미의 철학상담의 역사는 국내외를 막론하고 그리 오래되지는 않았다. 1981년 독일의 아헨바흐가 철학상담소를 개설한 이후 미국의 매리노프나 캐나다의 라베 같은 철학상담 전문가들이 등장하기 시작했고, 우리나라에서 철학상담이 연구되기 시작한 것은 1990년대에 들어와서다.[28] 애초에 철학상담이 시작된 것은 철학 본연의 가치를 회복하는 것과 관계가 깊다. 고대 그리스의 아고라에서 자신의 철학을 펼쳤던 소크라테스 이후 철학은 삶과 밀접한 관계가 있는 학문이었다.

---

27 같은 책, 4쪽.

28 이진남(2011)은 1993년 3월 김영진이 『철학과 현실』에 발표한 「임상철학을 위하여」가 국내에서는 이 분야 최초의 연구라고 보았다. 이후 철학상담연구회(2007), 철학상담치료학회(2009), 철학상담학회(2023) 등을 중심으로 연구와 임상활동이 활발하게 이루어지기 시작했으며, 일부 대학에서는 해당 분야의 전공으로 대학원 과정도 개설되어 학위자를 배출하고 있다(이진남, 「철학상담의 정체성과 심리상담」, 『동서사상』 10, 경북대학교 인문학술원, 2011, 132쪽 참조).

매리노프는 "철학은 원래 보람 있는 생활의 방편이었지 학문상 과목이 아니었다"[29]라고 이야기하며 철학의 실천성을 강조했다. 하지만 19세기 이후 강단 철학의 등장으로 철학은 삶과 동떨어진 채 상아탑 속에 갇혀 사람들과 삶으로부터 외면받기 시작했다는 문제의식에서 철학실천운동이 등장하게 된다.

국내에 '임상철학clinical philosophy'이라는 개념과 관련된 의미 있는 화두를 던진 김영진(1993)은 "철학적 병은 눈에 잘 뜨이지는 않지만, 이웃과 사회에 엄청난 고통과 정신적 병을 가져온다. 그러기에 특별한 치료와 해결책이 필요하다. 그리고 이러한 치료와 해결을 위해 바로 임상철학이 필요하다. 마치 심리학이 옛날과 달리 이론 중심의 심리학에서 임상심리학clinical psychology으로 발달한 것처럼, 이제 철학도 지금까지 해오던 방식대로 순수이론이나 전체적인 개관에만 매달려 있을 것이 아니라 현실적이고 구체적이며 또한 개별적인 철학적 문제를 발견(진단)하고, 처방하고, 그리고 해결해야 할 것이다"라며 철학이 삶의 문제를 해결하는 데 적극적으로 나서야 함을 역설한다. 즉, 철학상담의 시작은 국내외를 막론하고 이론에만 머물러 있던 철학을 삶의 현장으로 끌어내려야 한다는 요구에서 시작되었다.

인문카운슬링이 국내에 등장한 것은 철학상담보다 훨씬 뒤의 일이다. 2016년 인문카운슬링센터의 설립과 다음 해 학부에 인문카운슬링 융합전공이 개설된 이후 2019년 대학원 과정이 개설되면서 관련 연구와 활동이 이제 막 시작되고 있다. 이것은 인문학의 열풍과 융합의 트렌드에 편승한 것으로 읽힐 수도 있지만, 실제로는 인문학이 가진 본

29 매리노프, 『철학으로 마음의 병을 치료한다』, 24쪽.

래의 실용성을 되찾고자 하는 시도로 보아야 한다.[30] 즉, 삶과 밀접한 관련이 있었던 철학과 인문학 본래의 가치를 회복해야 한다는 요구와 동기는 철학상담이나 인문카운슬링에 동일하게 요청된 것이다. 아울러 철학과 문학, 수학, 기하학 등의 학문의 뿌리가 각각 다르지 않으며 강단의 철학자가 등장하기 전에는 다양한 학문영역을 포괄하는 실천가들이 많았다는 것을 고려해볼 때 고대에도 이미 인문카운슬링이 실천되고 있었다고 볼 수 있다.

철학상담과 인문카운슬링은 그 정의와 방법론에 대한 논의가 매우 다양한 관점으로 열려있어 무한한 가능성을 품고 있다는 점을 고려할 때 구태여 두 영역의 차이점에 대해 불필요한 논쟁을 할 필요는 없다. 두 영역 모두 철학과 인문학 본연의 가치를 회복하고자 한다는 관점에서 추구하고자 하는 바가 같으며, 이론에 머무르는 것이 아닌 삶으로 내려와 실천하고자 한다는 점에서 접근법이나 방법론에서도 큰 차이가 없다고 할 수 있다. 다만 각각의 활동이 실제 실천의 현장에서 이루어질 때 강화하고자 하는 부분은 다를 수 있으며 이는 본질적인 차이가 아닌 나름의 고유성을 세워보려는 시도이자 선택의 차이로 보아야 한다.

(2) 인문치료와의 관계

인문치료[31]는 철학상담과 함께 최근에 등장한 실천활동이다. 최희

30 배정순, 앞의 논문, 2017, 13~14쪽 참조.

31 최희봉에 의하면 인문치료(Humanities Therapy)는 새롭게 등장한 인문학의 실천분야이며, 2007년 강원대학교 인문과학연구소를 중심으로 '인문한국 인문치료(Humanities Korea: Humanities Therapy)' 사업단이 공식 출범했다(최희봉, 「철학상담을 통해서 본 인문치료」, 『대동철학』 53, 대동철학회, 2010, 380쪽 참조). 이후 2009년 인문치료학회가

봉(2010)은 인문치료에 대한 개념을 정립하기 위해 철학상담과의 비교를 시도했다. 그는 인문치료의 정의에 대해 "인문치료란 인문학적 정신과 방법으로 마음의 건강과 행복한 삶을 위해 인문학 각 분야 및 연계 학문들의 치료적 내용과 기능을 학제적으로 새롭게 통합하여 사람들의 정신적 · 정서적 · 신체적 문제들을 예방하고 치유하는 이론적 · 실천적 활동이다"[32]라는 기존의 내용을 보완하여 아래와 같이 재정의한다.

> 인문치료란 행복한 삶과 마음의 건강을 추구하는 인문학 실천의 정신을 구현하기 위해, 인문학 및 그 관련 학문들의 치료적 소재와 효능을 학제적으로 통합하여, 개인 또는 집단이 겪는 마음의 고통이나 불편함을 예방하고 치유하는 이론적 · 실천적 활동이다.[33]

최희봉에 의하면 인문치료의 정의에서 쉼표로 구분된 문장은 각각 인문치료의 목적, 방법 그리고 대상에 해당한다. 또한, 그는 인문치료의 개념 정립을 돕기 위해 지형도를 제안했다. 이 지형도를 이해하기 위해서는 이진남(2011)이 제안한 '철학상담과 관련된 명칭과 체계'를 먼저 살펴볼 필요가 있으며, 그것은 〈그림 1〉과 같다.[34] 단, 다음과 같은 분류는 합의에 이른 견해는 아님을 밝힌다.

설립되었으며 인문치료센터도 운영 중이다(http://www.humantherapy.co.kr/2018/).

32 강경선 외, 『인문치료』, 강원대학교 출판부, 2009, 20쪽.

33 최희봉, 앞의 논문, 2010, 390쪽.

34 이 체계는 이진남이 그전에 제시한 체계를 수정 보완한 것이다(이진남, 앞의 논문, 2011, 141쪽 참조).

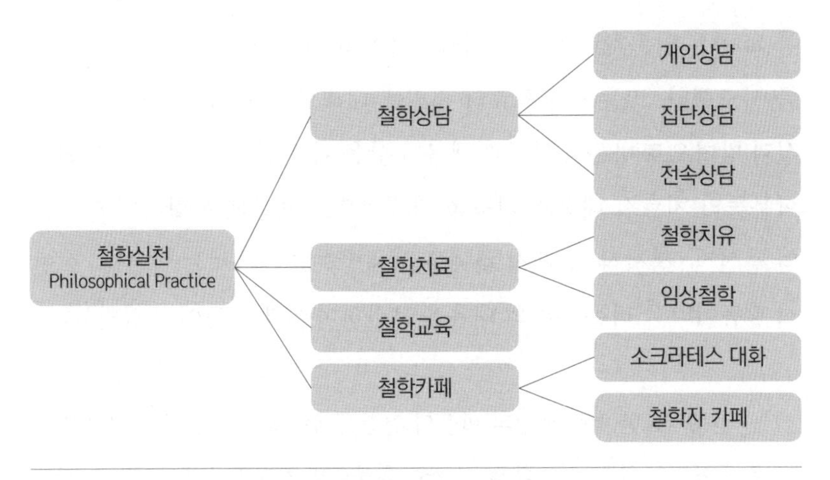

그림 1. 철학상담과 관련된 명칭과 체계 개념도

이진남에 의하면 위의 개념도에서 철학실천은 "철학으로 삶의 구체적인 문제들을 풀어가는 과정으로 철학상담, 철학치료, 철학교육, 철학카페를 아우르는 가장 종합적이고 광범위한 범위이다."[35] 그리고 철학상담은 "내담자가 상담사의 도움을 받아 자신의 철학적 문제를 풀고 철학적 자생력을 기르는 내담자의 자율성을 존중하는 대화의 과정이다."[36] 철학상담에는 일대일로 이루어지는 '개인상담'과 집단을 대상으로 하는 '집단상담' 그리고 기업에 전속되어 기업과 관련한 기업윤리나 직원 상담 등 여러 가지 상담을 해주는 '전속상담'이 있다. 이에 반해 철학치료는 "특정한 방법론을 채택하여 내담자의 증상을 진단하고 이에 맞는 처방을 하는 활동"[37]이다. 여기에는 타인의 철학적 질병을 치료하는 '임상철학'과 자신의 철학적 병을 치료하는 '철학치유'가

35 이진남, 앞의 논문, 2009, 356쪽.
36 같은 논문, 같은 쪽.
37 같은 논문, 357쪽.

있다.[38] 이어서 철학교육은 정규 학교나 교육기관에서 철학 하는 기술을 가르치고 배우는 과정을 의미하며, 마지막으로 철학카페는 "일반인들이 취미로 즐기는 활동으로서 모든 사람들에게 열려있는 집단적으로 철학을 하는 모임이다."[39] 여기에는 며칠씩 합숙하면서 한 주제에 대해 정의를 내리는 소크라테스 대화나 카페에 모여서 한 주제에 대해 난상토론을 벌이는 철학자 카페 등이 있을 수 있다. 최희봉은 이진남의 이러한 분류에 이론철학과의 구분을 추가하여 〈그림 2〉 같은 '철학의 이론과 실천 지형도'를 제안한다.[40]

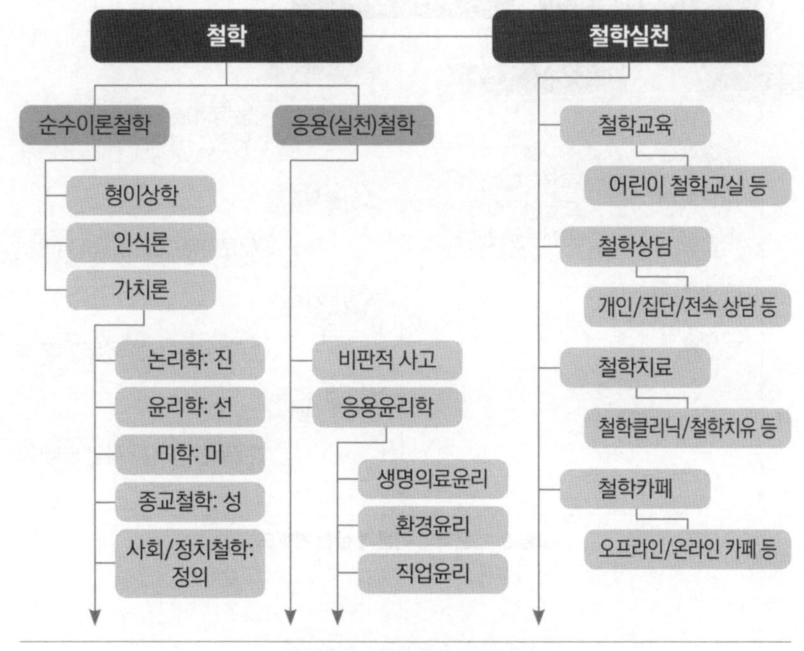

그림 2. 철학의 이론과 실천 지형도

38 이진남은 임상철학을 하거나 철학치유의 기술을 가르치는 사람을 '철학치료사(Philosophical Therapist)'라고 부르고 별도의 자격증이 부여되어야 한다고 보았다.

39 같은 논문, 358쪽.

40 최희봉, 앞의 논문, 2010, 388쪽 참조.

최희봉이 철학이론과 실천에 관한 지형도를 제안한 것은 철학상담에 대한 이해를 바탕으로 인문치료에 대해 살펴보려고 한 것이다.[41] 그는 철학상담의 이해를 바탕으로 철학실천에 대응하는 개념인 '인문학 실천Humanistic Practice'이라는 개념을 제안했으며 그 아래에 인문교육, 인문치료, 인문상담, 인문카페를 포함한다. 최희봉은 이진남의 철학상담 체계와 용어 정립을 수용하고 발전시켜 〈그림 3〉 같은 '인문학의 이론과 실천 지형도'를 제안한다.[42]

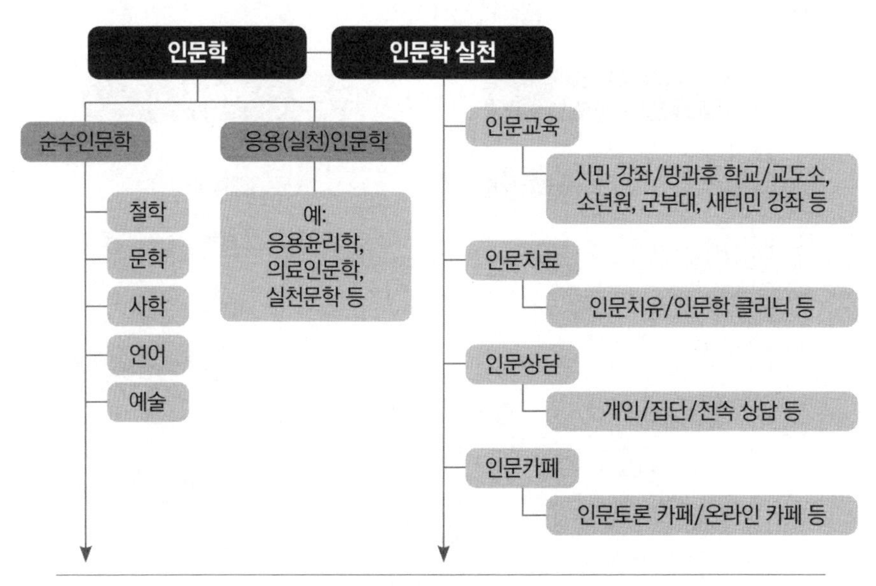

그림 3. 인문학의 이론과 실천 지형도

41 결과물인 지형도에 전적으로 동의하는 것은 아니지만 이와 같이 개념을 정립해나가는 과정은 철학상담, 인문치료와 유사한 영역이자 이제 막 개념을 정립해가고 있는 인문카운슬링의 개념을 정립하는 데 도움을 줄 수 있을 것으로 생각된다.

42 최희봉, 앞의 논문, 2010, 389쪽 참조.

최희봉의 이러한 분류와 '인문학 실천'이라는 용어가 광범위하게 합의에 이르렀다고 보기는 어렵지만, 이에 대해 이진남(2010)은 최희봉의 지형도에 동의하는 한편[43] 철학실천에 대응하는 '인문실천'의 개념을 아래와 같이 설명한다.

인문실천은 인문학 자체를 실천하는 것이다. 위에서 논자는 인문학을 '진정한 인간 본성을 가지도록 가르치는 일', '인간이 스스로의 존재 이유를 따지는 학문', '인간은 본질적으로 어떤 존재인가 하는 문제에 대해 탐구하는 작업'으로 규정한 바 있다. 인문실천은 인문학을 배우고 가르치며 공유하는 사람들이 이러한 탐구 작업 자체를 행하는 것을 말한다.[44]

이렇게 정립된 인문치료에 대한 개념을 인문카운슬링의 개념 정립에 대입해서 생각해볼 필요가 있다. 앞서 필자가 제시한 인문카운슬링의 정의를 다시 한번 살펴보면 "인문카운슬링은 인문학적 가치를 바탕으로 치유뿐만 아니라 개인과 사회가 더 나은 지향점을 추구할 수 있도록 근본적이고 실용적인 도움을 주는 인문실천 활동"이다. 이상의 정의와 더불어 살펴본 '인문학'과 '카운슬링'이라는 용어의 넓은 외연을 고려해볼 때 인문카운슬링은 〈그림 3〉의 지형도에서 '인문학 실천'에 해당한다고 볼 수 있다. 또한 인문카운슬링의 정의에도 이미 포함되어 있는 '인문실천'이라는 용어는 위에서 이진남이 제안한 '인문학 자체를 실천하는 것', 즉 '인간 본성을 추구하고 스스로 존재 이유를 따지

43 이진남, 「소통인문학의 정립을 위한 비판적 제언」, 『대동철학』 53, 대동철학회, 2010, 439쪽 참조.

44 이진남, 「철학실천과 인문 치료」, 『순천향 인문과학논총』 26, 순천향대학교 인문학연구소, 2010, 176쪽.

며 본질적인 존재를 탐구하는 활동 자체'라고 생각해보아도 의미가 통한다.

인문치료를 철학상담과의 비교를 통해 살펴보고자 했던 최희봉은 최종적으로 두 활동이 인문학의 실천 분야로서 거의 같은 색깔을 지닌다고 결론 내린다. 먼저 치유적 효과의 측면에서도 양자는 공통적이며, 그 목적과 대상도 흡사하다고 보았다. 인문치료가 추구하는 '행복'이라는 궁극목적, 이를 위한 '마음의 건강', '고통과 불편함'의 해소는 철학상담의 치유적 효과와 일맥상통한다. 두 활동의 대상 역시 질병으로 진단되는 심각하고 비정상적인 상태보다 일상적 삶의 영위가 가능한 정도에서 사람들이 겪는 마음의 '고통과 불편함'을 주된 대상으로 삼는다는 점에서 동일하다고 보았다. 물론 방법에서 작은 차이는 발견되는데, 이것은 철학적인 것과 인문학적인 것의 차이, 즉 규모와 범주의 차이일 뿐이라고 이야기한다.[45]

이러한 맥락에서 볼 때 인문카운슬링과 철학상담 그리고 인문치료의 차이는 본질적인 것이 아닌 지엽적이고 세부적인 것에서 발견될 뿐이다. 세 가지 활동은 목적과 대상 그리고 방법론에서 큰 차이가 없으며 그 차이는 철학과 인문학의 차이 또는 활동 대상의 영역을 어디까지 넓히냐의 차이에 불과하다. 이 또한 철학을 비롯한 제반 인문학의 뿌리가 다르지 않음을 고려해볼 때 유의미한 차이는 아니며, 대상의 영역 차이 또한 세 가지 영역 모두 이제 막 활동을 전개해나가고 있는 과정이라는 상황을 고려해보면 구태여 속단하거나 제약할 이유는 없다고 본다.

---

45 최희봉, 앞의 논문, 2010, 395쪽 참조.

하지만 인문카운슬링의 정의에 대한 논의의 서두에서 밝혔듯이 각자가 고유성을 확보하고 그 고유성을 기반으로 학문영역으로 자리 잡기 위해서는 그 미미한 차이에 역량을 집중해야 할 필요성도 존재한다. 따라서 이어질 인문카운슬링의 실제와 관련된 논의에서는 인문카운슬링 활동이 철학상담이나 인문치료와 비교했을 때 그 목적과 방법 그리고 대상에서 유사한 점도 다루겠지만 고유한 차이점을 부각하는 데 집중하여 논의를 전개할 것이다.

| 3 |

인문카운슬링의 실제

인문카운슬링의 목적과 대상 그리고 방법론은 철학상담이나 인문치료의 그것과 밀접한 관계가 있으며, 본질적으로는 거의 같다고 보아도 무방하다.[1] 그럼에도 그 고유성을 확보하기 위한 작업으로 인문카운슬링의 목적과 대상 그리고 방법론을 제시해보고자 한다. 하지만 지금부터 제시하는 내용이 인문카운슬링의 모든 영역을 포함한다고 볼 수는 없으며, 그러한 범위로 논의하는 것은 철학상담 또는 인문치료로부터 인문카운슬링의 고유성을 부각하는 데 도움이 되지 않을 것이다. 왜냐하면, 세 가지 영역의 활동 모두가 목적과 대상 그리고 방법론에서 매우 넓게 열려있기 때문이다. 따라서 지금부터 논의할 인문카운슬

1 앞서 세 영역의 관계에서 살펴보았듯이 인문카운슬링 활동의 광범위한 외연을 고려할 때 이에 상응하는 활동은 '철학상담'과 '인문치료'가 아닌 '철학실천'과 '인문학 실천'이라고 할 수 있다. 하지만 '철학실천'과 '인문학 실천'이라는 용어에 대한 합의가 완전히 이루어진 것이 아니며, '철학상담'과 '철학실천' 그리고 '인문치료'와 '인문학 실천'을 엄밀히 구분하지 않고 사용해도 구체적인 실천을 다루는 부분에서는 그 본질적인 내용에 영향이 없다고 판단되기에 이미 광범위하게 사용되고 있는 용어인 '철학상담'과 '인문치료'로 용어를 통일하기로 한다.

링의 목적과 대상 그리고 방법론은 인문카운슬링에서 특히 주목해야 할 부분이라는 것을 밝힌다.

1) 인문카운슬링의 목적

논의에 앞서 필자가 제안한 인문카운슬링의 정의를 다시 한번 상기해보자면, "인문카운슬링은 인문학적 가치를 바탕으로 치유뿐만 아니라 개인과 사회가 더 나은 지향점을 추구할 수 있도록 근본적이고 실용적인 도움을 주는 인문실천 활동"이다. 여기에서 제안된 인문카운슬링의 목적은 크게 '마음의 문제를 치유하는 데 실용적이면서도 근본적인 도움을 주는 것'과 '더 나은 지향점을 추구할 수 있도록 돕는 것'이다. 이상의 두 가지는 매우 추상적이기에 이에 도달하기 위한 좀 더 구체적인 목적에 대해 추가로 논의해보도록 하겠다.

인문카운슬링의 목적을 살펴보기 위해서는 철학상담과 인문치료의 목적을 먼저 알아보고, 이와 비교하여 인문카운슬링의 목적을 정립할 필요가 있다. 라하브는 "철학상담은 좀 더 명료하게 내담자 자신과 실재에 대한 개념을 이해하기 위해 다양한 일상태도에서 드러나는 철학적 함축을 탐색하며, 내담자의 행동, 감정, 선호, 희망 등에서 표현되는 세계관을 펼쳐 보이는 데 그 목적이 있다"[2]고 이야기한다. 또한, 그는 "세계관 해석 분야의 전문가로서 철학상담사는 내담자들의 삶의 양식에서 다양한 의미를 드러내고 그들의 곤경이 표출하는 문제적 측면

2　라하브, 『철학상담의 이해와 실천』, 9쪽.

을 검토해보도록 돕는다. (…) 이러한 작업은 내담자들이 자기의 세계관을 풍부하게 하고 개발하는 데 도움이 되고 더 나아가 (세계관의) 변화과정을 촉진시킬 수 있다"고 주장하며 철학상담의 목적이 '세계관 해석'과 이어지는 세계관의 변화임을 강조한다. 라하브에 의하면 세계관 해석은 '각자가 자신과 현실에 대해 가지는 개념의 구조와 그 철학적인 의미를 해석하는 틀'이다. 이것은 각자에게 일어난 사건들을 조직화하고 거기에 의미를 부여하는 체계라고 할 수 있다.[3]

이러한 맥락에서 인문카운슬링의 목적을 '사유의 확장'으로 정의해 볼 수 있다. 여기서 '사유의 확장'이란 라하브가 이야기한 '세계관의 변화'이며, 엘리엇 코헨이 정립한 논리기반치료(LBT)에서 잘못된 신념에 대한 '생각 바꾸기'다. 또한, 동양철학의 『장자』에서 이야기하는 '관점의 전환', 즉 선입견인 성심成心과는 반대되는 개념인 도심道心과도 일맥상통한다고 볼 수 있다.[4] 우리가 겪게 되는 갈등이나 고통의 많은 부분이 잘못된 생각, 선입견, 신념체계 또는 세계관에서 기인한 것이라고 한다면 우리의 사유를 확장한다는 것은 '다름'을 인정하는 것과 같다. 이러한 사유의 확장은 개인과 사회가 겪고 있는 마음의 문제와 갈등을 해소하는 데 도움을 준다는 점에서 실용적이며, '관점의 전환'이기에 근본적이라고 할 수 있다. 또한, 우리 사회가 더 나은 지향점을 추구하기 위한 논의 과정에서 발생하는 불필요한 대립을 최소화할 수 있다는

3 라베, 『철학상담의 이론과 실제』, 37쪽 참조.

4 "장자는 마음을 人心(혹은 成心)과 道心으로 나눈다. 성심은 장자의 고유한 개념이다. 선입견, 편견 등의 의미를 갖는다. 成心은 道心과 상반된다. 성심이 좋지 못한 의미를 지니고 있다고 한다면, 道心은 transcendental한 의미를 지니고 있으며, 또한 수행의 과정을 거쳐서 도달해야 하는 이상적 경지이다."(박승현, 「철학상담 치료 관점에서 『장자』 읽기」, 『철학 실천과 상담』 2, 한국철학상담치료학회, 2011, 260쪽)

점에서 인문카운슬링이 추구하는 방향에 걸맞다고 할 수 있다.

다음으로 유사 활동인 인문치료의 목적 중 하나를 살펴보자면, 최희봉(2010)은 "인문치료의 목적은 인문학적 앎의 실천을 통해 행복을 추구하는 데 필수 조건인 마음의 건강, 또는 건강한 마음을 증진 또는 유지하는 데 있다"[5]고 기술한다. 그는 행복을 인간 삶의 궁극적인 목적으로 보았으며 인문학은 앎 자체에서 행복을 찾는 반면, 인문학의 실천은 그런 앎의 실천에서 행복을 찾는다고 보았다. 이것은 인문카운슬링 활동의 목적이 행복을 추구하는 데 있다면 인문학 실천인 인문카운슬링 활동 자체가 목적이 될 수도 있다는 생각에 이르게 한다. 이러한 생각은 인문카운슬링 활동을 하나의 놀이로 접근하고자 하는 논문의 취지와도 부합한다. 왜냐하면, 하위징아에 의하면 놀이는 그 자체가 목적이며, 칙센트미하이에 의하면 놀이에서의 몰입이 곧 행복이기 때문이다. 필자가 제안한 인문카운슬링의 정의에서 인문학의 가치를 회복한다는 것에서 인문학은 '인간다움을 추구하는 학문'이라고 볼 때 인간다움의 회복은 궁극적인 행복과 그리 다르지 않은 것일 수 있다.[6]

다음으로 주목해야 할 철학상담의 목적은 '자기치유'에 관한 것이다. 이는 앞서 의학적 심리치료와의 차이점을 논할 때 다루었던 내용이기도 하다. 철학상담은 내담자 스스로 자신의 문제를 해소할 수 있다는 믿음에 기반하는 활동이며 더 나아가 문제를 다루는 힘, 즉 '철학

5 최희봉, 앞의 논문, 2010, 390쪽.

6 아리스토텔레스의 관점에서 행복(eudaimonia)이란 '인간의 고유한 기능이 덕에 따라 탁월하게 발휘되는 영혼의 활동'이므로 '인간다움의 추구'는 넓은 의미에서 보면 이러한 행복의 개념과 연관이 있다고 할 수 있다.

함'을 습득해 유사한 문제가 다시 발생하더라도 스스로 해결할 수 있도록 돕는 과정이다. 인문카운슬링 활동의 목적도 이와 같아야 한다. 인문카운슬링의 정의에서 '도움을 준다'는 의미는 해결책을 제시한다는 것이 아니라 참여자 스스로 자신의 문제를 해결할 수 있도록 다양한 인문학적 내용과 사유방식을 경험할 기회를 제공한다는 의미다.

마지막으로 떠올려야 할 인문카운슬링의 목적은 '실용성'이다. 인문카운슬링이 그 고유성을 확보하기 위해 주목해야 할 영역은 바로 조언과 퍼실리테이션 영역이다. 경북대학교 인문카운슬링학과에서 제시한 교육목표는 아래와 같다.

> '사람다움'과 '사람의 존엄'에 관한 학문인 '인문학'과 '사회복지학'이 실용적 성격이 강한 '카운슬링'과 결합하여 상호 융합함으로써 '인문학'이 본래 가지고 있는 실천력, 즉 '인문실천'의 역량을 제대로 발휘하도록 하여 오늘날 개인과 사회가 겪고 있는 다양한 갈등과 불안, 그리고 고립과 우울 현상 등의 문제에 잘 대처할 수 있는 소통 및 치유전문가를 양성하는 것이 본 학과의 교육목표이다.[7]

필자가 제안한 인문카운슬링의 정의에서도 '실용적이면서도 근본적인 도움'이라는 부분을 명시하고 있다. '카운슬링'이라는 단어는 기업 경영, 투자, 법률 등 우리 생활의 실용적인 영역에서도 널리 사용되고 있다는 점을 고려할 때 인문카운슬링은 실용적인 학문으로 자리를 잡아가고자 한다는 것을 알 수 있다. '실용적'이라는 의미는 실제로 인

---

7 경북대학교 인문카운슬링학과 공식 홈페이지, '개요 및 목표', https://inca.knu.ac.kr/(검색일: 2023. 5. 23)

문카운슬링 활동에서는 여러 가지 형태로 발현될 수 있을 것이다. 예를 들면, 치유 영역에서는 특정 문제에 대해 의학적·사회과학적으로 인정된 검사를 활용해서 실질적인 효과를 끌어내고 검증하는 것이 될 수도 있고, 퍼실리테이션 영역에서는 원만한 합의를 통해 참여자들이 원하는 결과에 도달하는 것이 될 수도 있다. 또한, 좀 더 넓은 의미로는 개인과 사회가 스스로 만족할 정도로 더 나은 지향점을 추구하며 살아가는 모습으로 발현될 수도 있을 것이다.

지금까지 논의된 인문카운슬링의 목적을 정리하자면 '사유의 확장', '자체로서의 행복', '자기치유' 그리고 '실용성'이다. 이상의 목적이 인문카운슬링의 목적을 모두 포괄할 수는 없겠지만, 그 고유성을 부각하는 데 도움이 되는 하나의 제안은 될 수 있을 것이다. 인문카운슬링의 목적은 앞으로도 지속적인 논의를 통해 발전시켜나갈 필요가 있으며, 인문카운슬링 활동 자체가 실천 활동인 만큼 논의의 방식은 실제 현장에서 이루어진 인문카운슬링 활동의 결과에 대한 분석과 시사점을 바탕으로 이루어져야 할 것이다. 왜냐하면, 인문카운슬링의 목적이 궁극적으로 삶의 현장에서 외면받거나 현실적으로 실현 불가능하다면 아무런 의미가 없기 때문이다.

2) 인문카운슬링의 대상

인문카운슬링의 대상은 심각한 정신적 질병을 앓고 있지 않은 정상인을 주된 대상으로 한다는 점에서 철학상담이나 인문치료의 대상과 다르지 않다.[8] 최희봉에 의하면 인문치료의 대상은 “인간다움과 관련된 세계관, 인간관, 가치관(진, 선, 미, 성, 정의 등의 인문학적 가치에 대한 다양한 관점)의 무지, 혼란, 오류 등에 의해 생기는 마음의 고통이나 불편함”[9]을 가진 사람들이다. 이것은 철학상담의 대상과 크게 다르지 않으며, 각종 관점과 가정들은 결국 신념이다. 이러한 신념들이 잘못되어서 생긴 마음의 고통과 불편함을 가진 사람들을 철학상담의 대상이자 인문치료의 대상이라고 보는 것이다.

기존에 현장에서 이루어진 철학상담 중 인문카운슬링 영역에서 확장을 고려할 만한 대상을 생각해보면 ‘정상인이지만 특정 상황에 놓인 사람들’이다. 관련된 철학상담 활동으로는 자살자의 유가족을 대상으로 한 사례,[10] 출소자를 대상으로 한 사례,[11] 북한 이탈주민을 대상으로 한 사례[12]가 있다. 이들은 정상인이면서도 삶의 과정에서 특수한 상황에 놓이게 된 사람들로 죄책감이나 정체성의 혼란 등을 겪고 있다. 그 대상들은 기존에 논의한 것과 같이 철학상담과 인문카운슬링이 주된

8 철학적 병으로 대표되는 철학상담과 인문카운슬링의 대상에 대해서는 이미 앞서 의학적 심리치료와의 차이를 다루는 부분에서 논의되었기에 여기에서 추가로 언급하지는 않겠다.

9 최희봉, 앞의 논문, 2010, 392쪽 참조.

10 홍경자, 「자살자 유가족을 위한 애도의 철학상담」, 『철학탐구』 55, 중앙대학교 중앙철학연구소, 2019, 139~171쪽 참조.

11 김선희A 외, 「출소자를 위한 상호통섭적 인문치료의 이론적 접근: 출소자 재사회화 프로그램을 중심으로」, 『인문과학연구』 32, 강원대 인문과학연구소, 2012, 403~430쪽 참조; 최병욱 외, 「출소자의 재사회화를 위한 인문치료 사례연구: 〈셀프·행복 프로젝트〉 프로그램을 중심으로」, 『인문과학연구』 35, 강원대 인문과학연구소, 605~636쪽 참조; 김선희A 외, 「〈출소자 회복력 향상을 위한 철학상담 개발〉 계획서 소개」, 『철학실천과 상담』 8, 211~229쪽 참조.

12 김선희A, 「북한이탈주민의 실존적 정체성에 대한 치료적 물음과 답변의 모색: 철학교육 기반의 철학상담치료를 중심으로」, 『철학실천과 상담』 6, 철학상담치료학회, 133~164쪽 참조.

대상으로 삼고 있는 '정상인'이며, 단지 특수한 상황에 놓인 연유로 마음의 고통을 겪고 있는 사람들이다. 인문카운슬링은 융합학문으로서 사회복지 영역을 포함하고 있다. 이러한 장점은 그 대상을 기존의 사회복지 영역이 포함하고 있는 돌봄이 필요한 노인, 다문화 가정, 보호종료청소년 등 '특수한 상황에 놓은 사람들'로 확장하는 데 유리하게 작용할 수 있으며, 이를 적극적으로 고려해야 한다.

철학상담의 대상과 관련해서 주목할 만한 논의는 현시대를 '피로사회'로 규정한 것과 관련이 있다. 이진오(2023)는 현대사회를 '피로사회'로 규정한 한병철의 주장을 비판적으로 검토하는 과정을 거쳐 한병철의 저서 『피로사회』에서 언급된 피로를 '피상적 피로'로 규정한다. 또한, 피상적 피로와 달리 "자신의 고유한 존재인 실존에 대한 의미나 가치를 느끼지 못하고 또한 그것을 실현할 가능성도 발견하지 못한 채 지친 상태"를 '실존적 피로'로 규정한다. 바로 이 피상적 피로를 철학상담의 대상으로 삼아야 한다는 것이다. 아울러 "철학상담사는 내담자가 실존적 피로증후군을 체험할 때 그것이 갖는 의미를 조명해주며 그가 실존적 피로증후군을 실존 실현의 계기로 삼을 수 있게 돕는다면, 내담자의 실존적 피로를 근원적으로 해소하는 데 도움을 줄 수 있을 것이다"라고 이야기하며 철학상담이 해당 대상에 갖는 강점을 언급한다.[13]

논문에 소개된 직장인 P의 사례는 '실존적 피로'를 안고 있는 대상이 겪었던 문제와 그 해소 과정을 좀 더 구체적으로 설명해준다. 요약해보자면 직장인 P는 과거보다 업무 강도가 약해지고 있음에도 시간이

13 이진오, 「피상적 피로와 실존적 피로: 철학상담 대상 탐색」, 『철학사상문화』 41, 동국대학교 동서사상연구소, 2023, 100~125쪽 참조.

흐를수록 '진정 원하는 삶을 실현할 수 있을지'에 대해 고민에 빠진다. 이러한 고민의 시간이 어떤 이에게는 참된 자기를 찾아 나서는 계기가 되기도 하지만, 직장인 P는 동시에 무력감에 빠지는 '실존적 피로'를 느낀다. 짙어지는 무기력감과 타인과의 갈등, 허무함이 삶을 지배할 무렵 직장인 P는 니체의 '영원회귀' 사상을 접하게 되고 삶에 대한 비판적 질문과 자기성찰을 통해 스스로 입법자가 되기로 결단하여 이직을 감행한 후 끊임없이 스스로를 점검하고 의미를 찾아가는 삶을 살아간다.

'실존적 피로'에 대한 개념과 직장인 P의 사례는 인문카운슬링의 대상이 현시대의 문제점을 성찰하는 과정에서 얼마든지 확장될 수 있음을 보여주는 것이며, 삶의 의미를 잃은 채 무기력과 허무함이 가득한 '실존적 피로'에 빠져 헤어나오지 못하는 많은 사람이 그 대상이 될 수 있다는 것을 보여준다. 겉으로 보기에는 평범한 직장인이나 사회의 한 구성원으로서 역할을 수행하고 있지만, 내면의 문제는 비록 질병으로까지 여겨지는 정도는 아닐지라도 각자에게 매우 심각한 고민거리이자 삶의 문제다. 삶의 의미와 가치 또는 삶의 희망과 주체성, 생명력, 창조성 등의 회복은 인문카운슬링이 추구하는 '인문학이 가진 본래의 가치를 회복하는 것'과도 밀접한 연관이 있기에 중요하게 다루어져야 할 대상이다.

마지막으로 인문카운슬링이 철학상담이나 인문치료와 비교했을 때 그 고유성을 드러낼 수 있는 대상은 조언과 티칭, 코칭, 퍼실리테이션 영역이다. 물론 앞서 소개한 철학실천과 인문학 실천의 지형도에서 볼 수 있듯이 교육과 기업의 전속 상담 등이 포함되어 넓은 의미에서는 모두 열려있다고 볼 수 있다. 하지만 퍼실리테이션 영역에서 대상으로 삼는 영역은 아직 두 영역에서 다루어진 바 없다. 그것은 특정 기업이나 단체가 원하는 결과에 도달하거나 원만한 합의에 이르기 위한 회의 준비 및 진행 등의 전반적인 과정이 될 수 있으며, 더 나아가 단체에 생명력을 불어넣어 구성원들이 더욱 창의적이고 역동적으로 활동하도록 하는 것도 포함할 수 있다. 퍼실리테이션 영역은 직장, 여가 및 건강 활동, 조직 계획 및 지역사회 개발을 포함한 광범위한 상황 및 직업에 사용된다.[14] 퍼실리테이션을 포함한 조언, 티칭, 코칭 영역은 아직 인문카운슬링 활동에서도 구체적으로 논의되거나 실천되고 있지는 않지만 향후 인문카운슬링이 중요하게 다루어야 할 대상임에는 틀림이 없다.

이상으로 논의한 인문카운슬링의 대상을 정리하자면 '세계관과 가치관 등의 혼란을 겪고 있는 일반인', '특정한 상황에 놓여 어려움을 겪고 있는 사람들', '삶의 의미를 상실한 채 실존적 피로를 겪고 있는 사람들' 그리고 마지막으로 '조언, 코칭, 티칭, 퍼실리테이션 영역의 대상이 될 수 있는 기업, 단체 등'이다. 대상에 관한 문제는 어떤 대상이 '포함되느냐 포함되지 않느냐'보다 중요한 것이 그 대상을 다루기에 철학상담이나 인문카운슬링이 적합하냐다.[15] 따라서 대상의 무분별한 확장보다는 어떤 대상이 인문카운슬링에서 다루기에 더 적합할 것이냐에 대한 연구가 필요하며, 이론적 연구에 그치지 않고 실제 그 대상을 상대로 실천하고 결과를 누적해 효과를 검증하는 것이 활발하게 이루어져야 할 것이다.

14 https://en.wikipedia.org/wiki/Facilitation_(business)#cite_note-3
15 이진오, 앞의 논문, 2023, 100쪽 참조.

3) 인문카운슬링 방법론

인문카운슬링 방법론은 철학상담이나 인문치료와 마찬가지로 정해진 틀이 없다. 하지만 틀이 없다고 해서 방법론이 존재하지 않는다는 의미는 아니다. 오히려 수많은 방법에 대해 열려있다고 보아야 한다. 특히 인문카운슬링은 철학과 더불어 사회복지와 문학 영역이 포함되어있어 철학상담, 인문치료, 예술치료, 사회복지상담, 문학치료 등의 모든 방법론에 개방되어 있다. 각각의 영역이 또 미술치료, 음악치료, 사진치료, 시치료, 글쓰기치료 등을 포함하고 있다는 것을 고려해볼 때 인문카운슬링 방법론은 수술과 약 처방, 의학적 심리치료를 제외한 거의 모든 방법론을 포함하는 것처럼 보인다. 하지만 대상의 문제에서와 마찬가지로 인문카운슬링 방법론이 어디까지를 포함하느냐가 중요한 것이 아니라 인문카운슬링에 적합한 방법론이 무엇이냐가 더욱 중요하다.

그렇다면 적합한 인문카운슬링 방법론이란 무엇인가? 그것은 다소 결과론적인 이야기로 들릴 수 있겠지만, 인문카운슬링의 정의와 목적을 잘 구현할 수 있는 방법론을 의미할 것이다. 여기에서 인문카운슬링의 정의와 목적을 다시 한번 기술해보자면 "인문카운슬링은 인문학적 가치를 바탕으로 치유뿐만 아니라 개인과 사회가 더 나은 지향점을 추구할 수 있도록 근본적이고 실용적인 도움을 주는 인문실천 활동"이다. 그리고 현장에서 인문카운슬링 활동을 실천함에 우리가 중점적으로 고려해야 할 목적은 '사유의 확장', '자체로서의 행복', '자기치유' 그리고 '실용성'이라고 제안한 바 있다. 이러한 관점에서 인문카운슬링의 방법론이 논의되어야 할 것이다.

논의를 좀 더 구체화하기 위해 이미 현장에서 여러 번 시행된 인문카운슬링 방법의 예시를 살펴보도록 하겠다. 사례 방법은 '독서기반의 철학적 토론 프로그램'이다. 해당 방법은 독서치료의 틀을 기반으로 철학적 요소를 추가한 것이다. 하인스와 하인스베리Hynes & Hynes-Berry는 독서치료의 과정을 인식recognition, 고찰examination, 병치juxtaposition, 자기적용application to self의 네 단계로 나누어 설명한다.[16] 첫 단계인 '인식'이란 자료에 내포되어있는 것을 참여자가 지각하는 것이다. 이때는 참여자를 끌어들이고 흥미와 상상력을 유발하는 것이 중요하다. 다음으로 '고찰'은 관련된 문학작품을 자세히 살펴보는 활동으로, '왜'라는 질문이 수반되는 과정이다. 이때 독자는 질문을 통해 자신의 관심과 가치관을 소설 속 등장인물과 연관 지어 생각해본다. 3단계인 '병치'는 1단계와 2단계 과정인 인식과 고찰을 통해 발생한 추가적인 인상impression을 독자가 가졌던 처음의 반응과 비교하고 대조하는 과정이다. 처음에 일어났던 반응과 병치되는 새로운 인상은 가치, 상황, 개념, 태도, 느낌 등이 될 수 있다. 독자는 기존의 것과 새로운 것을 나란히 놓고 비교해보는 과정에서 거기에 포함된 문제를 더 깊이 고찰하게 되고 통찰이 일어나게 된다. 마지막 단계인 자기적용은 작품을 통해 인식되고 고찰되고 병치되었던 느낌과 개념을 자기적용의 경험으로 진전하는 것이다. 독서치료는 평가와 통합의 과정을 거쳐 완성되는데, 평가가 인식, 고찰, 병치를 이끌어내는 과정이라면 통합은 자기적용의 과정이다.[17]

이러한 독서치료의 단계에 철학적 질문이나 개념, 내용을 추가하는 것은 각각의 단계에서 유의미한 도움을 줄 수 있다. 특히 '왜'라는 질

16 김현희 외, 『상호작용을 통한 독서치료』, 103쪽 참조.

17 같은 책, 103~110쪽 참조.

문이 수반되는 고찰의 단계에서 발생하는 다양한 가치관에 대한 질문들은 철학적으로 다루었을 때 해당 개념에 대해 더욱 깊이 생각할 수 있다. 아울러 자신이 가진 개념과 가치관의 폭과 한계를 넘어 여러 철학자가 고민하고 정립해온 다양한 관점을 함께 고찰해볼 수 있는 장점이 있다. 또한, 철학적 질문과 개념을 통해 더욱 풍성해진 고찰 과정은 3단계 병치 과정에도 긍정적인 영향을 준다. 독자는 문학이 제공하는 이야기의 전개를 통해 새로운 인상을 경험하기도 하지만, 철학적 질문과 개념을 통해서도 기존에 자신이 생각하던 신념이나 가치관과는 완전히 다른 인상을 경험하게 될 것이기 때문이다. 마지막으로 자기적용 단계에서 추구하는 '삶과의 통합'은 이미 철학실천이나 인문카운슬링이 추구하는 방향이기도 하다.

실제로 프로그램을 계획하는 과정에서는 도서를 선정한 후 도서의 내용과 관련된 철학적 개념을 추출하여 해당 개념에 대한 철학적 질문이나 철학자들의 텍스트를 준비하고 제공하는 형식으로 이루어진다. 물론 어떤 질문 또는 개념을 추출할 것인지와 어떤 텍스트를 제공할 것인지는 인문카운슬러의 역량에 달려 있지만, 전문성을 확보한 인문카운슬러라면 이러한 프로그램을 직접 계획할 수 있어야 한다. 물론 단순히 철학적인 질문이나 텍스트를 제공하는 것으로 철학적 요소가 충분히 가미되었다고 보기는 어렵다. 이후에 이루어지는 독서토론에서 독자이자 토론의 참여자들과 함께 대화를 이어가는 과정에서도 진행자로서 인문카운슬러는 참여자들 간의 상호작용이 활발하게 이루어질 수 있도록 해야 하며, 철학적인 질문을 통해 사유의 깊이를 더할 수 있도록 해야 한다. 이러한 방법은 앞서 언급한 인문카운슬링의 목적인 '사유의 확장'에 특히 부합하는 방법이며 그 외로 언급한 다른 목적을 이루는 데도 적합한 방법이다.

인문카운슬링의 목적에는 철학상담이나 인문치료가 중요하게 다루고 있지 않은 '실용성'이 포함되어있다. 이것은 퍼실리테이션, 사회복지학 등이 포함되어 있는 인문카운슬링의 융합적 특성을 반영한 것이라고 할 수 있다. '카운슬링'이라는 용어가 담고 있는 실용성은 인문카운슬링이 철학상담이나 인문치료와 비교했을 때 그 고유성을 부각할 수 있는 중요한 요소이기도 하다. 하지만 실용성이라는 요소 또는 목적이 무엇을 의미하는가에 대해서는 아직 구체적인 논의가 이루어지지 않고 있다. 이에 '실용성'이라는 목적을 달성하는 데 적합한 인문카운슬링의 방법에 대해 논의하는 것은 실용성의 의미를 규정하는 데 도움을 줄 수 있을 것이다.

앞서 현장에서 이루어진 인문카운슬링의 활동 부분에서도 언급했듯이 지금까지 인문카운슬링 활동에서의 실용성은 크게 두 가지로 볼 수 있다. 첫 번째는 인문카운슬링 프로그램 효과와 관련된 것이다. 철학상담과 인문카운슬링 영역에서 이루어지고 있는 대부분의 활동은 효과를 검증할 만한 적합한 검사지를 활용하기가 어려운 상황이다. 왜냐하면, 인문카운슬링 프로그램의 성격에 따라 차이는 있지만, 철학상담과 인문카운슬링의 효과는 근본적이고 양적으로 측정하기 적합하지 않은 경우가 많고 프로그램이 추구하는 효과를 검증할 만한 검사지가 아직은 개발되지 않은 경우가 많기 때문이다. 그리고 철학상담이나 인문카운슬링이 당면한 문제를 해결하는 것을 넘어선 가치를 추구하기 때문에 당장의 효과가 그리 중요하게 여겨지지 않는 경우도 있다.

하지만 인문카운슬링이 추구하는 실용성이 직접적이고 실질적인 도움을 의미하는 것이라면 그 효과가 어떻게 나타났는지를 다양한 방법으로 검증해볼 필요가 있다. 즉, 이것은 인문카운슬링 프로그램의 설계와 진행 이후 효과검증의 방식에 해당하는 것이다. 따라서 인문카운슬링 프로그램을 계획할 때 가능한 범위 내에서 사회복지학이나 심리학, 교육학에서 검증이 완료된 검사지를 통해 효과를 검증해내는 것이 필요하다. 더 나아가서는 의학적 방법을 동원해 혈압, MRI, 호르몬 수치 등의 변화를 통해 그 효과를 검증해낸다면 더욱 파급력이 클 것이다. 또한, 장기적으로는 인문카운슬링의 효과를 검증할 수 있는 고유한 검사지나 방법이 개발되어야 한다. 왜냐하면, 인문카운슬링이 추구하는 효과가 다른 학문영역에서 추구하는 효과와 다를 수 있기 때문이다.

두 번째로 인문카운슬링 활동에서 보인 실용성은 그 대상에 관한 것으로, 대표적으로는 '경도인지장애 노인'이 있다. 이것은 실질적이고 직접적인 도움을 요구하는 대상에 대해 인문카운슬링 프로그램이 그 필요를 충족시킬 수 있어야 한다는 것이다. 이러한 추구 방향을 좀 더 확장해보면 앞서 언급한 조언, 티칭, 코칭, 퍼실리테이션 영역에서의 활동도 여기에 포함된다고 볼 수 있다. 즉, 인문카운슬링 프로그램은 요구가 명확한 대상에 대해서는 그 요구를 직접적으로 충족시키는 방식으로 방법론이 개발되어야 할 필요도 있다는 것이다. 이것은 인문카운슬링이 대중적으로 뻗어나가는 데 단단한 기반을 제공할 수 있다는 점을 고려했을 때 방법론이 추구해야 할 매우 중요한 가치다.

인문카운슬링의 또 다른 목적인 '자체로서의 행복'을 이루기에 적합한 것으로는 이 책의 주제인 '놀이 기반의 인문카운슬링 프로그램'이 하나의 방법이 될 수 있다. 이후 사례분석을 통해 좀 더 자세히 다루겠지만, 놀이를 기반으로 한다는 것은 인문카운슬링 프로그램에 우리가 흔히 알고 있는 장난감이나 모래를 활용한 놀이치료를 도입한다는 의미는 아니다. 여기에서 도입하는 것은 놀이의 요소이자 형식이며, 그것은 놀이에 내재되어 있는 일반적 요소인 '규칙, 경쟁, 일상과의 분리, 자율성, 그 자체로의 즐거움' 등을 의미한다. 하위징아에 의하면 인류의 놀이본능은 거스를 수 없는 것이며, 우리가 놀이하는 이유는 놀이 자체가 즐겁기 때문이다. 이러한 놀이의 요소를 인문카운슬링 프로그램에 접목한다면 '자체로서의 행복'이라는 인문카운슬링의 목적을 이루는 데 도움이 될 것이다.

4) 융합과 놀이로서의 인문카운슬링

우리가 살아가는 동안 겪을 수 있는 마음의 문제는 매우 복잡하고 복합적인 상황이나 관계 또는 감정상태로 인해 발생하기 때문에 하나의 방법이나 학문영역을 활용해서 이를 해소할 수 있다고 생각하는 것은 무리일 것이다. 플라톤은 영혼을 이성과 기개, 욕구로 이루어져 있다고 보고[18] 이성의 역할을 강조한 반면, 니체는 '신체로의 회귀'를 통해 신체적 욕망을 승화하는 것을 최선의 치유법으로 여겼다.[19] 또한, 정신과 의사이자 실존주의 철학자였던 야스퍼스는 인간 존재의 역동성과 개방성, 개별성과 고유성에 주목하면서 현존·의식일반·정신·실존 등의 다양한 차원으로 이루어진 포괄자론Periechontologie을 전개했다.[20]

18 플라톤, 『국가』, 박종현 역, 파주: 서광사, 1997, 300~302쪽 참조.
19 베르더, 『치유』, 193쪽 참조.
20 야스퍼스에게 실존은 오직 상호소통에서만 현실화되는데, 소통은 '현존의 소통'과 '실존

이러한 의미에서 사유와 감성의 깊이를 더해주는 철학과 문학, 그리고 실증적 방법으로 삶의 질을 높이는 사회복지 영역의 융합은 마음의 문제를 해소하기 위한 다양한 프로그램을 개발하는 측면에서 보면 매우 의미 있는 시도다. 왜냐하면, 다양한 차원으로 이루어진 마음의 문제를 다루기 위해서는 각 영역에서 도움이 될 만한 요소들을 추출하고 접목하여 프로그램을 개발하는 것이 더욱 효과적일 것이기 때문이다. 인문카운슬링 방법의 장점이 여기에 있다. 철학적 개념 및 텍스트와 철학자들의 사유 방식, 그리고 문학 영역에서의 풍부한 작품들과 다양한 독서치료의 기법들, 사회복지의 복지상담 기법과 실증적 효과 검증 방식 등 각 학문영역의 요소들을 적절하게 융합하여 참여자에게 도움을 줄 수 있는 다양한 프로그램을 개발하고 실천할 수 있는 것이 인문카운슬링 방법의 가장 큰 매력이다.

인문카운슬링은 기존의 '철학상담, 인문치료' 또는 이를 아우르는 '철학실천, 인문학 실천'과 유사한 분야로 인근 영역을 포괄하면서도 좀 더 넓은 범위의 융합을 추구할 수 있는 학문이다. 즉, 앞서 논의한 철학상담과 인문치료가 가지는 본질적인 특성들을 공유하여 대상에서도 '철학적 병'을 포함한 마음의 문제로 고통을 겪고 있는 사람들 전체를 포함하며 방법론에서도 정해진 틀이 존재하지는 않는다.

그런데 일반적으로 '카운슬링'이라는 의미를 좁은 의미의 '상담'이

적 소통'으로 구분된다. 현존의 소통은 다시 원초적 공동체에서 현존을 유지하고자 하는 '현존재적 소통', 자아가 타자와 맞서지만 보편타당한 합리성과 객관적인 목적에 기반한 '의식일반의 소통', 그리고 마지막으로 전체의 이념에 기반한 '정신적 소통'으로 분류된다(이진오, 「야스퍼스의 다원주의와 '형식적 지시'로서 철학상담 방법론 연구」, 『철학논집』 63, 서강대학교 철학연구소, 2020, 93~94쪽 참조; 칼 야스퍼스, 『철학 II』, 신옥희 외 역, 파주: 아카넷, 2019, 107~113쪽 참조).

라고 해석하는 경우 그 단어가 주는 느낌은 다소 진지하며, 사람들이 '상담을 받는다'라는 것을 종종 부담스럽게 여기는 것도 사실이다. 또한, 우리는 일반적으로 우리 삶에서 중요한 가치관을 논하는 활동이나 마음의 문제를 다루는 활동은 매우 진지해야 한다고 생각하는 경향이 있다. 거기에 더해 '인문학'이나 '철학'이라는 단어 또한 비전공자들에게는 무겁게 느껴지기에 두 단어를 합친 '인문카운슬링'이라는 용어는 '즐거움, 놀이'보다는 '진지함, 진중한 활동'이라는 단어에 더 가깝게 위치한다고 볼 수 있다.[21]

물론 인문카운슬링이 추구하는 목표에서 인문카운슬링 프로그램 참여자가 이미 정신적인 고통 문제를 겪고 있는 경우를 가정해본다면, 소위 '치료'의 개념에서 정신의학이나 심리치료와 같이 진지하고 진중한 접근방식에 무게를 두고 해야 할 필요도 있을 것이다. 하지만 인문카운슬링의 활동 범위는 반드시 환자를 대상으로 하는 사후치료에만 있는 것이 아니라 정상인을 대상으로 하는 예방적 · 발달적 목적에도 있는 것이기 때문에[22] 다양한 방법론적 접근에 좀 더 열려있다고 보아야 한다.

예방적 · 발달적 목적의 인문카운슬링 프로그램은 주로 집단을 대상으로 하는 독서기반 토론, 철학적 대화, 철학카페[23] 또는 교육적 형태

---

21 놀이에 대해 통찰력 있는 해석을 제시한 하위징아와 볼츠에 의하면, 놀이와 진지함은 서로 반대되는 개념이 아니다. 오히려 우리는 놀이를 할 때 매우 진지하게 임하는 상황을 흔히 볼 수 있다. 볼츠는 프로이트의 말을 인용하여 "놀이의 반대는 진지함이 아니라 현실이다"라고 이야기하며 놀이를 망치고 싶지 않은 사람은 놀이에 진지하게 임한다는 것을 강조한다(요한 하위징아, 『호모루덴스』, 이종인 역, 고양: 연암서가, 2010, 45쪽 참조; 노르베르트 볼츠, 『놀이하는 인간』, 윤종석 외 역, 서울: 문예출판사, 2017, 137쪽 참조).

22 김석수 외, 『왜 철학상담인가』, 364~366쪽.

23 대표적인 철학카페 중 하나인 마르크 소테의 '철학카페'의 운영 방식은 참석자들이 자유

의 프로그램으로 이루어진다. 이러한 인문카운슬링 프로그램은 여러 가지 관점에서 이미 놀이의 성격을 지니고 있다. 특정한 공간에서 일정 시간 동안 집단으로 이루어진다는 점에서 프로그램에서 이루어지는 참여자들 간의 상호작용은 실제 우리가 흔히 생각하는 놀이의 상호작용 못지않게 활발하게 이루어질 수 있다. 즉, 인문카운슬링 프로그램을 하나의 재미있는 '놀이'로 접근하는 것 또한 가능하며 참여자들에게 그렇게 여겨지는 것이 프로그램의 효과를 더욱 높일 수 있다. 왜냐하면, 우리는 놀이가 주는 즐거움, 몰입감, 매력에 본능적으로 빠져들 수밖에 없고 이것에 끌려 끊임없이 놀이하기를 반복하고자 하는 놀이본능이 있기 때문이다.[24]

이처럼 인문카운슬링은 융합의 학문이자 인문학을 기반으로 한 실천 활동이다. 인문카운슬링의 범위와 실천 영역 그리고 방법론이 매우 넓고 다양하게 열려있다는 것은 철학상담에서의 논의와 마찬가지로 여러 가지 비판을 받을 수 있다. 하지만 이러한 비판은 라베가 철학상담 논의에서도 이야기했듯이 '인문카운슬러'가 전문성을 기반으로 극복해나가야 할 과정이다. 지속적인 논의와 사례의 확산이 일어나고 일반인을 대상으로 하는 예방적·발달적 목적의 인문학 프로그램이 우리의 일상에서 사람들의 적극적인 참여로 왕성하게 이루어진다면 인문카운슬링이 추구하는 목표인 '우리 사회가 겪고 있는 정신적 고통을 인

롭게 주제를 제안하면 소테가 그중 하나를 고르고, 참석자들은 해당 주제에 대해 찬반으로 나뉘어 서로 논박을 주고받으며 토론한다. 이러한 토론방식의 특징은 대중적이며 개방적이고 주제 또한 일상적인 성격을 가진다는 것이다. 그리고 누구나 참여할 수 있다는 점에서 민주적이고, 토론에서 감정이 아닌 지성을 사용한다는 점에서 소테의 철학카페 모임은 지성적이라고 할 수 있다(하종수, 「엘렝코스를 활용한 토론방식의 시사점: 마르크 소테의 철학카페를 중심으로」, 『사고와표현』 36, 2022, 136~137쪽 참조).

24 하위징아, 『호모루덴스』, 112쪽.

문학적 관점에서 연구하고 치유하는 것'이 실천적인 활동으로 자리매김할 수 있을 것이다. 또한, 이러한 인문카운슬링의 목표를 달성하는 데는 인문카운슬링 프로그램을 하나의 놀이로 접근하는 것이 도움이 되리라고 생각한다.

놀이의 이론적 배경

1
놀이에 대한 철학사적 논의

1) 고대적 놀이: 헤라클레이토스와 플라톤(놀이의 원형)

(1) 헤라클레이토스의 B52에 나타난 놀이

놀이에 대한 철학적 논의는 고대 그리스의 철학자인 헤라클레이토스까지 거슬러 올라간다. 헤라클레이토스의 저작이 온전한 형태로 전승되지 않았고 전승되는 과정에서도 왜곡될 수 있다는 점을 고려할 때 그의 사유를 모두 파악하는 것은 매우 어려운 일이지만, 크게 두 가지로 설명하려는 시도가 주를 이룬다. 하나는 플라톤과 아리스토텔레스 이후 널리 받아들여지고 있는 것으로 헤라클레이토스 사유의 핵심을 만물유전설(판타레이panta rhei)로 보는 것이며, 다른 하나는 20세기에 학자들로부터 지지를 받은 것으로 헤라클레이토스가 언급한 변화 자체보다 변화 속에 작용하는 법칙(로고스logos)[1]에 사유의 핵심이 있다고 보는 것이다. 헤라클레이토스의 단편 중 변화와 로고스의 관점으로 분류되지 않는 단편들이 있는데, 그중 대표적인 것이 B52다.[2]

헤라클레이토스는 자신의 단편 B52에서 "인생은 장기pesseuo[3]를 두면서 노는 아이pais.[4] 왕국은 아이의 것이니"라고 이야기한다. 이 문장은 다양한 번역과 해석 가능성을 내포하고 있지만, 앞서 언급했던 헤라클레이토스 사유의 주된 입장인 변화나 로고스의 관점에서만 해석하기에는 다소 무리가 있다. 왜냐하면, 태어나서 나이가 들고 청장년기를 거쳐 늙어가는 대표적인 현상적 변화로 인생을 설명하기보다 특정한 한 시기인 아이의 시기로 국한한 점에서 변화로만 해석되기 어려운 점이 있으며, 로고스로 이해하기에는 천방지축이기 마련인 아이의 특성을 고려해볼 때 다소 거리가 있기 때문이다.[5] 물론 이 문장을 헤라클레이토스가 인생에 대한 비관적 입장을 피력하기 위해 남겼다는 가능성을 배제할 수는 없다. 즉, 로고스를 알지 못하는 무지한 아이처럼 패를 알 수 없는 우연이 지배하는 장기 같은 게임을 하듯 살아가는 사람들에 대한 일종의 경고라고도 해석해볼 수 있다. 하지만 니체와 하

---

1 헤라클레이토스의 logos 개념은 '설명, 서술'이라는 일반적인 의미라기보다 그걸 말하는 사람에게서 이미 독립되어있는 모든 것에 공통되는 의도나 지혜라고 볼 수 있다(W.K.C. 거스리, 『희랍 철학 입문』, 박종현 역, 파주: 서광사, 2000, 68쪽 참조).

2 정낙림, 「헤라클레이토스 단편 B52에 대한 연구: 놀이철학의 관점에서」, 『니체연구』 17, 한국니체학회, 2010, 239~277쪽 참조.

3 본래의 뜻은 장기놀이에서 돌, 주사위 돌, 주사위 놀이 또는 주사위 판을 의미하며 여기에서 파생한 '장기놀이하는'이라는 뜻을 가진다(정낙림, 『놀이하는 인간의 철학』, 서울: 책세상, 2017, 72쪽 참조).

4 헤라클레이토스에서 pais는 천진난만한(kindlich), 유치한(kindisch)의 의미를 가진다(같은 책, 62쪽 참조).

5 정낙림, 앞의 논문, 2010, 246쪽 참조.

이데거의 B52에 대한 해석[6]과 헤라클레이토스가 아이를 부정적으로 보지만은 않는다는 점[7]을 고려해볼 때 여전히 다양한 해석의 여지는 남아있다.

단편에서 분명한 것은 헤라클레이토스가 인생을 장기놀이에 비유하고 있다는 것이다. 놀이의 일반적인 특성을 생각해보았을 때 놀이는 크게 규칙이 있는 것과 그렇지 않은 것으로 구분할 수 있다. 예를 들어, 흉내 내기 놀이나 뱅뱅 돌기, 공상놀이처럼 정해진 규칙이 없는 놀이가 있는 반면, 대부분의 스포츠나 퍼즐과 같이 그 규칙이 명확한 놀이가 있다. 놀이를 아곤(경쟁), 알레아(우연), 미미크리(모의), 일링크스(현기증)로 구분하고자 했던 로제 카이와는 이러한 놀이의 네 가지 구분에 추가해서 규칙의 강약에 따라 파이디아 요소와 루두스 요소가 더해진다고 보았다. 헤라클레이토스가 이야기한 장기놀이나 왕국을 다스리는 행위[8]는 우연의 요소가 있긴 하지만, 규칙 요소가 분명히 있는

---

6 헤라클레이토스의 단편 B52에서 사용된 '놀다'라는 그리스어 '파이조(paizo)'는 '어린아이처럼 놀다'라는 의미를 가진다. 니체는 헤라클레이토스를 독창적으로 해석해 그의 단편에는 직접적으로 드러나지 않은 '순진무구(Unschuld)'라는 개념을 추가함으로써 그의 놀이를 목적이 없는 어린아이들의 놀이로 이해하고 있다. 하이데거 역시 헤라클레이토스의 단편을 언급하면서 "세계놀이라는 큰 아이는 놀이하기 때문에 놀이를 한다"고 해석함으로써 놀이를 어떤 초월적이고 도덕적인 목적이 없는 것으로 파악하고 있다(이상봉, 「희랍신화와 고대 자연철학에 나타난 놀이 개념 연구」, 『철학연구』 124, 대한철학회, 2012, 310쪽 참조).

7 "헤라클레이토스는 B52를 제외하고도 6개의 단편에서 pais 혹은 paides를 언급한다. 단편 B20, B56, B70, B74, B79 그리고 B117, B121이 그것이다. 대부분이 아이의 미성숙에 대해 언급하지만, 단편 70, 79 그리고 117에서 아이는 특히 부정적으로 묘사되고 있다. 이와는 달리 단편 B20과 B74에서 아이는 중립적인 것으로 나타난다. 논란이 되는 B52를 제외하더라도 단편 B56과 B121은 아이를 매우 긍정적으로 기술하고 있다."(정낙림, 앞의 논문, 2010, 256쪽 참조)

8 B52의 마지막 부분에 등장하는 왕국(basileie)은 어원적으로 Basilinda(왕 놀이)와 같은 뿌리를 가지고 있다. 문헌상 살펴볼 때 왕 놀이는 페르시아 퀴로스(Kyros)의 왕 놀이에 기원

놀이라고 볼 수 있다.

헤라클레이토스가 B52에 남긴 문장을 기존의 접근방식인 변화와 생성 또는 로고스로 해석하지 않고 놀이의 차원에서 접근한다면 완전히 새로운 의미 부여가 가능해진다. 왜냐하면, 놀이는 늘 그 무엇인가의 경계에 존재하기 때문이다. 놀이는 언제나 정해진 법칙에 따라 전개되지 않으며, 승패를 예측하기 어렵고, 우연의 요소가 늘 작용한다. 하지만 그렇다고 해서 아무런 규칙도 따르지 않고 막무가내로 진행되지도 않는다. 헤라클레이토스의 B52를 놀이의 차원에서 접근하는 것은 새로운 해석이 아니며, 이미 니체와 하이데거에 의해서도 주목받았다. 니체는 헤라클레이토스가 자신의 놀이철학의 선구자임을 밝히고 있으며, 자신의 사유와 헤라클레이토스의 그것이 유사함을 여러 곳에서 언급한다.[9] 하이데거 또한 헤라클레이토스의 B52를 적극적으로 도입해서 자신의 존재론을 설명한다.[10]

(2) 플라톤의 모방으로서의 놀이

플라톤은 놀이를 파이디아paidia에 한정한다. 하위징아에 의하면 파

을 두고 있다(같은 논문, 267쪽 참조).

9 니체가 이야기하는 '『차라투스트라는 이렇게 말했다』에서의 세 가지 변화'에서 마지막 단계인 놀이하는 아이는 B52의 aion과 매우 흡사하다. 니체는 놀이하는 아이를 통해 니힐리즘의 극복과 새로운 세계의 창조가 어떤 방식으로 가능한지를 보여주고 있다(같은 논문, 273쪽 참조).

10 "그에 따르면 근거물음과 존재물음도 놀이의 일종이다. 존재자는 존재가 아니고, 존재에 대한 근거로 존재자를 근거로 설정할 수 없다. 즉, 존재는 탈근거(Ab-Grund)이다. 근거가 없는 존재, 그렇지만 매 순간 그 자신을 우리에게 보내주고 인간의 역사를 성립시키는 존재를 하이데거는 존재역운으로 나타내는데, 이것은 놀이이다."(정낙림, 『놀이하는 인간의 철학』, 83쪽)

이디아는 놀이를 지칭하는 여러 단어 중 하나로 어원상 '어린아이의 놀이', '유아적인 것', '유치한 것'이라는 의미를 담고 있다. 물론 이는 놀이 중 일부를 표현할 수 있는 단어이긴 하지만, 폭넓은 놀이의 외연을 생각해볼 때 놀이 개념의 매우 협소한 일부만을 담고 있다고 할 수 있다. 플라톤은 인간의 놀이가 신의 놀이와 달리 아이들의 속성과 일치한다고 보았으며 놀이, 즉 파이디아의 속성을 모방mimesis에서 찾는다.

놀이에 대한 플라톤의 이러한 관점은 그의 저작 『국가』에도 잘 나타나 있다. 『국가』 10권에서 플라톤은 침대를 예로 실재實在와 현상現象 그리고 모방[11]에 관해 설명한다. 만약 침대의 이데아와 실제 침대 그리고 침대를 그린 그림이 있다면, 여기에는 신과 목수 그리고 화가가 관여하게 된다. 목수는 침대의 이데아를 모방해서 실제 침대를 만드는 행위를 하는 사람이고, 화가는 그 침대를 모방해서 그림을 그리는 사람이기 때문에 화가가 그린 그림은 이데아에서 가장 거리가 먼 것이다. 여기에서 플라톤은 "모방자는 자기가 모방하는 것들에 대해 언급할 가치가 있는 것은 아무것도 알지 못한다는 것, 이 모방은 일종의 놀이이지, 진지한 것이 못 된다는 것"(『국가』 602b)이라고 이야기하며 모방을 놀이와 연관 짓는다.

이러한 플라톤의 놀이에 대한 관점은 대표적인 모방 활동인 예술을 비판하는 시각과 이어진다. 플라톤에 따르면 예술의 기원은 놀이이며, 모방을 이끄는 힘은 실재에 다가가려는 의지라기보다 신체적인 욕망과 감정이다.[12] 플라톤이 볼 때 모방의 극단은 시詩이며, 시는 진리와는

---

11 여기에서의 모방은 단순히 흉내 내는 것이 아니라 시가와 그림 등 예술 활동 전반을 이야기한다(플라톤, 『국가』, 612쪽 참조).

12 "또한, 성욕이나 격정 그리고 모든 욕구적인 것 그리고 또 우리의 모든 행위에 수반되는

완전히 무관하게 시인 개인의 환상을 맥락에 따라 근거 없이 덧붙이는 것으로 일반인이 시를 이해하는 것은 불가능하다. 따라서 시는 실재와 가장 거리가 먼 것으로 시인은 추방되어야 할 존재다. 비단 시가詩歌뿐만 아니라 그림이나 비극작품 등 모든 예술이 마찬가지이며 그 위험성에 대해서는 다음과 같이 경고한다. "만약에 자네가 서정시에서든 서사시에서든 즐겁게 하는 시가詩歌를 받아들인다면, 자네 나라에서는 법과 모두가 언제나 최선의 것으로 여기는 이성 대신에 즐거움과 괴로움이 왕 노릇을 하게 될 걸세."(『국가』 607a)

플라톤은 놀이가 모방과 다름없고 진지하지 못하기에 놀이의 일종인 예술 활동에 대해 부정적이었지만, 반면 교육과 관련해서는 그 역할을 일부 인정했다. 플라톤은 『국가』에서 뛰어난 지도자를 길러내기 위한 일종의 교육방법을 제시하는데, 이때 놀이의 형식을 갖춘 '예비교육'을 제안한다. 이것은 계산이나 기하학, 변증술 등을 배우기에 앞서 교육받아야 하는 과정이며, 이때 플라톤은 강제성이 없어야 함을 강조한다.[13] 이어서 플라톤은 그러한 교육에서 강제성 없이 '놀이 삼아' 하도록 한다면 아이들이 저마다 어떤 성향을 타고났는지를 더 잘 볼 수도 있을 것[14]이라며 교육과정에서 놀이의 효용성을 일부 인정한다.

플라톤의 후기 저작인 『법률』에서도 교육에 대한 그의 철학이 잘 드

것으로 우리가 말하는 혼에 있어서의 괴로운 것들과 즐거운 것들, 이것들과 관련해서도 시작(時作)을 통한 모방은 우리에게 같은 작용을 한다네."(『국가』 606d)

13 "따라서 계산이나 기하학, 그리고 변증술에 앞서 교육받아야 할 일체 '예비교육(propaideia)'의 교과들은 아이들일 때 제공되어야 하는데, 이 가르침의 형태는 강제로 배우게 되는 것이어서는 아니 되네."(『국가』 536d)

14 "그러니 여보게나, 그런 교과들을 통한 교육을 함에서 아이들을 강제하도록 하지 말고 놀이 삼아 하도록 하게나. 그럼으로써 그들이 저마다 무엇에 적합한 성향을 타고났는지를 자네가 한결 더 잘 볼 수도 있게끔 말일세."(『국가』 536e)

러나 있다. 유아기의 어린아이가 처음 느끼는 지각은 쾌락과 고통인데, 유아는 이러한 감각에 지배되며 감각기관을 통해 무언가를 모방하려고 한다. 따라서 유아기 교육은 이러한 어린아이의 성향을 이용하여 모범적인 것을 모방하도록 해야 한다. 이러한 과정을 거쳐 어린아이는 지혜로운 인간으로 성장하게 되며, "미워해야 할 것은 처음부터 끝까지 미워하게 만들지만 사랑해야 할 것은 처음부터 끝까지 사랑하게 만드는 쾌락과 고통에 관련된 특정 훈련을 떼어내어 '교육'"[15](『국가』 653b)이라고 했다.

플라톤은 놀이를 어린아이들의 예비교육에 활용할 수 있다고 보았지만, 이것이 본격적인 교육에까지 영향을 주어서는 안 된다고 단호하게 이야기한다. 그가 언급한 대표적인 부작용은 논변logos에 관련된 것인데, 이때의 논변은 변증적 논변을 말하며, 젊은이들이 변증술을 놀이로 보고 악용하는 것을 경계한다. "젊은이들이 논변을 맛보지 않도록 하는 것, 이것이 하나의 커다란 신중성 아니겠나? (…) 청년들이 처음으로 논변을 맛보게 되면 이를 언제나 반박(반론antilogia)에 이용함으로써 놀이처럼 남용하네. 이들은 자기들을 논박한 사람들을 흉내 내서 스스로 남들을 논박하는데, 마치 강아지들이 그러듯 언제고 가까이 있는 사람들을 논변으로써 끌어당겨서는 찢어발기기를 즐기네."(『국가』 539b)

이러한 플라톤의 입장은 철학의 기원을 놀이로 보았던 하위징아의 주장과 연관 지어 생각해볼 수 있다. 하위징아는 고대의 소피스트가 펼쳤던 궤변법이 소피스트의 전임자라고 할 수 있는 '바테스'[16]에서 발

---

15 플라톤, 『법률』, 천병희 역, 파주: 도서출판 숲, 2016, 76쪽.

16 하위징아는 바테스를 지금의 성직자, 예언자, 시인 등 여러 가지 역할이 뒤섞인 원시 복

견되는 원초적인 놀이와 깊은 관련이 있다고 보았다. 바테스의 활동은 고대의 여러 부족에서 관찰되는데, 교창(번갈아 가며 부르는 노래) 형식의 의례와 정형구를 반복하며 응수하는 것, 즉흥곡을 만들어 부르는 행위는 시의 고전적 형태이며 문자가 없던 구술 시대에서의 시는 시간과 공간의 제약을 받는 일종의 놀이 요소를 갖춘 활동이었다. 이러한 행위는 자유롭게 받아들여진 규칙에 따라 이루어지고 실용적 목적이 없었다는 점에서도 놀이의 성격을 지니고 있다.

플라톤은 기본적으로 놀이를 실재(이데아)의 모상模像인 현실 세계를 모방mimesis하는 활동으로 보았다. 위에서 언급한 바와 같이 교육과정의 일부인 어린이 대상의 예비교육에서는 일부 효용성을 인정했지만, 이 또한 놀이가 어떤 목적을 위해 이용된다는 점을 생각해보았을 때 현대에 논의되고 있는 놀이의 성격[17]과 딱 맞아떨어지지는 않는다. 또한, 플라톤은 놀이의 성격을 무엇보다 풍부하게 담고 있는 예술 활동 또한 동일한 이유로 배척하며, 소위 '시인 추방론'을 펼치기도 한다.

합체로 보았으며, 고대의 바테스는 스칸디나비아어 문학의 낭송자이자 연기자 때로는 성직자인 튤르(thulr), 앵글로색슨의 틸레(thyle) 등 다양한 모습으로 나타난다고 이야기한다. "고대 시인의 진정한 명칭은 바테스(vates)인데, 홀린 자, 신에게 매혹된 자, 헛소리를 지껄이는 자라는 뜻이다. (…) 이 현자는 어떤 질문을 받아도 대답하지 못하는 법이 없는, 모든 인간 중 가장 현명한 사람이었다. 점차적으로 시인-예언자는 예언자, 성직자, 점쟁이, 비법 전수자, 그리고 우리가 알고 있는 시인의 형태로 분화되었으며"(하위징아, 『호모 루덴스』, 244쪽)

17 하위징아, 볼츠 등 놀이에 관해 연구하는 근대 이후의 학자들은 "놀이는 그 자체로 목적이며 다른 목적을 위한 수단이 아니다"라는 입장이다. 이에 관해서는 3장의 놀이 이론 부분에서 더 다루도록 하겠다.

2) 근대적 놀이: 칸트와 실러(분화된 세계의 통합)

(1) 칸트의 지성과 상상력의 놀이

놀이는 근대에 이르러 새롭게 조명받기 시작하는데, 이것은 예술과 미적 체험에 대한 학문인 미학美學의 태동과 밀접한 관계가 있다.[18] 근대에 미학과 놀이 개념에 지대한 영향을 끼친 칸트와 실러는 인식판단이나 도덕판단과 구별되는 심미적 판단의 가치에 주목한다. 칸트에 의하면 우리가 대상을 보고 아름답다고 느끼는 것은 '미적 판단'으로 가능한데, 이것은 상상력과 지성의 조화와 일치에서 성립한다. 완전히 다른 인식영역인 상상력과 지성이 자유롭게 우연히 일치하여 얻어지는 것이 미적 쾌감이며, 이는 놀이를 통해 가능하다.[19] 즉, 칸트의 놀이는 상상력과 지성 사이에서 일종의 가교 역할을 하는 것이다. 이러한 칸트의 놀이를 바라보는 관점은 오랜 시절 주목받지 못했던 놀이의 새로운 가치를 발견해냈다는 점에서 의미가 있지만, 놀이를 수단적 지위에서 벗어나게 하지는 못했다.[20]

신학의 그늘에서 벗어나 모든 학문이 분화되며 각자의 정체성을 찾아가기 시작한 근대에 이르러 미학 또한 독립을 맞이했지만, 스스로 그 보편성을 확보해야 하는 난제를 맞이하게 된다. 당시에 주류를 이루었던 경험론과 합리론의 입장에서 미학의 독자성과 보편성을 동시

---

18 정낙림, 『놀이하는 인간의 철학』, 108쪽 참조.

19 정낙림, 「인식과 놀이: 칸트의 놀이 개념을 중심으로」, 『대동철학』 53, 대동철학회, 2010, 202쪽 참조.

20 정낙림, 『놀이하는 인간의 철학』, 109쪽 참조.

에 해명하고자 하는 시도가 있었으나 둘 다 각자의 한계를 지니게 된다. 먼저 경험론자들의 입장에서 미적 감정은 감각 지각에 의한 것이며, 그 근거 또한 주관적인 감각 경험에 바탕을 두고 있다. 이러한 관점은 미적 판단에 인식판단이나 도덕판단과는 별개의 독립적인 지위를 부여할 수는 있겠지만, 개인마다 다른 미적 경험이 어떻게 보편적일 수 있는가에 대해서는 취약점을 드러낸다. 반면에, 합리론을 기반으로 한 미학은 미적 감정의 객관성을 논리적 차원에서 해명하려 한다. 하지만 이러한 시도 또한 미적 판단의 보편성 확보는 가능하게 하나 논리적 판단의 하위 부류로 취급하도록 하여 그 독립적 지위를 보장하는 데는 실패한다.[21]

칸트는 이러한 경험론과 합리론의 한계를 극복하고 미적 판단의 독립적 지위와 보편성을 확보하고자 한다. 그는 미적 판단의 고유성을 주장하며 쾌나 불쾌의 판단을 논리적인 차원에서 다루는 데 반대한다. 칸트는 그의 저서인 『판단력 비판』에서도 『순수이성 비판』에서의 코페르니쿠스적 전회를 통해 어떠한 대상이 '아름답다'고 하는 미적 판단은 그 대상 자체와 관계하는 것이 아니라 아름답다고 느끼는 주관적인 마음 상태와 관계하는 것임을 분명히 한다. 따라서 이러한 주관적인 미적 판단이 어떻게 보편성을 확보할 수 있을 것인지가 칸트의 주된 관심사이며, '주관적 보편성'을 통해 이것이 가능하다고 주장한다. 즉, 미적 판단은 개인의 주관적인 느낌과 감정에서 기인하지만 다른 사람과의 보편적 동의를 획득할 수 있다는 것이다.

칸트는 이러한 미적 판단을 '질', '양', '관계', '양상'이라는 네 가

21 같은 책, 112~113쪽 참조.

지 범주를 통해 설명한다. 그의 결론에 의하면 질적 범주에서 미적 판단은 '무관심한 만족'을 주는 판단이다. "취미판단을 규정하는 흡족은 일체의 관심이 없다."[22] 다음으로 양적 범주에서 미적 판단은 '개념에 근거하지 않고도 보편적인 만족감'을 주는 것이다. "개념 없이 보편적으로 의미에 부합되는 것은 아름답다."[23] 또한, 관계의 범주에서 미적 판단은 '목적이 없으면서도 합목적성'을 띤다. "미는 합목적성이 목적의 표상 없이도 대상에서 지각되는 한에서 대상의 합목적성의 형식이다."[24] 마지막으로 양상의 범주에서 미적 판단은 '개념 없이도 필연적인 만족의 대상'으로 인식된다. 여기에서 칸트가 개인이 아름답다고 느끼는 주관적인 감정에 대해 타인들도 동일한 감정을 느낀다고 확신하기 위해서는 보편적인 선험적 감정인 '공통감sensus comunis'에 의존할 수밖에 없다. "취미판단이 감히 주장하는 필연성의 조건은 공통감 이념이다."[25]

칸트에 따르면 미적 판단에서 만족의 보편성은 우리 개인이 가진 두 가지 인식능력의 조화에서 나타나는 쾌감에 근거한다. 이때의 두 인식능력은 상상력einbildungskraft과 지성verstand을 말한다. 대상을 보고 아름답다고 느끼는 '취미'는 상상력과 지성의 조화와 일치에서 이루어지는데, 상상력은 그 속성이 경계가 없고 자유로우며 지성은 그와는 반대로 범주와 규칙에 따라 활동하는 속성을 가진다. 따라서 이 두 가지를 매개하는 그 무엇인가가 필요하게 되는데, 여기에서 바로 '놀이spiel'

22 임마누엘 칸트, 『판단력 비판』, 백종현 역, 파주: 아카넷, 2009, 193쪽.
23 같은 책, 214쪽. 원문에는 "개념 없이 보편적으로 적의한 것은 아름답다"라고 되어 있다.
24 같은 책, 237쪽.
25 같은 책, 239쪽.

개념이 등장하게 된다. 칸트에게 있어서 놀이는 매우 우연적이고 법칙에 종속되어있지 않으며 목적이 없는 행위다. 또한, 놀이는 상상력이 지닌 무질서와 잡다함을 지성의 규칙에 일치시켜 미적 판단의 보편성을 가능하게 한다. "취미판단은 이 감각의 보편적 가능성을 요청한다. (…) 아무런 개념도 기초에 두고 있지 않은 관계에 있어서 그것에 대한 의식은 오로지 교호적인 부합에 의해 활성화된[생기를 얻은] 두 마음의 능력들(즉, 상상력과 지성)의 경쾌해진 유희(놀이)에서 정립하는 적용 결과에 대한 감각을 통해서만 가능하다."[26]

칸트는 플라톤 이후 오랜 시간 그 가치를 인정받지 못했던 '놀이' 개념에 새로운 관점을 제시했다. 칸트의 『판단력 비판』은 『순수이성 비판』에서의 필연적 세계인 '현상계(이론철학)'와 『실천이성 비판』에서의 자유의 세계인 '예지계(실천철학)'라는 두 이질적인 세계가 어떻게 관계하고 통일을 이룰 수 있는가에 대한 고민의 산물이다. 여기에서 칸트는 법칙과 관계하는 지성과 자유를 근본으로 하는 상상력의 조화와 일치가 둘 사이의 자유로운 놀이를 통해 이루어질 수 있다고 보았으며, 이때 미적 판단이 이루어지고 미적 쾌감이 성취된다고 보았다. 칸트의 놀이는 상상력과 지성 사이를 오가며, 훈육과 노동 사이를 오간다. 하지만 그에게 있어서 놀이는 그 자체로 독립적인 의미를 지니지는 않는다는 점에서 니체와 볼츠 등이 이야기하는 현대의 놀이 개념과는 큰 차이가 있다.[27]

---

26 같은 책, 213쪽.

27 정낙림, 『놀이하는 인간의 철학』, 139쪽.

(2) 실러의 놀이충동

실러의 놀이에 대한 사유는 칸트의 『판단력 비판』을 비판적으로 계승하고 발전시킨 그의 저서 『미적 교육론』(1795)을 통해 잘 나타난다. 실러가 미적 교육론을 주장하던 시기에는 폭력적인 모습으로 치달았던 프랑스 혁명이 있었다. 당시 실러는 프랑스 혁명을 통해 진정한 정치적 자유를 성취하려고 했지만 실패하고 말았던 상황을 개탄하면서 미적 교육을 통해 이를 이룰 수 있을 것이라 이야기한다.[28] 실러는 이러한 상황이 보여주는 것은 아직 이성의 자유로운 지배를 위한 준비가 부족했던 시민의 미성숙이라고 보았다.[29] "인간은 두 가지 방식으로 자신과 대립할 수 있습니다. 감정이 이성을 지배하는 미개인wilder이거나, 또는 원칙이 감정을 파괴하는 야만인barber입니다."[30] 즉, 실러는 이성과 감성 어느 하나의 극단만을 가지며 두 가지의 조화가 일어나지 않는 인간상에 대해 문제를 제기한다.

실러는 "필요의 국가를 자유의 국가로 바꿀 수 있는 능력과 품위를 갖추어야 할 민족은 전체성totalitat을 갖추어야"[31] 한다고 이야기한다. 실러가 그리는 이상적인 인간상은 고대 그리스인이다. 근대 자본주의 이후 국가로부터 강요된 지나치게 분업화된 사회구조는 시민에게 어느 한 분야의 전문성만을 요구하여 전체성을 상실하게 만든다. 하지만 실러가 보기에 고대 그리스인은 이성과 감성의 균형을 놓치지 않았으

28 프리드리히 실러, 『미적 교육론』, 윤선구 외 역, 서울: 대화출판사, 2015, 34쪽 참조.
29 김주휘, 「실러의 미적 교육론: 미가 인간의 도덕적 삶에 기여하는 방식: 미적 취향과 형식충동을 중심으로」, 『범한철학』 86, 범한철학회, 2017, 204쪽 참조.
30 실러, 『미적 교육론』, 52쪽.
31 같은 책, 53쪽.

며 자유롭고 평등한 공동체 이념을 실현했다.[32]

실러에 의하면 인간은 두 가지 다른 충동의 지배를 받는데, 하나는 감각충동der sinnliche trieb이며 다른 하나는 형식충동der formtrieb이다. 첫 번째 감각충동은 인간의 물리적인 현존 또는 감각적인 본성에서 나오는 것이며, 인간을 시간의 범주에 예속시켜 변화로 이끌면서 세계와 직접 마주하게 한다. "결국, 인간성의 전체 현상은 감각적 충동에 매여 있습니다. 감각적 충동만이 인간성의 소질을 일깨우고 발전시키기는 하지만, 인간성의 완성을 불가능하게 만드는 유일한 것도 감각적 충동입니다."[33] 이에 반해 감각충동과 대척점에 있는 것은 형식충동이다. 이는 인간의 이성적인 본성에서 나오는 것이며, "인간의 다양한 현상을 조화롭게 하며, 상태의 온갖 변화에도 불구하고 인격을 지키려고"[34] 한다. 즉, 형식충동은 현실의 변화하는 것들에 필연성과 영원성을 부여하기를 추구하며 변화를 지양한다.

두 가지 충동은 근본적으로 별개의 영역이기 때문에 어느 하나의 충동이 제약 없이 발전하게 되면 감성이나 이성 중 하나만 비약적으로 발전한 인간상이 되어 실러가 이야기한 전체성을 갖춘 인간은 불가능하게 된다. 실러는 이것이 당대의 문제점이라고 보았다. 실러는 두 충동의 조화나 통일은 각각의 충동이 자신의 영역에 충실하면서 상대의 영역을 넘지 않는 것이라고 보았다. 실러는 열네 번째 편지에 이르러 두 충동의 조화가 실제로 일어날 수 있다면 내면에서 새로운 충동이자 제3의 충동인 놀이충동spieltrieb을 일깨울 것이라고 이야기한다.

---

32 정낙림, 『놀이하는 인간의 철학』, 145쪽 참조.

33 실러, 『미적교육론』, 113쪽.

34 같은 책, 114쪽.

"이러한 경우들이 경험세계에서 일어날 수 있다고 가정한다면, 그것은 인간의 내면에 하나의 새로운 충동을 일깨울 수 있을 것입니다. 이 새로운 충동 안에서는 두 개의 다른 충동이 함께 작용하기 때문에 따로따로 고찰해보면, 새로운 충동은 두 개의 충동과 각각 대립해 있습니다. 그러므로 새로운 충동으로 간주되는 것은 당연합니다. (…) 즉, 유희(놀이)충동은 시간 속에서 시간을 지양하고, 생성을 절대적 존재와 결합하고, 변화와 동일성을 결합하려고 할 것입니다."[35]

실러는 감각충동을 넓은 의미에서 삶leben으로 보았으며, 형식충동은 형태gestalt로 보았다. 따라서 실러의 이러한 개념에 의하면 놀이충동은 살아있는 형태lebende gestalt이며, 이것은 "넓은 의미에서 아름다움이라고 부르는 것을 가리키기 위해 사용하는 개념"[36]이라고 보았다. 즉, 실러에게 놀이충동은 다름 아닌 '미적 행위'다. 또한, "감각의 수동적인 상태에서 사유와 의지의 능동적인 상태로 이행하는 일은 반드시 미적 자유라고 하는 중간상태를 통해 이루어져야"[37] 한다. 그렇다면 어떻게 물리적 상태, 즉 감각충동의 상태에서 미적 상태로 이행될 수 있는가에 대한 질문이 남는다. 이에 대해 실러는 물리적인 삶의 단계에 있을 때 최대한 그를 미적으로 만들어 형식에 종속시켜야 한다고 이야기한다. 이때의 형식이란 도덕법칙 같은 형식이 아니라 유희(놀이)의 규칙을 의미한다. 왜냐하면 의지(형식충동)는 자연(감각충동)에 아무런 영향을 줄 수 없고, 또한 미적 정조(놀이충동)가 의지(형식충동)의 전제조건이기 때문에 의지는 미적 정조에 아무런 명령을

---

35 같은 책, 126쪽.
36 같은 책, 132쪽.
37 같은 책, 191쪽.

할 수 없다.[38]

놀이충동의 자율성과 규칙성은 상반되는 듯 보이나, 이는 하위징아가 『호모루덴스』에서 이야기한 놀이(유희)의 자율성과 규칙성에 비추어보면 이해될 수 있다. 놀이에 참여하는 것, 비유하자면 도덕적 선택을 하는 것은 자율성으로 볼 수 있고, 놀이의 규칙에 따르는 것, 비유하자면 보편적인 도덕법칙을 따르는 것은 규칙성으로 볼 수 있다. 따라서 궁극적으로 도덕적 상태에 이르려면 놀이를 통해 물리적 상태에서부터 도덕적 상태로 이행되기 위한 훈련이 이루어져야 한다. 그렇다고 해서 놀이의 규칙이 자연의 물리적 상태와 상충하는 것도 아니다. 왜냐하면, 놀이는 실제가 아니기 때문이다. 또한, 자연(감각충동)은 단지 내용(질료)에 관한 것이지 형식에 관한 것이 아니기 때문에 행동의 형식에 대해서는 아무것도 규정하지 않는다. 이렇듯 미적 상태와 물리적 상태는 서로 상충하는 것이 없지만, 미적 영역에서는 감각이 아무것도 규정할 수 없는 진리와 도덕성의 영역과 달리 형식이 존재해도 되고 놀이충동이 명령해도 되기 때문에 물리적 상태에서도 놀이충동은 이루어질 수 있다.

실러는 이러한 이유로 어떤 예술작품에서 오성이 두드러지게 나타나는 것에 대해 비판을 가한다. 실러에게 예술이라는 것은 결코 진리 전달의 진眞의 기능을 갖고 있거나, 비극처럼 심성의 도덕적 교화를 목적으로 한 선善의 기능을 지닌 계몽주의의 이성이 아니다.[39] 이러한 실러의 입장은 고대 그리스에서부터 바움가르텐에 이르기까지 진과 선

38 같은 책, 193~196쪽 참조.

39 조경식, 「프리드리히 실러 『미적 교육론』 논리구조에 관하여」, 『유럽사회문화』 11, 연세대학교 유럽사회문화연구소, 2013, 180쪽 참조.

의 도구 또는 보완재로의 미美의 개념을 넘어 칸트의 '무관심성'과 '목적 없는 합목적성'을 기반으로 미美 자체의 위상을 드높인 것이라고 볼 수 있다. 이는 아름다움을 놀이충동의 결과라고 생각했을 때 하위징아가 『호모루덴스』에서 이야기한 놀이(유희)의 '무목적성'과도 일맥상통한다.

실러는 자신이 살아가고 있는 시대의 문제를 해소하기 위해 감각충동, 형식충동과의 조화를 강조하며 제3의 충동인 놀이충동, 미적 정조情操를 그 해결책으로 제시한다. 칸트가 놀이에 새로운 가치를 부여하면서 주관주의 미학의 성립을 시도했다면, 실러는 놀이의 가치를 인간성 회복과 더 나아가 사회·문화적 지평으로까지 넓히고자 했다.[40] 하지만 실러는 『미적 교육론』 후반부에 자기 자신도 인정했듯이 미적 인간의 육성, 미적 국가라는 이상은 현실에서 구현하기가 거의 불가능하다는 한계를 지니고 있다. 또한, 감각충동과 형식충동의 조화를 강조하면서도 여전히 형식충동을 더 우위에 두고 있는 점[41]도 그의 사상이 비판을 받는 지점이기도 하다. 실러의 놀이철학이 안고 있는 또 하나의 문제점은 놀이를 상상력과 지성의 조화와 우연적인 일치를 설명하기 위해 도입했던 칸트와 마찬가지로 놀이를 소극적으로 보았다는 것이다. 실러에게 있어서도 놀이충동은 감각충동과 형식충동이 조화를 이룰 때 비로소 발생하는 제3의 충동이며, 놀이충동 자체가 두 충동을 적극적으로 제어하기는 어려운 위치에 있다. 이는 근대의 놀이에 대한 논의가 공통으로 안고 있는 한계이기도 하다.[42]

---

40 정낙림, 『놀이하는 인간의 철학』, 161쪽 참조.

41 실러, 『미적 교육론』, 181~187쪽 참조.

42 정낙림, 『놀이하는 인간의 철학』, 165~166쪽 참조.

3) 현대와 놀이: 니체, 하위징아, 카이와, 볼츠(자기긍정 행위)

(1) 니체의 삶의 놀이

고대의 헤라클레이토스 이후 시작된 놀이에 대한 철학적 논의는 놀이를 일종의 모방으로 본 플라톤을 거쳐 근대 미학의 탄생 이후 새롭게 논의되기 시작한다. 특히 칸트와 실러는 놀이에 대한 새로운 가치에 주목했는데, 칸트는 미학의 독립성과 보편성을 동시에 확보하고자 했으며 상상력과 지성을 매개하는 것으로 놀이의 위상을 세웠다. 실러 또한 놀이충동을 감각충동과 형식충동이 조화를 이룰 때 발생하는 제3의 충동으로 보았으며, 이 둘이 공존하는 살아있는 형태lebende gestalt라고 했다. 하지만 놀이에 관한 근대의 논의는 여전히 놀이의 역할과 효용성에 주목하는 시각에서 벗어나지 못했다는 비판과 함께 놀이를 소극적이고 수동적으로 해석하는 데 머무르고 있었다.

놀이에 관한 현대의 논의는 니체로부터 비롯된다. 그는 근대의 칸트나 실러의 놀이를 계승한 것이 아니라 고대 헤라클레이토스의 놀이에 주목한다. 니체는 인생을 놀이에 비유했던 헤라클레이토스의 놀이 개념에서 영감을 받았으며, 이러한 놀이 사상은 니체의 철학 전반에 걸쳐 드러난다.[43] 니체는 그의 저서 『이 사람을 보라』에서 다음과 같이 이야기한다. "나는 위대한 과제를 대하는 방법으로 유희(놀이)보다 더 좋은 것을 알지 못한다. 이것이 바로 위대함의 징표이자, 본질적인 전제조건이다."[44] 이것은 니체의 철학이 놀이와 밀접한 관계가 있다

43 정낙림, 「생성의 놀이와 세계 상징으로서 놀이: F. Nietzsche와 E. Fink의 놀이철학」, 『인문학연구』 101, 충남대학교 인문과학연구소, 2015, 612쪽 참조.

는 것을 의미한다.[45] 니체에게 놀이는 플라톤에서처럼 모방하는 것이 아니며, 칸트에서처럼 미적 판단을 위한 보조장치에 지나지 않는 것이 아니다. 놀이와 진리 그리고 놀이와 노동은 니체에 이르러 전도된다.[46] 니체에게 놀이는 세계와 인간의 의미를 선과 악, 목적, 인과에 의지하지 않고도 설명할 가능성을 제시하여 가치의 전도를 통한 니힐리즘의 극복이라는 자신의 철학적 목표에 매우 중요한 역할을 한다.

니체는 『차라투스투라는 이렇게 말했다』에서 정신의 세 가지 변화를 통해 놀이철학에 대한 깊은 통찰을 드러낸다. 니체는 정신의 세 가지 유형을 '낙타', '사자', '어린아이'로 이야기한다. 먼저 낙타는 무거운 짐을 견뎌내는 정신을 상징한다. "공경하고 두려워하는 마음을 지닌 억센 정신, 짐을 무던히도 지는 정신에게는 무거운 짐이 허다하다. 정신의 강인함은 무거운 짐을, 더없이 무거운 짐을 요구한다."[47] 니체에게 있어 낙타의 짐은 형이상학과 그리스도교 도덕의 계명을 의미한다. 니체가 낙타를 통해 드러내고자 하는 것은 공동체가 부과하는 규범들을 의심 없이 맹목적으로 따르는 노예근성이다. 낙타처럼 무릎을 꿇고 짐이 가득 실리기를 바라는 일은 "자신의 지혜를 비웃어줄 생각에 자신의 어리석음을 드러내는 일"[48]이며 "자신의 오만함에 상처를 주기 위해 자신을 낮추는 일"[49]이다.

두 번째 단계는 정신이 사자로 변하는 것이다. 사자의 자유는 부정

44 프리드리히 니체, 『이 사람을 보라』, 백승영 역, 서울: 책세상, 2002, 373쪽.
45 정낙림, 「놀이의 실천철학적 의미」, 『철학연구』 122, 대한철학회, 2012, 319쪽 참조.
46 같은 논문, 327쪽 참조.
47 프리드리히 니체, 『차라투스트라는 이렇게 말했다』, 정동호 역, 서울: 책세상, 2000, 38쪽.
48 같은 책, 같은 쪽.
49 같은 책, 같은 쪽.

하는 자유이지만 낙타의 등에 실린 중력의 가치들을 대신할 새로운 가치를 창조하지는 못한다.[50] "새로운 가치의 창조, 사자라도 아직은 그것을 해내지는 못한다. 그러나 새로운 창조를 위한 자유의 쟁취, 그것을 사자의 힘은 해낸다."[51] 즉, 사자가 해낸 것은 새로운 가치를 창조하기 위한 기존 가치의 파괴다. 기존 가치의 붕괴와 새로운 가치의 공백은 삶에 대한 허무감과 피로를 불러온다. 니체는 이 단계를 소극적 니힐리즘의 단계로 보았다. 이 단계에서의 발버둥은 의미가 없으며 새로운 도약 없이는 허무의 늪에서 빠져나오지 못한다.

정신의 세 번째 단계는 어린아이로의 변화다. "사자조차 할 수 없는 일을 어떻게 아이는 해낼 수 있는 것이지? 왜 강탈을 일삼는 사자는 이제 아이가 되어야 하는 것이지?"[52] 창조를 위해서는 신성한 긍정이 필요하며 "아이는 순진무구요 망각이며, 새로운 시작, 놀이, 제 힘으로 돌아가는 바퀴이며 최초의 운동이자 신성한 긍정이다."[53] 니체에게 있어서 망각은 '너는 마땅히 해야 한다'는 명령을 저지할 수 있는 장치다. 망각을 통해 과거로부터 자유롭고 편견 없는 세계와 마주하게 되며 법칙과 목적을 모른다는 관점에서 아이는 순진무구하다. 또한, 놀이가 '스스로 돌아가는 바퀴'이고 '거룩한 긍정'이라는 것은 놀이와 힘의 의지, 영원회귀, 운명애의 밀접한 관계를 비유적으로 보여준다.[54]

니체는 그의 핵심 사유인 '힘을 향한 의지', '영원회귀', '운명애' 등

50 정낙림, 「니체의 니힐리즘극복과 놀이정신」, 『동서정신과학』 16(1), 동서정신과학회, 2013, 22쪽 참조.
51 니체, 『차라투스트라는 이렇게 말했다』, 40쪽.
52 같은 책, 같은 쪽.
53 같은 책, 같은 쪽.
54 정낙림, 앞의 논문, 2013, 23쪽 참조.

과 같은 개념을 놀이로 설명하고자 한다. 니체에 따르면 세계는 어떤 초월적인 목적이나 기계적인 인과로는 파악할 수 없으며 영원한 생성 속에 놓여있다. 끊임없는 생성 속에 놓여있는 세계를 하나의 이론으로 설명해보려는 욕망은 형이상학적·도덕적 독단론으로 나타날 수밖에 없으며, 니체는 그러한 욕망은 새로운 가치를 창조하지 못하게 되어 니힐리즘이라는 결과를 낳는다고 보았다. 이러한 니힐리즘의 극복은 참과 거짓, 선과 악의 차원에서 인간을 규정하고 이해하려는 것을 내려놓고 우연과 생성의 세계인 '놀이'라는 위대한 과제로 세계가 해명될 때 이루어진다.

또한, 니체는 놀이의 중요한 요소 중 하나인 순수한 아곤[55]의 본성을 위협하는 근대의 '평준화' 폐해에 대해서도 신랄한 비판을 가한다. 니체는 근대 교육이 놀이본능이자 자연성인 경쟁(아곤)을 포기하면서 얻고자 하는 것은 자그만 쾌락인 '화폐'에 대한 집착이며, 이것은 진정한 교육과는 거리가 있는 '생활고를 극복하기 위한 제도일 뿐'이라고 비판한다.[56] 즉 놀이와 아곤 없이 우리는 탁월함arete에 도달할 수 없으며, 고작 개인의 생존을 보장받고 사회를 유지하는 데 머무르는 것에 그친다는 것이다. 니체는 아곤이 문화로 승화되었다가 몰락하는 과정을 고대 그리스에서 찾았다. 그들은 승자독식을 경계해 '패각추방ostrakismos'을 도입했으며, 경쟁의 가치가 경쟁의 지속성에 있다는 것을 알고 있었기에 올림픽 경기, 비극작품 경연, 영웅들이 벌이는 전쟁에 놀이와 아곤의 가치를 바탕에 두었다. 하지만 종말에는 30년에 걸친 펠로폰네소스 전쟁과 그 영향으로 점점 몰락해가면서 생존의 문제와

---

55 하위징아는 아곤(경쟁)을 놀이의 중요한 요소라고 보았다.

56 정낙림, 「자연성으로서 놀이와 아곤」, 『대동철학』 89, 대동철학회, 2019, 368쪽 참조.

사회적 혼란으로 인해 아곤의 가치를 망각하게 되어 그리스 문화의 쇠퇴가 시작되었다고 보았다.[57]

이처럼 니체의 철학에서 놀이는 매우 중요한 위상을 갖고 있다. 현대에 이르러 니체로부터 주목받게 된 놀이의 본질적 가치에 대한 논의는 이후 하위징아, 카이와, 볼츠, 칙센트미하이에 이르기까지 이어진다. 즉, 놀이의 본질적 가치에 대한 논의는 철학자의 영역을 넘어 문화인류학자, 사회학자, 심리학자이자 교육학자에게까지 확산해나간 것이다. 이제부터는 철학자는 아니지만, 현대 놀이의 지평을 새롭게 펼친 하위징아와 카이와 그리고 볼츠의 놀이에 대해 살펴보도록 하겠다. 그러나 하위징아와 카이와 그리고 볼츠의 놀이와 관련된 논의는 필자가 주장하고자 하는 놀이의 개념에 핵심적인 내용이며 이 책에서 제안하고자 하는 '놀이 기반 인문카운슬링'에서 의미하는 '놀이'의 개념과 밀접한 관계가 있다. 따라서 놀이의 철학사적 논의에서는 필요한 만큼만 다룰 것이며, 이후 놀이의 일반적인 특성을 설명하는 부분에서 더 구체적으로 다루기로 하겠다.

(2) 하위징아의 문화를 추동하는 놀이

네덜란드의 역사학자이자 놀이를 문화의 관점에서 연구했던 하위징아Johan Huizinga(1872~1945)는 '호모루덴스Homo Ludens(놀이하는 인간)'라는 용어를 동명의 그의 저서 『호모루덴스』(1938)에 처음으로 등재시킨다. 그는 "놀이는 문화보다 더 오래된 것이다"[58]라는 도전적인 문장으

57 같은 논문, 374쪽.
58 하위징아, 『호모루덴스』, 31쪽.

로 놀이의 지평을 문화적 차원에서 새롭게 열어젖힌다.[59] 하위징아는 '호모사피엔스Homo Sapiens(합리적인 생각을 하는 인간)', '호모파베르Homo Faber(물건을 만들어내는 인간)'라는 용어와 동등한 수준으로 놀이하는 인간이라는 의미의 '호모루덴스'를 제안했으며 놀이 개념이 인간의 생활과 행위에서 매우 중요한 요소로 작용했다고 보았다. 즉 그는 인류의 문명은 놀이 속에서in play, 그리고 놀이로서as play 생겨나고 또 발전해왔다고 이야기한다.

하위징아는 놀이의 개념을 전개하기 전에 어떤 단어 속에 들어있는 사상은 그 단어에 의해 제약을 받는다는 점을 강조한다. 그의 주장에 따르면 놀이는 "특정 시간과 공간 내에서 벌어지는 자발적 행동 혹은 몰입행위로서, 자유롭게 받아들여지는 규칙을 따르되 그 규칙의 적용은 아주 엄격하며, 놀이 자체에 목적이 있고 일상생활과는 다른 긴장, 즐거움, 의식意識을 수반한다"[60]로 정의될 수 있다. 하지만 하위징아는 전 세계 사람들이 이러한 방식으로 놀이함에도 불구하고 '놀이'라는 단어가 포함하는 개념은 문화마다 아주 다르다는 점을 지적하면서, 그 이유에 대해 놀이 개념의 추상화가 놀이-기능 자체보다 뒤늦게 발달했기 때문이라고 주장한다. 그는 일부 원시 언어에서 '뱀장어'와 '창꼬라지'라는 종種을 가리키는 개별 단어는 있지만, 상위 유類 개념인 '물고기'라는 단어는 없는 것을 예로 들어 이러한 주장을 지지

---

59 하위징아는 놀이의 가치를 처음으로 발견한 사람은 아니지만, 인간의 행동을 설명하면서 문화의 거의 모든 영역(예술, 철학, 법률, 전쟁, 의례 등)에서 놀이의 가치를 정확하게 정의한 첫 번째 사람이다(Robert Anchor, "History and play: Johan Huizinga and his critics," *History and theory* 17(1), Wiley for Wesleyan University, 1978, p. 63 참조).

60 하위징아, 『호모루덴스』, 80쪽.

한다.[61]

하위징아는 광범위한 언어 분석을 통해 놀이의 개념을 재정립하고자 한다. 왜냐하면, 그가 주장하고자 하는 놀이는 우리가 일반적으로 생각하는 것보다 매우 광범위한 외연을 갖고 있기 때문이다. 하위징아는 놀이의 외연을 확장하기 위해 다양한 문화에서 놀이를 지칭하는 언어들의 기원을 따라가면서 놀이 개념을 재정립하고, 그 단어에서 파생된 다양한 행위를 놀이의 개념으로 다시 포용하는 과정을 거친다.[62] 이러한 언어적 분석을 통해 '놀이'라는 단어는 지금까지 언어와 사회가 제한해온 놀이의 개념을 벗어내고 새롭게 탄생할 수 있는 근거를 마련하게 된다. 즉, 하위징아는 놀이에 대한 언어 분석을 통해 각 언어와 문화의 틀 밖에서 외면당했던 놀이의 요소들을 하나씩 담아내는 작업을 하고 있다고도 볼 수 있다.

먼저, 하위징아에 의하면 그리스어는 '놀이'를 가리키는 서로 다른 세 단어를 가지고 있다. 첫째는 '어린아이의 혹은 어린아이에 속하는'이라는 뜻의 파이디아παιδιά, paidia[63]다. 이 단어에서 파생된 단어에는 기본적으로 가벼움, 경쾌함, 즐거움이라는 함의가 들어가 있다. 두 번째 단어로는 '사소하고 무익한'이라는 뜻의 '아두로ἀδύρω', '아두르마ἀδύρμα'가 있다. 하지만 하위징아는 앞에서 논의한 놀이의 개념을 고려해볼 때 이 두 단어로 설명되지 않는 영역인 경기 혹은 경연의 영역이 있음을 상기시키며 세 번째로 경쟁이라는 의미를 갖고 있는 '아곤ἀγών,

61 같은 책, 81쪽 참조.

62 같은 책, 79~81쪽 참조.

63 플라톤은 파이디아의 속성을 모방(mimesis)에서 찾았으며, 인간의 놀이는 신의 놀이와 달리 아이들의 고유한 속성과 일치한다고 보았다(정낙림, 『놀이하는 인간의 철학』, 86쪽 참조).

agon'이라는 단어를 놀이에 포함한다.

이러한 하위징아의 대담한 시도에 대해 일부에서는 "의례에 뿌리를 두고 있는 경기와 사소한 경기를 싸잡아서 놀이 카테고리에 포함하는 것은 부당하다"[64]며 비판을 가하기도 하지만, 하위징아는 그리스를 포함해 다른 지역에서도 경기(경쟁agon)는 놀이의 형태적 특성을 띠고 있고, 아곤의 기능은 축제의 영역에 속하는데 축제는 곧 놀이의 영역이기 때문에 문화적 기능인 아곤을 '놀이-축제-의례'의 복합적 덩어리로 봐야 한다는 주장을 굽히지 않는다. 또한, 그리스어가 '놀이(파이디아)'와 '경기(아곤)'라는 용어를 따로 둔 이유에 대해서는 앞서 이야기했듯이 언어의 추상화, 즉 모든 것을 포괄하는 놀이 개념은 후대에 와서 만들어진 것으로 그리스인은 경기의 본질적 놀이 요소를 자각하지 못해 두 단어 사이의 개념적·언어적 통합이 당시에는 발생하지 않았다고 설명한다.[65]

하위징아가 이야기한 몇 가지 예를 더 살펴보면 산스크리트어에서는 놀이 개념을 지칭하는 네 개의 동사 어근을 갖고 있다. 가장 일반적인 단어는 '크리다티kridati'인데 동물, 어린아이, 어른의 놀이를 가리킨다. '디뱌티divyati'는 주로 도박과 주사위 던지기를 의미하며, 'las'라는 어근은 이리저리 움직이기, 놀이 등을 포괄한다. 마지막으로 'lila'는 '마치 ~인 양'이라는 뜻인데, 이 네 가지 용어의 공통된 의미의 특징은 빠른 움직임이다. 중국어 또한 포괄적 의미의 놀이를 단 하나의 일반적인 단어로 지칭하지 않는다. 가장 중요한 단어는 '완玩'인데, 주로 '어린아이의 놀이'를 의미하나, 더 넓게는 '즐기다, 장난치다, 깡

64 하위징아, 『호모루덴스』, 84쪽.
65 같은 책, 82~85쪽 참조.

충거리다, 흉내 내다'를 뜻하기도 한다. 셈어의 놀이 개념은 'la'ab(라압)'을 어근으로 하는데, 'la'at(라앗)'과 같은 어원을 갖고 있다. 이 단어는 '놀이'라는 의미 외에도 '웃음'과 '흉내'라는 뜻을 가지며, 아랍어 'la'iba(라이바)'는 놀이의 전반적 의미 이외에 '흉내 내다', '놀려대다' 등의 뜻과 악기 연주에도 사용된다.[66]

하위징아에 의하면 대부분의 언어권에서 놀이를 지칭하는 단어가 여러 개 존재하는 것과 달리 라틴어는 놀이의 전 영역을 포괄하는 단 하나의 단어만 갖고 있다. ludere(루데레)에서 나온 'ludus(루두스)'가 그것인데, 이는 어린아이들의 게임, 오락, 경기, 전례와 연극적 재현, 사행성 게임을 모두 의미한다. 하위징아는 라틴어에서 놀이를 전반적으로 포괄하는 개념인 ludus(루두스)가 이후 로망스romance 언어들에 유입되지 않고 흔적을 남기지 않은 까닭은 파생어인 jocus(요쿠스)로 대체되었기 때문이라고 진단한다.[67] 현대 유럽 언어에서 '놀이play'라는 단어는 아주 넓은 분야를 아우른다. 가령 어떤 기계 부품의 부분적인 움직임에 '놀이play(작동)'를 적용하는 사례가 광범위하게 발견되기도 한다.

이러한 놀이의 언어적 기원을 고려할 때 하위징아가 정립하고자 하는 '놀이'라는 단어는 우리가 일상적으로 사용하는 의미보다 매우 포괄적임을 알 수 있다. 그의 작업은 놀이에 대한 방대한 언어적 기원 분석을 바탕으로 놀이를 포괄적으로 정의하면서, 예술과 스포츠뿐만 아니라 소송, 전쟁, 철학 등 우리 삶을 구성하는 다양한 요소인 문화에 각각 담겨있는 놀이적 성격을 추출하여 이 모든 것을 놀이와 연결하려는

66 같은 책, 85~87쪽 참조.
67 같은 책, 92~93쪽.

것이다.[68] 하위징아가 제안한 놀이의 일반적인 특징은 '시공간의 제약, 규칙, 무사무욕無私無慾, disinterestedness, 자발성, 비일상성not ordinary or real' 등이며 이러한 요소를 갖춘 모든 활동을 놀이로 보았다. 이렇듯 하위징아에 의해 놀이 개념은 매우 광범위한 영역을 포함할 수 있는 근거를 확보하게 되었다.

이 책에서 제안하고자 하는 '놀이 기반의 인문카운슬링 프로그램'에서의 놀이 또한 이러한 하위징아의 확장된 놀이 개념에 근거를 두고 있다.

(3) 카이와의 놀이의 사회학

하위징아 이후 그의 놀이 개념을 비판적으로 계승한 대표적인 사람은 카이와다.[69] 그는 놀이와 사회에 대해 매우 진지한 접근을 시도한다. 하위징아가 문명에서의 놀이의 역할에 대해 집중했다면, 카이와는 놀이 자체에 대한 새로운 관점과 분류를 제시한다. 그는 놀이를 '경쟁(아곤)', '우연(알레아)', '모의(미미크리)', '현기증(일링크스)'이라는 네 개의 주요 항목으로 구분할 것을 제안하며, 각각의 항목을 아곤agon(시합, 경기), 알레아alea(요행, 우연), 미미크리mimicry(흉내, 모방), 일링크스ilinx(소용돌이)라고 이름 붙인다.[70] 카이와에 의하면 대부분 놀이는 네

---

68 최고원, 「놀이이론과 문화분석」, 『현대유럽철학연구』 25, 한국하이데거학회, 2011, 31쪽 참조.

69 프랑스의 사회학자이자 철학자였던 로제 카이와(1913~1978)는 그의 저서 『놀이와 인간』(1958)을 통해 하위징아의 놀이 개념을 비판적으로 계승하면서 '놀이의 사회학'을 정초하고자 했다(로제 카이와, 『놀이와 인간』, 이상률 역, 서울: 문예출판사, 1996, 25~34쪽 참조).

70 하위징아는 놀이의 특성을 포용하는 형식적이고도 단일한 요소들(비일상성, 무사무욕,

개의 항목 중 어느 역할이 우위에 있느냐에 따라 구분된다.[71]

카이와는 하위징아가 놀이의 기본적인 성격 몇 가지를 훌륭하게 분석했고 놀이를 새롭게 발견한 공적은 인정하지만, 하위징아의 연구에 대해서는 "놀이를 모두 똑같은 욕구에 대응하며 한결같이 똑같은 심리적 태도를 표현하는 것처럼 취급했다. 그의 저작은 놀이에 대한 연구가 아니라, 문화영역에서 놀이정신의 (…) 창조성에 대한 탐구다"[72]라고 평가한다. 하위징아가 정의한 놀이의 요소는 비일상성, 자유로움, 비물질적, 한정된 시간과 공간, 규칙, 아곤(경쟁), 신비함 등으로 정의될 수 있는데, 먼저 카이와는 놀이의 신비함에 대해 놀이가 거의 항상 보여지는 것이기 때문에 신비함에 둘러싸여 있다기보다는 오히려 "신비를 희생시키면서 행해진다"[73]라고 이야기한다. 다음으로 하위징아는 놀이의 비물질성을 어떠한 물질적 이해관계도 없는 것으로 정의하며 도박, 경마, 복권 등을 놀이의 영역에서 제외했지만, 카이와는 그런 것들 또한 '우연놀이'로 인정되어야 한다고 본다. 엄밀하게 말하면 도박, 경마, 복권놀이 안에서 이득의 총액은 손실의 총액을 넘지 못하기 때문에 비생산성이 침해되는 것은 아니며 단지 '소유권의 이동만 발생할 뿐'이라는 것이다.

카이와는 하위징아의 놀이 요소 중 놀이가 자유롭고 자발적인 활동이며 즐거움과 재미의 원천으로 정의되어야 한다는 데는 의문의 여지

규칙, 자율성 등)을 찾고자 하지만, 카이와는 놀이를 구성하는 다양한 항목(아곤, 알레아, 미미크리, 일링크스)들의 조합을 통해 놀이를 해석하고자 한다(Thomas S. Henricks, "Caillois's "Man, Play, and Games": An Appreciation and Evaluation," *American Journal of Play* 3(2), The Strong, 2010, p. 167).

71 카이와, 『놀이와 인간』, 36~37쪽.

72 같은 책, 26쪽.

73 같은 책, 27쪽.

없이 동의한다. 놀이하는 자가 그것에 열중하는 이유는 자발적이고 완전히 자신의 의지에 따른 것이며 즐거움을 위해서이기 때문이고, 같은 이유로 놀이하는 자는 언제라도 놀이를 그만둘 수 있다. 또한, 놀이는 일상과는 분리된 활동으로 시간과 공간의 명확한 한계 속에서 이루어진다는 비일상성에 대해서도 동의한다. 놀이의 경계 밖에서 행해지는 것은 전혀 고려의 대상이 아니며, 놀이하는 자가 어떠한 이유에서건 경계 밖으로 나가면 실격을 당하거나 벌을 받게 되며 약속된 경계 내에서 놀이를 재개하지 않으면 안 된다는 것이다.

카이와는 놀이의 규칙에 대해 하위징아와는 색다른 관점을 제시한다. 놀이에는 규칙이 존재하고 놀이에서 속이는 자보다 규칙을 파괴하는 자가 더 위험하다는 생각에는 동의하지만, 인형놀이, 병정놀이 등과 같이 규칙이 없는 놀이도 많다는 것이다. 하위징아는 이를 '~인 체하기'라는 또 다른 놀이 요소로 보았지만, 카이와는 이러한 감정이 규칙과 완전히 똑같은 기능을 하며 서로 배타적이어서 놀이는 규칙과 허구 둘 중 하나라고 이야기한다. 특히 카이와는 놀이의 우연성에 주목한다. 결말에 대한 의문은 끝까지 남아야 하며, 카드 게임이나 복권에서처럼 결과가 확정되면 게임은 끝난다는 것이다. 즉, 실패의 위험이 없거나, 반드시 이기는 자에게 놀이란 더 이상 재미있는 것이 되지 못한다. 테니스에서 공을 주고받을 때마다, 체스에서 한쪽 말이 움직일 때마다 상황이 예측할 수 없는 방향으로 끊임없이 변해야 하며, 규칙의 한계 내에서 자유로운 응수를 위해 놀이하는 자에게는 이러한 자유와 그의 행동에 주어진 여유가 절대적으로 필요하다는 것이다.

이렇듯 카이와는 놀이의 다양성을 강조하면서 놀이를 분류하고 그 분류들의 조합을 바탕으로 놀이의 세계를 확대하고자 한다.[74] 그는 발전한 문명에서 아곤과 알레아가 지배적이라고 하더라도 미미크리와 일링크스는 본능에 대응하기 때문에 그 본능을 어느 정도 만족시켜줄 필요가 있다고 보았다. 하지만 파급력을 억제하기 위해서는 미미크리와 일링크스를 분리해 공모하지 못하도록 해야 한다고 이야기한다. 이러한 카이와의 놀이에 대한 분류와 조합은 인문카운슬링 프로그램 개발 측면에서는 놀이를 체계적으로 이해하는 데 도움을 준다. 카이와가 제안한 경쟁(아곤), 우연(알레아), 모의(미미크리), 현기증(일링크스)이라는 네 개의 주요 항목은 어떤 놀이를 이해하거나 새로운 놀이를 구성하는 것을 용이하게 한다.

(4) 볼츠의 삶에 대한 긍정으로서의 놀이

니체 이후 놀이에서 의미 있는 통찰을 제시했던 대표적인 사람으로는 하위징아와 카이와가 있다. 하위징아는 '호모루덴스'라는 용어를 처음으로 등재시키며 놀이와 관련된 논의를 문화의 지평으로 끌어올리고자 했으며, 카이와는 놀이에 대한 탁월한 분류를 제시하면서 놀이의 사회학을 정초하고자 했다. 하위징아와 카이와 이후 비교적 최근에 주목받고 있는 놀이에 대한 논의 중 하나는 볼츠의 놀이다. 볼츠는 놀이가 인간의 삶에 중대한 의미를 지니고 있음에도 학문적 영역에서 진지하게 취급되지 않고 있으며, 하위징아(1938)와 카이와(1958) 이후 제대로 된 논의도 이루어지지 않고 있음을 지적하며 『놀이하는 인간』

74 같은 책, 25~34쪽.

(2014)을 통해 놀이에 관한 '즐거운 학문'을 제시하고자 한다.

볼츠가 보기에 문명화 과정에서 오늘날 우리에게 부족한 것은 내적 동기부여다. 수세기 동안 계몽과 과학이 세계를 탈마법화해왔고, 정치적 확실성과 기술적 진보 그리고 경제적 복지 때문에 세상은 무미건조해졌다. 이러한 세상에서 우리가 살아갈 수 있는 것은 오락거리가 있기 때문이며, 그 오락거리의 핵심에 놀이가 있다. 놀이에는 미국의 사회학자 윌리엄 I. 토머스가 이야기하는 우리 삶을 추진하는 네 가지 근본적인 소망인 모험심, 안정감, 인정, 응답이 모두 녹아들어있다. 놀이의 스릴과 자극이 주는 모험심, 분명한 규칙에서 오는 안정감, 경쟁을 통한 인정, 직접적 피드백을 통해 충족되는 응답이 바로 그것이다. 몇몇 사람은 놀이가 현실도피주의라며 비판하지만, 놀이하는 사람은 현실을 건드리지 않는다는 점, 그리고 아이러니하게도 유희(놀이)적 가벼움보다 혁명적 전복을 꾀하는 것은 없다는 점에서 그러한 비판은 부당하다고 할 수 있다.[75]

볼츠는 "19세기는 생산자의 시대, 20세기는 소비자의 시대였다면, 21세기는 놀이하는 사람의 시대가 될 것"이라고 한다. 왜냐하면, 대중에게 있어서 현대세계는 오락거리를 통해서만 지탱될 수 있으며 놀이는 창의적 잠재력을 바탕으로 현실에 침투하고 있기 때문이다. 과거에는 경제학자들이 생산자를 분석하고 트렌드 연구자들이 소비자를 분석했다면, 이제는 '놀이하는 사람들'을 이해해야 하는 시대가 도래한 것이다. 하지만 근대에 들어와 생활의 합리화가 놀이를 배제하려고 한다. 막스 베버에 의하면, 과거 유희(놀이)를 탐닉하던 귀족들의 생활행

75 볼츠, 『놀이하는 인간』, 18~21쪽 참조.

위 대신에 등장한 시민계급의 전문적인 학습은 놀이를 쓸모없는 사치로 만들어버렸다. 근대의 자본주의 정신은 쾌락을 배척하는 청교도 덕분에 가능했으며, 청교도적 자본주의는 인간을 억압하고 충동을 엄격한 자기규제에 복종시켰다. 이로 인해 이후의 세계는 공허하고 무미건조해졌으며, 우리는 감정의 공백 상태에 살아가면서 근대에 치러야 할 대가를 받아들여야 했다. 즉, 볼츠는 놀이가 주는 위대한 자극을 방해하는 것으로 '일상생활을 합리화하는 자기통제 문화'와 '규제와 규범을 요구하는 국가' 두 가지를 지적한다.

그에 의하면 놀이는 "분명한 목표를 가지며, 이 목표는 자기 내부에만 존재한다. 놀이는 규칙을 통해 이해하기 쉽게 조직되며 모든 움직임이 간접적인 피드백을 일으킨다. 놀이는 실수에 너그러우며 '긍정적인' 스트레스를 만든다."[76] 물론 볼츠는 놀이의 정의에 대해 위의 본질에만 딱 들어맞는 것이라고 한정하지는 않으며, 그 역시 놀이가 무엇을 의미하는지 누구나 알고 있지만 그것의 의미를 엄밀하게 정의하는 것은 불가능하다는 것을 인정한다. 즉, "놀이는 이 정의와 비슷한 어떤 것이다."[77] 놀이의 정의를 구성하는 요소들 가운데 매우 중요한 것은 놀이는 '놀아지는 것' 자체를 목적으로 하며 자기 자신 이상의 목적을 갖지 않는다는 것이다. 이는 하위징아의 표현으로는 무사무욕無私無慾, disinterestedness이며, 볼츠의 정의에서는 놀이의 목표가 '자기 내부에만 존재함'이라 할 수 있다. 볼츠는 이러한 놀이의 요소를 '기능쾌락funktionslust'이라는 단어와 연결하면서, 여기서 쾌락을 일으키는 요

76 같은 책, 50쪽.

77 볼츠는 공통적인 본질은 없지만, 그 쓰임에서 유사성만 있는 것의 예로 놀이를 든 것을 언급하며, 놀이의 가족유사성(familienähnlichkeit)을 이야기한다(같은 책, 51쪽 참조).

소를 '쾌락을 일으키는 기능 자체, 작용을 일으켰다는 것에 대한 만족감, 그리고 이 작용을 또다시 일으킬 힘'으로 본다. 이러한 놀이의 쾌락은 어떠한 부가가치를 생산해내는 활동이 아닌 과정 자체의 쾌락이며, 이것이 주는 즐거운 만족감은 놀이에 반복적으로 빠져들게 하는 동기가 된다.[78]

또한 볼츠는 가다머의 놀이에 대한 발견에 주목한다. 가다머에 의하면 '놀이는 스스로 되어지는 것'이며, 놀이 참여자들은 놀이를 스스로 운영하는 것이 아니라 놀이가 진행되도록 돕는 역할, 즉 놀이에 끌려들어가는 자들이다. 이 때문에 놀이는 "자기주도적이 되어야 한다는 현존재의 본래적 고달픔인 저 부담감을 덜어준다."[79] 볼츠는 "놀이에 빠져들어 놀이에 의해 놀려지는 사람은 자율성은 포기하지만 이러한 포기는 즐거움으로 가득 차고 행복감에 도취되어 자기 자신을 놓아버린 해방된 가벼움으로 보아야 한다"고 주장한다.

볼츠는 성경에 나오는 모세의 십계명과 버금가는 계명으로 "놀지어다!"라는 11번째 계명을 제시하고자 한다. 그는 놀이가 가져다주는 긍정적인 감정과 도취, 소망을 충족해주는 꿈, 승리에서 절정을 이루는 열정과 헌신이 주는 고양감에도 불구하고 니체를 제외하고는 놀이에 대한 '즐거운 학문'을 시도했던 사상가는 거의 없다는 점을 안타까워한다. 놀이에 대한 볼츠의 주장은 매슬로가 제시한 욕구 피라미드와도 매우 잘 들어맞는다. 욕구 피라미드는 안전과 인정 이후 그 정점에 자기실현의 가치를 제시했는데, 볼츠는 놀이야말로 자신의 본성을 실천할 수 있다고 이야기한다. 소비를 통해 행복을 추구하는 것은 지속

---

78 같은 책, 53쪽.

79 같은 책, 60쪽.

적으로 더 크고 새로운 쾌락을 요구하지만, 놀이는 "규칙을 통해 자신을 효과적으로 통제"[80]할 수 있기 때문에 '소비'라는 절망의 쳇바퀴와는 차원이 다른 자기실현의 행복을 선사한다.

볼츠는 우리 시대에 만연해 있는 비관주의를 '시대의 질병'으로 규정한다. 현대사회가 분명히 이전보다 풍요로움에도 불구하고 이 사실을 인식하지 못한 채 수십 년 동안 언론의 대부분을 차지하는 것은 불만의 목소리다. 사회적 불평등, 기후변화, 핵발전소 등 절망은 아주 잘 팔리며 그것은 '거대한 불안산업'을 발달시킨다. 볼츠가 보기에 현대사회의 지나친 비관주의와 세계종말론은 상품이 되며, 기술에 대한 적대, 반反자본주의, 현실적 노력 없이 제스처만 앞세우는 정치인들에 의한 '포스트모던한 목동들의 설교'가 사회 전체를 비관주의로 몰아간다. 하지만 볼츠는 "희망은 놀이함으로써 훈련할 수 있다"[81]라고 이야기하며, 게임에서 기꺼이 위험을 감수하는 행동이 현실에서는 낙관적으로 기회를 모색하는 개방성이 될 수 있음을 강조한다. "게임은 성공하는 사람을 위한 심리적 조건을 만들어내며, 성공하는 사람들은 모두 놀이하는 사람이다."[82]

놀이의 긍정성은 여기에서 그치지 않는다. 볼츠는 놀이가 기분을 쾌활하게 만들 뿐만 아니라 똑똑하게도 만든다는 주장을 실러의 『미적 교육론』을 예로 들며 설명한다. 실러는 인간의 감각적인 본성에서 나오는 것을 '감각충동', 인간의 이성적인 본성에서 나오는 것을 '형식충동'으로 명명했으며, 두 충동이 동시에 작용하는 결합 작용으로서 '놀

80 같은 책, 252쪽.
81 같은 책, 257쪽.
82 같은 책, 같은 쪽.

이충동'을 제안했다.[83] 즉, 놀이를 통해 이성적 합리성과 감각적 본능이 결합함으로써 합리적인 능력뿐만 아니라 환상을 만들어내는 상상력 또한 배가된다는 것이다. 볼츠가 보기에 현대의 게이미피케이션에서 이러한 상상력은 이야기를 만들어내는 전문 작가들의 전유물인 스토리텔링을 넘어 모든 참여자가 복잡성을 탐색하며 이야기를 가지고 노는 시대로 이행하고 있다. 즉, 놀이한다는 것은 '삶에 대한 긍정'이며 '세계에 대한 동의'이자 '우리를 낙관적으로 만드는 행위'다.

83 실러, 『미적 교육론』, 112~127쪽 참조.

2

놀이의 일반적인 특성

1) 하위징아의 놀이 요소

(1) 놀이의 일반적 특성

하위징아는 놀이의 일반적인 특징으로 '시공간의 제약, 규칙, 무사무욕無私無慾, disinterestedness, 자발성, 비일상성not ordinary or real' 등을 꼽았으며 이러한 특징을 갖춘 문화적 활동들의 기원을 놀이에서 찾았다.[1] 먼저, 놀이는 무엇보다 자발적인 활동이다. 이것 하나만으로도 결정론의 인과관계에 따르는 자연의 과정과는 구분된다. 일부 학자들은 어린아이나 동물의 놀이를 '본능'에 가까운 행위로 생존을 위해 발달한 생물학적 활동으로 해석하고자 하지만, 어린아이든 동물이든 재미

1 이병돈, 「호모루덴스의 현대적 의미와 한계: 볼츠와 드레이퍼스를 중심으로」. 『철학실천과 상담』 12, 한국철학상담치료학회, 2022, 84쪽 참조.

있어서 놀이하는 것이며 그것이 바로 놀이의 자유다. 자유롭다는 것은 필요나 의무에 의해 수행하는 것이 아니라는 의미이며 놀이는 자유 그 자체다.[2]

두 번째로 놀이는 우리의 일상을 벗어난 행위이며 '실제' 생활에서 벗어나 일시적인 행위의 영역으로 들어가는 것이다. 이것은 일종의 '~인 체하기'로 표현되는데, 그렇다고 해서 '~인 체하기'의 행위가 진지한 행위가 아니라거나 그에 비해 열등한 행위라는 것은 아니다. 예를 들어, 우리는 주변에서 흔히 게임에 빠진 사람이 어떠한 순간에 도달하면 매우 진지하게 게임에 임하는 것을 볼 수 있는데, 이 순간만큼은 놀이하는 자에게 놀이가 진지함이 되고 또 진지함이 놀이가 되는 것과 같이 진지함과 놀이의 관계는 언제나 유동적이다.[3]

세 번째 놀이의 일반적인 특성은 '무사무욕無私無慾'이다. 무사무욕은 앞에서 언급한 두 가지 특성과 연관해서 생각해볼 수 있는데, 놀이라는 것은 필요나 욕구 때문에 강제로 참여하는 것이 아니라 매우 자율적이며, 일상적인 생활에서 벗어난 활동이기 때문에 놀이의 목적은 '놀이 그 자체'가 된다. 하위징아는 "중요한 건 승부가 아니라 게임이다"라는 네덜란드의 속담을 인용하며 놀이는 그것을 수행하는 자체 외에는 다른 목적이 없음을 강조한다.[4] 하지만 아곤적 특성을 가진 놀이에서 '승리하기'라는 목적까지 사라지는 것은 아니라고 하면서 놀이의 무목적성을 확대해석하는 것을 경계한다. 놀이에서 승리하는 것은 놀이가 진지해지기 위한 중요한 요소다. 또한, 그는 놀이가 궁극적으로

2 하위징아, 『호모루덴스』, 43쪽.

3 같은 책, 44~45쪽 참조.

4 같은 책, 117쪽 참조.

문화에 봉사하는 것까지 부정하지는 않는데, 왜냐하면 놀이가 기여하는 방식은 물질적 이해나 생물학적 필요의 충족과는 완전히 다른 방식으로 봉사한다는 의미이기 때문이다.[5]

네 번째 놀이의 일반적인 특성은 놀이에는 시간과 공간의 제약이 있다는 것이다. 놀이의 장소는 '일상'생활 공간과는 구분되어 있어 공간의 제약이 있으며, 놀이는 일단 시작되면 적절한 시간에 종료되기에 시간의 제약도 갖고 있다. 이러한 놀이의 특성은 앞서 언급한 '비일상성'과도 연관이 있다. 또한, 시간의 제약이 있다는 것은 오히려 놀이 참여자에게 반복적인 놀이 활동을 가능하게 한다. 공간이 분리되어 있다는 특성은 놀이가 일정한 규칙을 가진다는 것과도 연관이 있다. 하위징아는 사원, 무대, 테니스코트, 법원 등 우리는 특정한 규칙이 지배하는 공간[6]에서 놀이한다고 이야기하며 규칙이 지배하는 정해진 공간은 혼란스러운 일상과 현실의 불완전한 세계에서는 맛볼 수 없는 제한적인 완벽함을 가져다준다고 보았다.[7]

하위징아는 특별히 고등형태의 놀이는 경쟁(아곤agon)적 특징을 가진다고 보았다.[8] 놀이의 요소 중에도 각 문화권의 아곤적 요소는 놀이가 문화로 발전해나가기 위한 중요한 특징이다. 각 문화권의 집단적

5 같은 책, 46쪽 참조.

6 하위징아가 이야기하는 공간의 제약은 단지 물리적 공간의 제약으로 좁게 해석하기보다는 기존의 사회적·개념적·지식적 체계들이 무력화되는 마법의 동그라미(magic circle: 마법사가 그려놓은 동그라미로 그 안에서는 누구도 힘을 쓰지 못함)로 넓게 해석해야 한다. 그런 의미에서 이후에 카이와가 이를 "놀이가 시공간에 제한되어 있다"라고만 해석한 것은 하위징아의 공간개념을 너무 좁게 해석한 것이다(Peter McDonald, "'Homo Ludens': A Renewed Reading," American Journal of Play 11(2), The Strong, 2019, p. 256).

7 하위징아, 『호모루덴스』, 47쪽 참조.

8 같은 책, 42~53쪽 참조.

놀이가 가지고 있는 아곤적 요소가 놀이의 긴장과 불확실성을 더욱 커지게 하고, 이러한 속성은 놀이에 참여하는 개인 또는 집단의 생활 강도强度와 분위기를 고취하여 놀이가 문명의 한 부분으로 쉽게 편입되도록 한다는 것이다. 하위징아는 우리는 혼자 하는 카드놀이에서도 긴장과 불확실성을 느낄 수 있지만 상대와 카드 게임을 할 때는 그것이 더욱 커진다는 것을 예로 들며 집단적 놀이에서의 아곤을 설명한다.[9]

하위징아에 의하면 이러한 아곤적 특성은 아메리카 원시 부족의 '포틀래치potlatch'라는 관습에서도 잘 나타난다. 아메리카 북서부 해안에 거주하는 인디언 부족이 각종 의례에서 베푸는 축하연 관습을 '포틀래치'라고 하는데, '콰키우틀'이라는 부족에서 발견되는 포틀래치는 아곤적 특성을 매우 잘 보여준다는 것이다. 포틀래치는 먼저 한 그룹이 우월성을 과시하기 위해 엄청난 규모의 선물을 상대에게 주면 그것을 받은 상대 그룹은 받은 선물보다 더 많은 양의 선물을 해야 할 의무를 떠안게 되며, 이러한 행동을 반복하다가 결국 서로의 가산을 모조리 탕진하는 지경에 이르는 기이한 관습이다. 그런데 그들은 이에 그치지 않고 상대에게 자신들이 그러한 재산 없이도 살아갈 수 있다는 것을 과시할 목적으로 카누, 담요, 구리판 등을 경쟁적으로 파괴하고 심지어 더 많은 숫자의 노예를 보란 듯이 경쟁적으로 죽이기도 한다고 한다. 하위징아는 이와 같은 포틀래치의 본질적 특징이 '승리하기'임을 상기시키며, 이것이 엄숙한 의례 행위로 진행된다는 점을 근거로 놀이와 연결고리를 찾고자 한다. 즉, 이러한 관습은 인간의 기본적인 욕구인 '명예를 얻기 위한 놀이하기'가 고도로 발전한 형태라는 것이다. 이

9 같은 책, 114~115쪽 참조.

러한 경쟁적 관습은 아메리카의 콰키우틀 부족뿐만 아니라 멜라네시아, 그리스, 고대 게르만, 로마 문화에서도 존재했으며 중국과 아라비아에서도 유사한 관습이 존재한 흔적이 있다.[10]

하위징아는 개인이나 사회가 완성을 지향하게 되는 가장 큰 동기는 자신의 '탁월함'(미덕arete[11])에 대해 인정받고 칭찬받으려는 욕망이라고 전제한다. 놀이는 어떠한 경제적인 이익도 목적으로 하지는 않지만, 승리하기를 강하게 욕망하는 활동이며 승리의 부상은 바로 명예다. 하위징아는 남들에게 인정받으려면 인정받을 만한 사항이 겉으로 드러나야 하는데, 이것은 바로 '탁월함'이라고 이야기한다.[12] 아리스토텔레스에 의하면 모든 사물은 고유한 아레테를 갖고 있는데, 예를 들면 칼의 미덕은 날카로움이나 단단함이 될 수 있고, 신체의 미덕은 힘과 건강, 마음의 미덕은 재치와 현명함이 될 수 있다.[13] 하위징아는 이러한 미덕이 발현되기 위해서는 필연적으로 비교의 대상이 필요하며, 따라서 미덕, 영예, 영광 등은 처음부터 경쟁(아곤)의 영역이고 그것은 놀이의 영역이라고 이야기한다.[14]

---

10 같은 책, 131~133쪽 참조.

11 아리스토텔레스는 명예는 외부에서 주어지는 것으로, 탁월함 또는 미덕(arete)은 그 자신에게 속한 것으로 구분하면서 미덕을 명예보다 더 상위 가치로 본다. "명예는 그것을 받는 사람보다는 그것을 부여하는 사람들에게 달려있다고 생각되는 반면, 좋음은 그 소유자에게 고유한 것으로, 그에게서 분리될 수 없는 것이라는 느낌이 들기 때문이다. 또한, 그들이 명예를 추구하는 것은 자신이 좋은 사람이라는 확신을 갖기 위해서인 것 같다. 아무튼, 그들은 자신들을 아는 사람들 사이에서 자신들의 미덕(arete)에 근거하여 실천적인 지혜를 가진 사람들에게 존경받기를 원한다. 그렇다면 적어도 이들에게는 분명 미덕이 명예보다 더 상위 가치이다."(아리스토텔레스, 『니코마코스 윤리학』, 천병희 역, 서울: 도서출판 숲, 2013, 29~30쪽 참조)

12 하위징아, 『호모루덴스』, 139~140쪽 참조.

13 같은 책, 140쪽 참조.

14 "아리스토텔레스도 명예를 가리켜 '미덕의 부상(副賞)'이라고 했다. (…) 그는 명예를

(2) 놀이의 확장

하위징아는 각 문화권에서 존재했던 '놀이'라는 단어에 대한 언어 분석을 통해 그 외연의 확장 근거를 마련한 후 그러한 놀이가 내포하고 있는 일반적인 특성을 정의했다. 이제 하위징아는 소위 '문화'라고 지칭할 수 있는 여러 가지 활동 중 이러한 놀이의 일반적인 특성을 가진 영역들을 모두 놀이의 영역에 포섭하고자 한다. 그는 우리가 흔히 떠올릴 수 있는 예술과 축제, 경기 등의 영역을 넘어 소송, 철학, 신화, 심지어는 전쟁도 놀이와 관련짓는다. 이러한 하위징아의 입장은 그의 저작 『호모루덴스』를 시작하는 문장에서도 "놀이는 문화보다 더 오래된 것이다"[15]라고 밝혔듯이 인류 문화의 많은 부분은 인간이 이미 갖고 있는 놀이본능으로 인해 기원하고 추동되었다는 것이다. 그렇다면 각각의 영역이 어떻게 놀이의 특성을 담고 있는지 살펴보도록 하겠다.

먼저, 하위징아는 법률은 흔히 진지하고 신성한 것으로 여겨지며 놀이와는 대립적인 관계에 있는 것으로 생각되지만 진지하고 신성하다고 해서 반드시 놀이의 특성이 없는 것은 아님을 상기시킨다. 그는 소송사건을 살펴보면 소송이 경기와 상당히 유사하다는 것을 알 수 있으며, 고대 그리스에서 소송은 아곤(경쟁, 경기)으로 인식되었다고 이야기한다. 하위징아에 의하면 경기는 곧 놀이를 의미하며, '법정'은 일종의 테메노스temenos(왕이나 신을 위한 토지)로서 일상적 세계와는 격리되

미덕의 목적이나 기반이라 하지 않고 미덕의 자연스러운 척도라고 불렀다."(같은 책, 141쪽)

15 같은 책, 1쪽.

어 있는 '마법의 동그라미magic circle'다.[16] 그곳에서는 신분과 지위가 일시적으로 정지되며, 판사는 법복을 입는 순간 일상에서 벗어난 또 다른 존재가 된다.

법률적 경기는 시간과 장소의 제약 외에도 제한적인 규칙체계의 지배를 받는 질서정연한 대립적 놀이에 속한다. 현대의 소송은 옳음에 대한 논쟁이지만, 원시사회에서는 윤리적 가치가 아직 체계화되지 않았으며 정의와 불의보다는 승리와 패배가 더 중요하고 구체적인 문제였다. 즉, 하위징아에 의하면 도덕적 개념은 후대에 생겨난 것이며 소송에 걸린 금액은 경기의 부상副賞에 가까운 성격이었다.[17] 이렇듯 많은 문화권에서 토지 확보, 신부를 얻기 위한 경쟁 등의 '판결'은 힘겨루기나 행운에 의해 내려지는 것이 관찰되며 이때 승리를 안겨주는 것은 잘 고안된 법적 논증이 아니라 힘이나 말싸움의 승리라는 것이다. 하위징아는 이러한 이유로 고대 그리스에서 소피스트의 웅변술이 중요했던 것이며, 소송은 일정한 규칙이 존재하여 일상과는 시공간이 분리된 특정 장소에서 이루어지는 경쟁적 놀이의 성격을 지니고 있다고 이야기한다.

하위징아는 이러한 특성이 고대의 전쟁에서도 종종 드러난다고 보았다. 문화적 기능을 담당하는 싸움은 일정한 규칙이 있으며, 쌍방이 서로 동등하되 적대자라는 생각이 있을 때 비로소 전투가 문화적 기능을 담당한다는 것이다. 하지만 하위징아에 의하면 만약 전쟁 상대방을 자신들과 동등한 인간이 아닌 야만인, 악마, 이교도, 이단자, 하등종족 등으로 규정한다면 그러한 전쟁은 놀이적 특성을 잃어버리게 된다.

16 같은 책, 165쪽 참조.
17 같은 책, 168쪽 참조.

고대 사람들은 "승리와 패배를 신들의 의지를 테스트하는 수단"[18]으로 여겼으며, 의례적으로 정확한 형태를 갖추어 얻은 모든 결정은 '신의 심판'이었다. 즉, 무장투쟁은 신의 계시나 법적 소송 못지않게 정의의 수단이었으며 전쟁은 계시의 한 형태로 볼 수 있다. 그러한 의미에서 동서양을 막론하고 고대의 전쟁 이야기에서 자주 등장하는 '단판 싸움'은 아곤의 형태를 갖춘 간단한 증거이자 신들이 승자의 대의명분을 선호한다는 표시였다.

하위징아에 의하면 중세의 사법적 결투 역시 승패의 가능성을 비슷하게 할 목적으로 지금의 스포츠에서 볼 수 있는 핸디캡을 부여하는 절차가 있었으며, 일반적으로 결투에서 중요한 것은 명예이지 물질적 이득이 아니었다. 이후 놀이의 사회학을 정초하고자 한 카이와에 의하면 스포츠 경기에서도 적용되는 이러한 '핸디캡'은 아곤적 놀이의 승패에 우연성을 부여하는 것이며, 승리의 상급이 물질적이 아니라는 것 또한 놀이의 '무사무욕'의 특성을 잘 나타내준다고 보았다. 하위징아는 이러한 관점에서 보자면 결투가 벌어지는 장소는 놀이터와 다름이 없으며 전쟁 선포, 조약의 준수, 상호권리 등과 같은 국제법의 규제들은 이러한 전쟁의 아곤적 특성에 규칙을 부여하고자 유래했다고 이야기한다. 하지만 그는 놀이에서 규칙처럼 작동하는 국제사회에서 합의된 규범이 아닌 현실에서 이익과 권력을 유일한 규범으로 삼는 순간 전쟁은 놀이의 특성을 잃어버리고 야만의 수준으로 전락해버린다고 이야기한다.[19]

---

18 같은 책, 191쪽.

19 하위징아는 고대 이후의 전쟁들이 놀이의 특성을 잃어버렸기 때문에 잔혹해졌으며, 소위 '재도전'이 불가능하도록 철저하게 짓밟는 전쟁으로 발전했다고 보았다.

하위징아는 철학이나 시, 신화 같은 인류의 인식 또는 지식과 관련된 활동들 또한 놀이와 관계한다고 보았다. 고대인에게 지식은 우주질서 자체와 관련이 있는 주술적 힘이 있었기에 신성한 축제에서 지식에 대한 경쟁은 필수였다. 질문은 주로 우주론적 성격을 띠고 있었으며 그 안에서 신성한 놀이 형태로 철학이 탄생했다는 것이다. 하위징아에 의하면 고대 그리스인은 아포리아aporia[20]를 실내놀이로 즐겼으며, 초창기의 철학자는 소피스트 또는 이후의 철학자를 막론하고 문답 담론의 승자를 의미했다. 구술문화에서 문자문화로의 이행기였던 고대 그리스의 철학은 논쟁적이고 아곤적이었으며,[21] 이러한 수수께끼와 철

---

20 아포리아의 1차적 의미는 '가고자 하는 길 혹은 통로가 없음'이라는 것이지만, 관련 텍스트의 맥락을 고려해 의미를 유추할 때 제대로 이해되는 면이 있다(이재현, 「아리스토텔레스의 아포리아적 변증술에 대한 이해」, 『중세철학』 16, 중세철학회, 2010, 3~4쪽 참조).

21 옹은 구술문화와 문자문화에서 인류의 감각기관 자체가 다르게 조직된다고 보았다. 구술문화는 청각 중심인 반면 문자문화는 시각 중심이기 때문에 매체의 특성으로 인한 근본적인 특성이 있다는 것이다. 그에 의하면 쓰기는 아는 주체를 알려지는 객체로부터 떼어놓지만, 구술성은 지식을 인간 생활세계에 파묻힌 채 놓아둠으로써 투쟁상황에 위치시킨다. 예를 들면, 이야기 속에서 인물끼리 만날 때는 으레 자신의 용감함을 자랑하거나 말로 상대를 공격하는 장면이 나타난다.

> "그 블레셋 사람이 또 다윗에게 이르되 내게로 오라 내가 네 살을 공중의 새들과 들짐승에게 주리라 하는지라. 다윗이 블레셋 사람에게 이르되 … 오늘 여호와께서 너를 내 손에 넘기시리니 내가 너를 쳐서 네 목을 베고 블레셋 군대의 시체를 오늘 공중의 새와 땅의 들짐승에게 주어…"(구약성서, 사무엘상 17장 43~47절)

물리적 행위에 대한 찬양에서도 구술문화는 논쟁적으로 만들어져 있어 종종 구전설화에서 물리적 폭력에 대한 열광적인 서술이 나타난다.

> "무자비한 돌이 두 힘줄과 뼈를 박살내버리자, 그는 먼지 속에 뒤로 나자빠졌다. 사랑하는 전우들을 향하여 두 손을 내밀며, 의기를 토해내며. 그래서 그를 맞힌 페이로스가 그에게 달려들어 창으로 그의 배꼽을 찌르니 창자가 모두 땅 위로 쏟아졌고 어둠이 그의 두 눈을 덮었다"(『일리아스』 4권, 521~526행).

이것은 이러한 장면이 시각적으로 제시될 때보다 말로 구술될 때 덜 혐오스럽다는 점, 당시 생활상의 물리적 고통이 심했다는 점, 그리고 질병이나 천재지변의 물리적 원인에 관해 무지했다는 점이 그 원인이 될 수도 있겠지만, 무엇보다 구술성 자체의 구조와 결부되

학은 아곤적 놀이의 특성을 그대로 반영하고 있다.

하위징아는 "시는 정신의 놀이터에서 벌어지며, 그 놀이터는 정신이 그 자신을 위해 스스로 만들어낸 세계다"[22]라며 시 또한 놀이와 밀접한 관련이 있다고 말한다. 시 속에서 사물들은 '일상생활'과는 굉장히 다른 외관을 지니게 되고 논리와 인과관계를 벗어나 완전히 다른 유대관계로 매이게 된다는 것이다. 근대에 시를 미학의 관점에서 바라보았던 것과 달리 하위징아는 시를 미학의 관점에서만 설명된다는 생각을 비판하며 "고대의 시는 의례, 오락, 예술, 교리, 신념, 마법, 예언 그리고 경쟁 등을 한데 뭉뚱그린 것이었다"[23]라고 이야기한다. 고대에 시인을 칭하는 단어는 '바테스vates'인데, 이는 '홀린 자, 신에게 매혹된 자, 헛소리를 지껄이는 자'라는 뜻을 담고 있다. 하위징아는 바테스는 비범한 지식의 소유자였으며 '예언자, 성직자, 시인, 철학자, 점쟁이, 연설가, 소피스트'도 모두 원시적 복합체인 이 '바테스'로부터 나왔다고 보았다. 또한, 여러 부족에서 나타나는 교창(번갈아 가며 부르는 노래) 형식의 의례와 정형구를 반복하며 응수하는 것,[24] 즉흥

어 있다. 사람들이 의사소통을 위해 음성을 역동적으로 주고받아야만 할 때는 그로 인해 사람들의 관계가 더욱더 고양되기 때문이다. 따라서 이는 논쟁성이나 독설과 표리관계에 있는 찬사 표현에서도 과장되게 나타나기는 마찬가지이다(월터 J. 옹, 『구술문화와 문자문화』, 임명진 역, 서울: 문예출판사, 2018, 70~137쪽 참조).

22 하위징아, 『호모루덴스』, 241쪽.

23 같은 책, 243쪽.

24 옹에 의하면 문자가 없었던 구술문화에서는 '기억할 수 있어야 아는 것이다'라고 할 만큼 시를 기억하는 것이 매우 중요했다. 오늘날 대부분의 지식은 쓰기(writing)를 통해 이용하기 편리하도록 만들어지고 조립된 것이지만, 텍스트가 없던 구술문화 속에 사는 사람들은 어떤 복잡한 문제에 대해 숙고 끝에 해답을 만들어냈다고 해도 이를 기록해둘 방법이 없었다. 따라서 그들은 이 길고도 복잡한 이야기를 효과적으로 재현하기 위해 기억하기 쉽고 바로 말할 수 있도록 만들어진 정형화된 패턴(pattern), 즉 일종의 규칙에 입각해 사고해야 했다. 강렬한 리듬을 띠고 균형 잡힌 패턴, 반복이나 대구, 두운과 유운, 형

곡을 만들어 부르는 행위는 시의 고전적 형태라고 볼 수 있는데, 문자가 없던 구술 시대에서의 시는 일정한 시간과 공간의 제약을 받는 활동이었으며 자유롭게 받아들여진 규칙에 따라 이루어지고 실용적 목적이 없었다는 점에서 놀이의 특징을 갖고 있다는 것이다. 하위징아는 현대 문명에서 법, 전쟁, 상업, 기술, 과학이 놀이와 멀어진 상황이지만 시만은 아직 살아남아 있는 '고상한 놀이의 최후의 보루'라고 이야기한다.

놀이는 신화와도 관계를 맺는데, 하위징아는 상상적 존재를 창조하려는 경향은 '마음의 놀이' 혹은 '심리적 게임'이라 할 수 있다고 본다. 그에 의하면 세계와 사물의 기원에 대해 신화적으로 가상하는 활동인 '의인화'는 놀이의 한 요소다. 의인화의 가장 기초적인 형태는 세계와 사물의 기원에 대해 진화적으로 가상하는 것으로 태양과 하늘, 바람, 땅 등을 의인화하는 것이다. 이후 추상 개념의 의인화가 발명되었고 여러 신화에서 지혜, 질투, 불화, 망각 등의 추상적 개념들이 의인화되는 것을 볼 수 있다. 의인화는 마음의 습관이며 문화와 말이 존재하기 전부터 놀이 태도인 의인화와 상상력 작업이 일어나고 있었다.

하위징아가 제시한 놀이와 철학의 관계 또한 매우 흥미로운 지점이다. 하위징아는 소피스트야말로 "고대 문화생활에서 중심적 위치에 있었던 인물로서 예언자, 점쟁이, 마술사, 그리고 바테스라는 명칭

용구와 그 밖의 정형적인 표현, 표준화된 주제적 배경, 패턴화된 격언 등과 같은 기억하기 좋은 형식에 따라야 했다. 정형구는 리드미컬한 대화를 돕고, 또한 청중들의 귀와 입으로 유통되는 관용표현(set expression)으로서 그 자체로 기억에 도움이 된다. 이는 '아침노을은 뱃사람에 대한 경고, 저녁노을은 뱃사람의 기쁨', '허물은 사람의 것, 용서는 신의 것' 등의 관용표현에서도 끊임없이 나타난다(월터 옹, 『구술문화와 문자문화』, 73~77쪽 참조).

이 가장 잘 어울리는 사람"[25]이라고 보았다. 그에 의하면 소피스트는 운동선수와 동등한 대우를 받았으며, 관중은 소피스트가 상대방을 논의의 그물로 잡아놓거나 회심의 일격을 날려 쓰러뜨리고 까다로운 질문으로 잘못된 대답을 유도하는 '놀이'에 박수갈채를 보내며 웃었다고 한다. 플라톤이 '놀이'가 청년들의 교육에 미치는 부정적인 영향으로 본 바로 그 지점을 하위징아는 긍정한 것이다. 하위징아는 더 나아가 철학자들 또한 소피스트와 오랜 친족 관계를 유지하고 있었으며, "이런 '속이는 일'이 소피스트들의 장황한 논리를 거쳐 소크라테스의 대화로 발전하는 것은 아주 쉬운 일이었다"[26]라고 하며 오히려 소크라테스 대화의 원초적인 형태는 소피스트에서 기원했다고 보았다. 하위징아는 플라톤의 대화편 자체가 하나의 지어낸 이야기라는 점과 여러 플라톤 저서에 등장하는 당시의 화자들은 스스로 자신들의 철학적 몰입을 즐거운 놀이라고 생각하고 있다는 점에서도 철학에서의 놀이 요소는 나타난다고 이야기한다.

하위징아는 지식과 관련된 활동에 관해 그리스에서는 아곤적 요소가 굉장히 강했으며 아리스토텔레스 이후 경쟁은 극단으로 향해 '편협한 교조주의'가 등장하면서 중세에 철학은 쇠퇴했다고 보았다. 하지만 하위징아에 의하면 중세시대에도 여전히 신학적 문제에 대한 토너먼트식의 논쟁은 계속 존재했으며, 궁정 문화는 특히 놀이의 형식을 채택하는 경향이 있었다. 이후 11세기 말 총체적 지식을 흡수하려는 갈증으로 대학이 탄생했고, 중세 대학에서 이루어지는 모든 활동은 충분히 아곤적이고 놀이적이었다. 즉, "모든 지식은 본질적으로 논쟁을 불

25 하위징아, 『호모루덴스』, 291쪽.

26 같은 책, 297쪽.

러일으키며, 논쟁은 아곤으로부터 떨어질 수 없다."[27]

놀이와 예술의 관계는 플라톤에서부터 근대 미학의 태동에 이르기까지 둘 간의 가족 유사성이 있다는 것을 대부분 인정하고 있다. 하위징아 또한 예술과 놀이를 연결하고자 하지만 시, 음악과 춤에 관해서는 그 놀이적 특성을 높게 평가하는 반면 조형이나 회화 같은 영역에서는 놀이와의 관계를 한정적으로 제한한다. 왜냐하면, 하위징아가 보기에 놀이에서는 반복해서 이루어지는 '행동'이 매우 중요하며 "가시적인 행동이 없는 곳에서는 놀이가 있을 수 없기"[28] 때문이다. 즉, 이미 만들어진 조형물과 회화작품을 감상하는 곳에서는 놀이가 일어나지 않는다는 것이다. 근대 미학의 태동기에 칸트와 실러가 분야를 막론한 예술의 '창조적 특성 자체'에 가치를 부여했다면, 하위징아는 예술가가 작품을 창작하는 과정에서의 '창조적 행동'에 주목했다는 점에서 다소 차이가 있다.

하위징아는 예술과 놀이의 밀접한 관계에 대해 몇 가지 연결되는 지점을 다음과 같이 설명한다. 첫 번째로 놀이는 실용적인 합리성 밖에 존재하며 필요성, 의무, 진실 등과는 아무런 상관이 없는데 이런 설명은 음악에도 똑같이 적용된다는 것이며, 다음으로는 시, 음악, 놀이는 리듬과 하모니를 공통 요소로 취하며 우리는 음악의 분위기를 타는 순간 축제와 의례를 느끼게 된다는 것이다. 하위징아에 의하면 미메시스(모방)가 예술가의 정신적 태도를 서술하는 일반적 용어였던 플라톤에게 있어서 "예술가는 그가 모방하는 사물이 좋은지 나쁜지 스스로 알

27 같은 책, 312쪽.
28 같은 책, 332쪽.

지 못했다"[29]는 점을 지적한다. 예술 중에서도 청각을 활용하는 음악가나 메시지가 담긴 비극 시인의 활동은 사람을 진정시키거나 흥분시키는 등의 윤리적 기능을 가질 수 있었기에 이러한 점에서 진리에 대해 깊게 고민하지 않은 채 영향력을 행사하는 예술가의 활동이 플라톤에게 탐탁지 않을 수도 있었을 것이다.

놀이와 춤의 관계에 대해 하위징아는 "놀이와 춤은 직접적인 참여의 관계이며, 거의 본질적으로 동일하다고 할 수 있다. 춤은 놀이하기의 구체적이면서도 완벽한 형태다"[30]라고 이야기하며 춤과 놀이를 거의 동일시한다. 춤은 리듬과 움직임이 주요 요소라는 점에서는 음악적이며, 물질에 묶여 있을 수밖에 없다는 점에서는 조형적이다. 물론 춤의 이러한 '조형적인 요소'가 '행동'을 중요시하는 하위징아의 놀이에 대한 관점에서 "다소 절충적인 위치에 있다"[31]는 표현을 하도록 만들기는 한다. 놀이와 조형예술에 대해 하위징아는 "작품은 생생하게 살아나기 위해 공적인 '행위'를 필요로 하지 않고, 이 때문에 놀이 요소가 개입할 여지가 없다"[32]고 이야기하며 한계를 토로하지만, 조형물을 감상하는 행동 자체에서도 그것을 중요하고 신성한 물체로 인식하는 의례의 성격이 발휘되며 조형물 간의 아곤적 요소가 있기에 놀이와 무관한 것은 아니라고 본다.

---

29 같은 책, 324쪽.
30 같은 책, 329쪽.
31 같은 책, 331쪽.
32 같은 책, 같은 쪽.

(3) 놀이와 서양문명의 발전

지금까지 살펴본 바와 같이 하위징아에게 놀이적 경쟁(아곤) 정신은 사회적 충동이라는 측면에서 문화 자체보다 더 오래된 것이며 의례, 시, 음악, 춤, 지혜, 철학, 종교, 전쟁의 규칙 등은 놀이 위에 세워졌다. 또한, 그는 로마 시대의 놀이 요소는 '빵과 서커스 놀이'라는 구호에서 가장 잘 나타나지만 이를 "프롤레타리아가 구호품과 무료극장 입장권을 요구하는 정도로 인지"[33]해서는 안 된다고 보았다. 당시 로마의 경기는 일종의 신성한 행사였고, 경기의 기본적인 기능은 번영을 축하하고 의례를 통해 번영을 강화하며 보장하는 것으로 로마는 경기 없이는 존속할 수 없었기 때문이다.[34] 하지만 하위징아에 의하면 로마 후기로 갈수록 이러한 경기는 시민에게 구호품을 던져주는 것으로 전락했으며, 도시들은 경쟁적으로 원형경기장을 짓고 경쟁적으로 음식을 기부하는 등 마치 남미 부족의 '포틀래치' 같은 과시적 행위로 변질되었다. 또한, 그는 이후 중세의 봉건제도와 기사도, 르네상스 예술가들의 진지함은 놀이정신이 잘 발현된 것으로 볼 수 있으나 19세기에 이르러 합리주의와 공리주의, 그리고 물질문명으로 인해 놀이정신은 배척당하고 만다고 진단한다. 하위징아는 특히 19세기의 분석과학, 철학, 개혁주의, 교회와 국가, 경제학 등이 오로지 진지함만을 추구하면서 사회적 삶 속의 놀이 요소를 적대시하고 배제했다고 보았다.

놀이와 밀접한 관계에 있는 스포츠 영역에서도 하위징아가 보기에 현대의 스포츠는 조직화·제도화되면서 순수한 놀이 특질이 점점 사라

33 같은 책, 351쪽.

34 같은 책, 같은 쪽 참조.

졌다. 전문선수인 프로에게는 자발성과 '무사무욕'이 없으며 지나치게 진지함만을 추구하게 되었다는 것이다. 그리고 하위징아가 보기에 현대예술이나 과학에서도 다양한 놀이 요소들이 발견되고 있지만, 놀이의 요소를 침해하는 다양한 요인으로 인해 타락하기도 한다. 하위징아에 의하면 현대사회 생활에서 우리가 경계해야 할 놀이는 의도를 위장하기 위한 '거짓된 놀이'와 실제 놀이가 아닌데 놀이처럼 보이는 '유치한 놀이'가 있으며 히틀러의 정치 선동 등이 그러한 놀이에 해당한다고 보았다.

놀이는 합리성, 이익, 도덕 등의 영역 밖에 존재하며 놀이 자체가 목적인 것으로 놀이정신은 행복한 영감의 원천이 된다. 하위징아의 주장처럼 '놀이본능'이 지금까지 인류의 문명을 추동해온 동력이라면 우리는 우리 안에 잠들어있는 놀이본능을 회복함으로써 현대의 물질만능주의, 지나친 합리주의가 발생시키는 여러 가지 문제를 해소할 수 있을 것이다. 또한, 그가 대담하게 놀이 요소로 포함하고자 했던 놀이에서의 아곤(경쟁)의 가치에 주목할 필요가 있다. 근대 이후 지나친 경쟁으로 인한 피로감으로 우리 사회는 아곤에 대한 왜곡된 의식을 갖고 있다. 하위징아에 의하면 놀이본능으로서의 아곤은 스스로 탁월함arete을 추구하는 본능적인 행위이자 자기를 실현하는 행위다. 진정한 의미의 아곤은 어떠한 물질적 이익도 수반하지 않는 것이며 오로지 명예만이 부상으로 주어진다.

그러나 근대 자본주의 이후 놀이가 자본에 의해 오염되면서 놀이본능은 타락했고 놀이본능의 하나인 아곤 또한 왜곡되었다. 위에서 언급한 것과 같이 돈을 벌기 위한 스포츠, 각국의 이익만을 극대화하기 위한 전쟁, 일류 대학에 진학하고 좋은 직장을 얻기 위한 교육 현장에서의 경쟁은 하위징아가 이야기하는 진정한 의미의 아곤이 아니다. 왜냐하면, 이러한 경쟁은 이익을 목적으로 하고 있으며 그 이익을 지속하는 것이 목적이기 때문에 경쟁 상대자를 말살시켜버리려 하여 오히려 지속가능한 경쟁을 방해하기 때문이다. 하위징아에게 있어서 놀이는 "놀이 자체가 목적이며 놀이정신은 행복한 영감의 원천이 된다."[35]

2) 카이와의 놀이의 분류

(1) 놀이의 분류원칙

놀이는 그 수가 많고 다양해서 놀이 전부를 명확한 소수의 범주로 나눌 분류원칙을 발견하는 것이 쉽지는 않지만, 카이와는 경쟁, 우연, 모의, 현기증이라는 네 개의 역할 중 어느 것이 우위를 차지하는가에 따라 놀이를 네 개의 주요 항목으로 구분할 것을 제안한다. 각각의 항목은 아곤agon(그리스어로 시합, 경기), 알레아alea(라틴어로 요행, 우연), 미미크리mimicry(영어로 흉내, 모방), 일링크스ilinx(그리스어로 소용돌이)로 이름 붙여진다. 또한, 동시에 모든 놀이를 위의 네 개의 분류 안에서 또 다른 원리를 적용해 각각 다른 위치에 배치할 수도 있다. 카이와는 그 원리를 '기분전환, 자유로운 즉흥, 대범한 발산'이라는 공통원리가 있는 파이디아paidia(그리스어로 유희, 어린애 같음이라는 의미가 있음)[36]와, 이

---

35 같은 책, 408쪽.

36 하위징아는 놀이에 해당하는 그리스어 파이디아가 포괄적으로 놀이현상을 가리키지는 못하고 아이들의 유치한 놀이, 하찮은 것이라는 의미만 내포했다고 보았다. 더 높은 형

와는 대척점에 있으면서 '일부러 거추장스러운 장애물을 끊임없이 놓음으로써 노력과 인내, 솜씨를 요구'하는 원리인 루두스ludus(라틴어로 시합, 경기 등이 그 의미의 기초임)로 이름 붙인다.[37]

먼저 아곤agon에 대해 살펴보면 하위징아도 주목했듯이 놀이의 한 무리는 경쟁이라는 형태를 취한다. 경쟁에서는 기회의 평등이 인위적으로 설정되었으며, 일정한 한계 내에서 외부의 도움을 전혀 받지 않고 특정한 자질(인내력, 체력, 기억력, 솜씨 등)을 겨룬다. 실력이 완전히 차이가 나는 경기자들 사이에는 핸디캡을 붙여서 평등을 확립하기도 하지만, 절대적인 평등이 완전하게 실현될 수는 없기에 경기의 순서를 추첨으로 정하고 좋은 위치는 반드시 교대로 차지하게 하기도 한다. 이때 하위징아가 이야기한 아곤적 경기에서와 마찬가지로 놀이의 원동력은 자신의 탁월함과 우수성을 인정받고자 하는 욕망이며, 선수는 자신의 힘에만 의지해 정해진 한계 내에서 그 힘을 공정하게 발휘하지 않으면 안 되기 때문에 승리자의 우월성에 대해서는 대부분 논란의 여지 없이 인정하게 된다.[38]

카이와는 이러한 규칙은 동물의 놀이에서도 나타난다고 보았다. "동물은 한계도 규칙도 생각해내지 못하며, 싸울 때 무자비하게 난폭한 승리만 추구하기에 원칙적으로 아곤을 모를 것"[39]이라고 생각할 수

태의 놀이는 아곤(agon: 경쟁적 경기)이나 스콜라제인(skolazein: 여가를 보내다), 디아고게(diagoge: 오락, 취미) 같은 단어로 표현되어야 한다고 이야기한다. 반면 라틴어 루두스(ludus)는 일반적인 놀이 개념을 모두 포함하는 단어라고 보았고, 여기에서 호모루덴스(Homo Ludens: 놀이하는 인간)라는 용어도 유래한다(하위징아, 『호모루덴스』, 319쪽 참조).

37 카이와, 『놀이와 인간』, 35~39쪽 참조.

38 같은 책, 39~40쪽 참조.

39 같은 책, 41쪽.

도 있겠지만 새끼 고양이, 강아지, 새끼 곰 등의 경우 상대방에게 상처를 입히지 않으려고 주의하면서 쓰러뜨리려 하는 것을 볼 때 암암리에 한계를 자발적으로 정해 지키는 것으로 볼 수 있다는 것이다. 또한, 많은 경우에 시합을 위해 정해진 장소 밖에서는 추적이나 투쟁이 결코 없다는 것을 고려할 때 동물들 세계에서도 시합의 목적은 자신의 우월성을 나타내기 위한 것이 분명하며, 인간은 이러한 규칙을 세련되게 다듬고 정밀하게 한 것에 불과하다는 것이다.

다음으로 알레아alea는 라틴어로 '주사위놀이'를 의미하며 여기서는 결국 상대방을 이기기보다 운명을 이기는 것이 문제다. 카이와에 의하면 우연놀이에서의 승리란 상대가 있는 경우에는 승자가 패자보다 운으로부터 더 많은 혜택을 입었다는 것만을 의미하며, 우연의 불공평을 없애려고 하지 않을 뿐만 아니라 이 "우연의 자의성恣意性 자체가 놀이의 유일한 원동력"[40]이다. 또한, 놀이하는 자는 기대와 두려움 속에서 운명의 판결을 기다릴 뿐이며 그가 무릅쓴 위험과 엄밀하게 비례해서 보상해주는 것이 우연놀이에서 정의(공평)의 원리다. 따라서 아곤에서는 기회의 평등을 제공하기 위해 주의를 기울이지만, 알레아에서는 "위험과 이익의 균형을 빈틈없이 잡는 데 모든 주의를 기울인다."[41] 카이와는 아곤(경쟁)에서 놀이하는 자는 자기 자신에게만 의지하는 반면, 알레아(운)에서 놀이하는 자는 외부의 사소한 징후나 작은 사건도 어떠한 징조나 예고로 간주하면서 외부에 의지한다고 이야기한다.

카이와의 분류에 따르면 대부분의 카드놀이는 아곤과 알레아라는 두 가지를 결합한 것이다. 우연적인 요소가 각자의 손에 든 패의 구성

40 같은 책, 43쪽.
41 같은 책, 같은 쪽.

을 지배하며 이어서 각자는 아곤적인 성격을 갖고 최선을 다해 자신들의 기량을 발휘한다. 여기에서 알레아의 임무는 개인의 우월을 없애고 각자를 절대적으로 공평하게 운의 판결 앞에 놓이게 하는 것이기 때문에 "일반적으로 돈의 역할은 우연의 몫이 커질수록, 요컨대 놀이하는 자의 방어력이 작아질수록 더욱 커진다."[42] 아곤(경쟁)에서는 원칙적으로 경쟁자들이 이길 가능성이 균형이 잡혀있기 때문에 아곤의 결과는 순수한 우연의 결과와 거의 유사하게 나타나며, 그 때문에 모든 시합은 구경꾼들의 내기(알레아) 대상이 될 수 있다. 카이와가 보기에 '우연놀이'는 매우 인간적인 놀이다. 왜냐하면, 잃을 확률과 딸 확률이 거의 비슷하기 때문에 자기 재산을 그 운명의 결정에 거는 것은 동물들에게는 기대하기 어려운 예측과 상상 그리고 투기 능력을 요구하는 태도이고 이것은 객관적이고 수리에 밝은 숙고에 의해서만 가능한 태도이기 때문이다.[43]

카이와에 의하면 아곤과 알레아는 상반된 태도를 나타내지만, 양자 모두 세계를 다르게 만들어서 세계에서 벗어나려는 시도라는 점에서는 유사점이 있다고 볼 수 있다. 그것은 혼란할 수밖에 없는 현실 상황을 피해 가상의 완벽한 상황으로 대체하려는 시도이며, 현실에는 없는 순수하게 평등한 조건을 놀이하는 자들이 인위적으로 만들어내려 하는 것이기 때문이다.[44] 아곤에서 놀이 참여자는 자신의 역량을 나타낼 기회를 핸디캡 등을 도입해서 정확하게 똑같이 누리려 하고, 알레아에서는 행운을 얻을 수 있는 확률을 정확하게 똑같이 누리려 한다. 이처

42 같은 책, 44쪽.
43 같은 책, 45쪽 참조.
44 같은 책, 46쪽 참조.

럼 세계를 다르게 만들어 세계에서 벗어나려는 아곤이나 알레아와 달리, 자신을 다르게 만들어서 세계에서 벗어나려는 것이 '미미크리(모방, 흉내, 가장)'다.[45] 이는 하위징아가 이야기했던 놀이의 일반적인 특성인 '비일상성'을 추구한다는 관점에서는 모두 유사한 성격을 갖는다고 할 수 있다.

미미크리mimicry는 하위징아의 관점에서 보면 일종의 '~인 체하기'다. 여기에서는 가공의 환경 속에서 활동을 전개하거나 운명에 복종하는 것이 아니라 그 자신이 가공의 인물이 되어 그것에 어울리게 행동하려 한다. 미미크리는 의태擬態, mimétisme, 특히 곤충의 그것을 가리키는 영어인데, 카이와가 이 단어를 선택한 이유는 본질적이고 거의 체질적인 성질을 강조하기 위해서다. 곤충은 인간세계에서 가장 멀리 떨어져 있는 것으로 보이지만, "곤충의 불가해不可解한 의태는 곧바로 변장하고 가장假裝하며 가면을 쓰고 어떤 인물을 연기하는 인간의 취미와 대단히 비슷한 것처럼 보인다."[46] 이 행위는 놀이하는 자가 가면을 쓰고 있다는 사실 자체와 그로 인해 일어나는 결과가 놀이하는 자에게 즐거움을 가져다준다. 하지만 카이와는 미미크리에서 놀이하는 자는 그게 진짜라고 믿게 하려 하지는 않는다고 보았다. 가면과 모의는 겁을 주기 위한 것이며, "사회적 역할을 숨기고 실제의 인격을 해방시켜 그 결과로 얻어지는 방종의 분위기를 이용하기 위해서다."[47]

카이와는 미미크리가 종종 아곤과 결합하기도 한다고 이야기한다. 가장 쉽게는 '가장 콩쿠르' 같은 경연에서 경합하는 것을 생각해볼 수

45 같은 책, 같은 쪽 참조.
46 같은 책, 48쪽.
47 같은 책, 50쪽.

도 있지만, 내면적인 결합으로 확대해보자면 스포츠 경기에서 '모의'가 선수에서 관객에게 이전되는 것을 생각해볼 수 있다. 즉, 운동경기의 선수들이 하는 의례적인 행동이 관객에게도 전이되는 것이다. 카이와는 경기에서의 유니폼, 엄숙한 개회식, 적당한 의례 등이 그 자체로 연극의 성격을 갖고 있다고 보았으며, 관중은 선수나 경주마를 지지하기 위해 그들과 똑같은 자세를 취하기도 하고 몸을 기울이기도 한다는 데 주목한다. 미미크리는 자유와 현실의 중단, 시공간의 제약 등과 같은 놀이의 요소를 갖추고 있으며 규칙의 요소는 보이지 않지만, 카이와는 현실을 모의하는 것 자체가 규칙의 역할을 대신한다고 보았다.

카이와가 제시한 놀이의 마지막 분류인 일링크스ilinx는 물의 소용돌이를 뜻하는 그리스어로, '현기증ilingos'이라는 말은 여기에서 파생된 것이다. 일링크스는 그 이름처럼 '현기증의 추구를 기초로 하는 놀이'이며 일시적으로 지각을 파괴하고 일종의 기분 좋은 패닉panic 상태를 일으키려는 시도로 이루어져 있다. 카이와에 의하면 이슬람 수도승의 '뱅뱅 돌면서 드리는 예배'와 멕시코의 볼라도레스voladores[48]가 예가 될 수 있으며 비틀거림을 즐기는 것, 목청껏 외치는 것, 비탈길을 급히 내려가는 것, 회전목마 등이 비슷한 감각을 준다고 보았다. 카이와는 이러한 현기증은 평상시에 억제되어있는 혼란 및 파괴의 욕구와 쉽게 연결된다고 보았으며, 이 즐거움은 인간만의 특권이 아니라 개가 자신의 꼬리를 잡으려고 뱅뱅 도는 것이나 긴팔원숭이가 나무에

48 오늘날에도 여전히 행해지는 고대의 의식으로 멕시코 중부에서 메소아메리카 대부분 지역에 퍼졌다. 이 의식은 춤과 함께 30미터 높이의 장대에 오르는 것으로 구성되며, 5명의 참가자는 장대 위에서 밧줄로 몸을 묶고 몸을 던져 빙글빙글 돌며 땅으로 내려간다. 한 신화에 따르면 이 의식은 신에게 극심한 가뭄을 끝내달라고 요청하기 위해 만들어졌다고 한다(https://en.wikipedia.org/wiki/Danza_de_los_Voladores 참고).

매달려 몸을 공중으로 반복해서 날려 보내는 것도 일링크스가 주는 즐거움의 일종이라고 보았다. 카이와에 의하면 일링크스 시련을 받거나 거부할 수 있는 자유 그리고 엄격하며 불변적인 한계, 현실의 다른 부분들과의 분리라는 점에서 명백한 놀이로서의 성격을 갖고 있다고 볼 수 있다.[49]

카이와는 규칙이야말로 놀이를 창조력이 풍부하고 중요한 문화 수단으로 변화시키는 것임에도 놀이의 원천에는 쉬고 싶은 욕구와 기분전환 및 변덕스러움의 욕구가 있다고 이야기한다. 그는 이러한 즉흥과 희열의 원초적인 힘을 '파이디아paidia'라 부르고, 이유 없이 어려움을 추구하는 취향을 '루두스ludus'라 부를 것을 제안한다. 카이와는 이 둘이 위의 놀이 분류와 결합해서 여러 놀이를 만들어낸다고 보았다. 카이와에 의하면 파이디아의 첫 단계는 놀이본능이 자발적으로 나타나는 것인데, 고양이가 얽힌 실뭉치를 갖고 노는 것이나 킁킁거리며 몸을 흔드는 개 등이 1차적인 예가 될 수 있다. 그 외에도 가위로 종이를 끝없이 자르며 즐거워하는 것이나 쌓아 올린 것을 무너뜨리는 즐거움, 대열을 방해하는 즐거움 등과 같이 흥분하고 소란 피우고 싶은 기본적인 욕구와 파괴하고 뒤엎는 소박한 즐거움 등이 있다. 카이와에 의하면 어린아이가 자신의 통증을 갖고 논다거나 공포를 즐기는 것 또한 여기에 속하지만, 이때도 자신의 자유의지에 기초한 통제가 가능한 활동이며 다른 것과 분리된다는 놀이의 근본적인 모습은 확인된다고 보았다.[50]

카이와는 파이디아의 초기 단계에서 표현되는 놀이에는 이름을 붙

---

49 카이와, 『놀이와 인간』, 52~57쪽 참조.

50 같은 책, 57~60쪽 참조.

일 수 없다고 보았다. 그러나 약속, 도구, 기술 등이 나타나면서 곧바로 특징을 지닌 최초의 놀이가 출현하게 되는데 개구리뜀, 숨바꼭질, 팽이놀이, 술래잡기 등이 그것이다. 카이와에 의하면 여기서부터는 아곤, 알레아, 미미크리, 일링크스라는 각각의 길로 놀이가 갈라지기 시작하면서 추가로 '일부러 만들어진 한정된 어려움'을 해결하면서 맛보는 즐거움인 루두스[51]도 이때부터 등장한다. 카이와는 루두스가 파이디아를 길들이고 놀이를 더욱 풍부하게 하며 놀이 참여자들에게 훈련의 기회를 주어 기량을 습득하게 한다고 보았다. 다른 사람과 경쟁하는 것을 기본으로 하는 아곤과 달리 '인위적으로 부여한 어려움'인 루두스는 비록 다른 사람과 경쟁하는 것이 아니더라도 놀이하는 자의 긴장과 재능이 발휘되게 한다. 자연법칙을 이용하는 요요, 연날리기 또는 크로스워드 퍼즐, 묘수풀이 등은 장애물과 싸우는 것이지 경쟁자와 싸우는 것이 아님에도 스스로 재능을 발휘하고자 한다. 이러한 카이와의 입장은 '탁월함'이 발현되기 위해서는 아곤적이면서도 집단적인 놀이가 필요하다고 보았던 하위징아의 입장과는 다소 거리가 있다.

하지만 카이와도 루두스가 혼자서 하는 놀이에 머무른다고 보지는 않았으며 실력이 향상되었다는 것은 다른 사람들과 경쟁하고 싶다는 마음을 언제든 불러일으키기 때문에 똑같은 놀이에서도 루두스와 아곤의 결합은 언제든지 일어날 수 있다고 이야기한다. 또한, 루두스는

51 카이와에게 루두스라는 것은 일반적으로 뛰놀며 즐기고 싶은 원초적인 욕망에 끝없이 새로운 임의의 장애물을 제공하는 것이다. 그는 루두스가 아곤, 알레아, 미미크리나 일링크스처럼 명확한 심리적 태도를 나타내지는 않지만 파이디아에 규율을 부여함으로써 놀이의 기본적인 범주들에게 그 순수성과 탁월성을 주는 데 전반적으로 작용한다고 보았다. 즉, 놀이는 횡으로는 아곤, 알레아, 미미크리, 일링크스의 범주가 있고 종으로는 파이디아와 루두스가 격자로 결합되어 있는 매트릭스의 구조도를 갖게 된다(같은 책, 70쪽 참조).

알레아(운)와도 결합이 가능한데 트럼프로 점치기에서 카드를 다루는 솜씨나 슬롯머신에서 공을 튕기는 실력 등과 같은 형식으로 알레아와 결합한다. 카이와에 의하면 루두스는 미미크리와도 쉽게 결합하는데 가장 단순한 '조립놀이'에서부터 연극에 이르기까지 미미크리에 부여되는 규율과 세련된 기술, 정교하고 복잡한 수단은 미미크리를 예술로까지 승화시킨다. 다만, 루두스는 일링크스와는 결합이 어려우며 단지 위험한 결과를 예방하기 위한 훈련 등에 국한되어서 활용된다.[52]

루두스는 그 자체에 머물지 않고 놀이 상대가 오면 승부가 걸린 아곤적 놀이로 변모한다. "임의로 선택한 어려움을 해결해 즐거움을 맛본다는 막연한 분위기에 색깔을 칠해주는 것은 아곤의 영향이다."[53] 또한, 카이와는 루두스가 유행에 의존해 나타나고 사라지는 경향이 있으며 요요, 빌보케[공을 컵에 받는 놀이], 애너그램[단어의 철자 순서를 바꾸어 다른 단어로 만드는 놀이] 등의 사례에서도 나타나듯이 루두스는 경쟁의 분위기에 둘러싸인 열광이 없다면 그 자체로 존속할 힘이 부족하다고 보았다. 이러한 관점은 아곤을 문화를 추동하는 힘으로 보았던 하위징아의 관점과 유사한 것으로 현대에도 우리가 흔히 일상에서 '관중'의 자리에서 즐기는 놀이는 대부분 루두스(규칙)와 아곤(경쟁)의 영역이라는 점에서도 검증된다. 카이와는 취미에 대해서도 흥미로운 통찰을 제시하는데, 산업혁명 이후 루두스가 특수한 형태로 발현된 것이 '취미hobby'라고 보았다. 그리고 이것은 기계적이고 분화된 반복작업에 의해 인격이 훼손된 근대의 노동자가 '수집, 기예, 집수리' 등의 취미활동을 통해 다시 장인匠人으로 돌아가서 '축소판이지

52 같은 책, 62~63쪽 참조.

53 같은 책 64쪽.

만 완전한 형태'를 조립함으로써 '현실에 대한 복수'를 하는 것이라고 이야기한다.[54]

(2) 놀이의 타락

카이와는 하위징아와 마찬가지로 놀이를 규정할 때 '자유로움, 비일상성, 비확정성, 비생산성, 규칙 또는 허구' 같은 형식적인 틀을 사용한다. 하지만 이러한 놀이의 특성은 심리적 태도에 대한 것이 아니라 형식에 관한 것이기에 놀이가 일상에 의해 오염될 경우 그 성질 자체가 타락하고 손상될 위험이 있다는 점을 지적한다. 놀이가 현실세계와 뒤섞이면 아곤, 알레아, 미미크리, 일링크스는 각각 특유한 부패가 일어나는데 이러한 부패는 '놀이'라고 하는 일종의 한계와 보호가 모두 없어지는 데서 생겨난다. 여기서 주의해야 할 것은 놀이의 부패는 사기꾼이나 놀이의 프로에 의해 일어나는 것이 아니라 오로지 현실에 감염되어 일어난다는 점이다. 카이와가 보기에는 사기꾼도 여전히 놀이에 머물러 있으며 보수를 대가로 놀이하는 프로라고 해도 경쟁이나 공연의 성질 자체를 변화시키지는 않는다. 그것은 단지 놀이를 그렇게 대하는 사람들이 제대로 놀이하지 못한다는 문제만 있는 것이다.

놀이의 타락에 대한 카이와의 주장은 하위징아와 유사하면서도 약간의 차이가 있다. 하위징아는 놀이 타락의 원인을 근대에 뚜렷해진 물질문명과 무미건조한 효율성, 과도한 진지함 등에서 찾았다. 하지만 이로 인해 문화는 '놀이 되는 것'을 중단했고 놀이의 중단은 놀이 요소

54 같은 책, 75쪽.

의 쇠퇴를 이야기하는 것으로 놀이가 타락하고 있다는 하위징아의 진단에 대해 카이와 역시 동의한다. 다른 한 가지 차이점은 카이와는 보수를 받고 놀이하는 소위 '프로'에 대해 그들이 놀이의 근본적인 성질을 변화시키는 것은 아니며 단지 놀이에 참여하는 자(프로)가 놀이하지 못하는 것일 뿐이라며 그 영향을 개인에게만 국한한다. 하지만 하위징아는 그것이 단지 프로선수들만의 문제가 아니라고 이야기한다.

> "프로의 등장은 아마추어에게도 영향을 주어 열등감에 시달리게 만들었다. 프로는 점점 더 스포츠를 놀이의 영역으로부터 멀리 밀어냈고, 그리하여 스포츠는 그 자체로 특별한 종種이 되었다. 프로 스포츠는 놀이도 진지함도 아니다."[55]

카이와의 주장은 하위징아의 주장과는 약간의 차이는 있지만, 이후 각각의 놀이 분야에서 나타나는 양상은 거의 유사하거나 좀 더 상세하다. 먼저, "아곤의 타락은 심판과 판정이 모두 무시되는 곳에서 시작된다"[56]는 견해다. 카이와는 엄격한 놀이의 규칙과 정신이 무시되는 대립이 있는 곳에서는 절대적인 경쟁과 자연법칙에 따른 난폭성이 다시 나타난다고 보았다. 아곤이 놀이의 규칙을 벗어나 현실 생활 속으로 옮겨지면 그것은 단지 성공만을 목적으로 여기게 되며, 공정한 경쟁의 규칙은 경시되고 규칙을 오히려 거추장스럽고 위선적인 약속으로 취급하게 된다는 것이다. 카이와는 이렇게 아곤이 타락한 예시를 전쟁에서 찾는다.

---

55 하위징아, 『호모루덴스』, 385쪽.
56 카이와, 『놀이와 인간』, 81쪽.

"군사작전은 더 이상 국경지대 요새, 군인에게만 한정되지 않는다. (…) 전쟁은 기마 시합이나 결투, 한마디로 말해 폐쇄적인 장場에서의 규칙 있는 싸움과도 멀어지고 대규모 파괴와 주민의 대량 살상 속에서 그 전체 모습을 드러낸다."[57]

이러한 아곤의 타락에 대한 카이와의 입장은 고대의 전쟁에는 놀이 요소가 있었음을 주장하는 하위징아의 입장을 받아들이면서, 더 나아가 현대 전쟁의 무자비한 양상의 원인이 이러한 놀이정신이 사라졌기 때문이라고 보는 하위징아와 문제의식을 공유하고 있다고 할 수 있다.

"이익과 권력을 주장하면서 그것을 정치 행동의 유일한 규범으로 삼는 순간, 저 태곳적부터 전해 내려오던 놀이정신은 사라지고 그와 함께 문명의 흔적도 사라져버린다. 이렇게 되면 사회는 야만의 수준으로 전락하고 원시사회의 폭력이 그 자리에 대신 들어서게 된다."[58]

우연놀이에도 이상과 같은 원칙의 타락이 있는데, 이것은 놀이하는 자가 우연을 존중하기를 그만둘 때 시작된다. 카이와에 의하면 알레아의 타락은 놀이하는 자가 행운이 분배되는 법칙을 비인격적이고 중립적이며 순수기계적인 결과purely mechanical effect[59]로 생각하지 않고 판결을 미리 알고 싶거나 그 혜택을 받고자 하는 미신에서부터 시작된다. 이

57 같은 책, 91~92쪽.

58 하위징아, 『호모루덴스』, 209쪽.

59 mechanical의 의미는 "As if performed by a machine: lifeless or mindless. ex: a mechanical reply to a question"으로 '순수기계적인 결과'의 의미를 풀어서 보자면 '아무런 감정이나 의도가 들어가지 않고 단지 놀이에서 정한 절차에 의해 우연적으로 나타난 결과'로 보는 것이 자연스럽다(https://en.wiktionary.org/wiki/mechanical 참고).

때 놀이하는 자는 모든 사건과 우연의 일치에 의미를 부여하고 그것이 행운이나 불행을 예시한다고 상상한다. 그는 자신을 지켜주는 부적을 찾고 불길한 운세를 물리치기 위해 특정한 행동과 의식을 하며 '운명의 경고'라고 보일 만한 일이 발생하면 놀이를 즉시 중지하려 한다. 카이와는 이러한 미신은 '우연놀이'에만 존재하지는 않는다고 보았으며 종종 일상에서도 별자리 운세나 타로카드 점을 보며 자신의 연예나 사업 문제를 맡기기도 한다는 점을 지적한다. 카이와에게 미신은 놀이의 변질이며 놀이의 원리인 알레아를 현실에 적용하기 때문에 나타난다.[60]

카이와는 미미크리의 타락도 유사하게 나타난다고 보았는데, 모의(~인 체하기)가 더 이상 모의로 여겨지지 않으며 자신이 분장한 타자他者를 진짜 자신이라고 믿고 실제의 자신을 잊어버리는 자아상실의 상태, 즉 광기에 빠지는 것이 미미크리의 타락이라고 이야기한다. 아무리 열정이 넘치는 배우라고 해도 정해진 시간이 지나고 공연장이라는 공간을 떠나면 이전의 자신을 되찾아야 한다. 하지만 놀이 세계와 현실 사이에 명확한 구분이 사라졌을 때 제2의 인격은 서서히 나를 침식해 들어오고 자기 뜻대로 돌아가지 않는 현실이라는 무대를 부정하거나 파괴하려고 필사적으로 몸부림친다.[61] 카이와는 앞서 놀이의 분류에서 '세계를 다르게 만들어 세계에서 벗어나는' 아곤이나 알레아와 달리, 미미크리는 '자신을 다르게 만들어 세계에서 벗어나는' 것으로 해석했다. 그렇다면 미미크리의 핵심은 오히려 자신이 다른 인물을 연기하고 있음을 인지하는 것이라고 할 수 있는데, 미미크리의 타락은 그 인식을 없애버려 놀이하는 자가 '세계에서 벗어나기 위해 놀이 세계가 아닌

60 카이와, 『놀이와 인간』, 82쪽 참조.

61 같은 책, 85쪽 참조.

현실 세계를 바꾸려고 몸부림을 치는 것'이라고도 생각해볼 수 있다.

카이와는 여기에서 아곤, 알레아, 미미크리의 타락이 어떤 경우에도 놀이의 강렬함이 병적인 일탈의 원인이 아님을 강조한다. 그는 병적인 일탈의 원인은 항상 일상생활에 의한 오염에서 나오는 것이며, 놀이를 지배하는 본능이 절대적인 약속(규칙)을 전제조건으로 하지 않고 시간과 장소의 엄격한 한계를 넘어설 때 그러한 일탈이 일어난다는 것이다. 카이와는 "좋아하는 만큼 진지하게 노는 것도, 있는 힘을 다해 애쓰는 것도, 자신의 전 재산 심지어 생명까지 거는 것도 모두 놀이하는 자의 자유다. 그러나 처음부터 정해져 있는 한계에서 멈추고서 일상의 조건으로 되돌아올 줄 알아야 한다"[62]고 이야기하며 놀이가 한계에서 벗어나는 것에 대해 경고한다. 카이와에 의하면 현기증ilinx은 사실상 현실에서는 점차 사라지고 있는데, 현기증을 일상생활 속에서 적용하려는 자는 마약이나 알코올 같은 화학적인 힘에 의존하게 된다. 그러나 카이와는 이러한 행동은 상습적인 욕구와 견딜 수 없는 불안을 일으키기 때문에 오히려 '항상 우발적이고 무상無償의 활동'인 놀이와는 정반대편에 서 있다는 점을 강조한다.[63]

카이와에 의하면 일상으로 들어가 타락이 일어나는 놀이의 네 가지 범주와는 달리 노는 태도를 나타내는 루두스와 파이디아는 서로 대립하는 성격을 유지한 채 오히려 일상생활 속으로 침습해 들어간다. 소음과 교향곡, 알아보기 힘든 그림과 원근법을 능숙하게 적용한 그림을 대립시키는 차이는 변함이 없다. 즉, 카이와가 보기에 중요한 것은 놀이 원리의 타락이다. 한계도 규약도 무시한 채 놀이 원리를 제멋대로

62 같은 책, 86쪽.

63 같은 책, 87~88쪽.

확장하면 놀이의 타락이 발생하며, 이는 가혹하고 무자비한 경쟁과 미신 그리고 광기와 중독을 일으킨다. 카이와는 놀이 원리의 약속을 파기하는 것은 항상 놀이하는 자의 자유이지만, 어려움이 있더라도 약속을 받아들이는 것이 문명의 진로를 여는 것이라는 점을 강조한다. 카이와에게 "놀이는 본능에 형식적이고 한정된 만족을 주면서 본능을 훈련시키고 기름지게 하며 (…) 동시에 본능은 놀이 덕분에 문화의 여러 양식을 풍부하게 하고 정착시키는 데 유익한 공헌을 할 수 있는 것"[64]이다. 이러한 본능과 형식의 조화를 놀이로 본 카이와의 입장은 감각적 본능을 기반으로 한 감성충동과 이성적 본능을 기반으로 한 형식충동의 조화가 놀이충동으로 가능하다고 봤던 실러의 입장과도 유사하다고 할 수 있다.

(3) 놀이와 사회학

가장 대표적으로 혼자서 하는 놀이인 연, 팽이, 요요 등의 기교놀이는 혼자서 놀이하는 게 어색하지 않다고 생각되지만, 카이와는 이러한 기교놀이도 경쟁자나 구경꾼이 없으면 곧바로 싫증이 나기 마련이라며 놀이의 사회성을 논한다. 모든 놀이는 자연스럽게 사회성을 갖게 되며 이 단계에서 놀이는 명백한 문화 현상이 되어 내용이 풍부해지고 규칙과 제도를 만들어낸다는 것이다. "일반적으로 놀이는 그것이 주위 사람들도 끌어들이는 반향을 일으킬 때 비로소 절정에 달한다."[65] 카이와는 이러한 놀이의 사회성은 많은 인파로 붐비는 경마장이나 카

64 같은 책, 92쪽.
65 같은 책, 74쪽.

지노 같은 우연놀이에서 즐거움과 흥분이 최고조에 달하는 현상이나 객석이 비어있는 것을 고통스러워하는 공연장 그리고 집단적인 흥분과 열광으로 도취의 지속성을 고취하는 그네나 회전목마에서도 확연하게 나타난다고 보았다. 이처럼 놀이는 아곤, 알레아, 미미크리, 일링크스 등 그 범주는 달라도 모두 혼자서 하는 것이 아니라 동료와 함께 하는 것을 전제로 하고 있다는 것이다.

모든 놀이는 자연스럽게 사회성을 갖게 되며 이 단계에서 문화 현상이 된다는 카이와의 놀이에 대한 관점은 하위징아의 『호모루덴스』에서의 입장과 비교해볼 필요가 있다. 하위징아 또한 "문화와 놀이의 관계는 고등형태의 사회적 놀이, 가령 한 집단 혹은 서로 대항하는 두 집단의 질서정연한 행위 속에서 잘 드러난다. 혼자서 하는 놀이는 문화적 생산에 크게 기여하지 못한다"[66]고 이야기하며 놀이의 사회성과 문화의 관계를 긍정한다. 카이와는 여기서 한 걸음 더 나아가 놀이가 어떻게 사회성을 자연스럽게 가질 수밖에 없는지를 이야기한다. 카이와에 의하면 놀이는 초기의 무질서한 파이디아 단계에서 자의적 어려움을 해결하며 즐거움을 맛보는 루두스 단계로 이행하고, 이후 지루함과 싫증을 떨쳐내기 위해 구경꾼과 경쟁자를 끌어들여 놀이하는 자에게 명예, 자랑하기, 과시하기, 뽐내기 등을 충족시키며 사회성을 자연스럽게 갖추는 과정을 거친다는 것이다.

카이와는 놀이와 문화의 관계에 대한 탐색을 통해 놀이를 출발점으로 하는 사회학의 기초를 놓고자 한다. 그는 일반적으로 놀이는 단순하고 무의미한 기분풀이로 간주되어왔으며, 놀이의 연구는 그 특징,

---

66 하위징아, 『호모루덴스』, 112쪽.

본능, 만족감의 종류보다는 놀이의 도구나 장난감에 관한 연구에 그쳐 왔다고 지적한다. 그리고 그는 그러한 조사 결과를 수행한 결과로 쓸모없게 된 무기류가 장난감이 되었듯이, 본래의 의미를 잃어버린 의식을 재현하는 행위가 놀이가 되었듯이 '모두 질이 떨어져서 놀이가 된다'는 결론에 다다르게 된다는 것을 비판한다. 카이와가 예로 든 것은 경기에서 경주자는 가상의 사냥감을 쫓고 있는 것이며, 기계체조는 나무에서 과실을 따려는 행위에서 기원했고, 투창 던지기는 메디아인이나 페르시아인과 싸우는 것이라고 결론 내린 것인데, 이는 놀이의 모든 것을 너무나 쉽게 설명해버린 잘못된 결과라는 것이다.[67]

하지만 카이와는 이와는 상반되는 주장을 하위징아의 『호모루덴스』에서 찾는다. 하위징아는 문화야말로 놀이에서 생기는 것이며, '놀이가 먼저'라고 이야기한다. 하위징아는 놀이의 일반적 특징을 자발성, 비일상성, 무사무욕無私無慾, 시공간의 제약 등으로 규정하며 소송, 의례, 철학, 예술, 심지어 전쟁도 놀이의 범주에 포함한다. 즉, 문화는 놀이에서 생겨난 것이며 문화와 놀이 중에서 놀이가 먼저라는 것이 하위징아의 주장이다. 이렇듯 놀이가 어른의 활동 중에서 진지함을 잃어버려 오락의 수준으로 떨어진 활동이라는 입장과, 놀이정신이야말로 문화발전을 가능하게 하는 풍부한 창조력을 가진 약속의 원천이라는 상반된 두 가지 입장이 존재하는 것에 대해 카이와는 나름의 절충안을 제시한다.

우선 카이와는 역사의 흐름을 보면서 일부 놀이가 문화의 잔재라는 것을 인정한다. 예를 들면, 축구는 두 포족胞族 간의 태양 쟁탈이었으

67 카이와, 『놀이와 인간』, 95쪽 참조.

며, 연은 한국에서 죄를 지은 마을을 재난으로부터 구해주는 희생양이고 중국에서는 거리를 측정하는 데 쓰였다는 것이다. 또한, 그리스에서 스포츠 경기는 일종의 제사였으며 경건한 예배의식이었다. 하지만 카이와는 모든 놀이를 진지한 활동이 천해져서 최종적으로 변형된 것으로 간주하는 학설은 단순한 착각에 불과하다고 하면서 놀이정신이 문화의 본질이라는 하위징아의 주장을 받아들인다. 즉, 놀이는 당시 사회에서는 세속적이거나 종교적인 기본제도의 필수불가결한 부분이었으며 "변한 것은 그것들의 사회적 기능이지 성질이 아니다"[68]라며 오히려 이러한 놀이에 대한 권위의 실추는 놀이구조 자체를 명료하게 드러냈음을 지적한다.

또한, 카이와는 진지한 활동이 어린이의 놀이로 타락한 것이 아니라 오히려 두 개의 다른 영역이 동시에 존재하는 경우를 제시한다. 예를 들면, 모형 탱크나 잠수함, 비행기 등의 신무기가 곧바로 장난감으로 만들어지는 경우나, 뉴멕시코주 인디언의 신앙 대상인 반신半神의 카치나katchinas를 어른들이 인형으로 본떠 자식들에게 장난감으로 주는 사례가 그렇다. 이러한 사례는 현재 진지한 활동이 유지되고 있음에도 어린이들이 어른들처럼 행동해서 일시적으로 어른인 체하는 놀이를 하는 것으로 진지한 활동의 타락이 놀이라는 주장은 놀이의 일부 사례를 잘못 해석한 착각이라는 것이다.[69] 카이와는 어른의 행위 자체가 시대에 뒤떨어졌을 때 경우에 따라서는 그 모의가 놀이에 의해 지속되기도 하지만 놀이는 어른들의 행위와 평행을 이루는 독립된 활동임을 이야기한다.

---

68 같은 책, 97쪽.

69 같은 책, 101쪽 참조.

결국, 카이와가 보기에 '놀이와 진지한 행위 중 어느 것이 먼저인가?'라는 문제는 큰 의미가 없으며 똑같이 생산성이 있는 상호보완적 작업이다. 놀이 속에서 과거의 사회 메커니즘의 중요한 요소를 인식할 수 있다는 사실만으로도 두 영역 간에 교류 가능성을 보여주는 것이며 놀이와 진지한 행위라는 두 가지 활동은 양립되지 않는 영역에서 별개로 행해지지만, 서로가 양자의 원동력이 되는 것은 일치한다. 예를 들면, 어떤 제도가 새로운 원리에 근거해서 창시되어 옛 놀이[제도]를 추방해야 하는 새로운 놀이[제도]로 나타난다는 관점에서 본다면 혁명은 놀이규칙의 변경이다. 이전에는 우연에 의해 각자에게 부여된 특권이나 책임이, 이제는 경쟁을 통해 획득하지 않으면 안 된다. 달리 말하면 우연이나 경쟁 등 놀이를 지배하는 원리들이 놀이 세계 밖에서도 나타난다는 것이다. 이러한 놀이와 문화의 상호보완적 관계를 바탕으로 카이와는 어떤 놀이가 어느 한 곳에서는 성행하지만 다른 곳에서는 인기가 없는 현상이 각각의 사회가 인정하고 있는 가치가 다르기에 발생하는 문화의 다양성과 관계가 있을 수 있음을 주장한다.

하위징아가 놀이와 문화의 관계에서 놀이가 먼저임을 강조하는 데 집중했다면, 카이와는 하위징아의 주장을 받아들이면서 한 걸음 더 나아가 둘 간의 상호보완적 관계를 이야기한다. 놀이가 제도적인 가치들과 일치하고 그것들을 강화하는지, 반대로 놀이가 그 가치들과 모순되고 그것들을 우롱하면서 그 사회에 대한 보상작용이나 안전판 역할을 하는지는 단정할 수 없다. 하지만 카이와는 놀이, 관습, 제도 사이에는 보완작용이나 묵인의 밀접한 관계가 반드시 존재한다고 확신하면서 이러한 합리적인 추측을 기반으로 놀이를 출발점으로 하는 사회학의

기초를 놓고자 한다.[70]

(4) 놀이의 조합과 확대

카이와에 의하면 놀이를 지배하는 기본적인 태도인 경쟁, 운, 모의, 현기증은 서로 조합되어 나타나기 쉽다. 카이와는 두 개씩 짝지었을 때 이론적으로 가능한 여섯 개의 조합을 하나씩 검토하면서 이러한 구성이 어떻게 연결되어 있는지를 자세하게 검토한다.[71] 우선 현기증(일링크스)과 규칙이 있는 경쟁(아곤)은 결합되지 않는다. 현기증이 일으키는 마비와 맹목적인 열광은 아곤의 조건인 기교, 힘, 자제, 규칙의 존중 등을 파괴해버려 하나도 남기지 않는다는 것이다. 또한, 모의(미미크리)와 운(알레아) 사이의 조합도 상상하기 어렵다. 왜냐하면, 속임수(미미크리, 가장)는 운명의 소리를 듣는 것을 부질없는 짓으로 만들며 우연(알레아, 운)을 속이려고 하는 것은 의미가 없기 때문이다. 운명의 판결을 기다리는 순간에는 자신이 자기가 아닌 다른 어떤 사람이라고 믿을 수 없고, 알레아는 운의 의지에 완전히 자기 자신을 내맡

70 같은 책, 108쪽 참조.

71 카이와가 분류한 '놀이를 지배하는 기본적인 태도'를 두 개씩 조합하면 경우의 수는 여섯 가지가 나온다. 카이와는 이러한 조합 중 두 가지는 근원적인 조합(○), 다른 두 가지는 우발적인 조합(△), 나머지 두 가지는 있을 수 없는 조합(×)으로 보았다. 이를 도식화하면 아래와 같다.

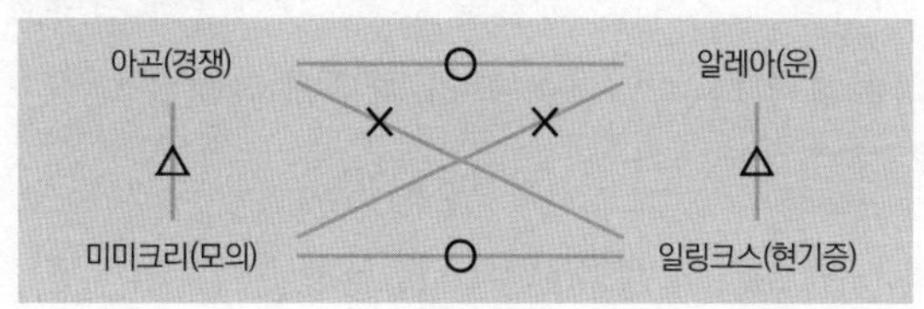

기는 것을 전제로 하며 가장假裝이나 기만을 포기하는 것이다. 그렇지 않으면 알레아의 원리가 파괴되어버리기 때문에 미미크리와 알레아는 결합하지 않는다.[72]

반면에 운(알레아)과 현기증(일링크스), 그리고 경쟁(아곤)과 모의(미미크리)는 무리 없이 결합한다. 우연놀이에서 경기자에게는 어떤 특별한 현기증이 엄습하며 아곤을 파괴하는 일링크스가 알레아를 불가능하게 만들지는 않는다는 것이다. 현기증은 놀이하는 자를 마비시키고 황홀하게 만들지만, 이것은 알레아(운)의 원리를 파괴하기보다는 오히려 우연놀이를 하는 자를 운명의 결정에 복종시키는 역할을 한다. 왜냐하면, 알레아는 아곤과 달리 놀이에 임하는 자신의 의지를 포기하는 것을 전제로 하기 때문에 황홀과 도취상태를 일으키거나 조장해도 그것이 쉽게 수용될 만하다는 것이다.

아곤(경쟁)과 미미크리(모의)의 조합도 이와 유사한데 모든 경쟁은 그 자체가 구경거리이며, 극장과 영화관의 매표소에 관객이 몰려드는 것이 필요하듯 경쟁은 관객을 필요로 하기 때문이다. 이것은 관객이 실제로 경기를 하지 않음에도 마치 경기에 임하는 것과 같이 자기 자신을 모의하는 것과 연관 지어 생각해볼 수 있다. 또한, 경쟁에는 응당 드라마와 유사한 에피소드와 상당한 우여곡절이 있기 마련이며 경기의 챔피언과 드라마의 인기배우는 서로 통하는 면이 있다는 점에서도 그렇다. 이 둘의 조합에서도 미미크리는 아곤의 원리를 훼손하지 않을 뿐 아니라 오히려 아곤을 강화하는 역할을 한다. 카이와에 의하면 경기자는 자신이 연기하고 있다는 느낌이 들기 때문에 최선을 다하고 아

72 카이와, 『놀이와 인간』, 113쪽.

주 예의 바르게 연기하며 승리를 위해 극도로 노력한다.[73]

마지막으로 카이와는 본질적으로 암묵적인 관계가 확인되는 두 가지 조합을 검토한다. 앞서 살펴보았듯이 아곤(경쟁)과 알레아(운)는 정확한 대칭을 이루지만 그 성질은 유사하며 상호 보완한다. 두 가지 모두 가능한 한 수학적으로 평등한 기회와 정확한 규칙을 요구하지만, 승자 결정 방식은 완전히 반대다. 개인의 능력을 모두 발휘하는 체스, 축구 등의 놀이와 그것을 고의로 거부하는 주사위놀이, 복권 등의 놀이 양극단 사이에 수많은 놀이가 놓여있다. 카이와가 보기에 이 두 가지 모두 규칙의 영역을 차지하고 있으며, 규칙이 없다면 경쟁도 우연 놀이도 없다.[74]

미미크리(모의)와 일링크스(현기증) 또한 본질적인 조합으로 분류되는데, 이 둘은 아곤과 알레아와는 대조적으로 둘 다 규칙이 없는 세계를 전제로 한다. 그리고 아곤이 자신의 의지를 믿는 반면 알레아는 의지를 포기했다면, 미미크리는 의식하는 것을 전제로 하지만 일링크스는 의식의 포기를 전제로 한다. 가면을 쓰는 것은 사람을 의기양양하게 하고 해방시키는데, "지각知覺이 혼란스러워지는 이 위험한 영역에서는 가면과 흥분의 결합은 특히 무서운 것이다."[75] 카이와는 모의와 현기증의 결합은 강력하기 때문에 인간이 그 환영에서 해방되는 데 수천 년이나 걸렸으며 간신히 문명이라고 불리는 것에 도달했다고 이야기한다.

카이와는 본질적인 두 결합의 내부에서 구성요소의 한쪽이 언제나

---

73 같은 책, 114쪽.

74 같은 책, 115~116쪽 참조.

75 같은 책, 117쪽.

능동적이고 생산적이라면 다른 한쪽은 수동적이고 파괴적이라고 이야기한다. 먼저 아곤과 알레아의 결합에서는 자신의 의지를 발휘해 탁월성arete을 증명하려는 아곤을 생산적인 요소로 보았으며, 반대로 숙명론을 받아들이고 근본적으로 게으름의 태도를 취하는 알레아를 수동적인 요소로 보았다. 또한, 미미크리와 일링크스의 조합에서는 의식을 유지한 채 공연예술에 이르는 미미크리를 생산적인 요소로 보았고, 반대로 의식을 포기하고 분별력을 잃게 하는 일링크스를 파괴적인 요소로 보았다. 즉, 본질적인 두 개의 큰 결합의 내부에서 진실로 창조적인 것은 각각 하나씩의 범주 놀이인 아곤과 미미크리뿐이며, 이와는 상반되는 다른 요소인 알레아와 일링크스의 힘을 약화시키려는 노력이 '인류의 진보'라고 불린다는 것이다. 이러한 주장을 바탕으로 카이와는 인류 역사에서 나타나는 두 개의 본질적인 조합 놀이인 미미크리와 일링크스의 조합, 아곤과 알레아의 조합을 검토해볼 것을 제안한다.

① 미미크리(모의)와 일링크스(현기증)의 조합

카이와에 의하면 "제국帝國과 제도는 소멸해도 놀이는 똑같은 규칙을 갖고서 때로는 똑같은 도구를 갖고서 지속되고 있다"[76]고 할 수 있을 정도로 안정성을 갖고 있다. 그것은 놀이가 중요하지 않을뿐더러 무의미한 것이 지니는 영속성을 갖고 있기 때문이다. 또한, 놀이는 무수히 많은 형태를 띠고 있으며 일정한 분포 지역에만 배타적으로 머무르는 경우는 별로 없다. 이것은 인간성이 동일하다는 것을 증명하며

76 같은 책, 122쪽.

놀이의 원리, 규칙, 도구, 솜씨 등이 특이한 보편성을 갖고 있다는 것을 보여준다.

카이와는 놀이야말로 문화의 선호를 두드러지게 나타내며 어떤 사회와 그곳에서 특히 좋아하여 행해지는 놀이 사이에는 진정한 유대가 있다고 보았다. 특히 좋아하며 널리 보급되어있는 놀이는 한편으로는 사람들의 성향과 취향, 가장 공통된 사고방식을 나타내며, 놀이하는 자들을 훈련시키면서 그들의 선호를 은밀히 강화한다는 것이다. 카이와는 인기 있는 놀이를 통해 한 문명에 대한 진단을 시도해볼 수 있다고 보았는데, 예를 들면 씨름놀이의 군사적인 엄격함 속에서 스파르타의 운명을, 소피스트들의 아포리아 속에서 아테네의 운명을, 검투사들의 싸움 속에서 로마의 몰락을 읽어낼 수도 있다는 것이 그의 주장이다.[77]

또한, 카이와는 놀이는 일정한 유형의 반응을 기대하게 하며 그와 반대되는 반응을 도발적이라거나 불성실하다고 생각하게 한다고 말한다. 예를 들어, 가장 앵글로색슨적인 스포츠인 골프에서는 속임수를 쓰는 순간 재미를 잃어버리게 되는데, 이는 해당 국가에서 요구되는 시민의 성실한 태도와 관련이 있다고 보았다. 반면 아르헨티나의 트루코truco라는 카드놀이에서는 상대 팀을 속이는 속임수가 중요한 기술인데, 이는 그 사회의 일상생활에서 강한 연대감과 능란한 말솜씨 등으로 나타난다고 이야기한다. 또한, 중국에서의 바둑과 장기는 뜻밖의 수 그리고 이에 따른 무수한 대응을 즐기면서 평정과 조화 그리고 가능성을 숙고하는 즐거움을 훈련받도록 만든다.[78] 집단적인 가치의 표현

77 같은 책, 123쪽 참조.
78 같은 책, 125~126쪽 참조.

이든 아니면 그 배출구이든 놀이는 여러 문화의 양식 및 성향과 반드시 관련이 있다. "물론 경쟁의 애호, 운의 추구, 모의의 즐거움, 현기증의 매력은 놀이의 주된 원동력이지만, 그것들의 작용은 사회생활 전체에 반드시 침투한다."[79]

카이와에 의하면 원시적이라고 부르는 사회와 발전하고 복잡한 국가의 사회 사이에는 명백하고도 대조적인 차이가 있는데, 이는 과학, 기술, 제도, 구조 등을 열거한다 해도 대조적인 차이를 모두 규명하지는 못한다. 그는 다른 차원의 근본적인 대립을 제안하는데 그것은 원시사회, 즉 혼돈의 사회는 가면(미미크리)과 홀림(일링크스)이 지배하는 사회이고, 질서 있는 사회는 아곤과 알레아가 중요한 요소가 되는 사회라고 이야기할 수 있다는 것이다. 첫 번째 종류의 사회에서는 모의와 현기증이 집단생활의 강도에 따라 그 응집력을 굳건히 해주는 데 반해, 두 번째 사회에서는 사회계약이 일종의 우연인 유전遺傳과 경쟁을 전제로 하는 능력 사이의 타협으로 이루어져 있다.[80]

카이와에 의하면 원시사회에서는 가면이 일반적으로 사용되고 있는데, 가면은 축제, 즉 현기증, 흥분이라는 권위의 공백기에 나타나며 이때는 세계의 질서 있는 모든 것이 일시적으로 파괴된다. 원시사회에서 가면의 효능은 자연과 사회 모두를 다시 활기차게 해주고 젊어지게 하고 소생시켜주는 것으로 여겨지며, 이런 망령의 출현은 "인간으로서는 지배할 수 없다고 느껴지는 힘의 갑작스러운 출현이다."[81] 처음에는 교묘하거나 유치한 변장의 형태로 나타나지만, 점차 상황이 바뀌

79 같은 책, 128쪽.
80 같은 책, 130쪽.
81 같은 책, 131쪽.

어 모의행위는 홀림이 되고 이 홀림은 결코 흉내가 아닌 것이 되며 신 자체가 되었다고 믿는다. 하지만 홀림이 일으키는 착란과 열광이 끝나면 연기자는 다시 의식을 찾는다고 하더라도 자기 내부에서 자기도 모르는 사이에 일어난 일에 대해 희미하고 멍한 기억밖에 남지 않는 몽롱함과 탈진 상태에 있다.

카이와는 이러한 현상에 대해 "집단 전체가 이 간질, 신성한 발작의 공범이다"[82]라고 진단한다. 그들은 그것이 환영에 불과하다는 것을 알면서도 받아들이는 데서 사회의 법규가 성립하기 때문에 이를 적극적으로 받아들인다는 것이다. 축제 때는 오랜 기간에 걸쳐 축적된 재화를 탕진하며 법규를 무시하는 것이 새로운 규범이 되고 모든 규범은 가면의 힘에 의해 전복되는데, 그는 이러한 주기적인 폭발이 사회에 활기를 주고 응집력을 유지한다고 보았다. 카이와가 보기에 이러한 영매靈妹 상태와 도취는 축제가 아닌 정치나 종교 제도에서도 나타나는데, 성인식을 받는 자가 꿈, 환각 등을 통해 자신의 수호령으로부터 계시를 얻기 위해 혹독한 고통을 참아내는 것 등이 그렇다. 즉 모의가 현기증을 이끄는 공모는 다양한 신화, 의식, 예배 등에서 작용하는 원동력이다.[83]

모의와 현기증의 공모는 샤머니즘에서 잘 나타난다. 샤머니즘은 항상 샤먼이 격렬한 발작을 하면서 일시적으로 의식을 잃는 것으로 이루어지는데, 이 과정에서 샤먼은 정령의 집합소가 되어 주술적인 여행을 한다. 샤먼은 종종 환각을 일으키는 버섯, 향이나 대마의 연기 등을 활용하며 정신병적 기질에 의해 선택되기도 한다. 이때 제식 집행자와 조수의 협력은 거의 필수인데, 왜냐하면 광란 상태에 빠진 샤먼의 우

---

82 같은 책, 같은 쪽.

83 같은 책, 133쪽.

발적인 폭력으로부터 구경꾼들을 보호해야 하고 샤먼 역시 사고로부터 보호가 필요하기 때문이다. 카이와가 보기에 이 모든 과정이 연기이면서도 또한 모든 것이 현기증, 황홀, 영매 상태인데, 제식 집행자로서는 의식상실이며 궁극적으로는 기억상실이다. 계획된 위장과 실제 흥분이 어느 정도로 배합되어 있는지는 상황에 따라 매우 다를 수 있지만, 거의 불가피하게 모의와 황홀 사이에 긴밀한 공모관계가 있다는 것이다.

그렇지만 카이와는 발작이 아무리 격렬해도 그것은 처음부터 끝까지 정확한 전례에 따라, 또 미리 정해져 있는 신화에 의해 진행된다는 점을 지적한다. "의식은 연극의 상연처럼 보이며 홀린 자들은 의상을 갖추고 있다."[84] 그들은 자신들 속에 머물러 있는 신들의 속성을 표현하며 그 신들의 특징적인 행동을 모방한다. 따라서 연기자가 착란에 빠져 있어도 그가 제멋대로 연기하는 것은 거의 허용되지 않으며 사람들이 기대하는 대로 또 자신이 그렇게 해야 한다고 생각하는 대로 행동한다는 것이다. 암시와 모의(미미크리) 행위는 홀림(일링크스)을 겪는 능력을 증대시키며 진정한 영매 상태, 즉 신의 갑작스러운 출현을 돕는 역할을 한다. 이것은 어린아이의 미미크리와 매우 유사하게 보일 수 있지만, 결정적인 차이점은 여기서는 미미크리가 놀이가 아니라는 점이다. "미미크리는 홀림에 이르며 종교적 세계의 일부를 이루고 사회적 기능을 수행한다."[85]

가면은 그것을 쓰는 자에게 일시적인 흥분을 일으키며 아울러 그에게 자신이 뭔가 결정적인 변신을 했다고 믿게 하여 본능의 폭발 또는

84 같은 책, 140쪽.
85 같은 책, 143쪽.

어쩔 수 없는 무서운 힘의 침입을 조장한다. 이는 공포와 불안을 널리 퍼뜨리면서 내세의 유령들의 1차적인 통치기구로서 기능하게 하는 것으로 이러한 상황이 되면 가면은 제도적인 것이 된다. 모의와 영매 상태의 결합은 때로는 기만과 협박이 되고, "이때 어떤 특별한 종류의 정치권력이 발생한다."[86] 따라서 카이와는 현기증과 모의, 적어도 그것들의 직접적인 파생물인 위협적인 모방과 미신적 공포가 원시문화의 우발적인 요소가 아니라, 원시문화의 메커니즘을 가장 잘 설명해줄 수 있는 기본적인 원동력으로 나타나고 있다고 말한다.

카이와에 따르면 원시사회에서 문명으로의 이행은 일링크스와 미미크리 조합의 우위를 점차 없애면서 그 대신 아곤과 알레아, 즉 경쟁과 운의 조합을 사회관계에서 우위에 놓는 것이라 할 수 있다. 인과관계가 어떻게 되었든 간에 고도의 문화가 원시의 혼돈상태에서 출현하는 것이 성공할 때마다 현기증과 모의의 힘의 두드러진 후퇴가 확인된다는 것이다. 이러한 후퇴기에 현기증과 모의라는 두 힘은 이전의 세력을 잃고 사회의 주변으로 밀려나 점점 더 보잘것없고 간헐적인 역할을 할 수밖에 없는 처지에 이르거나 놀이와 허구의 한정된 규칙이 있는 영역에 갇히게 된다. 물론 예외도 있지만 현대사회에서 재미로 점을 보는 행위나 위안 삼아 부적을 붙이거나 굿을 하는 행위 등이 그러한 예가 될 수 있다. "이 놀이와 허구의 영역에서 현기증과 모의는 사람들에게 변함없이 영원한 만족을 주지만 (…) 그 만족은 사람들의 지루함을 잠시 잊게 해주거나 노동의 피로를 풀어주는 역할밖에 하지 못한다."[87]

---

86 같은 책, 145쪽.
87 같은 책, 147쪽.

② 아곤(경쟁)과 알레아(운)의 조합

원시사회, 즉 혼돈의 사회에서는 "가면을 쓰면 힘과 정령, 활력과 신의 화신이 된다"[88]고 느꼈으며 무언극과 황홀의 강력한 결합에 기반을 둔 원초적인 문화유형의 특징이 나타난다. 하지만 카이와는 이러한 것에서 벗어난다는 것이 바로 문명의 탄생 그 자체라고 보았다. 그는 그러한 변화의 처음 선택은 우발적이었을 것이며, 그 민족들의 최초의 상태(원시 문화)와 그들의 도달점(문명) 사이에 발생한 문명의 차이 자체가 모의와 현기증의 마력에 대한 오랜 투쟁을 통해서만 그들의 진보가 가능하게 되었다는 자신의 주장의 유일한 논거라고 이야기한다.

카이와는 인도, 이란, 중국에서는 현기증의 기술이 어떻게 해서 통제 및 체계 쪽으로 발전해갔는가를 보여주는 지표들이 흩어져서 보일 뿐이지만, 인도-유럽 세계에서는 기록이 풍부하게 남아있어 그 변모의 여러 단계를 좀 더 자세하게 추적할 수 있다는 점에 주목한다. 카이와는 고대 그리스에서 의식과 신전, 질서 및 조화 그리고 논리와 과학의 관념들이 키클로페스(외눈 거인), 켄타우로스족(반인반수) 등의 무서운 가면을 쓴 소란한 집단이 출몰하는 전설적인 배경에서 떠올랐다는 것을 상기시킨다. 스파르타의 장정들은 사춘기 시절 자신을 아프리카의 표범이나 호랑이와 똑같이 여기며 지하동굴에서 지내지만, 성인식을 주재하는 마법사는 어느 순간 장정들의 교육자가 되어 이제 그들을 징벌원정을 책임지는 정치경찰로 구성하며 "예전의 발작적 황홀은 억압과 위협이라는 목적을 위해 냉정하게 이용된다."[89]

카이와에 의하면 황홀을 가져오는 변신의 수단이자 정치권력의 도

---

88 같은 책, 148쪽.

89 같은 책, 155쪽.

구로서의 가면이 소멸해가는 과정은 완만하고 불균등하며 험난하다. 가면의 체계가 기능하는 것은 '가면의 인식'과 '가면의 사용' 사이에 일치가 있을 때뿐이다. 가면의 인식은 가면이 단순 변장일 뿐이라는 사실을 숨겨야 한다는 것인데, 이는 일련의 금지와 벌을 통해 결사 밖의 사람들의 호기심으로부터 체계를 보호하는 것이다. 우연한 발견이나 조심성 없는 질문 등으로부터 끊임없이 메커니즘을 보호한다고 하더라도 더 이상 보호받지 못하는 사태가 불가피하게 일어나며, 이후 그것들은 의례용 장식품, 의식, 춤 또는 연극의 소도구가 된다. 카이와는 가면의 사용, 즉 정치적인 지배의 마지막 시도는 하킴 알 모카나의 '베일을 쓴 예언자'라고 보았는데, 그는 자신의 얼굴을 보면 죽는다는 것을 믿도록 만들기 위한 조작에는 성공했지만, 조작에 동원된 100명의 여자를 독살하고 하인의 목을 잘랐으며 그 또한 자살했다고 한다.[90]

하지만 미미크리와 일링크스의 지배는 인간 정신이 코스모스(우주)와 같이 질서정연하고 안정된 세계를 깨닫기 시작하면서 사실상 종결된다. 카이와는 이것이 수數의 영역에서 나타났다고 보았다. 초기 피타고라스학파는 여전히 구상적具象的인 숫자를 사용했는데, 그들은 숫자에 형태와 모양이 있다고 생각했고 또한 수에는 각각 다른 덕목德目이 주어져 있어서 3은 결혼, 4는 정의, 7은 기회라는 식으로 수를 전통적으로 또는 자의적으로 부여된 관념이나 상징에 대응했다. 하지만 이후 그 성질에 주의를 기울인 결과 점차 추상적인 급수가 생겨났고, 이것은 산술철학算術哲學을 배제하고 순수 계산만을 요구하기 때문에 과학의 도구로 쓰일 수 있었다.[91] "수의 계량과 그것이 보급하는 정확성의

90 같은 책, 158~160쪽 참조.

91 같은 책, 161쪽 참조.

정신은 황홀과 변장에 의한 발작과는 양립되지 않으며, 대신에 사회적 놀이의 규칙으로서 아곤과 알레아의 발흥을 가능하게 했다."[92]

또한, 카이와가 보기에 경기장의 놀이는 제한과 규칙이 있고 특수한 경쟁을 만들었으며, 이 새로운 종류의 경쟁은 페어플레이와 관용을 훈련시키는 계기가 됨과 동시에 심판에 대한 존중을 널리 인정하도록 만들었다. 이는 중국에서 활 경기 때 점수보다는 올바른 동작과 예의를 중시하는 것이나, 서구 기독교 국가들의 기마 시합에서 평등한 기회와 허용된 수단을 강조하는 데서도 나타난다고 보았다. 행정제도의 발달도 아곤의 확대를 촉진시켰는데, 관리의 충원은 점점 더 치열한 경쟁이나 시합을 통해 이루어졌고 승진은 고정되고 통제된 일정한 규범에 따라 행해졌다. 하지만 그럼에도 군주의 자유재량이나 출생 또는 재산의 특권은 중요한 직책에서는 오랫동안 영향력을 유지했다.[93]

카이와에 의하면 고대 그리스 최초의 민주주의 이론가들은 출생이나 재산 등의 조건들에 의한 영향력을 줄이기 위해 제비뽑기에 의한 행정관의 결정을 평등주의적 절차로 생각하면서 "선거를 일종의 기만술 또는 귀족주의적 발상에 의한 임시변통으로 간주했다."[94] 이에 반해 지역이 넓거나 참가자 수가 많은 보이오티아(고대 그리스의 한 도시국가) 연맹의 대표자들은 선거에 의해 선출되었다. 초기의 민주주의는 이처럼 '만인의 평등'이라는 문제에 대해 상반되면서도 상호보완적인 해결책인 아곤과 알레아 사이에 있었다. 따라서 카이와는 좋은 정치 규칙은 정당 간의 싸움 전체를 일종의 스포츠 경쟁으로 간주하는 것이며,

92 같은 책, 같은 쪽.
93 같은 책, 163쪽.
94 같은 책, 같은 쪽.

적을 존경하고 심판의 판정을 존중하며 일단 결정이 내려지면 상대방과 협력하는 것 등을 포함해야 한다고 이야기한다.

카이와에 의하면 정치체제의 다양성은 서로 반대로 작용하는 두 종류의 우월성 중 어떤 것을 더 선호하느냐에 기인하는 것으로, 운에 따른 세습제와 경쟁인 능력 중 하나를 선택하지 않으면 안 된다. 하지만 그는 출발점에서의 불평등을 계속 유지하려는 카스트나 폐쇄된 계급, 세습적인 직무 등의 제도 그리고 타고난 알레아의 영향력을 감소시키고 엘리트의 순환을 촉진시키려는 제도는 그 어느 것도 절대적일 수 없다고 보았다. 출생의 특권이 제아무리 압도적인 비중을 갖고 있다고 하더라도 대담성, 야심, 재능을 발휘할 기회는 여전히 남아있으며, 상속 자체가 어떠한 형태로도 인정되지 않는 사회에서조차 아버지의 지위가 영향을 주지 않을 수는 없으며 어떤 젊은이가 특정한 환경에서 자라고 그 환경에서 연고자와 후원자를 얻고 그 환경의 관습을 알고 있다는 단순한 사실에서 생겨나는 이점까지 완전히 없앨 수는 없다는 것이다.[95]

어느 정도 규모를 가진 사회에서는 정도의 차이는 있지만 부유함과 빈곤, 권력과 예속의 대립이 존재한다. 각종 법과 규제를 통해 알레아(우연)의 효과를 약화시키려고 노력할 수는 있지만, 경쟁자들이 똑같이 좋은 출발을 할 수 없다는 것은 너무나도 명백하며 공정한 아곤을 위한 규칙은 공공연하게 무시당한다. 카이와가 보기에 시험, 콩쿠르, 장학

95 개인들 간에 '완벽한 공정함'이란 존재할 수 없다는 것에 대한 고찰은 샌델의 『공정하다는 착각』에도 나타나 있다. 샌델은 입시에서 좋은 결과를 얻은 학생들이 과연 정말로 스스로의 힘으로 성취했다고 생각하는가에 대한 질문을 통해 아곤(경쟁)적 능력주의에서의 알레아(운)에 대해 이야기한다. "정말로 오직 '자기 스스로' 해낸 결과라고 볼 수 있을까? 그들이 스스로 해내도록 도와준 부모와 교사의 노력은 뭔가? 타고난 재능과 자질은 오직 노력으로만 성공하도록 했을까? 우연히 얻은 재능을 계발하고 보상해줄 수 있는 사회에서 태어난 행운은?"(샌델, 『공정하다는 착각』, 37쪽)

금 등의 능력에 주어지는 선물은 효과가 약한 일시적인 완화제일 뿐이며 규칙이라기보다는 구제이자 정의의 본보기이고 알리바이이다. 우연의 원리를 조금도 허용하지 않는 사회를 조직하더라도 운은 우선 유전遺傳이라는 알레아 자체 속에 남아있으며, 신의 선물인 재능의 불평등한 분배, 출생에 의한 신체적인 이점 그리고 능력의 속성인 인내, 적성, 노력에 의한 성과 사이에는 무수한 상호 간섭이 있다는 것이다. "알레아와 아곤은 이처럼 모순되면서도 서로 굳게 결합한다."[96]

현대사회는 점차 제도 개선을 통해 우연의 영역을 줄이고 능력의 영역을 넓히는 경향이 있지만, 종종 그 성과는 변변치 못하며 기대에도 어긋난다. 능력도 생활 수준을 근본적으로 바꿀 수 없는 상황에 이르게 되면 성공의 지름길이나 즉각적인 인생 역전을 동경하게 되는데, 노력도 자격도 그러한 희망을 주지 못하는 이상 사람들은 이제 모든 것을 운에서 찾지 않으면 안 된다. 게다가 경쟁의 승자는 유한하고 많은 사람들은 자신들의 재능에 대해 크게 기대할 수 없다는 것을 알고 있기에 정확하고 공정한 경쟁에도 희망을 걸지 못한다. 그들은 복권이나 제비뽑기 같은 새로운 종류의 공정과 공평 앞에서 자신보다 유능한 사람들과 마침내 평등하게 서게 된다. 따라서 카이와는 이러한 상황에서는 알레아가 다시 아곤에 대한 소중한 평형平衡이자 자연스러운 보완인 것처럼 보인다는 점을 이야기하며 아곤과 알레아의 결합을 긍정한다.[97]

또한, 카이와는 콩쿠르의 수상자보다 오히려 자기 집에서 과정을 지켜보는 애호가들이 경쟁자와 자신을 동일시하는 대리代理, delegation를 통해 성공에 도취한다고 보았다. 대리란 미미크리가 타락하고 희석된

96 카이와, 『놀이와 인간』, 169쪽 참조.
97 같은 책, 170쪽.

형태로서 능력과 운의 원리가 지배하는 세계에서 번성할 수 있는 유일한 형태다. 일인자는 한 사람밖에 없다는 이유로 실의에 빠진 사람들은 대리를 통해 승리자가 되는 길을 택한다는 것이다. 사회적인 뒷받침이 없는 평범한 인간이 개인의 능력만으로 성공한 빛나는 영예에 대해 사람들은 아낌없는 숭배를 바친다. "그들은 미의 여왕으로 뽑힌 매니큐어 화장사, 영화의 주연으로 발탁된 여점원, 일류 투우사가 된 자동차 수리공 등이 자신들을 대표한다고 느낀다."[98]

카이와가 보기에 피상적이고 막연하긴 하지만 영속적이며 보편적인 이러한 동일시는 "민주주의 사회의 본질적인 보상 장치의 하나를 이룬다."[99] 하지만 이러한 전이轉移, report는 정도를 넘어서면 일종의 전염성 히스테리에 이르고 신문, 영화, 라디오, 텔레비전에 의해 조장된다고 보았다. 스타와 챔피언에 대한 "신격화는 기존의 계급 질서를 조소하며 각각의 사람을 짓누르는 생활 조건의 숙명을 멋지고도 철저하게 타파한다."[100] 카이와는 평등주의 사회라고 해도 비천한 사람들에게는 절망적인 생활에서 벗어날 희망을 거의 주지 못한다는 점을 지적한다. 그들은 거의 모두 태어났을 때의 좁은 틀 속에서 일생을 보내도록 사회적으로 정해져 있으며, 사회는 그들의 야심을 가라앉히기 위해 빛나는 이미지로 사람들을 달랜다는 것이다. 즉 현대사회에서 가면은 거의 쓸모가 없는데, 미미크리를 통한 대리만족은 사회를 지배하는 새로운 규범의 중요한 도구로 쓰인다.

결론적으로 카이와가 다루고자 한 문제는 놀이의 기본적인 원동력

---

98 같은 책, 180쪽.
99 같은 책, 181쪽.
100 같은 책, 182쪽.

들이 어떻게 짝을 이루는가를 보여주는 것이다. 현기증(일링크스)과 모의(미미크리)의 사회에서는 이 둘이 서로 협력해 성행하며 경쟁심과 운이 배척되지는 않되 약간의 자리만 차지하고 있다. 반면에 경쟁(아곤)과 우연(알레아)의 사회에서는 손실과 상금을 공정하게 분배하기 위한 정밀한 계산과 투기성을 내포하고 있다. 고정되고 일관성 있는 법규를 만들어내고, 공동생활의 규범을 크게 변화시키며, 황홀(일링크스)과 흉내(미미크리)가 없지는 않지만 격하되어 있다. 발전한 문명에서 광인은 더 이상 신의 대변자로 취급받지 못하며 예언자나 치료하는 힘을 지닌 자로 생각하는 사람도 없다. 카이와에 의하면 사회는 매력적인 혼돈을 모두 소멸시키는 대가를 치르고 나서야 도시가 생겨나고 성장할 수 있었으며, 효과적으로 자연에너지를 실용화하는 방향으로 이행할 수 있었다. 즉, 문명이 발전한 것이다.

3) 놀이의 일반적 특성이 갖는 인문카운슬링적 함의

지금까지 하위징아와 카이와의 놀이 개념과 분류를 살펴보았다. 하위징아는 놀이의 일반적인 특징을 '시공간의 제약, 규칙, 무사무욕無私無慾, disinterestedness, 자발성, 비일상성not ordinary or real' 등으로 제시하고 이러한 놀이 요소를 포함하는 것을 모두 놀이로 보았으며, 카이와는 놀이를 '경쟁(아곤), 우연(알레아), 모의(미미크리), 현기증(일링크스)'이라는 네 개의 주요 항목으로 구분할 것을 제안했다. 또한, 하위징아와 카이와 모두 놀이를 긍정하며 놀이가 갖는 주체성과 자율성 그리고 생명력과 창조성을 인정했다. 하지만 근대 이후 놀이에 자본이 침투하고 놀이가 현실에 의해 오염될 때 놀이의 타락이 일어나면서 놀이정신은 망가진다고 진단했다.

그렇다면 이러한 현대의 놀이에 대한 하위징아와 카이와의 논의는 인문카운슬링 활동에 어떤 의미가 있는가? 이것이 주는 함의는 크게 두 가지로 볼 수 있다. 첫 번째는 인문카운슬링 프로그램이 갖추어야 할 형식에 관한 것이고, 두 번째는 인문카운슬링 프로그램이 담아야 할 내용에 관한 것이다. 앞서 필자는 인문카운슬링의 정의를 "인문카운슬링은 인문학적 가치를 바탕으로 치유뿐만 아니라 개인과 사회가 더 나은 지향점을 추구할 수 있도록 근본적이고 실용적인 도움을 주는 인문실천 활동이다"라고 제안했다. 그리고 인문카운슬링이 집중해야 할 목적으로는 '사유의 확장', '자체로서의 행복', '자기치유' 그리고 '실용성'이라고 이야기했다. 이 정의와 목적을 나침반으로 삼아 놀이의 인문카운슬링적 함의를 살펴보도록 하겠다.

먼저 첫 번째로 주목해야 할 것은 인문카운슬링 프로그램이 갖추어야 할 형식으로서의 '놀이'와 관련된 것이다. 매체철학자 매클루언은 『미디어의 이해』에서 미디어에 담긴 내용보다 미디어 자체가 더 중요하다는 점을 강조한다. 이것을 인문카운슬링 프로그램에 적용해볼 때 인문카운슬링 프로그램의 내용으로 놀이를 담는 것보다 인문카운슬링 프로그램의 형식을 놀이로 구성하는 것이 더 중요하다는 이야기로 받아들여질 수 있다. 여기에서 인문카운슬링 프로그램의 내용으로 놀이를 담는다는 것은 1차적으로 생각해보면 모래나 장난감을 이용한 각종 놀이치료를 생각해볼 수 있다. 하지만 인문카운슬링 프로그램의 형식으로 놀이를 담는다는 것은 언뜻 떠오르지 않는다. 여기에서 하위징아나 카이와가 펼쳤던 놀이에 대한 논의가 의미를 갖게 된다.

하위징아는 앞서 이야기한 놀이의 일반적인 특징인 '시공간의 제약, 규칙, 무사무욕, 자발성, 비일상성' 등을 가진 모든 활동을 놀이로 규정한다. 그렇다면 하위징아의 놀이 개념에서 볼 때 인문카운슬링 프로그램이 하나의 놀이가 되기 위해서는 이러한 요소들을 프로그램에 도입하면 되는 것이다. 사례분석을 통해 추가로 논의하겠지만 인문카운슬링 프로그램은 이미 자발성, 시공간의 제약 등 놀이의 요소를 갖추고 있다. 이러한 인문카운슬링 프로그램에 하위징아가 제시한 놀이 요소를 강화하는 것은 인문카운슬링 프로그램을 하나의 놀이로 탈바꿈시키는 데 중요한 과정이다. 카이와의 놀이 분류 또한 마찬가지로 이해해볼 수 있다. 카이와가 제안한 '경쟁(아곤), 우연(알레아), 모의(미미크리), 현기증(일링크스)'이라는 네 개의 주요 항목은 인문카운슬링 프로그램을 구성할 때 얼마든지 추가할 수 있는 요소로 작용할 수 있다. 특히 카이와가 긍정적으로 보았던 아곤과 알레아의 조합은 프로그램의 역동성을 높이며 참여자들에게 프로그램을 하나의 놀이로 인식하게 하는 데 결정적인 역할을 할 수 있을 것이다.

이렇게 하나의 놀이로 자리한 인문카운슬링 프로그램은 놀이의 긍정적인 효과를 제공할 수 있게 된다. 그것은 다름 아닌 몰입과 창의성, 그리고 인문카운슬링이 추구해야 할 목적인 '자체로서의 행복'과 관련이 있다. 인문카운슬링 프로그램이 주는 놀이의 경험은 다른 물질적인 보상이나 사회적인 이익이 없어도 그 자체로 즐거운 활동이며, 우리의 놀이본능을 일깨워준다. 놀이 공간에 들어와 놀이에 참여하는 동안에는 그 자체에 몰입하게 되며, 칙센트미하이에 의하면 몰입경험은 곧 행복으로 이어진다. 또한, 아곤이 포함된 집단 프로그램(놀이)의 경우 스스로 탁월함을 입증하기 위해 역량을 끌어올리게 되며, 하위징아에 의하면 이것은 개인의 발전과 인류 문명을 추동하는 동인이다.

다음으로 주목해야 할 놀이와 관련된 현대의 논의가 갖는 인문카운슬링적 함의는 프로그램에서 다루어야 할 내용으로서의 '놀이'다. 하지만 이것은 앞서 이야기한 모래나 장난감을 이용한 각종 놀이를 인문카운슬링 프로그램에 담는다는 의미가 아니다. 이것은 삶의 태도로서의 '놀이'이며, 현실과 자본에 오염되어 타락하기 이전의 놀이에 대한 고찰이다. 칸트와 실러 그리고 니체와 이후 현대에 이르기까지 놀이하는 삶은 조화로운 삶이며 주체성과 생명력 그리고 창조성을 회복하는 삶이다. '삶의 태도로서의 놀이'에 대한 고찰은 세계관의 변화를 꾀한다는 점에서 인문카운슬링 활동의 목적인 '사유의 확장'이며 어쩌면 인문카운슬링의 정의에서 추구하는 '근본적인 처방'이 될 수도 있다. 이것은 구체적으로 놀이와 관련된 통찰을 제공하는 텍스트를 공유하고 함께 이야기하는 방식으로 이루어질 수 있다. 아직 시도는 되지 않았으나 이 책에서 주로 참고하고 있는 텍스트인 『호모루덴스』, 『놀이하는 인간』, 『몰입의 즐거움』 등은 너무 어렵지 않고 분량도 적당해서 놀이하는 삶에 대해 함께 생각해볼 수 있는 좋은 지침서가 될 수 있다.

이상으로 하위징아와 카이와를 중심으로 이루어진 현대의 놀이에 대한 논의가 갖는 인문카운슬링적 함의를 논의해보았다. 물론 놀이가 주는 인문카운슬링적 함의는 이 두 가지에 그치지는 않을 것이며, 앞으로 훨씬 더 다양한 영역에서 발견될 수 있을 것이다. 이러한 논의는 단지 오프라인에만 머물지 않는 최근의 놀이를 고려할 때 더욱 폭넓은 논의가 필요하다고 볼 수 있다. 온라인 게임, 메타버스, 인공지능 등 때와 장소를 가리지 않는 현대의 놀이 개념에서는 더욱 다양한 논의가 전개될 수 있으며 이러한 논의를 바탕으로 인문카운슬링 프로그램을 더욱 발전시켜나가야 한다.

3
현대인의 삶과 놀이

1) 볼츠의 놀이하는 삶

(1) 현대사회와 놀이의 특성

놀이하는 인간인 호모루덴스를 호모사피엔스나 호모파베르와 대조했던 하위징아와 달리, 볼츠[1]는 호모루덴스를 '호모에코노미쿠스homo economicus(경제적 인간)' 또는 '호모소시올로지쿠스homo sociologicus(사회적 인간)'와 대조시킨다. 호모에코노미쿠스란 비용과 효과를 따져 합리적으로 시장에 참여하는 자들이며, 호모소시올로지쿠스는 사회적으로 부여된 역할에 부응하는 자들이다. 하지만 볼츠는 이 두 부류의 인간 모두 삶의 즐거움을 설명할 수 없으며, 만약 삶의 즐거움을 이해하지

1 독일 미디어이론의 선구자라고 불리는 노르베르트 볼츠(Norbert Bolz, 1953~)는 비교적 가장 최근에 놀이에 대한 탁월한 견해를 보인 철학자 중 하나다.

못한다면 인간의 본성도 이해하지 못하는 것이라고 이야기한다.[2] 이는 앞서 살펴보았듯이 프리드리히 실러의 『미적 교육론』에 나타난 이념이기도 하고 하위징아와 카이와에 의해 구체화된 내용이기도 하다. 볼츠는 이렇듯 놀이가 인간의 삶에 중요한 의미를 지니고 있음에도 학문의 영역에서 진지하게 취급되지 않는다는 것과 앞서 살펴본 하위징아(1938)와 카이와(1958) 이후에는 진지한 논의도 이루어지지 않고 있다는 점을 지적한다. 이에 그는 자신의 저서 『놀이하는 인간』(2014)을 통해 "놀고 싶으면 놀아라! 양심의 가책을 받지 말고!"[3]라고 선언하며 '놀이의 즐거운 학문die frohliche Wissenschaft des Spiel'이라는 삶의 즐거움에 관한 이론을 제시하고자 한다.

앞서 언급했듯이 19세기가 생산자의 시대였다면 지금 우리는 소비자의 시대인 20세기를 지나왔다. 볼츠는 21세기의 초입인 현대는 '놀이하는 사람'의 시대가 될 것이라고 예언한다. 이러한 그의 주장은 최근 로봇공학, 인공지능, 챗GPT 등 인간의 능력에 도전하는 다양한 기술의 발달이 가속화되면서 점점 더 신빙성을 얻어가고 있다. 볼츠가 보기에 이제는 놀이하는 사람들에게 주목하고 그들을 이해해야 하는 시대임에도 근대의 자본주의 정신과 뿌리 깊은 청교도주의는 여전히 인간을 억압하고 충동을 엄격하게 규제하고 있다. 이로 인해 세계는 공허하고 무미건조해졌으며 사람들은 감정의 공백 상태에서 살아가며 근대의 대가를 받아들여야 하는 상황이다.[4]

하위징아도 주장했듯이 놀이는 이를 통해 경제적 이익을 얻을 수 있

2 볼츠, 『놀이하는 인간』, 14쪽 참조.
3 같은 책, 9쪽.
4 같은 책, 18~24쪽.

거나 뭔가를 배울 수 있어서 유용한 것이 아니다. 볼츠가 보기에 카드 게임에서 딸 수 있는 돈은 승리의 상징물일 뿐이며, 컴퓨터게임의 학습효과는 단지 부수적인 효과일 뿐이다. 놀이는 매우 보편적이라 모든 시대, 모든 문화에서 발견되며 일상과는 다른 즐거움과 긴장의 황홀감이라는 예외적인 상태로 우리를 옮겨놓는다. "취미활동 속에서 호모루덴스는 호모에코노미쿠스에 저항한다."[5] 볼츠에게 워커홀릭과 소외된 노동자를 구분하는 기준은 일에 대한 유희(놀이)적 태도이며, 노동을 소외시키는 것은 자본주의적 착취가 아니라 자극의 결핍이다. 호모에코노미쿠스는 시장에서 부지런히 노동을 수행한 대가로 적절한 임금을 받고자 하지만, 호모루덴스에게 중요한 것은 돈이 아니라 '놀라움'이며 시장의 규정이나 노동윤리를 전혀 지향하지 않는다.

볼츠는 이러한 놀이를 방해하는 대표적인 자들로 청교도주의적인 세속 종교의 성직자와 국가를 비판한다. 호모루덴스는 노동에서 삶의 의미를 찾고자 하는 세속 종교 성직자인 청교도들과도 반하는 것이며, 국민의 일상에 규제와 규범으로 개입하려고 하는 국가 개입주의자들은 놀이의 강력한 적대자다. 그는 쾌락을 적대시하는 청교도들은 놀이를 멸시하겠지만, 놀이는 일종의 취향이며 취향에 대해 옳고 그름을 따지고 논박하는 것은 무의미하다는 입장을 견지한다. 또한, 국가 개입주의자들이 중독이라고 공격하는 것은 자유주의적 사람들에게는 취향의 문제이고 소비습관일 뿐이기 때문이라며 개인의 취미나 선호의 영역에 국가가 개입하려는 시도를 차단한다.[6]

볼츠는 현대에 가장 흔히 등장하는 놀이의 비판 지점인 '중독'조

5 같은 책, 27쪽.

6 같은 책, 34~46쪽 참조.

차 소비의 형태로 이해하면서 그것이 기존의 전통이나 사회적 인정을 받지 못했을 때 문제 삼는 것에 대해 비판한다. 형식적으로 보면 중독은 강력한 습관이며 마약, 알코올, 니코틴, 지방, 설탕 등이 모두 유사한 중독의 형식을 갖고 있다. 중독의 행태는 오늘날 많은 곳에 존재하며 쾌락에 적대적인 사람들에게는 놀이하는 사람들이 삶에서 느끼는 기쁨이 중독으로 보일 수 있다는 것이다. 하지만 볼츠는 어떤 것을 중독으로 치부할 것인지는 결국 사회적 용인이나 돈의 문제인 경우가 많다는 점을 지적한다. 볼츠는 프로이트의 『문화에서의 불안』에 따르면 도취는 우리에게 직접적인 쾌락적 감각을 줄 뿐 아니라 불쾌감을 일으킬 수 있는 모든 자극에 대해서도 우리를 보호해준다는 점을 상기시킨다.[7] 볼츠가 보기에 게임중독을 부정적으로 사용하는 사람들은 게임에 매료된다는 것이 어떤 것인지를 전혀 모르는 사람들이다. 즉, 놀이의 즐거움은 자연스러운 중독 메커니즘이며 이를 모르는 이들은 진정으로 삶을 사는 것이 아니라는 것이다.

볼츠에 의하면 중독과 질병 예방이라는 명분 아래 이루어지는 청교도주의적 정치는 18세기의 계몽된 절대주의의 가부장적 복지국가에 의해 사회적 정의라는 이름으로 개인의 권리가 경시되면서 시작되었다. 오늘날에도 개입주의(보호주의)는 인간을 물질로 다루며, 인간은 자신의 의지박약으로부터 보호되어야 한다고 생각하는 소수에 의해 정당화되고 있다. '넛지Nudge(강요하지 않고 유연하게 개입하여 선택을 유도하는 방법)'라는 개입주의에 입각한 문제해결 방안 또한 '자유주의적 개입주의'로 포장되어 있지만, 그 전제는 '대부분 인간은 스스로 좋은 것이 무

7 지그문트 프로이트, 『문화에서의 불안』, 강영계 역, 서울: 지식을만드는지식, 2012, 17~126쪽 참조.

엇인지 모른다는 확신'이다. 미국의 조직사회학자들은 '넛지'를 '프로파간다'나 '소셜엔지니어링'과 연관 지어 논의하지만, 모든 것을 알고 마련해주는 국가는 좋은 의도를 가진 폭군이며 이때 정치는 행복을 강요하는 프로그램이 된다. 볼츠는 미리 대비하는 복지국가의 개입주의의 문제점은 인간을 의지박약으로부터 보호되어야 할 대상으로 본다는 것이며, 노동자와 자본가로 나뉘었던 이 세계를 돌봄을 받는 자와 돌보는 사람으로 나뉘게 한다는 것이다.[8] 전체주의적 복지국가와 관련된 볼츠의 비판은 보살핌을 받으려는 정신적 경향, 즉 학습된 무기력을 비판하는 것을 목표로 한다.

놀이에 대한 청교도주의자들의 비난에 대해 볼츠는 이를 정면으로 반박한다. 놀이에 대한 그들의 비난을 요약해보면 놀이는 어떤 성과물도 만들어내지 않고 무비판적이며 피상적이라는 것이다. 하지만 볼츠는 이러한 비난에 대해 "그렇지 않다"고 반박하기보다는 "그렇다. 하지만 그것이 놀이를 긍정해야 할 이유다"라는 식으로 반박한다. 청교도주의자들의 첫 번째 비난인 '성과물이 없음'은 놀이의 '무목적성'과 연관이 있는데, 볼츠는 이에 대해 "우리의 판단 기준은 산업사회와 그에 걸맞은 양심적 노동이기 때문"[9]이라고 비판하며 오히려 지루함을 느끼지 않는 한가로움이 귀족적이라고 한다. 즉, "오락은 억압된 한가로움이 산업사회 속에서 다시 나타난 기형적 형태를 뜻한다. (…) 지루함을 쫓기 위해 오락거리를 찾는 것은 대중민주주의적"[10]이라는 것이다.

8 볼츠, 『놀이하는 인간』, 40~46쪽.
9 같은 책, 69쪽.
10 같은 책, 같은 쪽.

놀이가 무비판적이라는 비난은 놀이규칙의 엄격함에 기인한다. 놀이 세계에서는 규칙에 대한 무조건적 동의만이 가능하기 때문이다. 하지만 볼츠는 "놀이가 순응적인 것은 맞지만 기존 사회에 대해서가 아니라 삶에 대해서"[11]라고 이야기하며, 오히려 놀이 참여자는 '완벽한 질서를 음미하는 사람'이라고 한다. 놀이에 필요한 자극에만 집중하면서 얻어지는 피드백은 놀이에 더욱 몰입하게 만든다. 볼츠는 놀이에서 벌어지는 이러한 일련의 과정은 어떤 권위에서 나오는 것이 아니라 놀이 자체에서 나오는 것임을 강조하며 "구속됨으로써 자유로워지는"[12] 놀이의 특성에 주목한다.

볼츠는 놀이 참여자들이 놀이에서 일상으로부터의 완벽한 해방감을 느끼는 이유를 여기에서 찾는다. 즉, 현실에서는 세금 포탈로 막대한 부를 축적할 수 있듯이 법을 어기는 사람이라도 성공할 수 있지만, 규칙을 지키지 않는 자는 놀이에서 이길 수 없다. 왜냐하면, "놀이를 한다는 것은 다름 아닌 규칙을 지킨다는 것이고, 놀이는 놀이하는 사람만이 이길 수 있기 때문이다."[13] 일상에서는 정당방위, 영웅적 행위, 사랑 등 갖가지 이유로 법을 어긴 행위가 인정받을 수도 있지만, 놀이에서 규칙을 어긴 행위는 어떠한 이유로도 용납될 수 없다. 이러한 놀이에서의 규칙에 대한 '완벽한 충성 요구'는 일상으로부터 완벽한 해방감을 제공한다는 것이다.

따라서 놀이규칙에 의문을 품는 자들은 놀이를 방해하는 사람들이며, 놀이에서 속임수를 쓰는 사람보다 더 나쁘다. 왜냐하면, 놀이에서

---

11 같은 책, 70쪽.
12 같은 책, 77쪽.
13 같은 책, 79쪽.

속임수를 쓰는 사람들은 최소한 자신이 위반하는 놀이규칙 자체를 인정하고는 있기 때문이다. 이러한 볼츠의 주장은 하위징아의 표현을 빌리자면 '놀이파괴자spoil-sport'다. 하위징아 역시 '놀이파괴자'를 놀이를 잘 못하거나 속이는 자보다 죄질이 무겁다고 본다. 왜냐하면, '놀이파괴자'의 행동은 놀이의 규칙을 인정하지 않는 것이며, 이것은 놀이 세계 자체를 인정하지 않는 것과 동일하기 때문이다.[14]

놀이의 요소를 '자발성, 규칙, 무목적성, 비일상성'으로 보았던 하위징아와 놀이를 '아곤, 알레아, 미미크리, 일링크스'로 구분했던 카이와에 이어 볼츠 또한 그 나름의 놀이에 대한 정의를 시도한다. 그는 놀이에는 자기 내부에만 존재하는 분명한 목표가 있고 규칙을 통해 조직되며 모든 움직임은 피드백이 있는 활동이다. 하지만 볼츠는 놀이의 정의를 '이 정의와 비슷한 어떤 것'이라며 외연을 열어둔다. 볼츠의 놀이에서 특히 주목할 만한 요소는 '기능쾌락funktionslust'이다. 이것은 다른 목적 없이 쾌락을 일으키는 그 자체를 의미하며 그 작용을 또다시 반복적으로 일으킬 수 있는 원동력이자 동기다.[15]

이것은 문제를 해결하는 놀이나 승패가 갈리는 놀이에서도 마찬가지다. 사람들은 경쟁자나 장애를 극복하기 위해서, 또는 자기 자신을 상대로 놀이하기도 하며 이기고자 한다. 하지만 볼츠는 이러한 놀이에서도 누가 이길 것인지가 분명하지 않아야 사람들을 홀리고 도취시킬 수 있음을 강조한다. 이는 카이와가 이야기했듯이 '아곤Agon'의 놀이에서는 핸디캡handicap을 붙여 출발점에서 기회의 평등을 이루고자 한다는 것과 유사한 맥락으로 볼 수 있다. 즉, 우연놀이에서뿐만 아니라 경

14 같은 책, 79~83쪽 참조.
15 같은 책, 52쪽 참조.

쟁놀이에서조차 누구나 놀이 앞에서는 평등하며 승리에 대한 보장이 불명확할수록 사람들은 그 놀이에 더욱 몰입하게 되어 과정에서의 쾌락을 더 많이 느낄 수 있다. 이러한 놀이가 볼츠가 이야기한 놀이의 본질에 더욱 충실한 놀이다.

하위징아는 놀이의 비일상성에 대해 '경기장, 마법의 동그라미, 무대, 법원' 등의 공간을 예시로 들며 일상과는 분리된 놀이의 중요한 요소로 정의했다. 즉, 이러한 놀이 공간에서는 일상의 규칙이 중단되며 오직 놀이의 규칙만이 작용하는 '비일상성'이 발현된다는 것이다. 이러한 비일상성은 과거의 놀이처럼 물리적 공간에만 특정되는 것은 아니다. 최근에는 다양한 매체의 발달로 가상공간에서의 놀이도 매우 폭넓게 이루어지고 있기 때문에 물리적 공간뿐만 아니라 가상의 공간도 포함하는 개념으로 보아야 한다.

볼츠는 카이와의 놀이에 대한 분류(아곤, 알레아, 미미크리, 일링크스)에 대해 명확한 평가를 내리진 않지만, 그의 관찰에 주목하면서 나름의 의미를 부여한다. 특히 놀이에서의 아곤은 "생존을 놓고 벌이는 싸움을 자유로운 대결이라는 인간적인 수준으로 격상"[16]한 것으로 본다. 하위징아나 카이와와 마찬가지로 아곤에서의 승리는 패자를 말살시키거나 능멸하는 것이 아니라 자신의 탁월함을 실현하고 인정받아 행복을 현재화하는 행위이며, 승리에 따른 트로피나 우승컵은 뛰어남을 증명하는 것일 뿐이다. 또한, 볼츠는 미미크리와 관련해서는 하위징아나 카이와가 다루었던 그것의 고전적인 형태보다는 현대의 컴퓨터게임 등에서 이루어지고 있는 연구에 더욱 주목할 필요가 있음을 강조한다.[17]

16 볼츠, 『놀이하는 인간』, 63쪽.
17 같은 책, 62~66쪽 참조.

볼츠는 현대에도 여전히 놀이가 우리를 매혹하는 이유에 대해 "그것이 현실보다 시각적으로 더 함축적이기 때문이며, 우리 의식이 일상의 혼잡한 인상들보다 놀이를 더 잘 받아들일 수 있기 때문이다"[18]라고 이야기한다. 즉, 우리는 놀이 장난감이나 기구의 리듬, 경기장의 대칭, 놀이규칙의 순수함에 매료되며, 놀이의 엄격한 규칙으로 인해 존재하는 '순간적인 명료함'이 현실의 불투명한 세계에서 우리를 해방시켜 이상적인 곳으로 데려가기 때문에 놀이에 매료된다는 것이다. 또한, 볼츠는 월드 테마관 같은 거대한 놀이공원은 놀이가 현실보다 시각적으로 더 함축적임을 잘 보여주면서도 실제와 유사한 대체경험을 제공한다고 본다. 이러한 볼츠의 관찰은 최근 등장한 메타버스Metaverse에 열광하는 사회적 현상에서도 나타나고 있다.

볼츠는 현대 놀이에서 대표적으로 떠올릴 수 있는 '스포츠'의 특성을 몇 가지로 요약한다. 먼저, 스포츠에 참가한 이들의 목적은 다름 아닌 '승리'라는 것, 그리고 이 영역에서는 모든 것이 열정이 넘치면서도 엄격한 규칙이 적용된다는 것, 또한 스포츠는 실시간적이라는 것이다. 양쪽 모두 승자인 양 포장되는 정치 영역이나 패자가 숨겨지는 경제 등 여타 다른 분야와 달리 스포츠는 승자와 패자 간의 구분이 명확하며 그 탁월함arete에 대한 인정認定이 명확하게 주어진다. 아울러 스포츠는 '신체적 행동 양식의 영역'에 있기에 의심이나 비판이 개입할 여지가 없어 스스로 '의미의 장'을 형성하면서 일상의 의미 영역을 상쇄할 수 있다.[19] 볼츠는 스포츠에서 느낄 수 있는 강렬하게 체험되는 집중, 현재성과 직관, 그리고 불확실성과 바깥세계와의 차단은 "능력 자체를 보

---

18 같은 책, 67쪽.

19 같은 책, 150쪽 참조.

여주는 순수한 표본의 체험"[20]을 가능하게 한다고 보았다.

이처럼 스포츠에서 승리에 대한 열망과 '아곤'성이 중요한 이유에 대해 볼츠는 '남성성의 망명지'로서 스포츠의 역할을 이야기한다. 인류학자들에 의하면 남자들은 사냥꾼으로 태어났는데, 이 직업이 더 이상 필요가 없게 되었으며, 따라서 이러한 신체적 우월성을 뽐낼 수 있는 공간으로서 현대에 유일하게 기능하는 것이 스포츠라는 것이다.[21] 현대사회는 학교에서도 그룹 과제가 주로 이루어지는 현상이나 직장에서도 팀워크가 강조되는 환경 속에서 격심한 경쟁이 용인되는 분야는 거의 스포츠가 유일하다고 본 것이다. 이는 그가 앞서 비판한 사회적 정의라는 이름으로 개인의 권리를 경시한 현대의 가부장적이고 전체주의적인 복지국가로 인한 현상일 것이다.

고대에 행복의 척도는 '승리'였다면 현대의 평등주의 문화에서 그것은 오히려 숨겨야 할 것으로 간주되기도 한다. 하지만 볼츠는 스포츠가 "인정투쟁이 연출되는 무대"[22]라는 점을 명확히 한다. 그는 "내가 상대를 진정으로 인정하는 것은 (…) 그와의 싸움 속에서"[23]라고 이야기하며 무비판적으로 관대한 휴머니스트적 관점을 경계한다. 하지만 한편으로 승리가 "단지 여기 이 순간에 국한되며, 내일은 전혀 다른 결과가 나올 수도 있다"[24]는 기본 전제는 스포츠라는 놀이에서는 필수라는 점 또한 간과하지 않는다. 볼츠가 보기에 스포츠의 매력은 '뜨거운 열정과 엄격한 규정의 병존'에서 나오는 것이며, 이것은 일상의 경

20 같은 책, 151쪽.
21 같은 책, 153쪽.
22 같은 책, 156쪽.
23 같은 책, 같은 쪽.
24 같은 책, 157쪽.

쟁과 도덕보다 훨씬 더 명확한 것이다. 스포츠에 대한 볼츠의 이러한 입장은 스포츠 경기 전반을 아곤(경쟁) 중에서도 규칙이 명확한 루두스의 성격을 강하게 갖고 있다고 보았던 카이와의 입장과 유사하다고 볼 수 있다.

볼츠는 현대인의 일상에서 육체노동과 신체의 존재감이 점점 축소되어가고 생활세계가 더욱 가상화되고 비물질화될수록 스포츠의 기능은 더욱 중요해질 것이라고 본다. 우리의 신체가 경제와 기술에서 아무런 역할을 수행할 수 없는 시대에 순수한 신체성으로 이루어진 스포츠는 자신만의 독립된 세계를 만듦으로써 우리의 생활세계를 상쇄한다. 즉, '스포츠를 하는 몸에 구원이' 있는 것이며, 스포츠는 언어의 매개 없이 신체의 열정과 규칙을 통해 세계를 이해하는 방식이다. 우리는 스포츠라는 영역 안에서는 오직 '탁월함'을 인정받으려는 열정과 엄격한 규칙을 통해 배경이 완전히 다른 사람들과도 아무런 문제 없이 교류할 수 있다.[25]

볼츠는 이러한 스포츠를 일종의 '종교적 제의'에 비교하며 그것이 가진 놀이의 성격을 분석한다. 팬들이 순례하듯 일정한 시간이 되면 경기장을 찾는 것이나, 선수들이 마치 '십자군 기사단'인 것처럼 경기장에 입성하는 장면에서 볼츠는 종교와 스포츠 간의 유사성을 찾았다. 물론 그 둘 모두 시공간의 제약이 있으며 일정한 규칙을 갖는 '마법의 동그라미magic circle'에서 이루어진다는 점과 대체로 일정한 의식을 갖는다는 점 또한 유사점이 될 수 있다. 하지만 볼츠는 제의와 달리 스포츠는 예측하지 못하는 결과를 기대할 수 있다는 점에서 제의와는 다르

---

25 같은 책, 163~166쪽 참조.

다고 보았다. 이러한 스포츠에서의 '놀라운 결과'는 이후 분석가들이 내놓는 통계를 통해 질서가 부여되고, 미디어를 통해 여흥이 창출된다는 점에서 볼츠가 보기에 제의보다 즐거우며 동시에 '축제'의 성격도 갖고 있다. 축제란 "언제나 일상의 짐을 성공적으로 덜어내는 일이며, 영혼의 예외적인 상태를 마련하는 것이다."[26] 스포츠가 축제가 될 때 자체의 매력에 이러한 것들이 더해진다. 볼츠는 근원적으로 볼 때 종교적 제의와 축제 그리고 스포츠에 동참하는 사람들에게 공통으로 열리는 '의미론적 장'은 우리가 이 세계에 대해 동의하고 있다는 '동의의 문화Zustimmungskultur'라고 보았다.[27]

(2) 놀이에서의 우연성

'놀이학'의 선구자라 할 수 있는 하위징아는 놀이의 우연성에 대해 크게 주목하지 않았던 반면, 카이와나 볼츠는 놀이에서의 우연성을 매우 중요하게 여긴다. 카이와는 놀이의 네 개의 주요 항목에 아곤(경쟁), 미미크리(재현), 일링크스(소란)와 함께 알레아(우연)를 포함하고 알레아를 아곤과의 조합을 통해 문명의 진보를 추동하는 매우 중요한 요소로 여긴다. 그리고 볼츠 또한 놀이에서의 우연성이야말로 '황홀경'이라고 표현할 수 있을 만큼 삶을 자극하는 요소라고 이야기한다. 하지만 볼츠는 경기에서 우연성의 매력은 숙달된 선수가 고도의 성취를 지향할 때 기대할 수 있으며 관중의 열광 또한 그 매력에 작용한다고 이야기한다. 즉, 선수들의 능력을 모두 알고 있다고 하더라도 결과를 예

26 같은 책, 173쪽.
27 같은 책, 174쪽.

측할 수는 없기에 우연성에 특별한 의미가 부여된다는 것이다.

하지만 볼츠에 의하면 슬롯머신 같은 순수한 행운을 기대하는 놀이에서는 그 황홀경이 더욱 확연히 드러나며, 그 우연성이 선사하는 깊은 자극과 욕구는 참여자에게 '살아있음', '변화 가능성', '삶의 고취'를 느끼게 해준다. 이러한 관점에서 볼 때 볼츠에게 최근 우리 삶에 깊숙이 들어오길 갈망하는 '빅데이터' 정보혁명은 우리 삶에서 우연성을 제거하고자 하는 시도다.

> "그것의 목적이란 총체적으로 삶을 데이터화하여 미래의 시간을 앞당겨 기술하는 것이다. (…) 우연성을 지닌 것이라면 무엇이든 가차 없이 섬멸하려는 기획이 (…) '넛지'와 '빅데이터'가 경험세계에서 우연성을 제거하려 할수록 도박 같은 행위에서 유래하는 가상의 우연성을 추종하는 경향은 더 강력해진다."[28]

볼츠에 의하면 우리는 행운이 좌우하는 게임에서 '무자극 상태의 절대 휴식과 고도의 흥분 사이의 융합 상태'를 함께 경험하게 되기 때문에 우연성에 끌리는 것이며, 여기서 중요한 것은 '나는 실존한다'라고 느끼게 하는 자극 그 자체다. 즉, 절대적 우연성 앞에서는 만인이 평등하다. 카이와는 이러한 우연성(알레아)을 경쟁(아곤)과 비교하면서 아곤은 개인이 전적으로 책임지는 것이며, 알레아는 의지를 포기하고 운명에 몸을 맡기는 것이라고 이야기했다. 즉 카이와에게 있어 양자 모두 현실에는 없는 순수한 평등을 인위적으로 만들어내는 것이지만, 아곤은 자

---

28 같은 책, 89쪽.

신들의 역량을 발휘할 가능성을 정확하게 똑같이 누리려 하는 것이고 알레아는 행운을 얻을 확률을 정확하게 똑같이 누리려는 것이다.

볼츠의 표현에 의하면 이것은 "놀이가 논다. 그리고 그 놀이 안에서는 운명이 놀고 있다"[29]라고 할 수 있다. 즉, 순수한 우연성 놀이에서는 개인이 놀고 있는 것이 아니라 참여자는 오히려 게임에 의해 '놀아나고 있는 것'이다. 우연성 놀이에서 우리는 속수무책으로 벌어지는 상황 속에서 어떤 패가 나올지 기대하고 두려워하고 긴장하며 지켜본다. 여기에서 우리는 돈을 잃더라도 그 자극만큼은 그대로 즐길 수 있다. 볼츠는 이러한 우연성 게임은 무력감이 엄습한 일상에 어느 정도 반응하게 만든다는 점에 주목해야 한다고 말한다.[30]

볼츠가 보기에 사람들이 순수한 우연성 게임 중 하나인 슬롯머신에 빠져드는 이유는 게임하는 동안 거기에 몰입할 수 있으며, 항상 레벨을 높일 수 있고 즉각적으로 피드백을 받기 때문이다. 또한, 우리는 결코 이 우연성 게임을 '마스터'할 수 없기 때문에 게임에서 지면 한 번 더 하고 싶은 충동이 계속된다. 이렇게 되면 돈을 따는 것보다는 게임을 지속할 수 있는지가 관건이 되며, 승리에 대한 보상은 바로 그 게임이 주는 피드백이 된다. 볼츠는 이러한 방식으로 매회 게임은 5~10초 사이의 시간에 나를 생생한 현재인 '즉자성의 세계'로 유인한다고 보았으며, 게임이 주는 즉각적 피드백은 계속해서 게임하고자 하는 충동에 사로잡히게 만든다고 이야기한다.[31]

볼츠는 우연성 게임에서의 우연성이란 행운이 아니면 고통이기 때

---

29 같은 책, 91쪽.

30 같은 책, 92쪽 참조.

31 같은 책, 94~96쪽 참조.

문에 이 행운의 게임을 '고통의 게임'이라고도 부를 수 있다는 점을 지적한다. 하지만 "패배할 가능성이 없는 놀이는 재미가 없다"[32]는 점을 강조하면서 우리는 이 과정을 통해 패배가 무엇인지 배우게 되고 패배를 시인하는 법과 참을성을 훈련할 수 있다고 보았다. 다행히 볼츠가 보기에 고통은 일상의 불행이 아니라 그와 달리 강도가 훨씬 약한 것이고 지속적인 것도 아니다. 게임이 반복되면 다음 게임에서는 모든 것이 달라질 수 있기 때문에 우연성 게임에서는 반복적으로 좌절해도 계속 덤벼들게 된다. 왜냐하면, "최소한 게임을 한다(논다!)는 행위 하나만큼은 성취했다!"[33]고 할 수 있기 때문이다. 따라서 게임은 난이도가 어느 정도 있어야 하며, 그로 인해 자신의 능력 또는 행운으로 인한 성취는 더욱 즐거움을 준다.

하위징아가 놀이의 목적을 놀이 그 자체로 보면서 놀이의 일반적인 특성을 '무사무욕無私無慾'으로 꼽았듯이 볼츠 역시 놀이는 "그 자체로 철저히 합목적적"[34]임을 강조한다. 즉, 놀이는 아무 의도가 없는 행위이며 합목적적이지만 목적이 없고 목적을 지향하지 않고 반복을 지향한다. 또한, 볼츠는 돈을 받고 경기하는 프로선수에 대해 그들이야말로 "지고의 행복을 누린다고 할 수 있지 않을까?"[35]라며, "그는 일반인들이 경기하는 것과 실제로 똑같이 경기하면서 돈벌이에도 이용할 뿐이다"[36]라는 이야기로 프로선수들을 놀이의 참여자로 본다. 이는 프로선수들이 '경제적 이익'을 목적으로 경기하기 때문에 놀이와는 무관하

32 같은 책, 98쪽.
33 같은 책, 99쪽.
34 같은 책, 101쪽.
35 같은 책, 105쪽.
36 같은 책, 같은 쪽.

다고 보았던 하위징아의 입장과는 상반된 것이다. 이렇듯 볼츠는 놀이가 주는 즐거움에 대한 강한 신뢰를 보여주고 있으며, 이러한 놀이의 즐거움이 병원을 찾는 것 같은 일상의 부정적인 체험마저 '병원놀이'로 바뀌면 적극적으로 반복하도록 만든다고 이야기한다. 그리고 그는 이러한 즐거움과 반복을 니체의 '동일자의 영원회귀'를 가장 구체적으로 보여주는 형식이라고 보았다.

우연성 놀이는 불확실성을 기반으로 하고 있지만, 볼츠는 역설적으로 그 확실성에 대해 주목할 필요가 있음을 지적한다. 그는 현실에서는 100만 마리의 흰 백조가 단 한 마리의 검은 백조의 출현을 예측할 수 없듯이 현실의 불확실성의 본질은 불확실하고 그 출처를 인식할 수 없지만, 게임에서의 불확실성은 인공적인 확률에 기초하기에 "게임은 불확실성의 바다에 떠 있는 확실성의 섬"[37]이라고 표현한다. 이는 로또나 주사위게임, 카지노 등의 모든 우연성 게임에서 마찬가지이며 이러한 속성으로 인해 우리는 로또 당첨과 같이 승산이 미미한 게임일수록 실패하더라도 더 의연하게 대처하게 된다. 카이와 또한 『놀이와 인간』에서 이와 같은 '우연놀이'의 특성을 잘 설명하고 있으며, 이러한 특성은 참여자에게 확률과 관련된 수리數理와 숙고를 요구하기에 동물들은 참여할 수 없어 알레아가 아곤, 미미크리, 일링크스와 달리 '인간적인 놀이'라고 보았다.

볼츠는 도박판의 판돈에 대해서도 새로운 시각을 제시한다. 일반적으로 수학자들은 복권이나 카지노의 확률이 정당한가를 따져야 한다고 하겠지만, 볼츠가 보기에 참여자는 확률을 계산하지 않고 꿈 자체를

---

37 같은 책, 106쪽.

즐긴다고 보았다. 계몽주의자들은 확률의 부당성을 지적하면서 비합리성을 폭로하고 도박꾼들의 단순무식한 중독을 트집 잡는 것은 "도박꾼들이 알면서 동시에 속고 있다"[38]는 것을 간과한 생각이라는 것이다. 볼츠는 그들이 이 조작 메커니즘을 훤히 들여다보면서 이를 즐기기까지 한다고 보았다. 즉, 중요한 것은 도박에서 스스로 자기기만의 재미에 몰입하는 것이지 합리적인 확률이나 결과가 아니라는 것이다.[39]

볼츠의 우연성 놀이와 관련된 지금까지의 주장은 우연성 놀이가 실제 현실에서는 대부분 도박 형태로 행해지고 있어 사회적으로 비난 받는 것에 대한 일종의 '변론'이라고도 볼 수 있다. 대표적인 우연성 놀이인 카지노에 대한 고도로 합리화된 현대사회의 시선은 곱지 않다. 일확천금을 꿈꾸며 자신의 노력은 없이 행운에 몸을 맡긴 채 도박에 중독되어간다는 우연성 놀이에 대한 일반적인 시선과 달리, 볼츠는 이 우연성 놀이야말로 무력한 삶에 대한 자극이자 실존성의 회복이며, 만인의 평등과 확실성을 구현한 또 다른 세계다. 참여자들은 이를 통해 두려움과 실패를 배우고 때로는 즐거움을 느끼며 돈을 위해서가 아니라 게임의 지속 자체를 위해 끊임없이 반복한다. 놀이의 속성상 무엇인가를 생산해내는 것이 없기에 합리적인 계몽주의자들이 보기에 이는 매우 어리석은 짓이며 사회악惡일 뿐이다.

하지만 이러한 극단화된 합리주의와 공리주의의 폐단은 하위징아 역시 『호모루덴스』에서 비판한 바 있다. 그에 의하면 오로지 진지한 합리주의만을 추구하고 효율성을 강조하며 놀이를 배척한 결과 현대 문명은 오히려 병들고 피폐해지고 있다는 것이다. 근대사회가 도래하

---

38 같은 책, 113쪽.

39 같은 책, 111~114쪽 참조.

기 전 인류는 오랜 기간 능력과 무관한 혈통과 신분에 의해 지배되어 왔다. 그리고 그 한계에 봉착한 이후 과학혁명과 근대사회가 이루어낸 합리주의의 성과는 실로 눈부신 것이다. 하지만 합리성의 극단은 인류를 양차 대전으로 몰아갔으며 지금도 물질만능주의, 양극화 등과 같은 많은 부작용을 가져다주고 있다.

극단적 합리성과 아곤만으로 이루어진 사회에서 게임의 승자는 겸손할 수 없다. 이는 하위징아가 지적했듯이 고대 그리스에서의 전쟁은 '신의 심판'이기에 승자 또한 겸손할 수 있는 상황과는 매우 다른 것이다. 극단화된 합리적 능력주의를 통한 아곤(경쟁)만 추구하는 사회는 승자를 예측하기 어려워야 하고 재미를 통한 반복을 추구해야 하는 놀이의 속성과는 거리가 멀다. 이러한 관점에서 볼츠의 우연성 놀이에 대한 예찬, 그리고 카이와의 아곤과 알레아의 조합을 통한 문명의 발전을 바라보아야 할 것이다.

(3) 가상세계와 현실에서의 놀이

볼츠는 화면놀이의 대표인 텔레비전은 이제 외부의 방해를 받는 일상보다 미디어의 가상현실이 더 실제처럼 보이며 깊은 감정을 느끼게 해준다고 이야기한다. 텔레비전은 고대인이 외부세계에서 벗어나 안전한 곳에 둘러앉아 쬐었던 '화톳불' 같은 마력을 갖고 있다. 볼츠는 고대 그리스인이 신화에 대해 취했던 자세를 "기꺼이 의심하지 않겠다는 자세"[40]와 유사하다고 이야기하며, 이는 현대의 컴퓨터게임 속 시뮬레

40 같은 책, 195쪽.

이션에서도 유사하게 나타난다고 본다. 텔레비전이나 놀이공원, 컴퓨터게임이 우리를 상상의 세계로 인도하는 것이 가능한 이유는 기술이 완벽해졌기 때문만이 아니라 복권이나 도박을 즐기는 것과 마찬가지로 "여기서도 우리가 기꺼이 속으면서 놀이를 계속하려는 점"[41] 때문이라는 것이다.

우리는 실제의 삶에서는 누구나 원하는 삶의 충일감을 얻을 수 없기에 오히려 누구나 어렵지 않게 빠져들 수 있는 "대중민주주의적 체험"[42]인 컴퓨터게임 시뮬레이션의 세계로 들어간다. 볼츠는 컴퓨터와 인터넷이라는 매체의 진화가 "정보화, 통신 그리고 참여의 시대 이후 몰입체험의 시대"[43]로 이어질 것이라고 본다. 여기에서 '몰입immersion'은 컴퓨터나 텔레비전이라는 '매체medium'를 단지 그 단어의 의미대로 '중간' 또는 '가운데'로만 이해하는 것이 아니라 '몰입적 흐름flow'의 개념인 '합일적 경험을 제공하는 대상'으로 이해하는 것이다. 이러한 몰입적 흐름은 우리가 그것을 경험하고 있는 한 지루해질 겨를이 없어 중독성을 일으킬 만큼 충만한 경험이다.[44]

---

41 같은 책, 같은 쪽.

42 볼츠는 누구나 삶에서 진정한 충일감을 얻고자 하지만 현실은 그렇지 못하며, 이러한 평등주의적 요구는 근대 이후 소설과 영화에서 일부 구현되었다고 보았다. 또한, 그에 의하면 이러한 요구에 대한 오늘날 사람들의 도피처는 소설이 아닌 컴퓨터게임 속 시뮬레이션으로 바뀌어가고 있다(같은 책, 195~196쪽 참조).

43 같은 책, 197쪽.

44 칙센트미하이는 『몰입의 즐거움』에서 "삶을 훌륭하게 가꾸는 것은 행복감이 아니라 깊이 빠져드는 몰입이다"라고 이야기한다. 그에 의하면 우리는 몰입경험 이후에 그 일을 되돌아보면서 비로소 행복감을 느끼는 경우가 많으며, 수동적인 편안함에서 오는 일시적인 행복감은 상황에 따라 변하지만, 몰입에 뒤이어 오는 행복감은 스스로의 힘으로 만든 것이라 그만큼 우리의 의식을 성숙시킨다(미하이 칙센트미하이, 『몰입의 즐거움』, 이희재 역, 서울: 해냄출판사, 2005, 46쪽 참조).

컴퓨터게임은 텔레비전과 달리 상호작용이 극대화되어 있다. 볼츠는 우리가 이러한 놀이에 빠져들 때 그 속으로 흡수되어버려 순간 '매개가 없는 것 같은' 환상과 함께 중간매체가 사라지는 '현전감의 체험'이 시작된다고 말한다. 놀이하는 사람은 실제 '위험 없이 위험하다는 느낌'을 경험할 수 있고, 사람들은 몰입적 흐름을 경험한다.[45] 참여자는 자신이 지금 매체가 제공하는 기술에 결부되어 있다는 사실을 완전히 망각하며 기꺼이 속아넘어간다. 볼츠는 이때의 가상현실에서의 아바타를 마셜 매클루언이 "미디어는 인간 감각의 확장"[46]이라고 이야기한 것과 관련짓는다. 즉, 아바타는 놀이에 참여한 사람의 감각기관의 확장이다.

매클루언은 정세도가 낮은low definition '차가운 미디어'에 대해 주어진 정보가 적을수록 이용자의 참여도가 높아진다고 보았는데,[47] 볼츠는 이것을 놀이규칙의 공개 여부와 관련지어 설명한다. 규칙에 대한 정보가 불충분한 것에 오히려 사람들이 매력을 느끼는 컴퓨터게임이 점점 더 늘어나고 있다는 것이다. 이것은 놀이 요소인 '규칙'에 대한 하위징아나 카이와의 관점과는 색다른 관점이다. 하위징아는 놀이의 중요한 요소를 '규칙'으로 보았고, 놀이규칙은 모든 참여자에게 사전에 투명하게 공개되어 있어 절대적으로 지켜져야 하는 것이며, 이를 무시하는 것은 놀이를 파괴하는 것이다.[48] 또한, 카이와는 규칙을 '자의적으로 한정된 어려움'으로 보았고 "놀이는 규칙의 한계 내에서 자유로

45 볼츠, 『놀이하는 인간』, 198~199쪽 참조.
46 마셜 매클루언, 『미디어의 이해』, 김상호 역, 서울: 커뮤니케이션북스, 2011, 57쪽.
47 같은 책, 60쪽 참조.
48 하위징아, 『호모루덴스』, 49쪽.

운 응수應手를 찾고 생각해내는 것"[49]이라고 보았다.

하지만 최근에는 참여자가 규칙이 존재한다는 것만 알고 있을 뿐 공개되어 있지 않아 오히려 매력을 느끼는 유형의 놀이가 늘어나고 있다. 볼츠가 예로 든 「그랜드 테프트 오토 5」(2013년 출시)뿐만 아니라 최근에 등장한 「로블록스」나 「제페토」 같은 메타버스 방식의 대부분 게임이 이에 해당한다. 이 게임에서 놀이 참여자는 복잡하진 않지만 공개되어 있지 않은 '규칙'을 연구하고 탐색하며 즐긴다. 참여자는 가상공간을 돌아다니면서 게임이 던진 과제를 탐색하고 파악하는 중에 그 복잡성을 정복할 때 쾌감을 느낀다. 게임 시스템은 뇌의 보상 시스템과 결부하여 적절한 피드백을 통해 즐거움을 선사한다.

하지만 이러한 볼츠의 주장이 곧 놀이에서 '규칙'의 부재를 의미하지는 않는다고 본다. 왜냐하면, 게이머는 규칙을 찾는 순간에도 여전히 가상의 공간이 제공하는 사소한 규칙들을 따르고 있으며, 게이머가 발견한 규칙은 공개되지 않았을 뿐 처음부터 존재하고 있었기 때문이다. 카이와 시대에는 규칙이 없는 초기 놀이인 파이디아에서 규칙을 만들어 자신을 한정하는 루두스로 이행하면서 놀이 참여자가 "해결하면서 맛보는 즐거움"[50]을 느꼈다면, 현대의 컴퓨터게임에서는 숨겨진 규칙을 탐색하는 과정에서 "발견하면서 맛보는 즐거움"을 느끼는 것으로 진화했다고 생각해볼 수 있다.

볼츠는 컴퓨터를 비롯해 최근에 등장하고 있는 스마트폰, 태블릿, 노트북에 대해서도 놀이와 관계된 의미를 부여한다. 이 미디어들 또한 넓게 보면 컴퓨터라고 할 수 있는데, 볼츠는 이러한 미디어들을 도구

---

49 카이와, 『놀이와 인간』, 31쪽.

50 같은 책, 61쪽.

tool가 아닌 장난감toy으로 정의할 때 더 잘 파악할 수 있다고 이야기한다. "컴퓨터 문화의 목표는 경제적 인간과 그의 도구를 향하는 것이 아니라 놀이하는 인간과 놀이에서의 기쁨을 지향한다"[51]는 것이다. 컴퓨터가 등장한 초기에 사람들은 그것을 활용해 복잡한 문제를 해결하는 도구로 사용했지만, 최근 애플이 내놓은 제품에 대해 사람들은 이것을 손에 쥐고 이렇게 저렇게 갖고 놀고 싶은 마음을 갖는다. 또한, 볼츠의 이야기대로 최근 IT 기기들을 가장 잘 다루는 방법은 설명서를 꼼꼼하게 읽어보는 것이 아니라 '그것을 가지고 노는' 것이다.[52] 따라서 볼츠는 도구와 장난감 간에는 서로 상승적 관계가 존재하며, 이러한 '유희(놀이)충동'은 우리를 새 미디어에 개방적으로 만든다고 이야기한다.

볼츠는 "스티브 잡스는 컴퓨터를 장난감으로 변화시켰다"[53]고 이야기하며 최근에 놀이의 대상으로 완전히 바뀌어버린 컴퓨터의 역할을 다시금 강조한다. 그는 아이들에게 컴퓨터는 '중간대상'임을 상기시킨다. 중간대상은 물리적인 것과 심리적인 것, 무생물과 생물 그 중간 어디에 존재하는 것이다. 이는 전통적인 장난감인 인형이나 다마고치, 최근에 등장한 애완동물 로봇 등과 같이 '관계적 인공물beziehungsartefakte'[54]이며 전통적 사회관계가 소멸하면서 발생한 '소외'현상에서 살아남은 승자다. 볼츠는 현대의 소셜 네트워크나 컴퓨터가 우리에게 그러한 역할을 하고 있음을 이야기한다. "우리는 우리에게 반

---

51 볼츠, 『놀이하는 인간』, 207쪽.

52 실제로 아이폰을 구매해도 설명서는 매우 간단한 수준으로만 제공된다. 하지만 대단히 직관적인 UI(유저 인터페이스)로 인해 사용자는 1시간 정도만 갖고 놀다 보면 대부분 기능을 스스로 발견하는 즐거움을 누릴 수 있다.

53 볼츠, 『놀이하는 인간』, 208쪽.

54 같은 책, 210쪽.

응하며 응답하는 미디어 기술의 세계에 기꺼이 사로잡히고자 한다."[55]

현대를 살아가는 우리는 과거의 세상보다 더욱 '기능적으로 차별화된 사회'에서 살고 있으며, 이 시스템들은 마치 놀이처럼 각기 다른 규칙과 코드를 따르기 때문에 우리가 어떤 사회적 상황에서 충족해야 할 역할은 항상 다르다.[56] 볼츠는 사회이론이 '역할사회학'[57]을 통해 놀이가 현대의 현실에 얼마나 깊게 스며들어 있는지를 여실히 보여주고 있다고 보았다. 하지만 볼츠가 보기에 사회적 역할을 하는 사람은 기껏해야 앞서 언급한 '호모에코노미쿠스'나 '호모소시올로지쿠스'에 머물러 있으면서 정해진 역할을 하는 수행자일 뿐이며, 놀이하는 인간인 '호모루덴스'만이 실질적인 의미의 자유로운 개인이다. 그것은 "자유라는 여지는 놀 수 있는 공간이 있을 때만 존재할 수 있기 때문이다."[58]

또한, 볼츠는 제각기 놀이하는 개인들이 각자의 이익에 맞게 선택하더라도 사회가 도덕적일 수 있다고 보았다. 이는 '죄수의 딜레마'[59]를 극복하기 위한 전략[60]처럼 게임이 반복된다면 서로 협력이 가능하다고 보았다. 여기서 극복을 위한 전략은 '강하고 상냥한 전략', 즉 먼

---

55 같은 책, 211쪽.

56 같은 책, 217쪽.

57 볼츠는 헬무트 플레스너가 『공동체의 한계: 사회적 급진주의 비판』(1972)에서 이야기한 '사회적 형식을 지키는 것은 게임의 규칙을 지키는 것과 유사하다는 것', 그리고 사회는 놀이정신으로만 지탱되기 때문에 '끊임없는 투명성과 솔직함을 요구하는 사람은 놀이판을 깨는 사람'이라는 의견에 동의한다.

58 같은 책, 같은 쪽.

59 같은 책, 219~221쪽 참조.

60 미국의 정치학자 로버트 액설로드(Robert Axelrod)는 그의 저서 『협력의 진화』(1984)에서 관계가 지속될 경우 첫 번째 시행에서는 일단 협력하고, 두 번째 시행부터는 상대의 선택을 그대로 따라 하는 팃포탯(tit for tat) 전략(협력, 응징, 용서의 전략)을 통해 '죄수의 딜레마' 상황에서도 협력 가능하다는 것을 컴퓨터 토너먼트 게임을 통해 수학적으로 증명했다(같은 책, 221~223쪽 참조).

저 공격하지 않지만 공격을 당하면 곧바로 응징한 후 다시 협력에 응할 준비를 하는 전략이다. 볼츠는 제로섬 게임에서는 이러한 전략이 통하지 않지만, 비제로섬 게임과 일명 윈윈 상황의 구조에서는 서로 경쟁하는 것이 아니라 함께 게임하는 것으로 보아야 한다고 주장한다. 이는 고대 그리스의 전쟁과 달리 현대 전쟁에서 상대를 무자비하게 말살하고자 하는 것은 놀이정신에 어긋난다는 하위징아의 주장과도 맥을 같이한다.

윈윈 상황을 추구하는 협력게임에서는 "아무도 져서는 안 된다. 아무도 싸움에서 패배해서는 안 된다. 우리는 모두 게임을 통해 배우는 것이 있어야 한다."[61] 이러한 게이미피케이션은 일상을 게임으로 바꾸어 생산 활동도 하고 서비스를 제공하며 학습하는 경험을 만드는 것으로, '오락'을 뜻하는 영어 접미사인 '~tainment'와 함께 구성된 단어인 각종 테인먼트(인포테인먼트, 폴리테인먼트, 에듀테인먼트)가 그것이다.[62] 최근 코로나19 이후 더욱 활발하게 등장한 게임 형태의 교육 콘텐츠나 각종 지식을 겨루는 퀴즈프로그램 등 현대사회에서 게이미피케이션이 실제로 활용되는 예시는 많이 존재한다. 볼츠에 의하면 "놀이가 현실로 침투하는 이 현상은 오늘날에는 게이미피케이션이라는 모습으로 나타난다."[63]

게이미피케이션이 제공하는 또 다른 장점은 '몰입적 흐름'이다. 하위징아의 주장처럼 사회적 놀이에서의 아곤은 문화를 추동하는 매우 중요한 요소다. 우리는 사회적 놀이에서 놀이본능에 의해 서로 경쟁하

61 같은 책, 같은 쪽.
62 같은 책, 227쪽.
63 같은 책, 228쪽.

며, 서로 개인과 공동체의 강도를 높여가면서 더 나은 문화를 창출한다. 하지만 앞서 언급한 윈윈 게임, 비제로섬 게임에서의 아곤은 상대와 경쟁하여 점수를 더 내야 승리하는 제로섬 게임의 치열한 경쟁이 가져다주는 부작용을 상당 부분 해소할 수 있다. 세간의 시선을 끌었던 워싱턴대학에서 집단 시뮬레이션 게임으로 에이즈의 단백질 구조를 밝혀낸 폴드잇[64]이나, 인터넷에서 집단지성을 활용하는 위키백과, 오픈소스 방식으로 오류를 찾아내고 개선하는 리눅스 등의 프로그램에서도 게이미피케이션의 '몰입'이 활용된다.

스마트폰의 앱스토어나 유튜브의 콘텐츠 그리고 최근에 등장한 메타버스Metaverse 유형의 게임[65]에서는 '집단지성의 몰입'을 이용한 사례들이 광범위하게 활용되고 있다. 이들은 참여자들이 제작한 앱App이나 동영상, 그리고 게임들을 자신들의 공간에 올리도록 하고 다른 참여자들이 마치 오디션을 보듯이 결과물들을 선택하도록 한다. 선택을 가장 많이 받은 결과물은 각종 순위를 제공하는 사이트에 공개되어 '명예'를 얻게 되며, 결과물을 만든 참여자는 상당 규모의 경제적 이익도 취하게 된다. 물론 이것이 제인 맥고니걸이 제안한 '사회적 문제를 해결

64 미국 워싱턴대학교는 2008년 인공 단백질 구조를 설계하는 시뮬레이션 웹게임 폴드잇을 개발했다. 해당 게임은 단백질의 구성 성분인 아미노산을 3D 형태로 보면서 구부리거나 접고 결합시키며 다양한 형태의 단백질을 만들어가는 시뮬레이션이다. 실제로 폴드잇 게이머들이 에이즈 치료에 결정적인 단서가 될 만한 단백질 구조를 만들어내면서 과학 분야 학술지인 『네이처』에 「멀티플레이 온라인 게임을 통한 단백질 구조 예측」이라는 논문으로 등재되었다(게임조선, 단백질 퍼즐게임 '폴드잇', 에이즈 치료 기여에 이어, '코로나19' 감염 해결책에 도전장, 2020. 3. 4, https://www.gamechosun.co.kr/webzine/article/view.php?no=163311).

65 메타버스의 대표인 「로블록스」에 참여한 게임 제작자는 700만 명이 넘고 이들이 만든 게임은 5,000만 개가 넘는다(전준현, 「메타버스 구성 원리에 대한 연구: 로블록스를 중심으로」, 『영상문화』 38, 한국영상문화학회, 2021, 267쪽).

하는’ 집단지성과 몰입은 아니지만, 일부 콘텐츠의 경우 그러한 역할을 하기도 하며 그렇지 않더라도 게이미피케이션이 주는 ‘집단지성의 몰입’ 효과는 여전히 유효하다.

또한, 볼츠는 놀이가 현실로 침투한 사례 중 대표적인 것을 ‘주식 게임’으로 꼽는다.[66] 후기 산업사회를 맞이한 21세기에 혁신이 이루어지는 과정은 놀이와 크게 다르지 않으며, 어떤 계획에서 드러나는 좋은 아이디어는 놀이의 욕구를 불러일으킨다. 놀이가 노동의 반대가 아니고 또한 놀이가 진지함의 반대가 아니기에 노동은 놀이가 될 수 있으며, 볼츠는 그것에 대한 좋은 예시를 ‘증권 딜러’로 보았다. 주식시장에서 이루어지는 거래의 상당 부분은 현실 상품과는 완전히 무관한 파생상품이며 이러한 현상은 오늘날 가상화폐 거래소가 등장하면서 더욱 심해지고 있다. 그들에게 모니터는 우연의 사건이 벌어지는 현장이며 나머지 세계와는 확연히 구분되어 있다. 또한, 주가는 예측이 거의 불가능한 일종의 ‘우연의 산물’이기 때문에 증권 딜러와 슈퍼부자들은 주식이라는 거대한 사행성 게임에 빠져든 게이머라는 것이다. 하지만 볼츠는 주식은 참여자들이 게임의 규칙을 완전히 알지 못한다는 점[67]에서 그리고 판돈에 한계가 없다는 점에서 ‘순수한’ 게임은 아니라는 점을 지적한다.[68]

볼츠가 보기에 이러한 놀이의 현실침투는 전쟁에서도 나타나고 있

66 볼츠, 『놀이하는 인간』, 234쪽 참조.

67 이는 앞서 볼츠가 지적한 규칙을 발견하는 게임에서의 색다른 즐거움과는 다른 것이다. 왜냐하면, 발견의 기쁨이 허용되기 위해서는 그 규칙의 복잡도가 과하지 않아야 하는데 주식 게임에서의 규칙은 존재하지 않거나 설사 존재한다고 하더라도 너무나 과도하게 복잡하기 때문이다.

68 같은 책, 240쪽 참조.

다. 현대의 전쟁은 모니터로만 나타나는데, 참여자들은 직접 가상 화면에서 조작할 수 있으며 시뮬레이터 상황과 현실의 상황은 이미 구분이 거의 불가능해졌다. 현대의 전쟁에 대한 놀이 관점에서의 고찰은 하위징아의 『호모루덴스』에서도 발견된다. 하지만 하위징아는 오히려 놀이인 전쟁에 현실 세계의 극단적인 자본주의와 지나친 윤리적 진지함이 침투하면서 놀이가 타락한 것으로 보았다.[69] 즉, 상대를 무자비하게 짓밟는 현대의 전쟁은 고대 그리스의 전쟁이 쌓아온 놀이정신을 망각한 것이라는 이야기다. 이것은 원래 놀이였던 전쟁에 현실이 침투한 것이냐, 원래 현실인 전쟁에 놀이가 침투한 것이냐의 차이로 이해될 수도 있지만, 하위징아는 전쟁의 기원을 놀이본능에서 발견하고자 했고, 볼츠는 이미 현실로 타락해버린 전쟁에 다시 '시뮬레이션'이라는 놀이적 요소가 침투한 것을 이야기하는 것이라고 이해해야 한다.

이처럼 놀이와 현실은 완전히 구분되어 있지만, 놀이의 참여자가 현실의 참여자와 동일하기 때문에 어쩔 수 없이 서로 영향을 주고받을 수밖에 없다. 우리는 놀이하는 순간에는 현실을 잊고 현실의 일상을 보내는 순간에는 놀이 세계에서 벗어나 있지만, 특정 개인 또는 사회가 놀이와 현실을 오가는 경험을 반복했을 때 현실과 놀이의 요소들은 서로 침투하게 된다. 왜냐하면, 놀이의 참여자는 놀이가 끝난 이후에 현실로 돌아오더라도 여전히 '놀이를 경험한 그 사람'이기 때문이다. 이러한 침투가 하위징아가 예로 든 '현실의 침투로 타락한 놀이인 현대의 전쟁'과 같이 부정적인 침투가 될지, 볼츠가 게이미피케이션의 예로 든 '교육과 게임의 결합인 에듀테인먼트'와 같이 긍정적인 침투

69 하위징아, 『호모루덴스』, 407쪽.

가 될지는 모를 일이다. 하지만 우리가 놀이와 현실의 요소를 면밀하게 분석하고 각각의 사회적 현상들을 그 틀 안에서 검토하는 과정이 그 출발이 될 것이다.

(4) 놀이를 대하는 현대인의 자세

볼츠에 의하면 현대사회에서 "우리가 문화라고 부르는 것은 충동의 억제"[70]이며 자연선택에 대한 저항이다. 이러한 '반反다윈의 세계'에서 흥미를 추구하는 것이야말로 "우리 존재의 가장 오래된 층위"[71]에서 나오는 것이며, 진화의 관점에서 볼 때 호모루덴스는 유용성, 적응, 사회화가 중요한 게 아니라 삶의 즐거움이 중요하기에 열한 번째 계명[72]을 전혀 명령으로 느끼지 않는다. 예를 들면, 문명이 성취한 훌륭한 성과보다는 성性과 관련된 활동이 진화의 놀이에 가깝다고 할 수 있다. 매력적인 여성의 교태스러운 행동은 "밀고 당기기, 허락과 거절을 동시에 하는 데"[73]서 성립하며, 이는 "행운에 의지하는 게임에서 우리가 받으려고 하는 상"[74]이 무엇인지를 생각해볼 때 유혹의 과정은 곧 '사랑놀이'다. 볼츠에 따르면 남녀가 서로 유혹하는 과정이 곧 즐거움을 만끽하는 순간이며, 이러한 순간은 사랑을 순수한 놀이로 변화시킨다.

볼츠는 게임에 참여하는 사람들이 흔히 가질 수 있는 '중독, 현실감

---

70 볼츠, 『놀이하는 인간』, 252쪽.

71 같은 책, 같은 쪽.

72 볼츠는 자신의 저서 『놀이하는 인간』을 통해 궁극적으로는 십계명에 더해서 '양심의 가책을 받지 않고 마음껏 노는 것'을 열한 번째 계명으로 세우고자 한다.

73 볼츠, 『놀이하는 인간』, 253쪽.

74 같은 책, 같은 쪽.

각 상실, 저급한 문화'라는 세 가지 우려에 대해 그것들을 마음 놓고 잊어도 된다고 이야기한다. 그중에서 현대에도 가장 문제가 되는 것은 중독 문제다. 하지만 볼츠가 보기에 게임의 중독을 경계해야 한다고 주장하는 규제주의자들 또한 사실 따지고 보면 전자공학적 이미지[75]와 언론 연출이 만들어낸 미디어 스타이자 폴리테이너다. 즉, 그들도 놀이의 본질적인 의미에서 보면 게임을 하고 있다는 것이다. 볼츠가 보기에 오늘날 정치적 대립은 좌파와 우파의 대립이 아닌 규제주의자와 자유주의자들 간에 일어나는데, 게임중독을 경고하고 사행성 게임의 규제를 주장하는 사람들 또한 "그들이 한 약속을 게임에 판돈"[76]으로 걸고 놀이하고 있는 것이기에 그들의 주장에는 자기모순이 있다.

또한, "진정으로 놀이를 하는 사람은 열정적"[77]이다. 알코올중독, 쇼핑중독, 일중독, 게임중독 등 여러 가지 형태의 중독이 있지만, 볼츠가 보기에 병리적 게임 때문에 발생하는 사회적 비용은 다른 중독에 비해 놀랍도록 적으며, 그 유용성은 삶의 기쁨, 일자리 창출, 세금과 납부금 등의 형태로 몇 배나 높게 나타난다. 그는 인구의 절반이 로또 같은 사행성 게임을 하지만 중독인 사람은 극히 드물다는 점과, '나쁜 습관'과 '중독'의 경계 또한 모호하다는 점을 들어 게임중독에 지나치게 쏠린 부정적 시선을 비판한다. 하지만 볼츠 역시 놀이의 기본 속성을 생각해볼 때 놀이의 세계에서 다시 일상의 현실로 돌아가는 것이 지속적

---

75 매클루언은 『미디어의 이해』에서 '기계의 시대'에서 '전기의 시대'로의 이행을 설명한다. 그는 전기(전자) 시대의 특징을 빠른 속도, 탈중심화, 지구촌화 등으로 꼽았다. 현대 정치에서 폴리테이너들이 널리 활용하는 소셜미디어, SNS 등에서도 그러한 특징은 잘 나타난다.

76 볼츠, 『놀이하는 인간』, 266쪽.

77 같은 책, 같은 쪽.

으로 불가능한 사람은 이미 '자유로운 놀이'를 하는 것이 아니기 때문에 그런 사람들은 물에 빠진 사람을 건져내듯 '강박적 놀이'에서 끌어내야 할 의무는 다해야 한다고 한다. 볼츠는 물에 빠진 사람들이 발생한다고 해서 물놀이를 금지하지 않는 것처럼 "극적인 개별 사례가 논리적 논거를 모조리 거꾸러뜨리는 것"[78]을 경계해야 한다고 말한다.

두 번째 우려는 게임에 빠져 현실감각을 잃어버릴 수 있다는 것이다. 하지만 볼츠는 우리가 "새로운 미디어의 세계에 살기 시작하면서 가상현실과 '진짜' 현실을 구분하는 것은 더 이상 아무런 의미가 없어졌다"[79]고 말한다. 이는 우리가 화면 앞에서 얼마나 많은 시간을 보내는지를 생각해보면 더욱 명백해진다. 진지한 놀이는 도피주의가 아니며 오히려 가상에서 본질을 탐구한다는 것이다. 게임을 미디어의 관점에서 '인간의 확장'으로 규정한 매클루언은 "우리는 그것을 통해 우리 일상생활의 의미를 해석하고 완성해간다"[80]고 했다. SNS, 메타버스 게임 등의 등장으로 현대의 우리는 현실과 가상의 경계가 더욱 무의미한 시대를 살아가고 있으며, 특히 어릴 때부터 이러한 환경에 자연스럽게 노출된 청소년들에게는 SNS나 게임의 가상공간에서 일어나는 일이 곧 현실이다.

마지막으로 볼츠가 우리에게 잊어도 좋다고 하는 것은 "놀이를 하는 것은 유치하고 원시적이라고 믿게 하려는 자칭 고급문화의 대변인들"[81]이다. 볼츠에 의하면 오늘날에는 고급문화, 대중문화, 연예오락

78 같은 책, 269쪽.

79 같은 책, 273쪽.

80 매클루언, 『미디어의 이해』, 404~411쪽.

81 볼츠, 『놀이하는 인간』, 274쪽.

문화 모두 구분 없이 문화산업에 의해 나란히 움직이고 있으며 오히려 오만한 고급문화는 대중이 갖는 통속성에 대한 죄책감을 빌미로 낸 세금을 지원받아 운영되고 있는 것이 현실이다. 볼츠의 지적대로 "놀이의 기쁨이라는 거부할 수 없는 사실"[82] 앞에서 모든 비판은 빛을 잃을 수밖에 없으며, '삶의 즐거움'만이 중요할 뿐 좋은 놀이와 나쁜 놀이의 구분은 의미가 없다.

2) 칙센트미하이의 몰입과 놀이

(1) 삶의 즐거움

볼츠에 의하면 놀이는 칙센트미하이[83]에게 '몰입체험'의 근원이다. 칙센트미하이는 자신의 저서 『몰입의 즐거움』을 '삶의 즐거움에 대한 신호탄'으로 이해했으며, 행위 자체로 보상받고 만족되는 체험을 바로 '놀이 행위'로 보았다. 또한, 그는 놀이를 과도한 요구인 불안과 과소한 요구인 지루함의 경계에 있는 좁은 중간지대로 보았는데, 이는 노동과 놀이의 고전적인 구분법을 대체한 것이다.[84] 그리고 그는 삶의 쾌락과 즐거움을 구분했는데, 쾌락은 섹스나 마약, 로큰롤 음악으로도

82 같은 책, 같은 쪽.

83 미하이 칙센트미하이(Mihaly Robert Csikszentmihalyi, 1934~2021)는 헝가리계 미국인 심리학자로 시카고대학교 심리학과 교수를 지냈다. 행복과 창의성에 대한 연구로 유명하며 몰입(flow)의 개념으로 행복을 설명한 『몰입의 즐거움』(1997)으로 주목을 받았다 (https://en.wikipedia.org/wiki/Mihaly_Csikszentmihalyi).

84 볼츠, 『놀이하는 인간』, 281쪽.

얻을 수 있지만 즐거움은 몰입flow이 있어야 가능하다고 보았다. 또한, 그는 그러한 몰입경험은 삶을 대하는 태도와 관련된 놀이 개념을 통해 실현 가능하다고 주장한다.

칙센트미하이는 그의 저서 『몰입의 즐거움』을 통해 "삶은 노력 없이 저절로 이루어지지 않는다"[85]고 이야기하며 안이한 삶의 태도에 일침을 가한다. 한 걸음 더 나아가 '생물로서 우리의 유전자'는 본능적으로 어떻게든 퍼뜨리려고 애쓰고 '문화'는 인간인 우리를 통해 가치관과 제도를 널리 전파하려 할 뿐 나는 어찌 되든 상관하지 않는다는 관점을 견지한다. 그는 바람직한 삶이라는 게 시간과 재능을 허비하지 않고 나만의 개성을 발휘하면서 이 세상과 살을 맞대고 살아가는 충만한 생활을 뜻한다면, 퇴근 시간이 오기만을 기다리다 우르르 술집으로 몰려가는 삶보다는 좀 더 다른 삶을 살도록 노력해야 한다고 이야기한다. 칙센트미하이에 의하면 시간의 차원에서 보면 인간도 개코원숭이와 마찬가지로 1/3을 자고 나머지 시간에 일하고 돌아다니고 쉰다. 그리고 감각적 차원에서는 외부 사건을 하나씩 순차적으로 경험하면서 주의를 집중할 수 있는 절대 상한선 안에서만 우리의 인생이 전개된다.

또한, 칙센트미하이는 인생에서 부여받은 기회의 차이는 엄연히 존재하며 성별, 연령대, 신분에 따라 경험의 내용이 완전히 다르다는 사실을 일깨운다. 하지만 그는 이러한 조건들 속에서도 삶을 개선할 수 있는 여지는 얼마든지 있으며 이러한 믿음을 가져야 한다고 말한다.

85 칙센트미하이, 『몰입의 즐거움』, 7쪽.

"삶은 행동하고 느끼고 생각하는 것, 다시 말해서 경험이다. 그런데 경험은 시간 속에서 이루어지므로 시간은 아주 귀중한 자산이다. (…) 삶의 질을 결정하는 것은 경험의 내용이다."[86]

그는 우리가 돈을 높게 평가하는 이유는 그것이 나에게 자유로운 시간을 제공하기 때문이라고 보았다. 칙센트미하이는 어떤 삶을 살아가느냐는 우리의 일과도 관계가 있지만, 그 일을 어떻게 받아들이냐 하는 것이 더 관계가 깊다고 보았다. 그는 감정에 대해 우리의 감정은 매우 주관적이라 타인을 바라볼 때는 오직 그의 행동에만 무게를 두는 '행동주의 심리학'적으로 보는 반면, 스스로를 돌아볼 때는 겉으로 드러난 사건이나 행동보다 속마음을 더 중시하는 '현상학'적인 자세를 취한다고 꼬집는다.[87] 또한, 감정은 크게 긍정적인 것과 부정적인 것으로 구분되는데 긍정적 감정의 전형은 '행복'이며 아리스토텔레스의 주장을 빌려 재산, 건강, 명예 또한 행복을 위해 존재한다고 이야기한다. 하지만 우리가 느끼는 행복은 매우 주관적이라 대부분 사람들은 문제를 겪더라도 자신의 삶을 행복하다고 생각하며 살아간다는 점을 강조한다.[88] 칙센트미하이에 의하면 빈곤의 문턱을 넘어서면 행복은 재산과 큰 관련이 없으며 주어진 상황보다는 개인의 성향에 좌우된다.

칙센트미하이는 감정은 의식 안의 상태이며 바람직하지 못한 감정

86 같은 책, 16쪽.
87 같은 책, 28쪽 참조.
88 칙센트미하이는 1960년대부터 1990년대까지 미국인의 실질소득은 두 배 이상 늘었지만, 행복하다고 말하는 사람의 비율은 30% 수준에 머물러 있다는 것을 근거로 내세운다(같은 책, 31쪽 참조).

은 '심리적 엔트로피[89]'를 조성하여 우리를 바깥일에 집중하지 못하게 하며, 목표와 동기부여는 심리적 반反엔트로피를 조성하여 긍정적 감정을 갖게 한다고 보았다. 심리적 엔트로피(무질서)는 딱히 할 일이 없을 때 가장 높게 나오기에 내적 동기(하고 싶은 일)든 외적 동기(해야 하는 일)든 목표를 가지는 것이 목표가 없는 것보다 삶의 질을 끌어올려준다. 의도는 단기간의 에너지인 반면, 목표는 장기적 에너지이며 우리가 도달하려는 자아의 모습이 우리가 추구하는 목표다. 따라서 칙센트미하이는 일관된 목표 없이는 일관된 자아를 만들어가기 어렵다고 보았다. 목표는 자부심에도 영향을 미치는데 자부심은 기대와 성공의 비율에 좌우되지만, 기대를 낮추는 데서 얻는 자부심은 그리 자랑할 만한 것이 아니며 자기욕망을 이해하고 그 안에 편견을 인식하여 주변 여건을 지나치게 흩뜨리지 않으면서 자신의 의식에 질서를 가져올 수 있는 목표를 세워야 한다. 하지만 칙센트미하이는 이보다 덜한 목표를 세우는 것은 자신의 잠재력을 개발할 기회를 포기하는 것이고, 이보다 과한 목표를 세우는 것은 좌절을 자초하는 것이라고 보았다.[90]

칙센트미하이가 보기에 감정은 접근이나 회피의 태세로 움직여서 주의를 집중시키며, 목표는 욕망하는 대상의 모습을 제시하여 주의를 집중시킨다. 사고는 의미 있는 방식으로 서로 연관되어있는 이미지의 연쇄를 낳아 유기체의 주의를 집중시킨다. 그는 감정, 목표, 사고 이 세 가지는 늘 교섭하고 서로를 변화시키며, 집중(몰입)하지 못하면 의식은

89 엔트로피(entropy)는 열역학적 계의 유용하지 않은(일로 변환할 수 없는) 에너지의 흐름을 설명할 때 이용되는 상태함수로, 일반적으로는 '무질서, 임의성 또는 불확실성의 상태'를 의미한다(https://en.wikipedia.org/wiki/Entropy).

90 칙센트미하이, 『몰입의 즐거움』, 34~36쪽 참조.

혼돈에 빠져 "아무리 타고난 재능이 있어도 집중하는 법을 배우지 못하면 성숙한 지능으로 발전하지 못한다"[91]고 이야기한다. 즉, 감정과 목표와 사고(지·정·의)가 하나로 어우러질 때 '몰입경험'이 일어나고 삶이 고조되는 것이다. 칙센트미하이는 체스나 테니스 같은 목표와 규칙이 명확한 게임(놀이)을 할 때 몰입이 이루어진다고 보았으며, 이때 중요한 것은 즉각적인 피드백이고 힘겨운 과제가 수준 높은 실력과 결합하면 일상에서 맛보기 어려운 몰입이 이루어진다고 이야기한다.

이러한 칙센트미하이의 관점은 놀이에서의 규칙과 목표를 강조한 측면에서는 하위징아나 카이와와 유사하며 피드백을 강조한 측면에서는 볼츠의 놀이 개념과 연결해보는 것이 가능하지만, 자신의 실력과 놀이의 난이도가 적절하게 조화를 이룰 때 몰입이 이루어진다는 관점은 다소 신선하다. 놀이의 난이도와 관련해서는 볼츠 역시 이미 숨겨진 규칙의 발견이 즐거움을 주기 위해서는 적절한 복잡도가 필요하다고 주장[92]한 바 있지만, 개인의 실력과 직접적인 비교를 하는 등의 구체적인 언급은 없었다는 점에서 그러하다.[93] 칙센트미하이는 삶을 훌륭하게 가꾸어주는 것은 행복감이 아니라 깊이 빠져드는 몰입이며, 몰입해 있을 때 우리는 행복하지 않지만 되돌아보면서 행복을 느낀다고 말한다. '편안함' 같은 유형의 행복은 외부 상황에 따른 의존도가 높지만, "몰입에 뒤이어 오는 행복감은 스스로의 힘으로 만든 것이어서 우

---

91 같은 책, 40쪽.

92 볼츠, 『놀이하는 인간』, 203쪽 참조.

93 칙센트미하이는 과제의 난이도와 개인의 실력을 변수로 하는 그래프에서 과제의 난이도가 높고 실력이 낮으면 불안하며, 반대로 과제의 난이도가 낮고 실력이 높으면 권태로우며, 과제의 난이도와 실력이 모두 높을 때 몰입이 나타난다고 설명한다. 그사이를 좀 더 세분화한 과제를 대하는 태도에는 자신감, 느긋함, 무관심, 걱정, 각성 등이 존재한다(칙센트미하이, 『몰입의 즐거움』, 45쪽 참조).

리의 의식을 그만큼 고양시키고 성숙시킨다."[94] 즉, 칙센트미하이에게 몰입경험은 과제의 난이도와 선순환을 일으켜 배움으로 이끄는 힘이 되며 새로운 수준의 과제와 실력으로 올라가게 만드는 힘이다.

(2) 현대의 일과 놀이

삶의 질은 우리가 어떤 일을 하고 그 일에 대해 무슨 생각을 하는지에 달려있다. 하는 일이 몰입활동에 가까울수록 우리의 경험은 더욱 긍정적으로 변하며, 칙센트미하이는 이러한 경험이 TV를 보거나 쉬면서 보내는 수동적 여가활동에서는 좀처럼 일어나지 않는다고 보았다. "아무것도 하는 일 없이 혼자 있을 때는 정신력을 집중할 필요가 없어서 마음이 서서히 무너지고 걱정거리를 찾게 된다."[95] 따라서 그는 대인관계에 에너지를 쏟는 것은 삶의 질을 끌어올리는 지혜로운 방법이며, 대화를 통해 자극을 얻을 수 있는 참신한 생각을 가진 상대와 우정을 나누어야 한다는 것을 강조한다. 또한, 그는 삶의 경험에서 공간도 매우 중요하기 때문에 마음에 드는 경관이야말로 창조력의 샘이며, 산책과 휴가로 마음을 깨끗이 하고 거추장스러운 물건을 버리고 취향을 살려 집이나 사무실을 안락하게 만드는 것이 매우 중요하다고 이야기한다. 하지만 칙센트미하이는 무엇보다 궁극적으로 중요한 것은 외부 조건이 아니라 그것을 우리가 어떻게 이용하는가이며, 일상생활은 결국 무엇을 하는가가 아니라 일을 어떻게 하는가에 달려있다는 점을 상기시킨다.[96]

---

94 같은 책, 46쪽.
95 같은 책, 57쪽.
96 같은 책, 59~64쪽 참조.

칙센트미하이는 일에 대해 기존의 놀이를 둘러싼 논의와는 매우 다른 관점을 제시한다. 그에 따르면 우리가 알고 있는 노동은 1만 2천 년 전 대규모 경작이 필요한 농업혁명 이후에 생겨났고, 고대 그리스에서는 게으름이 미덕이기도 했으며, 산업혁명과 제2차 세계대전 이후에는 안정된 생활을 보장해주는 수단이었다가 최근에는 다시 일자리 불안이 화두가 되고 있다. 칙센트미하이는 "일이 우리 삶에서 가장 중요한 요소의 하나라는 걸 알면서도 정작 일하는 동안엔 거기서 벗어나고 싶은 유혹"[97]에 시달리는 반면, "놀이처럼 여겨지는 활동은 대수롭게 여기지 않고 굳이 집중하지 않아도 된다는 걸 알지만, 그때는 의욕이나 만족감이 올라간다"[98]는 점을 이야기하며 일에 대한 우리의 역설적인 태도를 지적한다. 하지만 칙센트미하이가 보기에 일에는 안 좋은 점도 있지만, 일이 아예 없는 것은 더 끔찍한 일이며 "직업에서 얻을 수 있는 목표의식과 도전의식 없이는 자기절제가 아주 뛰어난 극소수의 사람을 제외하면 의미 있는 삶을 누리기에 충분할 만큼 마음을 한군데로 모으기가 어렵다."[99] 즉, 앞에서도 주장했듯이 칙센트미하이는 자율성이 다소 부족한 외적 동기에 의한 활동이라고 하더라도 그것이 없는 것보다는 몰입경험을 누리는 삶에는 도움이 될 것이라는 입장을 견지한다.

칙센트미하이는 한 걸음 더 나아가 일에는 목표와 규칙과 보상이 있다는 점에서 게임(놀이)에 가장 가까운 활동이라고 이야기한다.[100] 그

97 같은 책, 68쪽.
98 같은 책, 72쪽.
99 같은 책, 77쪽.
100 일을 놀이와 연관 짓는 데 있어 칙센트미하이의 입장은 앞서 일에 대한 '자율성'을 크게 중요하게 생각하지 않았다는 점을 고려할 때 하위징아의 입장과는 다소 차이가 있다. 하

럼에도 우리가 일을 줄이려는 이유에 대해 칙센트미하이는 첫째는 '인적 자원'의 강조로 직원들의 '체험의 질'이 등한시되고 있는 객관적 조건 때문이며, 둘째는 여가가 행복을 가져다줄 것이라는 일에 대한 천시 의식 때문이라고 보았다. 하지만 그는 일을 개인적으로 의미 있게 만들고 싶다는 단호한 의지를 가져야 함을 강조한다. 창조적인 예술가, 기업가, 정치가, 과학자는 삶과 일이 혼연일체가 되어있고 일과 여가가 하나로 녹아든 상태로 일 그 자체를 즐겁게 하며 재미를 느낀다는 점을 주장한다. "일이 한 사람의 인생을 얼마나 값지게 하는가를 결정하는 것은 외부 조건이 아니다. 문제는 일을 어떻게 하고 일하는 과정에서 맞닥뜨리는 어려움을 통해 어떤 경험을 끌어내는가에 달려있다."[101] 칙센트미하이가 보기에 부정적인 의미로 사용되는 '일중독자'는 일에만 미쳐서 다른 목표나 책임은 안중에도 없는 사람을 말하며, 이런 사람은 일이 아닌 다른 활동에서는 몰입을 경험하지 못하는 사람이다. "일에 전념하면서도 인생을 다채롭게 꾸려간 사람의 예는 얼마든지 있다."[102]

(3) 놀이와 여가

이어서 그는 '여가의 함정'에 대해 "우리가 직면한 문제는 남는 시

위징아에게 놀이에서의 '자율성'은 '무목적성'과 함께 일과 놀이를 구분 짓는 매우 중요한 요소임에도 칙센트미하이는 '자율성'보다 '규칙'과 '보상'의 요소를 더욱 비중 있게 여기고 있다. 바로 이러한 관점에서 칙센트미하이의 놀이는 일과 여가 사이를 놀이로 보았던 고전적인 놀이에 대한 구분을 타파한 것이라고 할 수 있다.

101 같은 책, 82쪽.

102 같은 책, 83쪽.

간을 현명하게 쓰는 방법을 터득하지 못했다"[103]는 점을 지적한다. 사람들은 일을 '필요악'으로 여기면서 아무것도 하지 않는 시간을 행복에 이르는 지름길로 받아들이고 특별한 노력 없이도 즐길 수 있다고 생각한다. 하지만 "여가는 일보다 즐기기가 더 어렵다."[104] 목표가 없고 교감을 나눌 타인이 없을 때 사람들은 해결할 수 없는 문제에 집착하며 마음이 붕괴되는 것을 막기 위해 자기도 모르게 자극(TV, 도박, 술, 마약, 섹스 등)에 의존하게 된다는 것이다. 칙센트미하이는 사회문화적으로도 유사한 이유로 제식이나 춤, 경쟁적 시합이 발달했다고 보았다.[105] 그러나 칙센트미하이는 이런 식으로 어느 정도의 통합은 가능하지만 명확한 목표, 정확한 규칙, 신속한 피드백이 있는 '몰입 상태'야말로 경험의 질을 긍정적으로 바꿀 수 있다고 말한다. 수동적 여가인 TV 시청보다 능동적 여가인 취미활동이 세 배나 더 즐거운 경험을 제공함에도 칙센트미하이가 조사한 바에 의하면 우리는 수동적 여가에 네 배나 더 많은 시간을 쏟아붓고 있다.[106]

이러한 이유에 대해 칙센트미하이는 몰입활동은 대부분 준비와 집중을 위한 '시동 에너지'가 필요한데, 그것이 번거로워서 그 틈새에 즉

---

103 같은 책, 84쪽.

104 같은 책, 85쪽.

105 하위징아는 제식이나 시합, 축제 등의 놀이가 발생한 이유는 놀이본능에 의한 것이지 다른 목적이 있어서라고 보지 않았다. 칙센트미하이가 이야기하는 "축제, 시합 등의 발달이 사회 구성원들의 정신적인 붕괴를 막기 위해 일어났다"는 주장은 하위징아의 주장과는 완전히 상반된 입장이다. 하위징아는 놀이의 생물학적 기능을 정의하려는 시도를 단호하게 거부한다. 이것은 놀이의 근원이 생명의 남아도는 에너지를 발산하기 위한 것, 에너지를 회복시키기 위한 것, 남을 지배하려는 욕망을 분출하기 위한 것 등으로 정의하려는 입장으로 결국에는 놀이 그 자체가 아닌 다른 것을 위한 목적으로 생겨났다는 관점이다(하위징아, 『호모루덴스』, 33쪽 참고).

106 칙센트미하이, 『몰입의 즐거움』, 86~87쪽 참조.

각적으로 시작할 수 있는 수동적 여가가 침투하기 때문이라고 보았다. 또한, 수동적 여가와 달리 능동적 여가에는 앞서 설명한 바와 같이 일종의 난이도와 능력의 불일치로 인한 불안이 따르게 되기 때문이기도 하다. 그는 휴식 같은 수동적 여가도 필요하지만, "그것이 자유시간을 보내는 유일한 방편으로 쓰이는 순간부터 (…) 생활 전반은 허물어지기 시작한다"[107]고 말한다. 칙센트미하이는 지금도 젊은이들은 과거 사냥과 축제의 자극과 희열이 부족한 것을 스포츠카를 타고 질주하는 것으로 채우곤 하며, 직장생활에서 답답함을 느껴 퇴사 후 암벽 타기, 파도타기 등에 몰두하는 사람도 있고, 직장을 그만두지는 않지만 여가에 더 비중을 두고 살아가기도 한다는 점에 주목한다.

칙센트미하이에 의하면 과학과 예술이 전문화의 길로 들어서기 전까지만 해도 연구, 시 쓰기, 그림, 작곡 등은 여가활동으로 이루어지는 경우가 많았다. "우리의 선조가 자유로운 시간에 아름다움과 지식을 추구하는 대신 수동적 여가활동으로만 일관했다면 지금 세상은 얼마나 따분할까?"[108] 이것은 하위징아가 놀이가 문화를 추동했다고 이야기하는 주장을 그대로 받아들인 것이라고 볼 수 있다. 하지만 칙센트미하이는 현재의 우리가 지구의 많은 시간과 자원을 수동적 여가에 들이고 있다는 점을 지적하면서 "한 사회의 질적 수준은 시민이 여가를 어떻게 활용하느냐에 달려있다"[109]는 점을 강조한다. 그는 자유롭지 못하므로 의미가 없는 일과 목적이 없으므로 의미가 없는 여가로 삶이 양극화되는 것은 매우 위험하다고 보면서 창조적 개인의 삶에서는 일

107 같은 책, 90쪽.
108 같은 책, 98쪽.
109 같은 책, 99쪽.

과 놀이는 별개로 존재하지 않는 것이라고 이야기한다.

(4) 놀이를 통한 몰입

칙센트미하이는 자신의 에너지를 잘만 활용하면 누구보다 알찬 경험을 할 수 있다고 말한다. 그에 의하면 우리가 일을 고역으로 받아들이는 데는 세 가지 이유가 있는데, 첫째는 하나 마나 한 의미 없는 일을 한다는 불만 때문이며, 둘째는 되풀이되는 지겨운 일을 하면서 퇴보하고 있다는 불안감이 들기 때문이고, 마지막으로는 직장에서의 과도한 요구나 인정의 부재로 스트레스를 받는다는 점 때문이다. 하지만 그는 이러한 난관을 극복할 수 있는 능력은 결국 우리에게 있다고 보았으며, 소극적인 자세로 "나는 여기서 주어진 일을 할 뿐이다"라는 변명으로 심리적 부담감에서 벗어나는 것은 매우 잘못된 것임을 지적한다. 노력하지 않으면 지겨운 일은 계속 지겨운 일로 남아있기에 나의 일이 더 가치가 생길 수 있는가를 묻고 또 물어야 한다는 것이다.

"그 일 자체가 좋아서 할 때, 그 일을 경험하는 것 자체가 목적일 때 우리는 자기목적적autotelic이라고 한다."[110] 자기목적성을 가진 사람은 원하는 일을 하는 것 자체가 이미 보상이 되기에 물질적 수혜나 재미, 쾌감, 권력, 명예 같은 별도의 보상이 필요하지 않다. 이런 사람은 외부적 보상이나 위협에 쉽사리 농락당하지 않기 때문에 더 자율적이고 독립적이며 일상생활에서도 수시로 몰입경험을 할 수 있다. 칙센트미하이에 의하면 자기목적성을 특징짓는 가장 중요한 변수는 바로 시간을

110 같은 책, 153쪽.

보내는 방법이다. 즉 수동적으로 여가와 오락을 즐기며 시간을 보내는 사람은 그러한 기회를 얻기 어려우며 몰입을 낳기에 좋은 활동, 능동적 여가활동을 할 때 비로소 몰입을 경험하게 되는 것이다. 이러한 칙센트미하이의 자기목적성 개념은 하위징아가 제시한 놀이의 요소인 '무목적성, 무사무욕'과 연결 지어 생각해볼 수 있으며 볼츠가 이야기했던 목적이 자기 내부에 존재하는 '기능쾌락'과도 유사한 개념이라고 할 수 있다.

칙센트미하이는 자기목적성을 중시하는 사람은 자기중심적이기보다는 나라는 울타리를 가볍게 뛰어넘어 삶 자체를 향유할 수 있는 정신적 여유를 갖고 있다고 보았다. 그들은 대수롭지 않은 일에도 에너지를 쏟을 수 있는 여유가 있어 창조적이기까지 하다. 중요한 것은 이러한 관심을 '사심 없이 기울여야' 하며 본인의 이해관계에서 벗어나 있어야 한다. 호기심과 관심을 갖고 먼저 아무리 사소한 일이라도 정신을 집중해서 처리하는 습관을 기른 후 하기 싫은 일이나 수동적 여가에 들였던 시간과 관심을 끌어와 보람은 있으나 다소 부담이 따라서 자주 못 했던 일에 투자해야 한다. 칙센트미하이는 삶을 즐기기 위해서는 시간을 잘 다스리는 지혜가 필요하고, 시간과 함께 중요한 것은 통제하는 힘임을 강조한다. 바깥에서 오는 자극이 나의 관심을 앗아가도록 두지 말고 내가 먼저 관심을 기울여야 하는데, 이는 "우리가 기울이는 관심은 바깥의 사건과 우리의 경험 사이에서 필터 구실"[111]을 하기 때문이다. 즉, 삶의 지배권을 되찾을 수 있는 유일한 길은 우리 자신의 의지가 원하는 방향으로 마음을 기울이는 요령을 터득하는 것이다.

111 같은 책, 167쪽 참조.

이어서 칙센트미하이는 이러한 개인이 사회에 미치는 영향에 관해 이야기한다. 어떤 사람의 행동은 그가 속한 공동체에 영향을 끼치는데, 자기목적성이 뚜렷한 사람은 주변 사람들의 의식에서 무질서(엔트로피)를 크게 줄인다는 것이다. 그는 삶의 질을 끌어올리는 가장 손쉬운 길은 주인의식을 가지고 생동하는 것이며, 니체의 '운명애(아모르 파티Amore fati)'란 불가피한 것을 견디는 데서 그치지 않고 그것을 사랑하는 태도임을 강조한다. 이는 절정감으로 자아와 환경의 일치를 뜻하며, '내가 원하는 것'과 '내가 해야 하는 것' 사이의 조화를 의미하기도 한다. 운명애는 자의에 의한 것이든 타의에 의한 것이든 자기 행동의 주인의식을 가지려는 자세이며, 해야 할 일을 사랑할 줄 알 때 삶의 질은 높아진다.[112] 칙센트미하이는 '몰입'이라는 정신력도 중립적 성격을 갖고 있다고 보았다. 즉, 즐거움을 주는 목표를 찾아 나서는 것만으로는 충분하지 않으며 세상 전체의 무질서(악)를 줄일 수 있는 목표를 선택할 줄 알아야 한다는 것이다. 칙센트미하이는 과학에서 엔트로피(무질서)로 향하려는 우주의 양상과 유사하게 우리도 노력 없이는 무질서(악)로 전락하기에 '몰입'을 위한 목표의 선택은 공동체와 개인에 대한 깊은 성찰을 통해 이루어져야 한다는 점을 이야기한다.

112 같은 책, 179쪽 참조.

4
놀이 기반 인문카운슬링 프로그램의 필요성

1) 현대인의 삶에서 결핍된 놀이

(1) 현대의 놀이와 놀이 방해꾼들

볼츠와 칙센트미하이는 비교적 최근 놀이에 대해 통찰을 제시한 철학자와 심리학자다. 볼츠의 저서 『놀이하는 인간』(2014)의 원제는 『Wer nicht spielt, ist Krank』, 즉 "놀지 않는 자는 아픈 자"다. 한국어 부제는 "놀지 못해 아픈 이들을 위한 인문학"으로 이 책이 전제하고 있는 생각은 '현대인은 놀지 못하고 있어서 아프다' 정도로 읽힐 수 있다. 그렇다면 현대인은 왜 놀지 못하는 것일까? 정말 놀지 못하는 것이 맞을까? 이 질문에 답하기 위해서는 볼츠가 생각하는 놀이가 무엇인지를 검토해볼 필요가 있으며, 그가 이야기하는 '놀이를 방해하는 사람들'이 누구인지를 살펴볼 필요가 있다.

볼츠는 놀이 사이에는 일종의 가족 유사성이 존재한다고 보면서도 놀이에 대해 하위징아와 카이와의 놀이 개념을 상당 부분 계승하여 나름의 정의를 내린다. 그의 정의에 따르면 "놀이는 분명한 목표를 가지며, 이 목표는 자기 내부에만 존재한다. 놀이는 놀이규칙을 통해 이해하기 쉽게 조직되며 모든 움직임이 간접적인 피드백을 일으킨다. 놀이는 실수에 너그러우며 '긍정적인 스트레스를 만든다."[1] 또한, 볼츠의 놀이에서 특히 주목할 만한 요소는 '기능쾌락funktionslust'이다. 이것은 다른 목적 없이 쾌락을 일으키는 그 자체를 의미하며, 그 작용을 또다시 반복적으로 일으킬 수 있는 원동력이자 동기다.[2]

이러한 놀이를 방해하는 자들은 놀이를 '경제적으로 합리적인 모든 행위의 대척점'으로 보는 청교도적 자본주의다. 그들은 인간을 억압하고 엄격한 자기규제에 복종시킴으로써 노동에서 삶의 의미를 찾도록 강요한다. 또 다른 놀이의 방해꾼들은 복지국가를 표방하는 개입주의(보호주의)자들이다. 그들은 인간을 의지박약으로부터 보호되어야 하는 대상이자 돌봄의 대상으로 보면서 '넛지Nudge(강요하지 않고 유연하게 개입하여 선택을 유도하는 방법)'라는 문제해결에 입각한 방법을 펼친다. 볼츠는 이러한 전체주의적 복지국가에서 사람들은 보살핌을 받으려는 정신적 경향, 즉 학습된 무기력 앞에 놓이게 된다고 비판한다.

현대에 대한 이 같은 볼츠의 진단은 현대사회가 지향하고 있는 자본주의와 복지국가를 모두 비판함으로써 대부분 사람들을 놀이 방해꾼의 활동 영역 안에 가둔다. 그렇다면 현대인은 그러한 놀이 방해꾼들

1 볼츠, 『놀이하는 인간』, 50쪽.

2 같은 책, 52쪽 참조.

때문에 제대로 놀지 못하고 있는가? 여기에서 우리는 하위징아와 카이와 그리고 볼츠에 이르는 놀이 개념을 살펴봐야 한다. 하위징아와 카이와는 순수한 놀이정신의 회복을 주장하면서 자본의 침투와 현실로부터의 오염이 놀이를 타락시킨다고 이야기한다. 하위징아와 카이와는 타락한 대표적인 예시를 아곤(경쟁)에서 찾는다.

(2) 아곤을 통한 놀이정신의 회복

경쟁이라는 것은 사람들을 몰아붙여 개인을 피폐하게 하며 사회를 약육강식의 세계로 만들어버리는 부정적인 것이라고만 여기는 생각이 현대 자본주의 사회에 이르러 더욱 지지받고 있다. 이에 대한 반대급부로 사회제도는 물론 교육과 일상의 활동에서도 평등을 넘어선 평준화를 추구하는 것이 공동체를 위하는 것처럼 생각되기도 한다. 하지만 이러한 생각은 아곤(경쟁)의 의미를 오해한 데서 비롯된 것이다. 현대에 일어나고 있는 극단적인 형태의 아곤은 하위징아나 카이와, 그리고 볼츠가 이야기하는 진정한 의미의 아곤이 아니며 오히려 현대에 이르러 현실의 오염으로 인해 타락해버린 아곤으로 인한 사회의 단면을 보여주는 것이다.

카이와가 이야기하는 아곤(경쟁)은 알레아(운)와의 조합을 통해 문명을 발전시키는 중요한 요소다. 알레아와 아곤의 조합으로의 이행이 곧 문명의 진보라고 할 수 있을 만큼 아곤의 요소는 개인뿐만 아니라 공동체에도 매우 긍정적인 요소다. 하지만 카이와에 의하면 놀이정신이 일상에 의해 오염될 때 특유의 부패가 일어난다. 아곤의 타락은 심판과 판정이 무시되는 곳에서 시작되며, 엄격한 놀이정신에 제약받지 않을 때 난폭성이 다시 나타난다는 것이다. 이는 하위징아의 주장과 도 유사한 것으로 아곤이 현실 속으로 옮겨지면 성공이나 이익만 목적으로 삼게 되며, 공정한 경쟁의 규칙이 거추장스럽고 위선적인 약속에 불과한 것이 되어버리기 때문이다. 즉, 하위징아가 이야기한 자본에 의한 아곤의 타락을 카이와는 '현실'이라는 단어로 좀 더 포괄적으로 표현한 것이다.

또한, 볼츠가 이야기한 게이미피케이션을 통한 현대 문제의 해결은 놀이와 아곤의 가치회복을 전제로 한다. 경쟁(아곤)에 대한 현대인의 태도는 양극단에서 이루어지는데, 한쪽은 승자독식의 무자비한 경쟁으로 치닫는 것이며, 다른 한쪽은 경쟁을 회피하려는 '평준화'다. 이 두 가지 모두 인간의 놀이본능에 어긋날뿐더러 어떠한 문제도 해결하지 못하고 문명의 발전에도 도움이 되지 않는다. 앞서 예를 든 '죄수의 딜레마' 게임은 만약 침묵한 사람이 배신당했을 때 사형을 대가로 치러야 하는 무자비한 경쟁이라면 양자 간에 두 번째 협력의 기회는 없기에 우리는 이 문제를 팃포탯tit for tat 전략으로도 해결할 수 없다. 그리고 이와는 반대로 여러 가지 사회문제를 해결할 수 있는 '집단지성' 게임에서 '평준화'의 니힐리즘에 빠진 사람들만 사회에 존재한다면 의미 있고 탁월한 결과물은 아무것도 쌓이지 않을 것이다.

현대사회를 살아가는 우리는 노동에 지쳐 놀이로 도망친다. 이렇듯 놀이는 근대 이후 오랜 기간 휴식처 이상의 의미를 갖지 못했다. 하지만 처음부터 인류의 문명을 추동해온 '놀이본능'은 물질과 과학기술, 그리고 지나친 합리성이 때로는 인간 존재보다 우선인 현대사회에서 반드시 회복해야 할 가치다. 하지만 그러한 회복이 평준화를 의미하지는 않는다. 경쟁은 지속되어야 하며 사회와 개인은 경쟁을 통해 성장한다. 하위징아와 카이와 그리고 볼츠가 강조하고 있는 것은 달리 말하면 '아곤의 지속성'이라고 할 수 있다. 이러한 '지속성'의 보장은 고대 그리스에서 보여준 놀이와 아곤의 회복을 통해서만 이루어질 수 있다. 따라서 우리는 '놀이'와 '경쟁(아곤)'에 대한 편견과 오해를 극복하고 그 본래의 가치를 회복시켜 '놀이하는 인간'으로서 살아가는 자유로운 주체가 되어야 한다.

(3) 현대인의 삶과 몰입

'현대인은 제대로 놀고 있는가'에 대한 문제는 항상 '놀이란 무엇인가'라는 문제와 밀접하게 관련이 있다. 결론적으로 하위징아와 카이와 그리고 볼츠가 주장하는 놀이는 우리가 흔히 이야기하는 놀이와는 성격이 매우 다르다. 하위징아와 카이와 그리고 볼츠에게 제대로 된 놀이란 '무엇을 하느냐'가 중요한 것이 아니라 그 행위에서 '놀이정신이 제대로 발현되고 있는냐'의 문제다. 이러한 관점은 칙센트미하이에게서 더욱 두드러진다. 칙센트미하이는 그나마 희미하게 경계를 그었던 일과 놀이에 대해서도 그 경계를 허물어버린다. 그는 놀이를 '지루함'과 '불안' 사이에 위치시키며 자신의 능력에 맞는 난이도의 과제를 만났을 때 몰입경험이 일어나며, 일 또한 몰입경험을 제공할 때 하나의 놀이가 될 수 있음을 역설한다. 그렇다면 칙센트미하이의 관점에서 볼 때 현대인은 제대로 놀고 있는가? 이에 관해서 현대를 살아가는 모든 사람을 일반화하기는 어려울 것이다. 하지만 현대의 놀이를 논할 때 중요하게 다루어져야 하는 가상공간에서의 놀이에 관한 드레이퍼스의 입장은 유의미한 시사점을 제공한다.

드레이퍼스는 가상공간에서의 활동이 품고 있는 한계를 냉철하게 비판한다. 그의 견해는 크게 세 가지로 묶어서 살펴볼 수 있다. 첫 번째로 드레이퍼스는 가상공간에는 '신체'의 현전이 없기에 신체가 현전할 때만 느낄 수 있는 미묘한 맥락과 감정 그리고 분위기 등을 제공할 수 없다고 보았다. 특히 원격 교육은 그 한계가 명확하여 직접 대면하는 교육에 비해서는 질이 낮은 방식이 될 수밖에 없다. 그리고 두 번째로 가상공간에서는 선택의 무한한 자유로 인해 '무조건적 헌신'이 불가능하여 종국적으로는 절망을 느낄 수밖에 없다고 보았다. 언제라도 몇 번의 마우스 클릭으로 들어갈 수 있고 이와 동시에 같은 방식으로 언제라도 나갈 수 있는 가상공간은 우리에게 진정하고 진지한 가치를 제공하지 못한다는 것이다.

마지막으로 드레이퍼스는 아바타를 활용한 메타버스 방식의 가상공간에서의 놀이 경험에서는 '의미의 원천이 부재'하다고 보았다. 왜냐하면, 그것은 결국 실존주의자의 관점에서는 현실 삶의 불만족을 회피하려는 '기분전환'이며, 니체주의자가 추구하는 '위험한 삶'의 관점에서 보면 실제 위험이 빠진 '가장무도회'에서의 실험일 뿐이다. 또한, 하이데거의 관점에서는 그곳에서 만나는 사람들과는 원격 전송을 통해 간접적으로 소통할 수밖에 없기에 '기분을 직접적으로 포착'하고 '기분 속에 함께하는 것'이 불가능하여 삶의 진정한 의미를 찾기에는 한계가 있다는 것이다.[3]

이상과 같이 가상공간에 대한 드레이퍼스의 주장은 볼츠와는 다소 차이가 있지만, 가상공간에 둘러싸인 현대인에게 칙센트미하이가 이

3 휴버트 드레이퍼스, 『인터넷의 철학』, 최일만 역, 서울: 필로소픽, 2015, 194쪽 참조.

야기하는 행복과 몰입경험은 쉽지 않을 것 같다는 생각이 든다. 왜냐하면, 칙센트미하이는 개개인이 능력의 최대치를 발휘해야 달성 가능한 난이도를 가진 과제를 할 때 몰입경험이 일어난다고 보았는데, 우리가 많은 시간을 할애하는 가상공간인 TV나 웹서핑, 동영상 시청과 단순함의 중독성을 불러일으키는 게임 같은 과제에서는 그런 난이도가 발생할 리 만무하기 때문이다. 칙센트미하이도 밝혔듯이 사람들은 일상생활에서 많은 시간을 '시동 에너지'가 필요 없는 '수동적 여가'에 소진하고 있다.

이러한 관점에서 볼 때 현대인에게 결핍된 것은 '여가 수준의 놀이'가 아니라 '진정한 의미에서의 놀이'다. 이것은 하위징아와 카이와 그리고 볼츠와 칙센트미하이가 이야기하는 요소들을 갖춘 놀이이며 삶의 주체성과 생명력, 창의성과 몰입경험을 회복하기 위해 현대인에게 요청되는 놀이다. 이러한 맥락에서 현대인이 처한 '제대로 놀지 못하는 상황'을 극복할 방안 중 하나로 이 책에서는 '놀이 기반 인문카운슬링 프로그램'을 제안하고자 한다. 그 필요성에서 밝혔듯이 현대인이 겪는 마음의 문제와 고민, 가치관의 혼란 등은 더 이상 '근대정신'만으로 극복될 수 없으며 삶의 주체성과 자율성 그리고 창조성을 회복하는 '놀이본능'을 통해 극복될 수 있기 때문이다.

2) 기존 놀이치료와의 차이

(1) 놀이 기반 인문카운슬링 프로그램의 개요

놀이 기반 인문카운슬링 프로그램은 지금까지 논의한 놀이의 요소와 형식적 특성을 인문카운슬링 프로그램에 적용하는 것이다. 예를 들면 평범한 독서토론 프로그램에 아곤과 알레아, 즉 경쟁과 우연의 요소를 가미하는 방식이다. 구체적인 방법은 참여자들 간의 경쟁을 부추기기 위해 팀을 나누어 찬반 토론을 하도록 구성할 수도 있고, 우연성을 추가하기 위해 팀 구성을 제비뽑기로 할 수도 있다. 이러한 시도는 가상의 공간을 활용하는 것으로도 가능하다. 최근 등장한 인공지능 대화 프로그램인 챗GPT가 토론에 등장한다면 참여자들은 마치 가상의 참여자와 프로그램을 함께하는 것 같은 즐거움을 느낄 것이다.

필자는 먼저 이미 정립되어 현장에서 시행한 바 있는 인문카운슬링 프로그램에서 발견되는 놀이의 요소들을 검토해보고자 한다. 검토해볼 대상은 '철학적 독서토론'과 '소크라테스 대화'다. '철학적 독서토론' 프로그램은 직접 개발하고 진행했던 프로그램이며, '소크라테스 대화'는 두 번에 걸쳐 참여했던 프로그램이다. 사례분석을 통해 해당 프로그램의 방법론에서 이미 내포하고 있는 놀이의 요소를 밝힘과 동시에 이를 더욱 강화하여 효과를 높일 수 있는 의견을 제안하고자 한다.

다음으로 인문카운슬링 방법론에 놀이 요소를 강화하는 것이 어떠한 효과가 있는지를 알아볼 것이다. 분석 대상은 '놀이의 형식적 특성을 강화한 인문카운슬링 프로그램'과 '사유놀이를 가미한 독서 기반 인문카운슬링 프로그램' 그리고 '챗GPT와 함께하는 사유놀이'다. 놀이의 형식적 특성인 '자발성', '비일상성', '규칙', '우연성', '아곤(경쟁)' 등이 인문카운슬링 프로그램에 접목되었을 때 어떠한 긍정적인 효과가 있는지를 밝히는 한편, '철학적 사고실험'의 한 형태인 '사유놀이'를 인문카운슬링 프로그램에 도입했을 때 어떠한 효과가 있는지를 알아보고자 한다.

(2) 유사 영역에서의 선행연구 비교: 놀이치료와 상호작용놀이

놀이 기반 인문카운슬링의 사례분석에 앞서 이미 활발하게 이루어지고 있는 놀이치료에 대해 살펴보도록 하겠다. "놀이치료는 심리치료의 한 방법으로 놀이가 아동의 자연스러운 자기표현 매개체라는 사실에 기초를 두고 있다."[4] 즉, 언어로 자신을 적절히 표현하기 어려운 아동에게는 언어적 접근의 상담이 쉽지 않기에 놀이라는 매체를 통해 상담하는 것이다. 놀이치료의 시작은 프로이트가 어린 소년을 치료하는 과정에서 그 가능성을 본 것에서 시작되었으나 프로이트가 직접 한 것은 아니었고 아버지에게 지시하는 방식으로 이루어졌다는 점에서 현대의 놀이치료와는 차이가 있다. 이후 허그헬무트Hug-Hellmuth(1919)는 처음으로 놀이 상황을 아동의 정신치료에 도입했다.[5] 놀이치료 방법으로는 치료자가 놀이를 유도하는 지시적 방법과 아동이 놀이를 주도해나가는 비지시적 방법이 있으며, 놀이치료 과정에서 아동은 나쁜 감정을 다 쏟아내고 긍정적인 면들이 나온다는 효과가 있다. 일반적으

4 한민봉, 『사회복지상담』, 파주: 한국학술정보, 2009, 128쪽.
5 위의 책, 129쪽 참조.

로 놀이치료는 1시간 이내로 주 1~2회 시행하며, 치료자는 아동과 좋은 관계를 형성해야 하며 있는 그대로를 받아들이고 허용적인 분위기를 만들며 지지해야 한다.

국내의 놀이치료는 1997년 한국놀이치료학회가 창립된 이후 연구 활동을 지속하고 있으며 그 수요도 꾸준히 증가하고 있다.[6] 최근에 이루어진 놀이치료의 주요 사례로는 만 3세 아동을 대상으로 한 애착 형성을 위한 놀이치료(유민화, 2021),[7] 만 4~6세 아동을 대상으로 한 놀이행동의 특징 연구(이지선 외, 2018),[8] 발달장애 아동을 대상으로 한 실습연구(오지현, 2019)[9] 등이 있다. 즉, 심리치료 영역에서의 놀이치료는 언어적 상담을 할 수 없는 아동이나 발달장애 아동을 대상으로 하는 것으로 이 책에서 적용하고자 하는 '놀이 기반 인문카운슬링 프로그램'과는 다른 영역의 활동이다.

유사한 활동으로 집단상담 영역에서 '상호작용놀이'가 있다. "상호작용놀이는 놀이 특성과 상호작용이라는 두 가지 실제적인 특성을 강

---

6 2021년 건강보험심사평가원 자료에 따르면 정서 및 행동 장애로 진료를 받은 아동·청소년은 2016년도 220,587명에서 2020년도 271,557명으로 꾸준히 증가하고 있으며 아동상담의 한 분야인 놀이치료에 대한 사회적 수요가 증가하고 있다[채은영 외, 「놀이치료 인식에 대한 소셜 빅데이터 분석」, 『한국놀이치료학회지(놀이치료연구)』 29(2), 한국놀이치료학회, 2016, 160쪽 참조; 홍이빈 외, 「놀이치료 인식에 대한 소셜 빅데이터 분석」, 『한국놀이치료학회지(놀이치료연구)』 25(4), 한국놀이치료학회, 2022, 332쪽 참조].

7 유민화, 「애착문제 유아의 놀이치료 과정에서의 놀이주제 분석」, 『한국놀이치료학회지(놀이치료연구)』 24(4), 한국놀이치료학회, 2021, 359~377쪽.

8 이지선 외, 「초기 놀이치료 회기에서 유아기 내담아동들의 놀이행동에 대한 내용분석: 언어, 인지, 정서, 사회성, 감각통합 영역을 중심으로」, 『한국놀이치료학회지(놀이치료연구)』 21(3), 한국놀이치료학회, 2018, 399~425쪽.

9 오지현, 「액션러닝을 적용한 놀이치료 실습교육 프로그램 개발을 위한 실행연구: '예비놀이치료자의 발달장애아동 놀이치료 실습교육」, 『정서·행동장애연구』 35(1), 한국정서행동장애학회, 2019, 251~282쪽.

조하기 위해 만들어진 개념이다. (…) 상호작용놀이란 집단의 상호작용을 촉진시키기 위해 놀이의 특성을 활용한 놀이를 말한다."[10] 상호작용놀이는 집단상담에 놀이를 도입했다는 측면에서 '놀이 기반 인문카운슬링 프로그램'과 유사한 면이 있다. 하지만 상호작용놀이는 실제로 짝 인터뷰, 역할놀이, 협력놀이 등과 같은 놀이를 수행한다는 점에서 프로그램의 형식 전반에 놀이 요소를 가미함으로써 프로그램 자체를 놀이로 접근하도록 하는 '놀이 기반 인문카운슬링 프로그램'과는 근본적인 차이가 있다. 그리고 그 대상 또한 대부분 아동이나 청소년을 중심으로 연구와 실천이 이루어지고 있다.

최근 연구된 상호작용놀이 활동으로는 초등학생을 대상으로 한 독서치료 프로그램에 상호작용놀이 활동을 추가하여 긍정적인 효과를 검증한 사례가 있다(정호선 외, 2020).[11] 해당 사례에서는 회기별로 독후 활동으로 주제와 연관된 상호작용놀이로 종이비행기 날리기, 빙고게임, 카드놀이, 미로찾기 등을 구성하여 시행한 것이다. 이러한 상호작용놀이는 "참가자를 동기화시키고 호기심을 갖게 하는 데 매우 효과적이다."[12] 집단상담에서 이루어지는 상호작용놀이가 실제 놀이 활동을 수행한다는 점에서 차이는 있지만, 수행되는 놀이의 종류에서는 우리가 통상적으로 알고 있는 놀이도 있지만 '간접거절', '동작 대화', '뒤에서 말하지 않기' 등 놀이의 요소를 갖춘 다양한 활동들로 구성되어 있다는 점은 놀이의 개념을 다소 넓게 적용했다는 점에서 '놀이 기반 인

10 김춘경 외, 『상호작용 놀이를 통한 집단상담: 이론과 실제』, 서울: 학지사, 2001, 24쪽.

11 정호선 외, 「독서치료 프로그램이 초등학생의 학교생활 적응에 미치는 영향: 상호작용 놀이 활동을 중심으로」, 『한국비블리아학회지』 31(2), 한국비블리아학회, 2020, 5~26쪽 참조.

12 김춘경 외, 『상호작용 놀이를 통한 집단상담: 이론과 실제』, 45쪽.

문카운슬링 프로그램'이 추구하는 확장된 놀이의 개념과 일부 유사한 면은 있다.

이상으로 이 책의 '놀이 기반 인문카운슬링 프로그램'과 심리치료 영역에서의 놀이치료, 그리고 집단상담 영역에서의 '상호작용놀이'를 비교해보았다. 놀이치료[13]와 상호작용놀이 두 활동 모두 아동 또는 청소년을 대상으로 한다는 점에서 이 책의 프로그램과는 차이가 있으며, 놀이 요소를 활용하는 방식이 아닌 놀이 활동 자체를 활용하는 방식이라는 점에서 본질적인 차이가 존재한다. '놀이'와 관련된 상담 및 치료 프로그램이 그 대상을 아동과 청소년에만 한정하여 진행하는 것은 놀이의 개념을 좁게 해석하는 것이 하나의 이유이기도 할 것이다.

이 책에서 제안하고자 하는 '놀이 기반 인문카운슬링 프로그램'은 놀이 요소를 프로그램에 적용하는 방식이기에 놀이 활동 자체를 어색해하는 일반 성인들을 대상으로 하기에도 어려움이 없다. 이제부터는 실제로 현장에서 이루어지고 있는 인문카운슬링 프로그램에 적용된 놀이 요소를 구체적으로 알아보고 그 효과를 논의해보도록 하겠다.

---

13 해외의 놀이치료와 관련된 사례 및 연구는 다음의 저서와 논문을 참고하라. M. Leblanc, "A meta-analysis of play therapy outcomes," *Counselling Psychology Quarterly* 14(2), 2001, pp. 149~163; D. Ray, "Supervision of basic and advanced skills in play therapy," *Journal of Professional Counseling: Practice, Theory, and Research* 32, 2004, pp. 28~41; R. VanFleet, A. E. Sywulak & C. C. Sniscak, *Child-centered play therapy*, New York: Guilford Press, 2011; G. Landreth, "The freedom to be: Child-centered group play therapy," *The handbook of group play therapy: How to do it, how it works, whom it's best for*, San Francisco: Jossey-Bass, 1999; D. Ray, *Advanced play therapy: Essential conditions. knowledge, and skills for child practice*, New York: Routledge, 2010.

IV
사례 분석

1

인문카운슬링 프로그램에 나타나는 놀이적 특성

1) D중학교 '철학적 독서토론' 프로그램 사례

집단을 대상으로 하는 다양한 인문카운슬링 프로그램 형식 중에서 가장 쉽게 접근할 수 있는 것은 아마도 독서를 기반으로 하는 프로그램일 것이다. 지금부터는 지난 '21년 한 해 동안 중학교 1학년생과 2학년생을 대상으로 필자와 동료들이 진행했던 '철학적 독서토론' 인문카운슬링 프로그램 사례를 살펴보도록 하겠다.[1] 이를 통해 인문카운슬링 프로그램에서 학문 간의 융합이 어떻게 이루어졌는지를 알아보고 그

1 'D중학교 철학적 독서토론 인문카운슬링 프로그램' 사례 분석의 내용은 필자가 발표한 논문의 내용을 수정·보완한 것이다(이병돈, 「철학적 독서토론 프로그램이 중학생 자기효능감 및 학교적응에 미치는 효과」, 『동서인문』 18, 경북대학교 인문학술원, 2022, 135~173쪽).

러한 인문카운슬링 프로그램이 내포하고 있는 놀이 요소에 대해서도 알아볼 것이다. 물론 앞서 언급했듯이 인문카운슬링 형식이 고정된 것이 아니며 프로그램에서의 융합이 본 프로그램에서 활용한 학문의 영역에만 국한되는 것도 아니다. 따라서 아래의 사례분석 내용은 현장에서 시행되고 있는 다양한 독서 기반 인문카운슬링 프로그램 중 하나의 사례로 보아야 할 것이다.

(1) 프로그램의 이론적 배경

사전적 의미에서 독서讀書는 "책을 읽음"을, 토론討論은 "어떤 문제에 대하여 여러 사람이 각각 의견을 말하며 논의함"[2]을 의미한다. 독서 후 활동으로 토론이 이루어지는 '독서토론'의 개념에 대해 이보라는 "작가가 전달하고자 하는 의미 있는 글을 읽고 글에 대한 자신의 경험과 이해를 바탕으로 어떤 문제나 서로 다른 의견에 대해 논하는 활동"[3]이라고 정의했으며, 정종기는 "집단적 상호작용의 한 형태로서, 구성원들은 함께 독서의 과정에서 생긴 공통 관심사에 대해 의문을 제기하고 답을 얻기 위해 서로 다른 관점들을 교환·검토함으로써 논점이 되는 문제들에 대한 지식이나 이해, 평가나 판단, 그리고 결정, 결의 또는 행동 등을 조장하는 것"[4]으로 정의했다.

이러한 독서토론 활동은 개인적 차원에서 책의 내용을 파악하는 독

2 국립국어원 표준국어대사전(https://stdict.korean.go.kr/search/searchResult.do)

3 이보라, 「독서활동 중심의 독서토론이 독서 태도에 미치는 영향」, 『디지틀도서관』 84, 한국디지틀도서관포럼, 2016, 59쪽.

4 정종기, 「면대면 독서토론과 웹기반 독서토론의 효과 비교」, 『한국도서관·정보학회지』 36(3), 한국도서관·정보학회, 2005, 294쪽.

서의 단계를 넘어 이후에 일어나는 다른 사람들과의 토론, 논의, 논박 등의 행위를 통해 자연스럽게 자신과 다른 사람들의 생각을 검토하는 과정을 거치게 된다. 이에 대해 신희선은 "여러 사람이 함께 논의하는 가운데 텍스트의 이해를 심화하고 다양한 해석과 비판의 가능성에 대해 숙고하는 행위이기 때문에 단순한 독서행위와는 차이가 있다"[5]고 했다. 상호작용을 강조한 하인스와 하인스베리Hynes & Hynes-Berry는 토론에 참여한 사람들이 책을 읽는 행위 자체보다 이후에 진행되는 토론 과정에서 감정과 인지적 반응의 통합이 이루어져 긍정적인 효과가 발생한다고 보며, 독서 자료를 매개로 한 집단 토론을 독서치료의 중요한 방법 중 한 가지로 보았다.[6]

이렇듯 장점이 많은 독서토론은 교육 분야에서도 현장에서 이를 좀 더 효과적으로 활용하기 위한 방법론에 관한 연구가 활발하게 이루어지고 있다.[7] 자유로운 주제에 대해 편안한 분위기에서 대화를 나누는

---

5 신희선, 「인문학 독서토론 수업을 통한 인성교육의 가능성 고찰」, 『윤리연구』 90, 한국윤리학회, 2013, 322쪽.

6 김현희 외, 『상호작용을 통한 독서치료』, 18~19쪽 참조.

7 티에르니(Robert Tierney, 1995)에 따르면 교육 현장에서 활용되고 있는 독서토론 방식은 질문 공유(shared inquiry) 토론방식, 대화형 토론방식, 에콜라(ECOLA) 방식, 토의망 토론방식, 직소(jigsaw) 방식 등 다섯 가지 방식으로 나눌 수 있으며, 각각은 지도 중점, 논제 개방도, 토론 유형(수렴/발산), 텍스트 의존, 토론 비중 등에 따라 그 특성을 비교할 수 있다. 또한, 참고할 만한 기존 정책토론 모형에는 세다(CEDA) 방식, 링컨-더글러스 방식, 카를 포퍼 방식, 의회 토론방식 등이 있다. 실제 한국 대학의 독서토론 모임에서 검증된 모형으로는 1991년 창립된 '작은 대학' 토론 모형이 있으며, 2006년부터 교보문고와 숙명여대가 공동주최한 독서토론대회에서 활용되는 '교보·숙명 독서토론' 모형이 있다(이황직, 「개방형 논제 제시 독서토론 모형 연구」, 『독서연구』 17, 한국독서학회, 2007, 312~316쪽 참조; 주미정, 「고전문학에서 독서토론의 필요성과 효과」, 『語文學報』 36, 강원대학교 국어교육과, 2016, 163~167쪽 참조; 서정혁, 「"찬반 대립형 독서토론" 모형 연구: 교보·숙명 전국독서토론대회 모형을 중심으로」, 『독서연구』 21, 한국독서학회, 2009, 260~262쪽 참조).

'대화형 토론방식'에서부터 이미 정해진 논제에 대해 치열하게 찬반 토론을 벌이는 '토의망 토론방식'에 이르기까지 논제의 개방도나 토론 유형(발산·수렴), 참여 인원, 토론 비중 등을 기준으로 독서토론의 방법은 다양하게 응용하여 활용할 수 있다. 또한, 이러한 맥락에서 독서토론의 고유한 기능과 장점을 강화하기 위해 여러 가지 요소를 가미하는 것도 매우 권장할 만한 일일 것이다.

하지만 독서토론의 고유한 기능과 장점을 강화하기 위한 요소들을 본격적으로 고민하기에 앞서 독서 후 활동인 '토론' 자체에 대해 살펴볼 필요가 있다. 앞서 살펴보았듯이 토론은 "어떤 문제에 대하여 여러 사람이 각각 의견을 말하며 논의함"을 의미한다. 즉, 각자 생각이 다른 사람들이 대화를 통해 서로의 생각을 검토해가는 과정이라고 할 수 있다. 이는 고대 그리스의 소크라테스가 실천한 '철학 함'의 방식과 매우 유사한 과정이며, 이러한 소크라테스적 대화 모델은 많은 철학상담사들이 대표적인 철학상담 방법으로 여기는 것이기도 하다.[8] 또한, 토론은 그 출발에서부터 철학과 밀접한 관계가 있는데, 하위징아는 그의 저서 『호모루덴스』에서 철학은 본질적으로 논쟁적이라고 이야기하면서 철학의 기원이 논쟁적 토론과 매우 밀접한 관계가 있음을 밝힌다.[9] 따라서 독서토론의 고유한 기능과 장점인 다양한 해석과 비판, 생각의 검토, 감정과 인지적 반응의 통합 등을 강화하기 위한 요소들을 철학적 관점에서 찾는 것은 매우 자연스러운 일이다.

---

8 "많은 상담사들은 철학상담의 대화 모델이 소크라테스적인 것이라고 여긴다. 다시 말해 그 대화에서 주제는 대화에 사용되는 방법보다 덜 중요하다는 것이다."(라베, 『철학상담의 이론과 실제』, 31쪽)

9 하위징아, 『호모루덴스』, 312쪽 참조.

이렇듯 독서토론의 고유한 기능과 장점을 강화하기 위해 철학적 요소를 가미한 독서토론을 '철학적 독서토론'이라 할 수 있다. 본 D중학교 프로그램에서는 ① '소리'의 매체적 특성을 활용한 소리 내어 읽기인 '성독聲讀', ② 철학적 질문을 통한 '관점의 확장', 그리고 ③ 한 권의 책을 끝까지 읽어내는 '완독完讀'이라는 세 가지 '철학적 요소'를 중심으로 구성했다. 하지만 '철학적 요소'라는 것은 독서토론 프로그램의 대상이나 성격에 따라 매우 다양한 관점에서 검토될 수 있으며 형식적(매체적)·내용적 측면에서 독서토론의 장점을 강화할 수 있다면 어떤 요소이든지 검토의 대상이 될 수 있다.

(2) 프로그램에 적용된 철학적 요소: 성독, 관점의 확장, 완독

① 소리의 매체적 특성을 활용한 성독聲讀

매체를 둘러싼 논의를 관통하는 하나의 개념을 이야기하라면 아마도 "하부구조인 매체가 상부구조인 인지체계를 변화시킨다"고 할 수 있겠다. 매체에 대해 비교적 초기에 논의를 펼쳤던 발터 벤야민Walter Benjamin(1892~1940)은 그의 저서 『기술적 복제시대의 예술작품』(1939)에서 새로운 매체인 사진과 영화의 등장이 어떻게 사람들의 감각을 확장시켰으며, 참여하는 대중의 대폭적인 증대가 참여방식 자체를 변화시켰는지에 대해 이야기함으로써 매체에 대한 사유를 촉발시켰다. 이후 마셜 매클루언과 월터 J. 옹을 거쳐 구체화된 매체에 대한 논의는 전기와 인터넷, 인공지능이 등장하면서 우리에게 많은 고민을 하게 한다. 물론, 여기서 '매체'라는 개념은 우리가 흔히 생각하는 언론매체, 신문, 잡지 등에 국한되지 않는다. 그것은 구술문화, 필사문화, 사진, 영화, 인쇄, 전기, 인터넷 등과 같이 다양한 내용이 담기는 일종의 '형식'이라고 할 수 있다. 여기에서는 우리가 시행한 철학적 독서토론 프로그램의 요소 중 하나인 성독聲讀과 토론에 활용된 음성언어, 즉 소리의 매체적 특성에 대해 살펴보도록 하겠다.

옹은 '지성 경제noetic economy'[10] 개념을 통해 구술문화와 문자문화의 차이점을 이해했으며, 이러한 지성 경제는 감각기관이 조직되는 차원에서 각기 다른 조건을 형성한다고 보았다. 예를 들면, 문자문화의 등장으로 감각기관이 조직되는 '감각의 지성 경제'가 청각 중심에서 시각 중심으로 전환되었다는 것이다. 그는 구술문화와 문자문화의 각 지성 경제에 따라 형성된 표현과 사고방식의 특징을 비교하면서 이들 문화에 대한 이해를 돕고자 했다.[11] 이는 매클루언의 『미디어의 이해』에서 "매체의 변화가 촉발한 감각균형과 지각패턴의 변화는 사람들의 정신세계에 지대한 영향을 미친다"는 이론[12]과 큰 줄기에서는 맥락을 같

10 '노에틱(noetic)'이라는 단어는 '생각하다(noein)'와 '마음(nous)'이라는 어원을 가진 '노에시스(noesis)'에서 유래된 것으로, "정신 또는 지적 활동으로 특징지어지거나 그것을 구성하는, 혹은 정신에 속하는"이라는 사전적 의미를 갖는다. Economy는 그리스어 '집(생활, 환경)'이라는 뜻의 oikos(eco)와 '법(법칙)'이라는 뜻의 nomos(nomy)가 합쳐진 말이다. 따라서 '지성 경제'라는 것은 "정신을 구성하는 환경적 법칙" 정도로 해석할 수 있다. 옹은 '지성 경제(noetic economy)'라는 용어를 통해 해당 문화에서 의식이나 지성이 형성되고 운영되는 방식의 특성을 살펴보려 했다(이동후, 『월터 옹』, 서울: 커뮤니케이션북스, 2018, 12쪽 참조).

11 같은 책, 13쪽 참조.

12 매클루언은 미디어(매체)의 개념에 의복, 돈, 시계, 자동차 등과 같은 생활 도구들도 포함하면서 "모든 미디어는 인간 감각의 확장이다"라고 정의한다. 또한, 미디어의 내용이 그 성격을 규정짓는 것이 아니라 미디어 자체가 그 성격을 규정짓는다고 주장한다. "모든 미디어에 대한 우리의 전통적 대응, 즉 '중요한 것은 미디어들이 어떻게 사용되는가다'라는 식의 대응은 기술에 관해 전혀 모르는 멍청이들이 보여주는 감각 마비 상태다. 왜냐하면, 미디어의 '내용'이란 도둑이 집 지키는 개의 주의를 딴 데로 돌리기 위해 사용하는 육즙이 흐르는 고깃덩어리처럼 우리의 주의를 다른 곳으로 돌리기 때문이다."(매

이하면서도 1차적 구술문화가 가질 수밖에 없는 환경적인 특징을 좀 더 구체적으로 기술하고 이런 특성들이 구술문화 사람들의 정신세계에 어떤 영향을 주었는지를 설명하고 있다.

옹에 의하면 소리는 그것이 막 사라져갈 때만 존재한다는 특수성으로 인해 다른 감각과 달리 시간과 특수한 관계를 맺는다. 시각은 그것이 멈춰있을 때 더욱 진수를 발하지만, 소리를 멈추게 할 방법은 없으며, 특히 음성은 유기체 내부에서 힘을 사용하지 않으면 소리로 울릴 수 없기에 '역동적'인 특성을 갖게 된다.[13] 또한, 소리는 다른 감각과 비교했을 때 사물의 내부와 독특한 관계를 갖게 되는데, 어떤 사물의 물리적인 내부를 확인하는 데 소리만큼 효과적인 감각은 없다. 예를 들어, 상자를 두드려 소리를 들어보면 속이 텅 비었는지 꽉 찼는지 알 수 있는 것이 그러하다. 그중에서도 인간의 목소리는 인간 몸의 내부에서 나오기 때문에 인간의 몸은 목소리와의 공명[14]체를 이루는 것이다. 시각은 인간에게 한 번에 한 방향밖에는 감지할 수 없게 하지만, 들을 때는 동시에 그리고 순식간에 모든 방향에서 소리가 모여온다. 따라서 우리는 자기 청각 세계의 중심에 있으며, 그 세계는 우리를 에워싸고 우리는 감각과 존재의 핵심에 위치하게 된다. 이렇듯 옹에 의하면 시각은 토막 내는 감각이지만, 청각은 조화를 이루며 통합하는 감각이다.[15]

클루언, 『미디어의 이해』, 51쪽 참조)

13 옹, 『구술문화와 문자문화』, 70~72쪽 참조.

14 물체의 고유 진동수와 일치하는 파동이 물체를 통과할 때 물체의 진동이 커지는 현상이다. 공명의 의미를 볼 때 발화자의 몸에서 나온 목소리는 (고유 진동수가 같은) 청자의 몸으로 들어가 공명 현상을 통해 그 울림이 커지고 청자와 화자를 일체화하는 것을 상상해 볼 수 있다.

15 옹, 『구술문화와 문자문화』, 128~130쪽 참조.

옹은 이러한 소리의 특성으로 인해 구술문화에 입각한 사고와 표현들은 문자문화에 입각한 사고와 표현들과는 매우 다른 특징을 가지게 된다고 보았다. 즉, 구술문화에 입각한 사고와 표현들은 소리의 매체적 특성으로 인해 객관적 거리를 두기보다는 감정이입적이고 참여적이며, 논쟁적 어조가 강하다. 또한, 소리는 한층 더 공유적이고 외향적이며 덜 내성적이라서 사람들을 집단으로 연결하는 특성이 있다. 이러한 소리의 매체적 특성은 본 프로그램이 토론 중심의 프로그램이라는 것을 고려했을 때 참여자들을 그 순간에 집중하도록 하고 서로에게 더욱 민감하게 반응하도록 하며 토론에 적극적으로 참여하도록 할 것이다. 또한, 소리의 '연결성'과 '감정 이입적'이고 '공유적'인 특성은 프로그램 집단의 일체감을 높여주고 참여자들 간에 상호작용을 더욱 활발하게 할 것이다.

소리 내어 읽기는 소리라는 매체의 이러한 특성 외에도 문장의 이해를 돕는 기능을 한다. 허선영은 발화 크기와 무관하게 '소리 내어 읽기'를 하는 것만으로도 영어독해 등, 즉 문장을 이해하는 데 긍정적 효과가 있음을 밝혔다.[16] 그리고 이기대는 전통적으로 오랜 기간 독서의 일반적인 방법으로 활용되어온 소리 내어 읽기인 '낭독朗讀'은 소리를 낼 때 취해야 하는 바른 자세와 마음가짐으로 인해 읽기가 단순한 지식 전달에만 머무르지 않고, 신체적 활동과 심리적 안정에도 관련을 맺을 뿐만 아니라 삶의 방식과도 연관을 맺는다는 것을 확인했다.[17] 본 프로

16 허선영, 「발화의 정도에 따른 소리 내어 읽기의 효과」, 『교양교육연구』 13(5), 한국교양교육학회, 2019, 239~252쪽 참조.

17 이기대, 「독서의 전통적 방법과 낭독의 효과」, 『한국학연구』 70, 고려대학교 한국학연구소, 2019, 127쪽 참조.

그램에서의 소리 내어 읽기는 '낭독'이라고 볼 수 있는데, 이기대에 의하면 '낭독'이란 단순히 텍스트를 구두로 언어화한 '음독'과 달리 "문자로 되어있는 텍스트를 이해한 이후에 텍스트 자체의 특성이나 내용, 주제 등을 고려하여 속도나 리듬감 등의 표현적 측면"[18]이 가미된 것이다. 이렇듯 본 프로그램에서 '소리 내어 읽기'는 '소리'라는 매체의 특성이 주는 여러 가지 장점과 함께 그 행위 자체가 주는 장점으로 인해 내용의 이해와 토론의 효과를 더해주는 역할을 한다.

② 철학적 질문을 통한 관점의 확장

철학상담사인 라하브는 "산다는 것은 자기 자신과 자신의 세계에 대한 특정한 이해 방식을 구현하는 것이다"[19]라고 이야기한다. 그리고 더 나아가 "철학상담은 내담자가 자기 삶의 방식에 의해 표현된 세계관世界觀 해석을 도와주는 것을 목적으로 한다"라고 하며 철학상담의 주요 목적을 '세계관 해석'으로 보았다.[20] 이것은 우리가 고정된 세계관을 갖고 있을 때 삶의 과정에서 겪을 수도 있는 마음의 문제들이 철학적 성찰을 통해 세계를 바라보는 관점인 '세계관'을 확장하고 바꾸는 것을 통해 해소될 수 있다는 것이다. 즉, 다양한 사람이 함께하는 집단에서의 철학적 질문과 토론을 통해 다른 사람들과 의견을 나눔으로써 고정된 세계관에서 벗어나는 것은 철학상담 관점에서도 매우 유용한 일이다.

동양고전인 『장자』에는 이러한 관점의 확장과 전환이 잘 나타나 있

18 이기대(2019), 앞의 논문, 115쪽.
19 라베, 『철학상담의 이론과 실제』, 37쪽.
20 같은 책, 37~38쪽 참조.

다. 장자가 살았던 전국시대의 중국은 제후들이 서로 천자가 되겠다며 치열하게 전쟁을 벌이던 시대였다. 백성은 가난했고, 수시로 전쟁에 동원되었으며, 형벌은 가혹했던 그야말로 삶 자체가 고통이었다. 눈앞에 펼쳐진 가혹한 삶 앞에서 장자는 '과연 어디서부터 잘못되었는가?'를 질문한다. 당시 유가, 묵가, 법가 등 내로라하는 제자백가의 학자들이 백성의 고통 문제를 해소하기 위해 다양한 사상을 펼쳤지만, 오히려 그러한 생각의 차이는 거대한 중국을 더욱 뜨거운 갈등 속으로 몰아넣고 있었다. 장자가 보기에 오히려 혼란은 이 상황을 해결할 만한 뛰어난 사상이 없어서가 아니라, 서로 자신의 사상이 옳다고 주장하는 것이 문제였다.

삶을 살아가다 보면 우리는 여러 가지 갈등을 겪게 된다. 그런데 그 갈등을 찬찬히 들여다보면 그 원인은 다름 아닌 우리의 고정된 생각에 있다는 것을 알게 될 때가 있다. 장자는 이를 '굳은 마음[成心]'[21]이라고 이야기하며, 이렇게 '굳은 마음'은 우리에게 우리와 다른 것들을 배척하게 만든다고 말한다. 『장자』의 시작인 '소요유逍遙遊'는 그 첫머리부터 대붕의 비유를 들어 본인의 이야기는 범상凡常한 이야기가 아니니 관점을 전환하여 읽어줄 것을 주문한다. 그 이후의 우화에서도 '우물 안 개구리'나 '황하의 신 하백' 등의 우화를 통해 관점을 넓힐 것을 이야기하며, '송나라 사람의 손 트지 않는 약', '큰 가죽나무' 우화 등을 통해 우리가 집착하고 있는 '쓸모[用]'라는 것에 대해 관점을 전환해 볼 것을 이야기한다. 최준섭은 상담과 연결 지을 수 있는 장자의 주요 개념을 도道, 무위無爲, 자연自然, 제물齊物 그리고 심재心齋와 좌망坐忘으로

21　장자, 『장자』, 오강남 역, 서울: 현암사, 2014, 76쪽 참조.

정리했는데, 이 중에서도 '심재'와 '좌망'은 마음이 어느 한 부분에 얽매이지 않고 시비是非와 분별分別을 잊어버리는 것이다.[22]

이러한 '관점의 확장'은 철학상담 방법론 중 매리노프의 PEACE 모델[23]이나, 라베의 네 단계 모델[24]에도 잘 나타나 있다. 우선 매리노프의 PEACE 모델에서는 '문제Problem'를 규정하고, 내면의 '정서Emotion'를 평가하며, 문제를 해결하기 위한 대안을 '분석Analysis'하고, 한 발짝 물러서서 문제 상황 전체에 대해 통찰하는 '숙고Contemplation'의 과정을 거친 다음 '평안함Equilibrium'의 상태에 이르게 된다.[25] 이때 4단계인 '숙고'의 단계는 '사색'의 단계이자 '명상'의 단계라고도 하는데, 결국 평안함에 이르기 위해서는 한 발짝 물러서서 전체를 통찰하는 '관점의 전환'이 필요하다. 또한, 라베가 제시한 네 단계 모델에서도 마지막 단계인 '초월Transcendence'은 더 넓은 관점에서 세계를 바라보는 것을 의미한다.[26]

참여자들에게 관점의 확장을 유도하기 위해서는 프로그램의 기획 단계에서부터 준비가 필요하다. 물론, 독서 후 토론의 자발적인 참여를 독려하기 위해 토론 주제는 기본적으로 참여자인 학생들이 제안하

22 최준섭, 『장자와 상담』, 서울: 학지사, 2016, 50~56쪽 참조.

23 PEACE는 Problem, Emotion, Analysis, Contemplation, Equilibrium 5단계의 약어다.

24 라베는 『철학상담의 이론과 실제』에서 다음과 같이 구성된 4단계 모델을 제시한다. ① 자유롭게 떠들기(Free Floating) → ② 당면문제 해결(Immediate Problem Resolution) → ③ 의도적 행위로서의 교육(Teaching As An Intentional Act) → ④ 초월(Transcendence)

25 이진남, 「철학실천 그리고 문제해결의 과정과 기법들」, 『가톨릭철학』 25, 한국가톨릭철학회, 2015, 51~52쪽 참조.

26 라베는 '초월' 단계에 대해 "상담사나 내담자가 현실이나 전통의 영향으로부터 완전히 벗어나는 것은 불가능하지만, 철학적 토론을 통해 자기 자신의 신념을 자신의 가족이나 공동체 그리고 세계라고 하는 더 큰 관점에서 바라볼 수 있다"고 한다(라베, 『철학상담의 이론과 실제』, 260쪽 참조).

는 주제가 우선이 되어야 할 것이다. 하지만 아직 토론이 낯선 회기의 초반부나 참여자들이 토론 주제를 제시하기 어려워할 때, 그리고 우리가 흔히 가질 수 있는 생각들에 대해 진행자가 의도적으로 '관점의 확장'을 유도하고자 하는 경우 미리 준비한 '철학적 질문'이 관점의 확장을 도울 수 있다. 따라서 연구자들은 본 프로그램에서 선정한 도서인 영국 소설가 조지 오웰George Orwell의 『동물농장Animal Farm』의 내용과 연관된 '철학적 질문'을 미리 준비했으며, 실제 각 회기 진행 시 이를 적절히 활용했다. 활용된 철학적 질문의 예시는 아래와 같다.

질문#1) 더 나은 공동체(정당한 목적)를 만들기 위해 폭력(부당한 수단)을 사용하는 것은 정당한가?

질문#2) 실패할 게 뻔한 상황에서도 불의에 저항해야 하는가? 과연 용기란 무엇인가?

질문#3) 소수의 엘리트가 통치하는 방식과 다수의 보통 사람들이 통치하는 방식 중 무엇이 나은가?

질문#4) 스퀼러는 왜 식량 '감축'이라는 단어 대신 '재조정'이라는 용어를 썼는가? 우리는 사용하는 언어에 따라 어떻게 생각이 바뀌는가?

질문#5) 동물농장의 부조리를 계속해서 외면하는 당나귀 벤저민의 태도는 비난받아 마땅한가?

위 질문들은 소설의 내용과 흐름에서 자칫 이분법적으로 결론짓고 넘어갈 수 있는 여러 가지 상황에 대해 '본질은 무엇인가?', '그것이 과연 옳은가?', '왜 그렇게 생각하는가?'에 대해 한 번 더 질문을 던진 것이다. 물론, 위의 질문들은 정답이 있는 것이 아니며 진행자가 참여자들에게 어떠한 교훈을 주고자 하는 의도는 더욱 아니다. 철학적 질문이란 각자가 어쩌면 당연하게 생각하고 있는 근본적인 생각이나 신념들에 대해 질문을 던짐으로써 토론하는 과정에서 참여자들이 다양하게 의견을 나눌 수 있도록 유도하는 질문을 의미한다. 물론 그 과정에서 참여자가 아포리아aporia에 빠질 수도 있다. 하지만 스스로 답을 찾을 수 있는 능력이 각자에게 있음을 믿고 기다린다면 자신만의 생각을 끌어낼 수 있을 것이며, 각각의 참여자들이 발표하는 여러 가지 다른 생각이 나의 관점을 확장하고 서로 이해의 폭을 넓히는 데 도움을 줄 것이다. 따라서 철학적 질문의 유형이 따로 존재하는 것은 아니며 다양한 대답이 나오고 의견이 오갈 수 있는 근본적인 것에 관한 질문들은 어떤 것이든 '관점의 확장을 위한 철학적 질문'이 될 수 있다.

③ 하나의 물음을 깊게 숙고하기 위한 완독完讀

프로그램 개발 초기 단계에서 15회기의 '철학적 독서토론 프로그램'을 어떤 도서로 진행할 것인가는 매우 중요한 안건이었다. 논의 결과 두 가지 안이 나왔는데 첫 번째는 중학생 권장 단편소설 중 몇 편을 선별하여 진행하는 것이었고, 두 번째는 한 권의 책을 끝까지 읽어보는 것이었다. 여러 편의 단편소설을 활용하는 것은 다양한 작품을 통해 흥미를 유발할 수 있고 토론 주제도 풍부하게 이끌어낼 수 있는 반면, 한 권의 책을 끝까지 읽는다는 것은 중학생들에게는 다소 인내가 필요한 과정일 것이며 그 책에서 궁금한 질문이 다양하게 떠오르지 않을 때는 자칫 토론 주제가 반복되어 흥미를 잃을 가능성도 있었다. 하지만 학생들에게 이번 한 학기 동안의 프로그램을 통해 한 권의 책을 읽어냈다는 성취감을 느낄 수 있는 경험을 주기 위해 '한 학기 한 권 완독完讀' 형식을 선택했다.

임현정에 의하면 한 학기에 한 권의 책을 완독하는 것이 중학생들의 '진로 결정 자기효능감'을 향상시키는 데 효과가 있으며,[27] 이는 비록 작은 성공 경험이라 할지라도 그 경험이 있다는 것이 다른 일에도 긍정적인 영향을 끼치는 것으로 볼 수 있다. 즉 단편소설을 통해서도 다양한 주제로 논의할 수 있다는 장점이 있겠지만, 한 권의 책을 끝까지 완독해내는 경험은 학생들에게 어떤 일을 완료해냈다는 자신감을 심어줄 수 있을 것이다. 이는 학생들의 수준에 맞는 책을 한 학기에 한 권 선정하여 긴 호흡으로 읽어낼 수 있도록 도서와 독서 시간 확보 등 여건을 조성하도록 권장하는 '2015 개정 교육과정'의 권고와도 그 방향을 함께하는 독서 방법이다.[28]

또 하나의 중요한 고려사항은 참여자들이 하나의 질문에 대해 깊이 생각해보도록 하는 경험이다. 하나의 문학작품을 읽으면 각자에게 떠오르는 또는 조별 토론 과정에서 계속해서 던져지는 질문이 있기 마련이다. 15주라는 짧지 않은 시간 동안 그 하나의 질문을 끈질기게 숙고해보는 것이 소크라테스가 이야기한 '철학 함'을 경험해보는 기회일 수 있다. 소크라테스는 『변론』에서 아테네 시민에게 "검토 없이 사는 삶은 인간에게 살 가치가 없다"[29](38a)고 이야기하며 후대 철학자들에

27 임현정(2020)에 따르면 중학생들에게 '한 학기 한 권 읽기' 진로독서 프로그램을 시행한 결과 '진로 결정 자기효능감'의 향상에 효과가 있는 것으로 나타났으며, 이러한 효과는 '진로 결정 자기효능감'의 하위요소인 목표 선택, 직업 정보, 문제해결, 미래계획 등 네 가지 요인에 모두 효과가 있었다(임현정 외, 「'한 학기 한 권 읽기' 진로독서 프로그램이 중학생의 진로 결정 자기효능감에 미치는 효과」, 『학습자 중심 교과교육연구』 20(19), 학습자 중심 교과교육학회, 2020, 1147쪽 참조).

28 임현정, 같은 논문, 1138쪽 참조.

29 플라톤, 『소크라테스의 변명』, 강철웅 역, 파주: 아카넷, 2020, 101쪽.

게 '철학 함'의 방법을 남겼다. 여기서 '검토'한다는 것은 다른 말로 하면 '캐물음', '숙고함'이라고 할 수 있다. 이 과정은 인내를 요구하는 과정이며 때로는 고통스럽기까지 하다. 플라톤의 대화편을 살펴봐도 실제로 소크라테스의 대화 상대자 중 많은 사람이 이 과정을 견디지 못하고 중도에 포기하고 자리를 뜨는 것으로 이야기가 끝나는 것을 볼 수 있다. 그만큼 근본적인 질문에 대해 끈질기게 캐묻는다는 것은 매우 어려운 일이다.

'디지털 네이티브'[30]인 본 프로그램의 참여자들은 어느 때보다 빠른 화제의 전환 속에서 살고 있다. 정답을 빨리 찾는 법을 가르치는 것이 중요해진 현재의 입시제도의 한계도 이러한 학생들의 '캐물음'을 제약하는 데 한몫 거들고 있다. 손안의 스마트폰으로 몇 번의 검색만 하면 원하는 답을 찾을 수 있고, SNS나 각종 스마트폰 메신저의 빠른 소통에 익숙해져 있는 학생들은 정답이 없는 한 가지 질문을 붙잡고 늘어지는 소크라테스식 '캐물음'이 불편할 수도 있다. 하지만 우리가 살면서 맞닥뜨리는 중요한 문제들은 대부분 정답이 없고, 오랜 시간 고민해야 하는 경우가 많다. 참여자들에게 정답이 없는 하나의 질문이 끊임없이 제기된다면 이는 오히려 '함께 철학 함'의 기회가 될 수 있을 것이며 '철학 함'을 연습할 기회이기도 하다.

30 미국의 교육학자 마크 프렌스키(M. Prensky)가 처음 사용한 단어로 태어나면서부터 스마트폰, 컴퓨터, 인터넷 등의 디지털 환경에서 성장한 세대를 뜻한다. 특징으로는 멀티태스킹에 능하고 신속한 반응을 추구한다는 것 등이 있다. "But the most useful designation I have found for them is Digital Natives. Our students today are all 'native speakers' of the digital language of computers, video games and the Internet" M. Prensky, "Digital Natives, Digital Immigrants Part 1" On the Horizon, 9(5), 2001, p. 1 참조.

(3) 프로그램의 설계

'철학적 독서토론' 프로그램의 설계에 참여한 연구원은 총 4명(박사과정 1명, 석박사통합과정 1명, 석사과정 2명)이며, 프로그램 설계 이후 실제 현장에서 진행까지 시행할 연구원들로 구성했다. 앞서 언급한 바와 같이 독서토론의 형식을 유지하되 철학적 요소를 충분히 활용하여 약 2개월에 걸쳐 프로그램을 설계했다. 자료의 선정은 한 학기 한 권 완독의 취지에 맞춰 분량과 난이도를 고려했고, 동물로 비유된 등장인물들의 다양한 행동과 생각이 드러나 토론 주제를 발제하기에 적합하다고 판단한 조지 오웰의 『동물농장』[31]으로 선정했다. 주차별 주요 활동은 〈표 1〉에 기술했으며, 토론 주제는 기본적으로 학생들이 자유롭게 발제한 주제 중 하나를 골라 시행하되, 관점의 확장을 위해 미리 주차별로 생각해볼 만한 질문들을 별도로 준비했다. 또한, 토론 시간을 충분히 확보하기 위해 한 주는 오롯이 소리 내어 읽기에 집중한 후 다음 주에 토론할 주제를 선정하고, 그다음 주에는 정해진 주제를 깊이 있게 토론하는 방식으로 구성했다. 『동물농장』은 전체 10장으로 구성되어 있어 분량을 고려해서 나누었다.

전체적인 프로그램의 회기와 주차별 활동을 기획한 이후에는 각 회기의 세부적인 내용을 구성했다. 전체 회기 중 짝수 주차인 '성독' 회기에 대해서는 각 회기에서 읽어야 할 본문의 텍스트 분량이 적절한지에 대해 연구원들이 실제로 소리 내어 읽어보면서 시간을 재고, 주어진 수업 시간인 45분 동안 해당 분량을 낭독하기 어려운 회기는 일정 분

31 조지 오웰, 『동물농장』, 도정일 역, 서울: 민음사, 2020.

표 1. 철학적 독서토론 프로그램 요약

주차	주요 활동	철학적 질문(예시)
1주차	• 사전 설문조사 및 프로그램 소개	프로그램을 통해 무엇을 얻고 싶은가?
2주차	• 1~2장 읽기(성독), 토론 주제 정하기	"인간을 몰아내면 굶주림과 노동이 줄어든다"는 메이저의 주장을 논박해본다면?
3주차	• 간략하게 내용 요약 후 토론	
4주차	• 3~4장 읽기(성독), 토론 주제 정하기	'외양간 전투'에서 몰래 숨어있던 암말 몰리의 행동을 비난할 수 있는가? 그 근거는?
5주차	• 간략하게 내용 요약 후 토론	
6주차	• 5~6장 읽기(성독), 토론 주제 정하기	더 좋은 공동체를 만들기 위해 폭력으로 권력을 탈취하는 것은 정당한가?
7주차	• 간략하게 내용 요약 후 토론	
8주차	• 7장 읽기(성독), 토론 주제 정하기	동물들이 무고하게 죽어갈 때 힘에 눌려 아무도 나서지 못했다. 용기란 과연 무엇인가?
9주차	• 간략하게 내용 요약 후 토론	
10주차	• 8장 읽기(성독), 토론 주제 정하기	'풍차 전투'에서의 상처뿐인 승리는 자축할 만한 일이었는가? 풍차는 어떤 의미인가?
11주차	• 간략하게 내용 요약 후 토론	
12주차	• 9장 읽기(성독), 토론 주제 정하기	스퀼러는 왜 '감축'이라는 단어 대신 '재조정'이라 할까? 언어란 무엇인가?
13주차	• 간략하게 내용 요약 후 토론	
14주차	• 10장 읽기(성독), 토론 주제 정하기	돼지와 인간은 무엇이 다른가? 엘리트주의 vs. 민주주의
15주차	• 토론 및 사후 설문조사	

량에 대해 묵독을 포함하는 것으로 계획했다. 그리고 홀수 주차인 토론 회기에 대해서는 각 회기에서 내용 파악을 위해 생각해봐야 할 질문들을 선정하고, 토론 주제로 가능할 만한 '철학적 질문'들을 미리 논의

해 구성했다. 또한, 해당 질문에 대해 참고할 만한 텍스트나 예시를 연구해서 '수업 지도안(진행자용)'과 '활동 수첩(학생용)'에 담아 제공했다. 수업 지도안 중 성독 회기의 예시는 〈표 2〉와 같다.

성독 회기는 기본적으로 짝수 차수에 이루어졌는데, 책을 소리 내어 읽는다는 자체가 중학생들에게 그리 흥미를 끌지는 못할 것이기 때문에 참여자들이 집중할 수 있도록 읽는 순서에 변화를 주었다. 그것

표 2. 수업 지도안 예시(성독 회기)

<table>
<tr><th colspan="6">철학적 독서토론 프로그램</th></tr>
<tr><td>도서명</td><td>동물농장
(민음사)</td><td>작가</td><td>조지 오웰</td><td>차시</td><td>8/15</td></tr>
<tr><td>독서 범위</td><td>7장(74~88쪽)</td><td>수업 교사</td><td colspan="3">팀 진행자 3명</td></tr>
<tr><td rowspan="4">핵심 질문</td><td>사실적 이해</td><td colspan="4">글의 세부 내용을 확인하고 전체 의미 파악</td></tr>
<tr><td>추론적 이해</td><td colspan="4">비명시적 내용 도출, 의미 구성, 정보 관계 추론</td></tr>
<tr><td>비판적 이해</td><td colspan="4">글의 내용을 비판적으로 수용하며 다양한 관점으로 이해</td></tr>
<tr><td>창의적 이해</td><td colspan="4">깨달은 바를 자신의 가치에 적용, 새로운 가치관 형성</td></tr>
<tr><th colspan="6">수업 세부 계획안</th></tr>
<tr><td>수업 절차</td><td colspan="5">수업 내용</td></tr>
<tr><td>도입(5분)</td><td colspan="5">※ 수업 준비물: 교재, 워크북, 포스트잇 등
• 3분 명상 및 수업 시작</td></tr>
<tr><td>활동
(30분)</td><td colspan="5">• 10분 윤독: 민음사 버전 책으로 한 단락씩 돌아가며 소리 내어 읽기(5분) ⇨ 녹음해서 들려주기(5분)
• 20분 묵독: 각자 선택한 책으로 묵독하며 내용 파악, 포스트잇 작성</td></tr>
<tr><td>마무리
(10분)</td><td colspan="5">• [5분] 사실적 이해
- 책 읽은 감상 간략하게 나누기
• [5분] 스스로 토론거리 생각해보기
※ 줄거리 요약
- 해당 내용을 읽고 떠오른 토론 주제 포스트잇에 작성
- 작성된 포스트잇 내용에 대한 피드백 후 다음 주 토론 주제 선정</td></tr>
</table>

은 약간의 우연성과 자율성 그리고 게임의 요소를 가미한 것인데, 처음에 읽을 학생을 무작위로 지정하면 그 학생이 최소 한 문단 이상 자신이 읽고 싶은 만큼만 읽고 다음에 읽을 학생을 지정하는 방식이다. 이러한 장치를 통해 자칫 지겨울 수 있는 성독 시간에 재미의 요소를 더해보고자 했다. 책을 읽고 난 후에는 다음 주에 토론할 주제를 각자 포스트잇에 적어서 제출한 다음 투표를 통해 선정한다. 다음으로 '토론 회기'의 예시는 〈표 3〉과 같다.

토론 회기에서는 먼저 퀴즈를 통해 소설의 내용을 짧게 복습하고 학생들이 지난 시간에 제안한 주제에 대해 토론을 펼친다. 토론 방식은 주제에 따라 찬반을 갈라 토론할 수 있으며, 각자 자신의 의견을 자유롭게 이야기하는 자유토론도 될 수 있다. 지도안의 질문들은 토론 활동이 끝나고 난 후 시간적 상황을 고려해서 추가로 제시할 용도로 미리 작성해놓은 것이다. 각각의 회기에 학생들에게 공유되는 '활동 수첩'의 예시는 〈표 4〉와 같다.

각 회기에서 관점의 확장을 위해 미리 준비한 '철학적 질문'인 토론 주제는 연구원들이 실제로 해당 주제를 갖고 토론을 진행하면서 제기될 수 있는 다양한 의견을 공유했다. 물론, 이러한 과정이 현장에서의 모든 상황을 대비하기에는 부족함이 있지만, 토론 실습을 내부적으로 거듭하는 과정에서 연구원들의 생각 또한 확장되는 것을 느꼈으며, 대응 역량도 향상되었다. 프로그램 설계가 마무리되고 난 이후에는 실제 현장에서 진행하는 것과 동일하게 연구원들끼리 돌아가면서 진행자와 참여자가 되어보면서 세부적인 부분들을 다듬어나갔다.

표 3. 수업 지도안 예시(토론 회기)

<table>
<tr><th colspan="6">철학적 독서토론 프로그램</th></tr>
<tr><td>도서명</td><td>동물농장(민음사)</td><td>작가</td><td>조지 오웰</td><td>차시</td><td>9/15</td></tr>
<tr><td>독서 범위</td><td>7장(74~88쪽)</td><td>수업 교사</td><td colspan="3">팀 진행자 3명</td></tr>
<tr><td rowspan="4">핵심 질문</td><td>사실적 이해</td><td colspan="4">글의 세부 내용을 확인하고 전체 의미 파악</td></tr>
<tr><td>추론적 이해</td><td colspan="4">비명시적 내용 도출, 의미 구성, 정보 관계 추론</td></tr>
<tr><td>비판적 이해</td><td colspan="4">글의 내용을 비판적으로 수용하며 다양한 관점으로 이해</td></tr>
<tr><td>창의적 이해</td><td colspan="4">깨달은 바를 자신의 가치에 적용하여 새로운 가치관 형성</td></tr>
<tr><th colspan="6">수업 세부 계획안</th></tr>
<tr><td>수업 절차</td><td colspan="5">수업 내용</td></tr>
<tr><td>도입(5분)</td><td colspan="5">• 3분 명상 및 수업 시작</td></tr>
<tr><td>활동
(35분)</td><td colspan="5">• [10분] 지난주 내용 복습
- 질문을 통해 지난주 읽은 부분 내용 확인(워크북 활용)
- ○, × 퀴즈 대결
① 동물들은 풍차가 무너진 이유를 벽이 너무 얇기 때문이라고 생각했다. (○, ×)
② 암탉들은 달걀을 뺏기지 않기 위해 몰래 숨어서 알을 낳았다. (○, ×)
• 토론 활동: 학생들이 스스로 정한 주제를 가지고 토론 진행
• 추론적 이해: 나폴레옹이 「영국의 짐승들」 노래를 폐지한 이유는?
• 비판적 이해
(소크라테스) "용기란 나설 때와 물러설 때를 아는 지혜다."
(아리스토텔레스) "용기는 비겁함과 무모함 사이에 있다."
(동물농장의 상황) 암탉 네 마리, 거위 한 마리, 양 세 마리 등의 동물들이 처형되었다. 자백과 처형은 계속되었다. (…) 그들이 받은 충격은 컸고 기분은 비참했다.
- 용기란 무엇인가? 아래와 같은 상황에서 나는 어떠한 선택을 할 것인가?
- 다음의 시를 감상하고 위의 상황과 비교해보자.
그들이 처음 왔을 때/마틴 니묄러

처음에 나치는 공산주의자들을 잡아갔습니다.
그러나 나는 침묵했습니다.
왜냐하면 나는 공산주의자가 아니었기 때문이지요. (…)</td></tr>
<tr><td>마무리
(5분)</td><td colspan="5">• 마무리</td></tr>
</table>

표 4. 활동 수첩 예시

차시	7주차	도서명	동물농장	범위	5~6장

사실적 이해를 위한 빈칸 채우기

스노볼 vs. 나폴레옹의 주장

구분	농장 방어	풍차 건설
스노볼	더 많은 비둘기들을 밖으로 파견하여 다른 농장들에서도 반란이 일어나게 해야 한다.	
나폴레옹		풍차 건설에 시간을 허비하다간 모두 굶어 죽게 된다.

추론적 이해를 위한 질문

나폴레옹이 다시 풍차를 건설하기로 한 까닭은?

비판적 이해를 위한 질문

더 좋은 공동체를 만들기 위해(정당한 목적) 폭력을 사용해서(부당한 수단) 권력을 탈취하는 것이 과연 정당할까?

•정당한 목적을 위해 부당한 수단을 활용하는 예시

✔ 의약품 개발을 위한 비윤리적 동물 실험
✔ 교육을 위한 체벌 허용
✔ 안중근 의사의 이토 히로부미 저격

(4) 프로그램 진행

프로그램 진행은 '21학년도 1학기 15주를 기준으로 매주 화요일에 1시간씩 국어 교과수업 시간을 활용해 진행되었으며, 현장학습 및 기말고사가 있는 주간을 제외하고 총 15시간 실시했다. 또한, 2학기에도 동일한 방식으로 대상을 달리하여 진행했다. 본 프로그램을 의뢰한 학교 측의 요구에 맞춰 1학기에는 중학교 2학년생을 대상으로 했고, 2학기에는 중학교 1학년생을 대상으로 했다. 한 반의 인원은 대략 25명 내외로 독서토론을 진행하기에는 참여자 수가 많아 한 반을 8명 내외로 구성된 3개 조로 나누어 3명의 진행자가 각각의 조에 대한 프로그램을 진행했다. 앞서 계획한 바와 같이 기본적으로 한 주는 소리 내어 읽기(성독) 및 토론 주제 선정, 그다음 주에는 선정된 주제에 대한 토론으로 진행했다.

첫 회기 프로그램을 진행하기에 앞서 〈그림 4〉와 같이 학생들과 함께 본 프로그램에서 지켜야 할 규칙을 정했다. 규칙은 프로그램의 원활한 진행과 학생들 간의 과도한 감정대립을 제한하기 위한 것으로, 물론 진행자가 그러한 역할을 하지만 학생들 스스로 합의해서 정한 규칙을 따르게 하는 것은 더욱 효과가 있을 것이다. 이러한 규칙은 특히 아곤적 성격이 강한 토론식 프로그램을 진행할 때 매우 중요하다. 하위징아와 카이와가 이야기했듯이 아곤적 놀이에서 규칙이 무너지는

[Ground Rule]

1. 친구에게 강요하지 말기
2. 대화에 열심히 참여하기
3. 다른 사람이 이야기할 때 경청하기
4. 친구의 의견 존중하기 (다른 것은 틀린 것이 아니다.)
5. 서로 비난하지 말기
6. 수업 전에 미리 준비하기 (자리 배치, 책 등)
7. 다른 사람이 이야기할 때 끼어들거나, 혼자서 너무 길게 말하지 말기

[함께 이야기 나눌 질문들]

1. 존스는 왜 술을 마셨을까?
2. 메이저가 한 연설은 옳은가? 그렇지 않은가?
3. 다른 해결 방법은 없었을까?

※ 더 생각해볼 질문들
1. 동물들은 서로 죽이면 안 된다는 계명은 타당한가?
2. 이 이상사회 '동물농장'이 계속 지속될까?
3. 우유가 사라진 이유는 무엇일까?
4. 고양이는 왜 쥐를 '적이다'와 '친구이다'에 둘 다 투표했을까?
5. 동물들은 왜 존스와 일꾼들에게 달려가 공격했을까?
6. 정말로 동물들은 그렇게 생각할까?
7. 일곱 계명에 추가할 것은 무엇이 있을까?

그림 4. 규칙과 질문지

순간 놀이는 타락하게 된다.[32] 또한, 학생들 스스로 만들고 합의한 규칙은 참여자에게 프로그램에 자발적으로 참여하도록 한다. 합의된 규칙은 함께 생각해볼 질문지와 함께 회기마다 공유했으며, 합의를 통해 규칙을 추가하기도 했다. 읽기가 마무리되면 내용을 바탕으로 토론 주제를 선정했는데, 각자가 책을 읽고 궁금한 점이나 더 이야기를 나누고 싶은 부분을 〈그림 5〉와 같이 하나씩 포스트잇에 적어 제출하게 하고, 이를 토론 주제 후보로 놓고 〈그림 6〉과 같이 투표해서 다음 주에 토론할 주제를 선정했다.

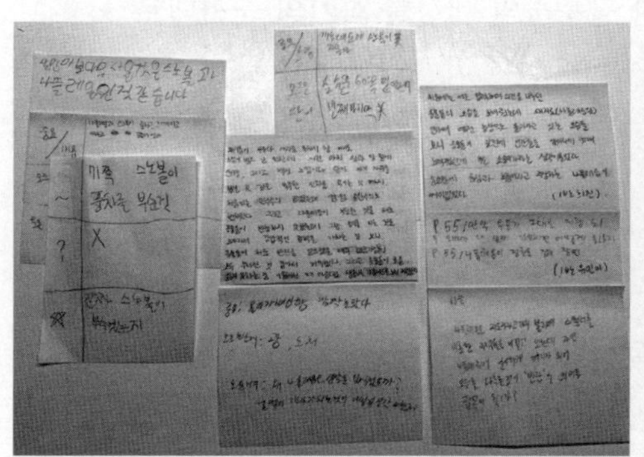

그림 5. 포스트잇을 활용한 토론 주제 제시

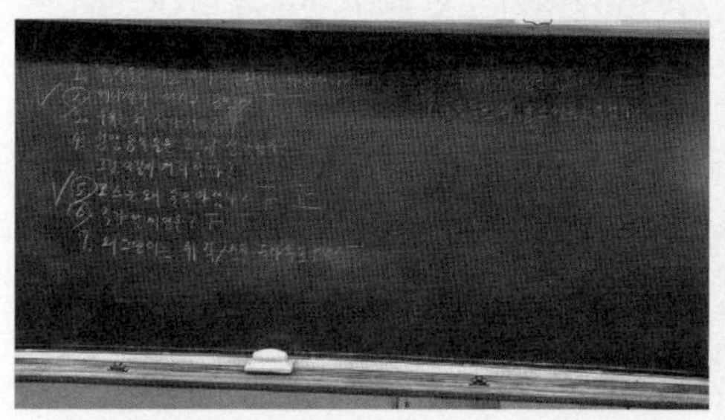
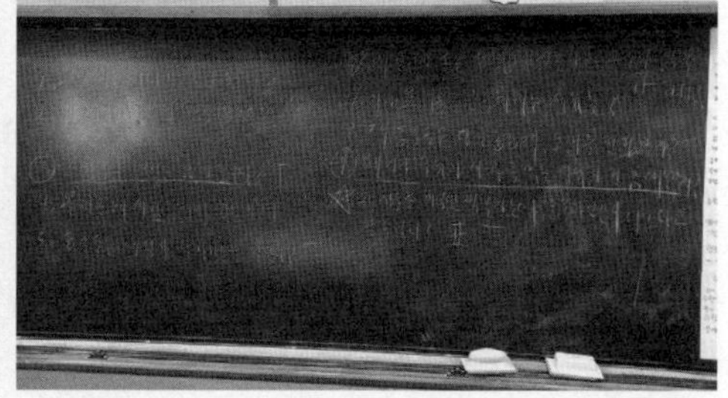

그림 6. 주제 선정을 위한 투표 결과

32 카이와, 『놀이와 인간』, 81쪽 참조.

책을 읽고 학생들에게 토론하고 싶은 주제를 각자 포스트잇에 작성해서 제출하도록 했을 때 처음에는 다소 익숙하지 않아 진행자가 미리 배포한 '활동 수첩'에 있는 예시 질문들을 그대로 적어서 제출하는 경우도 있었다. 하지만 시간이 흐르면서 각자 자기가 궁금한 내용을 적어내기 시작하는 학생들의 변화를 볼 수 있었다. 자신이 제안한 질문으로 실제 토론이 이루어지는 경험을 반복해서 하다 보니 질문의 내용도 회기를 거듭할수록 구체적이면서 비판적인 내용의 질문이 자주 등장했고, 질문 자체의 길이도 점점 늘어가는 것을 볼 수 있었다. 학생들이 토론하고 싶다고 투표로 선정한 질문들의 예시를 회기의 순서대로 살펴보면 아래와 같다.

- 존스는 왜 술을 마셨을까?
- 우유가 사라진 이유는 무엇일까?
- 동물들은 왜 존스와 일꾼들에게 달려가 공격했을까?
- 메이저가 한 연설은 옳은가? 그렇지 않은가?
- 폭력적인 방법 외에 다른 해결 방법은 없었을까?
- 돼지들도 존스처럼 점점 자신의 이익만을 생각하고 있는데, 동물과 인간이 다르다고 할 수 있나?
- 나폴레옹이 풍차를 다시 건설하려는 이유는 무엇일까?
- 이 이상사회 '동물농장'이 지속될 수 있을까?
- 고양이는 왜 쥐를 '적이다'와 '친구이다'에 둘 다 투표했을까?
- 왜 인간의 손은 온갖 못된 짓을 하는 도구라고 생각하는가?
- 돼지가 우유와 사과를 먹어야 한다는 스퀼러의 연설은 옳은가?
- 나폴레옹은 개를 이용해 농장을 장악했다. 이런 나폴레옹의 행동은 존스

와 무엇이 다른가? 과연 나폴레옹은 나쁜 것일까?

- 나폴레옹이 회의를 폐지하고 모든 걸 돼지들끼리 결정한다고 했을 때 다른 동물들은 왜 따지지 않았을까?

이상의 질문들을 보면 알 수 있듯이 회기 초반에는 "우유가 사라진 이유는 무엇일까?"나 "존스는 왜 술을 마셨을까?" 등과 같이 소설 내용이나 사실에 대해 궁금해하는 '사실적 이해'에 해당하는 질문들이 자주 보였다. 하지만 회기 후반부로 갈수록 "돼지가 우유와 사과를 먹어야 한다는 스퀼러의 연설은 옳은가?" 등과 같이 내용에 대해 옳고 그름을 따지는 질문이나 "나폴레옹은 개를 이용해 농장을 장악했다. 이런 나폴레옹의 행동은 존스와 무엇이 다른가? 과연 나폴레옹은 나쁜 것일까?"와 같은 '비판적 이해'에 가까운 질문들이 자주 등장하는 것을 볼 수 있었다.

또한, 찬반으로 갈릴 수 있는 질문에 대해서는 그룹을 나누어 찬반 토론의 방식으로 진행했는데, 이는 하위징아의 주장대로 집단에서 행하는 놀이에서의 아곤(경쟁)이 문화를 추동한 것과 같이, 토론의 회기마다 반복해서 이루어지는 또래 집단끼리의 경쟁이 프로그램의 역동성을 더욱 높여주어 그 효과를 배가할 수 있기 때문이다. 다만, 주의해야 할 점은 학생들 간의 논쟁이 과열되어 감정적인 대화로 이어지는 것인데 이를 방지하기 위해서는 앞서 규칙에서 합의한 '서로 존중하기, 경청하기, 끼어들지 않기, 비난하지 않기' 등을 진행자가 매번 주지시켜야 하며 이를 어길 때는 강하게 제지해야 한다. 다시 한번 강조하지만, 카이와의 이야기처럼 아곤적 놀이의 타락은 규칙이 무시되는 순간 찾아오기 때문이다.

우선 찬반 토론을 위해서는 찬성과 반대 그룹을 나누는 절차가 필요한데 매 질문의 성격에 따라 자신이 스스로 원하는 편에 서도록 했지만, 한쪽 편으로 인원이 과도하게 몰리는 경우 아래 사진과 같이 우연적인 요소를 가미한 '사다리 타기' 게임을 통해 팀을 선정했다. 〈그림 7〉은 스스로 찬성이나 반대 중 원하는 곳에 자발적으로 참여하는 경우이고, 〈그림 8〉은 인원이 과하게 몰려 사다리 타기를 통해 팀을 선정하는 과정이다.

그림 7. 팀 선정(자율)

그림 8. 팀 선정(사다리 타기)

팀을 선정한 이후에는 각자의 팀에서 의논을 통해 팀 대표를 뽑고, 대표를 중심으로 팀이 승리하기 위한 전략을 세운다. 전략회의를 마치면 이제 각자의 팀에서 번갈아 찬성의 근거와 반대의 근거 그리고 상대팀의 논리에 반박을 펼치고 필요할 경우 추가로 단 한 번의 '작전타임'을 가질 수 있다. 찬반토론 과정에서 진행자는 각 팀의 주장을 칠판에 일목요연하게 정리하여 토론의 쟁점이 흐트러지지 않도록 한다. 〈그림 9〉는 팀별로 전략회의를 하는 모습이고, 〈그림 10〉은 진행자가 토론 내용을 칠판에 요약해서 정리한 것이다.

그림 9. 팀 전략회의

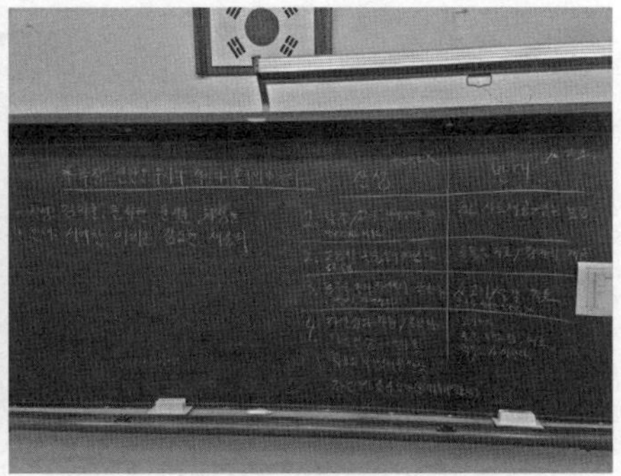

그림 10. 토론 내용 정리

(5) 프로그램의 효과

프로그램의 효과 분석은 양적 분석과 질적 분석의 두 가지 관점에서 이루어졌다. 양적 분석은 프로그램의 실질적인 효과를 사회과학적 방법으로 검증해내기 위해 검증된 측정 도구를 활용하여 '자기효능감'과 '학교적응'을 측정했다. 그리고 이러한 양적 분석의 내용으로 파악하기 어려운 학생들의 다양한 반응과 생각 그리고 느낌에 대해서는 추가적인 질문지와 진행자의 관찰일지 등을 통해 분석했다. 사후 설문지는 프로그램에 참여한 경험에 대해 생각과 느낌을 묻는 질문으로 구성했고, 직접 작성하여 활용했다.

먼저 양적 분석을 위해 KEDI(한국교육개발원)에서 개발한 〈표 5〉의 내용으로 구성된 측정 도구[33]를 활용하여 프로그램 전후에 '자기효능감'과 '학교적응'에 대해 측정했다. 본 프로그램의 목적이 코로나19 사

33 현주·김양분·류한구·박현정·김태은, 「KEDI종합검사도구 개발 연구」, 한국교육개발원 홈페이지, 2005(https://www.kedi.re.kr/khome/main/research/listPubForm.do).

표 5. 설문지 검사내용

1) 자기효능감 설문지 하위요인 및 개념

하위요인	개념
학습 효능감	개인이 계획한 학습 성취수준에 도달하기 위해 필요한 행동 과정을 조직하고 실행하는 자신의 능력에 대한 개인의 판단
사회성 효능감	개인의 사회적 활동 및 대인관계에서 중요 타인들과 원만한 관계를 유지해나가기 위해 필요한 행동 과정을 조직하고 실행하는 자신의 능력에 대한 개인의 판단
어려움 극복 효능감	개인의 학교생활, 가정생활, 친구 관계, 학업성취 등에서 야기되는 어려움을 극복하기 위해 필요한 행동 과정을 조직하고 실행하는 자신의 능력에 대한 개인의 판단

2) 학교적응 설문지 하위요인 및 개념

하위요인	개념
학업적 적응	학교 수업 활동에서의 적극적인 참여, 학습활동에 대한 노력, 학습 방해요인에 대한 개인 내·외적 요인의 통제, 학습에 대한 주의집중 정도 등과 관련된 행동 과정을 의미함.
사회적 적응	학교에서의 사회적 관계 또는 대인관계(학급 친구, 교사와의 관계)를 원만하고 조화롭게 맺기 위한 친사회적 행동으로서, 사교적인 행동, 교실 규칙을 지키는 행동, 책임을 지는 행동, 교사의 훈계를 잘 수용하는 행동 등이 포함됨.
정의적 적응	학교학습과 관련된 일반적인 태도와 관련된 것으로, 학생이 학교생활을 좋아하거나 싫어하는 행동, 학교에서 이루어지고 있는 전반적인 활동에 대한 학생의 만족 정도를 의미함.

태로 인해 현저하게 부족해진 학생들 간의 상호작용을 낭독과 토론 등의 여러 가지 활동을 통해 보완해주고, 한 학기 한 권 완독을 통해 성취감을 배양하는 것인 만큼 효과검증에서도 학생들의 성취감을 판단할 수 있는 '자기효능감'과 교우들과의 관계를 판단할 수 있는 '학교적응'을 측정 항목으로 선택했다. 또한, 국어 교과 시간에 이루어지는 활동

인 만큼 학생들의 '학업 성취도'와의 연계성도 고려했다.[34]

다만, 한 가지 아쉬운 것은 아직 인문카운슬링 프로그램에 꼭 맞는 질문으로 구성된 측정 도구가 개발되어 있지 않아 교육학 관점에서 개발한 측정 도구를 활용할 수밖에 없었다는 점이다. 이는 이제 막 시작하는 분야인 인문카운슬링이나 철학상담 같은 분야의 효과검증이 질적 연구 방식에 치우칠 수밖에 없는 현실적인 이유이기도 하다. 따라서 그러한 설문지가 개발되기 전까지는 심리학이나 교육학 등에서 개발해놓은 다양한 측정 도구를 활용하여 양적 방법으로도 검증해볼 필요가 있으며, 조속한 시일 내에 인문카운슬링 분야에서도 신뢰도와 타당도가 검증된 측정 도구가 다양하게 개발되어야 할 필요성이 있다.

'자기효능감'과 '학교적응' 두 가지 항목에 해당하는 설문지의 측정방법은 5단계 리커트 척도Likert scale로 5점에 가까울수록 "매우 그렇다", 1점에 가까울수록 "전혀 그렇지 않다"는 상태를 표시하게 구성되어 있으며, 프로그램 전후의 변화를 측정하기 위해 시작 전, 종료 후 2회에 걸쳐 측정했다. 하지만 이러한 양적 측정방법으로는 평균점수의 변화측정은 가능하나 학생들 개개인의 변화나 프로그램에 대한 학생들의 생각을 알 수 없어 복잡한 마음의 문제를 다루는 인문카운슬링 프로그램의 효과를 제대로 측정할 수는 없을 것이다. 따라서 연구자들은 이를 보완하기 위해 프로그램 종료 후 〈표 6〉 같은 별도의 질문지를 통해 답변 내용을 분석했다. 그리고 프로그램 진행 과정에서 연구원들 각자가 맡은 조의 학생들의 행동 변화를 관찰하여 내용을 공유하면서 효과검증에 대한 질적 방법을 보완했다.

---

34 위 논문에 따르면 중학생들의 '자기효능감'과 '학교적응' 모두 '읽기 능력'과 '수학 능력'에 긍정적인 영향을 미치는 것으로 나타난다(현주 외, 앞의 논문, 2005, 34~35쪽 참조).

표 6. 프로그램에 관한 질문 내용

1. 『동물농장』 독서토론 프로그램은 ① 한 학기 한 권 완독하기, ② 소리 내어 읽어보기, ③ 자유롭게 토론하기 등으로 구성되었습니다. 위 세 가지 중 가장 기억에 남는 활동과 그 이유는 무엇인가요?
2. 아래 각각의 활동이 『동물농장』의 독서활동에 도움이 되었다면, 어떤 점에서 도움이 되었나요?
   ① 한 학기 한 권 완독하기:
   ② 소리 내어 읽어보기:
   ③ 자유롭게 토론하기:
3. 프로그램 참여를 통해 느낀 점은 무엇인가요? (자유롭게 작성해주세요)
4. 프로그램 중 개선되어야 할 부분은 무엇인가요? (자유롭게 작성해주세요)

'철학적 독서토론' 프로그램이 중학생의 '자기효능감'과 '학교적응'에 효과가 있었는지를 알아보기 위해 사전·사후 검사를 시행하고 참여자 반응 점수로 대응표본 t-검증paired t-test을 시행했다. 수집된 자료는 SPSS 22.0 Program을 사용하여 통계처리 했다. 이 연구에서 사용된 실험설계는 단일집단 전후검사 설계PretestPosttest Design로 진행되었으며, 참여자는 중학교 2학년 남학생 38명, 여학생 21명의 59명으로 구성된 집단이다.

표 7. 실험설계 모형

구분	사전 검사	중재	사후 검사
실험집단	O_1	X	O_2

X: 철학적 독서토론 프로그램, O_1: 실험집단 사전 검사, O_2: 실험집단 사후 검사

〈표 8〉은 본 독서토론 프로그램의 효과를 조사한 도구의 사전·사후 평균점수 변화를 나타낸 것으로 자기효능감과 학교적응 모두 향상된 수치를 나타냈다. 검사 점수에 대한 평균 및 표준편차 산출, 그리고 대응표본 t-검증 결과 '자기효능감'에서 사전점수 3.45(±0.61), 사후점수 3.77(±0.82), t=-3.683($p<0.01$)로 나타나 사전보다 사후에 유의미한 증가(+0.29)가 있었음을 알 수 있다. 그리고 '학교적응'에서도 사전점수 3.57(±0.56), 사후점수 3.80(±0.81), t=-3.167($p<0.01$)로 자기효능감과 마찬가지로 사전보다 사후에 유의미하게 증가(+0.24)했음을 알 수 있다. 결론적으로, 이러한 양적 측정 효과 분석을 통해 본 인문카운슬링 프로그램으로 해당 집단의 '자기효능감'과 '학교적응'이 향상되었음을 확인했다.

표 8. 설문 점수 검증에 의한 독서토론 효과 분석 결과

구분	사전		사후		증감	t	유의수준
	평균	표준편차	평균	표준편차			
자기효능감	3.47	0.61	3.77	0.82	+0.29	-3.683	.001**
학교적응	3.57	0.56	3.80	0.81	+0.24	-3.167	.002**

*p〈.05, **p〈.01, ***p〈.001

〈표 9〉와 〈표 10〉은 각각 '자기효능감'과 '학교적응'의 하위요소들에 대한 사전·사후 평균점수 변화를 보인 것이다. 자기효능감은 여러 가지 하위요소로 구성되어 있는데, 그중에서도 특히 '학습 효능감'(+0.43, $p<0.000$)과 '사회성 효능감'(+0.35, $p<0.001$)에서 의미 있는 효과를 보인 것으로 나타났다. 이는 '한 학기 한 권 완독'이라는 요소, 토론과 발표를 통해 자기 생각을 명확하게 밝히는 경험이 두 가지 하위요

표 9. 자기효능감 하위요소들에 대한 효과 분석 결과

구분	사전		사후		증감	t	유의수준
	평균	표준편차	평균	표준편차			
학습 효능감	3.29	0.81	3.71	0.93	+0.43	-3.880	.000***
사회성 효능감	3.45	0.74	3.80	0.87	+0.35	-3.441	.001**
어려움 극복	3.67	0.76	3.80	0.88	+0.13	-1.556	.125

*p<.05, **p<.01, ***p<.001

표 10. 학교적응 하위요소들에 대한 효과 분석 결과

구분	사전		사후		증감	t	유의수준
	평균	표준편차	평균	표준편차			
학업적 적응	3.61	0.68	3.78	0.87	+0.18	-2.295	.025*
사회적 적응	3.70	0.61	4.03	0.73	+0.33	-3.860	.000***
정의적 적응	3.41	0.83	3.64	1.00	+0.23	-2.019	.048*

*p<.05, **p<.01, ***p<.001

소에 긍정적인 영향을 주었을 것으로 추정된다. '학교적응'의 하위요소들 또한 모두 효과를 보였으며, 특히 '사회적 적응'(+0.33, p<0.000)에서 의미 있는 효과를 보였다. 사회적 적응이란 "학교에서의 사회적 관계 또는 학우들 간의 대인관계에 관한 것"인데, 이는 하나의 주제를 두고 서로 자유롭게 토론하는 과정에서 자연스럽게 이루어지는 상호작용과 다른 친구들의 다양한 생각을 수용하게 되는 '관점의 확장'이라는 요소가 특히 긍정적인 영향을 준 것으로 추정해볼 수 있다.

설문조사를 통한 통계분석 결과 '철학적 독서토론' 프로그램에 한 학기 동안 참여한 학생들은 참여하기 전과 비교했을 때 '자기효능감'(+0.29점)과 '학교적응'(+0.24점)이 긍정적으로 개선되는 효과가 있었다. 특히, 앞에서 언급한 바와 같이 본 프로그램은 ① '성독聲讀'으로 학생들의 내용 이해와 상호작용을 더욱 활발하게 도왔고, ② '관점의 확장'으로 다른 사람의 생각에 대한 수용성과 자신의 지평을 넓히는 데 도움을 주고, ③ '완독完讀'을 통해 긴 호흡으로 한 권을 읽어냈다는 성취감을 느끼게 했다. 이러한 작용으로 인해 통계분석 결과에서도 '자기효능감' 중 '학습 효능감'과 '사회성 효능감'의 하위요소에서 비교적 높은 효과를 보였고, '학교적응' 중에서도 '사회적 적응'의 하위요소에서 비교적 높은 효과를 보였다고 추정해볼 수 있다. 왜냐하면, '학습 효능감'은 개념적으로 '자신의 학업에 대해 갖는 자신감'인데 이는 '완독'을 통한 성취감과 연결 지어볼 수 있으며, '사회성 효능감'과 '사회적 적응'은 대인관계 특히 교우들과의 관계에 관한 것인데 이는 '성독'과 '관점의 확장'이 가미된 토론 활동을 통한 활발한 상호작용과 연결 지어볼 수 있기 때문이다.

참여자들이 프로그램을 종료한 후 사후 설문지를 작성할 때 별도의 질문지를 통해 참여자들에게 답변하게 했고, 본 프로그램이 참여자들에게 어떤 도움이 되었는지를 정리하고 분석했다. 참여자들의 답변을 분석한 결과 프로그램의 세 가지 요소인 토론, 성독, 완독 중 가장 기억에 남는 활동으로는 70%의 참여자가 토론을 선택했으며, 두 번째로는 16%가 완독, 나머지 14%가 성독을 선택했다. 진행자들이 참여 학생들을 관찰하는 과정에서도 학생들이 가장 흥미를 느끼고 소외되는 학생 없이 적극적으로 참여하는 활동은 다른 학생들과 활발하게 이야기할 수 있는 '토론'이었으며, 소리 내어 읽는 '성독' 과정에서는 일부 집중하지 못하는 학생들이 나타나는 것도 간혹 볼 수 있었다. 그리고 '완독'의 경우 프로그램 진행 과정에서 관찰을 통해 알기는 어려웠지만, 마지막 회기에 소감을 나누는 시간에는 스스로 이루어낸 성취에 대해 만족하는 모습을 드러내기도 했다.

세 가지 요소 중에서 가장 기억에 남는 활동으로 70%의 학생들이 토론을 선택한 이유에 대해서는 “자신의 의견을 자유롭게 이야기할 수 있고, 다른 친구들의 다양한 생각들을 들어보는 것 자체가 재미있었으며 생각이 넓어지는 기회가 되었다”는 의견이 많았다. 즉, 학생들이 흥미를 느낀 부분은 ‘자기의 생각을 표현할 수 있다는 점’과, ‘다른 친구들의 다양한 의견을 들어볼 수 있다는 점’, 그리고 ‘그 차이에 대해 자유롭게 대화할 수 있다는 점’이었다. 연구원들이 학생들을 관찰하는 과정에서도 토론 시간은 종종 감정이 격해져서 오히려 학생들을 진정시켜야 할 정도로 적극적인 경우가 많았으며, 자기들이 스스로 토론 주제를 선정한다는 것 자체가 자발적인 참여를 이끌어낼 수 있는 중요한 부분이라는 것이 연구원들의 공통적인 의견이었다. 토론에 대한 학생들의 답변 중 일부는 다음과 같다.

“친구들과 함께 한 가지 주제로 이야기하는 것이 재미있었다. 그리고 같은 주제로 다른 의견이 나오는 것이 신기했다.”

“남들과 의견이 충돌하는 게 재미있었다. 애들의 이상한 생각에 대해 알 수 있었다.”

“의견을 표현하고 반론하고, 반론을 반론하는 것이 재미있었다.”

“토론 능력을 기르고 내 생각을 넓혀볼 기회였다.”

“책을 읽으며 궁금한 점을 토론하니 궁금증도 풀리고 재미있었다.”

“내 생각을 인정해줘서 자신감이 높아졌다.”

“내 생각을 말하고 다른 사람들의 생각을 알 수 있어서 생각을 정리할 수 있었다.”

"책을 정말 싫어하는 사람인데도 토론하고 이야기하면서 해서인지 전혀 지루하지 않고 오히려 이 수업을 기다리면서 일주일을 보냈던 것 같다."

다음으로 16%의 학생이 완독을 기억에 남는 활동으로 선택한 이유는 "책 한 권을 읽는 것이 생각보다 어렵다고 생각했는데, 한 권이라도 읽어보는 경험이 좋았다"는 답변과 같이 한 권을 읽어냈다는 성취감에 관련된 의견이 많았다. 처음에 『동물농장』을 텍스트로 선정하고 나서 중학생용과 성인용을 함께 준비해서 학생들에게 고르도록 했는데, 모든 학생이 성인용 『동물농장』을 골랐다. 이제 막 사춘기를 지나고 있는 시기의 학생들에게 오히려 어른들이 읽는 『동물농장』(민음사) 텍스트가 더 매력적일 수 있었을 것이고, 이렇게 고른 쉽지 않은 텍스트를 다 읽어냈다는 성취감은 아마도 매우 크게 다가왔을 것이다. 실제로, 책에 기술된 단어의 난이도가 중학생들에게는 다소 높아 읽기 수업을 진행하는 도중에 학생들이 모르는 단어의 의미를 묻는 경우가 종종 있었다. 이에, 연구원들은 어려워할 만한 단어들의 의미를 미리 찾아서 학생들에게 의미를 알려주면서 수업을 진행했다. 완독에 대한 학생들의 답변 중 일부는 다음과 같다.

"책에 대한 이해력이 높아졌고 내용을 계속해서 알아갈 수 있어서 재미있었다."

"다 읽고 나니 감격스러웠다. 책을 잘 안 읽었는데 이 책이라도 다 읽었다."

"책 읽기가 쉬워졌고, 앞으로 책을 더 잘 읽을 수 있을 것 같다."

"처음 이 책을 읽었을 때는 이해가 별로 되지 않고 그냥 읽었는데, 지금 여러 번 읽고 생각해보니 이해가 잘되고 숨은 뜻을 알 수 있었다."

"『동물농장』이 의외로 뜻깊은 소설임을 알게 되었다."

"새로운 책을 알게 되었고, 다른 책들에 대한 호기심도 생겼다."

"이런 활동을 하면서라도 책을 읽으면서 지식이나 생각의 폭을 넓히며 지식을 쌓을 수 있어서 좋았다."

마지막으로 14%의 학생이 성독을 가장 기억에 남는 활동으로 선택한 이유에 대해서는 "평소에 혼자 있을 때는 속으로 읽어서 이번 기회를 통해 소리 내어 읽어본 게 뜻깊었고 독해력이 올라가는 것 같았다", "내용이 기억에 더 잘 남은 것 같다"는 등의 내용이 주를 이루었다. 성독 활동은 사실 가장 지루할 수 있는 시간이기 때문에 연구원들의 과제는 "어떻게 하면 학생들이 읽기에 집중하게 할 수 있을까?"였다. 이에 다양한 방법을 시도했는데, 예를 들면 한 학생이 읽은 후 다음 차례를 지명하도록 하는 방법, 읽는 분량을 스스로 정하게 하는 방법, 오디오북을 듣고 따라 읽는 방법 등이 있었다. 학생들의 소리 내어 읽기를 관찰해본 결과 학생별로 읽기 역량에 차이가 많다는 것을 알 수 있었다. 일부 학생들은 소리가 매우 작고 그 자체를 부끄러워했으며 속도도 느렸다. 하지만 꾸준히 낭독하는 과정에서 최소한 읽기에 대한 자신감은 회복되는 모습을 보였다. 읽기에 대한 학생들의 답변 중 일부는 다음과 같다.

"그냥 읽기보다 소리 내어 읽는 것이 더 집중도 잘되고 책도 꼼꼼하게 읽어볼 수 있었다."

"소리 내어 읽는 것이 처음엔 부끄러웠는데 나중에는 자신감이 키워진 것 같다."

"책 읽는 게 힘들었지만 재미있었고 읽기 속도가 늘어서 좋았다."

"친구들과 함께 소리 내어 읽으니 또박또박 읽게 되고 같이 읽어서 재미있었다."

"책 내용에 더 잘 집중할 수 있고 이해가 잘되었다."

"책을 소리 내어 읽는 경우가 거의 없었는데 읽어보니 좋았고 크게 말하는 연습이 되었다."

"평소에 말이 서툰데, 어휘력과 발음 연습에 도움이 되었다."

"소리 내어 읽으니 글을 읽고 기억에 더 오래 남는다."

"처음엔 더듬거렸지만, 나중에는 많이 늘었다."

프로그램 참여를 통해 전반적으로 느낀 점에 대한 질문에는 "재미있었다"는 답변이 주를 이루었으며, 그 외에도 "유익했다", "의미 있었다", "새로운 걸 알게 되었다" 등 생각의 폭이 넓어졌다는 의미의 답변이 많았다. 특히, 토론 주제를 스스로 정하는 과정과 토론 과정에서 모두 재미를 느낀 학생들이 많았으며, 프로그램을 진행한 연구원들 또한 학생들이 정규 수업 시간임에도 색다른 활동을 하다 보니 흥미를 많이 느끼고 있다는 것을 체감할 수 있었다. 이러한 질적 방식의 접근은 양적 측정과 통계분석으로는 알아내기 어려운 학생들 개개인의 흥미 요소들을 질문지의 답변과 연구원의 관찰을 통해 좀 더 세밀하게 파악할 수 있는 장점이 있어 양적 방식을 보완해주는 데 효과가 있었다.

(6) 의미와 시사점

복잡한 마음의 문제를 해소하거나 '철학적 병'의 치유를 위해, 또는 일반인을 대상으로 '발달적 목적'으로 프로그램을 개발하고 검증에서 여러 학문영역의 장점들을 다양하게 활용할 수 있다는 것은 인문카운슬링적 방법론의 큰 매력이다. 이에 본 프로그램의 의의는 먼저, 프로그램 개발 과정에서는 문학과 철학을, 검증 과정에서는 사회복지 영역의 요소들을 접목해 현장에서 직접 시행해보고 효과를 검증했다는 데 있다. 그리고 독서토론 형식에 추가한 철학적 요소들이 매우 긍정적인 효과가 있었음을 알게 되었다. 먼저, '관점의 확장'을 위한 철학적 질문이 참여자들에게 다양한 생각을 할 수 있게 하여 토론의 재미를 더해 주었으며, 소리 내어 읽기인 성독聲讀은 참여자들의 적극적인 상호작용을 촉진하는 한편 내용을 기억하는 데도 도움이 되었고, 한 권을 끝까지 읽어내는 완독完讀은 참여자들에게 독서에 대한 긍정적인 경험을 제공할 수 있었다.

또한, 본 프로그램을 통해 철학적 독서토론이 이미 내포하고 있는 여러 가지 놀이 요소를 발견할 수 있었다. 대표적으로는 찬반토론 과정에서 보이는 참여자들의 아곤적 요소가 바로 그것인데, 참여 학생들이 팀별로 토론에서 승리하기 위한 전략을 짜는 시간에는 볼츠가 이야기한 게이미피케이션에서의 '집단지성'을 발휘하기도 했다. 그리고 아곤의 경쟁적 치열함이 반드시 지켜야 할 규칙을 지정했다는 점과 그 규칙을 학생들 스스로 제안하고 합의했다는 점에서도 놀이가 갖는 규칙의 요소와 함께 자율성도 반영되었다. 흥미로운 점은 토론 과정에서 서로의 감정이 고조될 때는 규칙과 달리 상대의 말을 중간에 끊어버리는 경우도 발생했는데, 이때 상대 참여자는 심판 격인 필자에게 '규칙을 어겼음'을 적극적으로 어필한다는 것이다. 이것은 놀이 참여자들이라면 누구나 갖는 놀이정신 또는 놀이본능이 자연스럽게 발현된 것이라고 볼 수 있다. 또한, 프로그램의 재미를 더하기 위해 개발자들이 자연스럽게 생각해낸 우연성의 요소는 본 프로그램에 놀이적 요소를 더욱 강화했다. 참여 학생들의 가장 주된 반응이 '재미있다'라는 것은 본 프로그램이 참여 학생들에게는 일종의 놀이처럼 다가갔다는 의미일 것이다.

독서토론에 적용할 수 있는 철학적 요소들은 무궁무진하다. 그것은 철학적 개념이 될 수도 있고, 철학자의 삶이 될 수도 있으며, 특정한 매체나 형식이 될 수도 있다. 접목할 수 있는 요소들이 풍부한 것은 문학과 사회복지 영역도 마찬가지다. 수많은 문학작품과 문학치료 기법들이나 사회복지 영역에서의 효과검증 방법과 복지상담 기법들이 좋은 요소들이 될 수 있다. 따라서 이러한 장점을 바탕으로 앞으로 문학과 철학 그리고 사회복지 영역의 다양한 요소를 접목한 인문카운슬링 프로그램이 개발되고, 현장에서 시행되며, 다양한 관점에서의 효과를 검증해보는 활동이 활발하게 이루어지도록 노력해야 할 것이다. 또한, 집단을 대상으로 하는 발달적 목적의 독서토론 프로그램이 이미 내포하고 있는 여러 가지 놀이 요소들에도 관심을 기울인다면 프로그램의 재미와 효과를 배가할 것이다.

2) '소크라테스 대화'에서 발견되는 놀이 요소

(1) 소크라테스 철학과 놀이

철학사를 통틀어서 철학상담 방법론의 대표적인 철학자는 소크라테스라고 할 수 있으며, 많은 상담사들이 철학상담의 대화 모델이 소크라테스적인 것이라고 여기고 있다.[35] 소크라테스 자신은 『변론』에서 스스로 "가르친 것이 없다"고 선언하지만, 넬손[36]은 "소크라테스 방법은 철학이 아니라 '철학 함'을 가르치는 기술이다"라고 하며 그가 후대에 남긴 것은 철학 하는 방법이었음을 강조한다. 따라서 우리는 먼저 플라톤의 대화편을 중심으로 소크라테스 철학에서 나타나는 놀이 요소[37]에 대해 알아볼 것이다. 그리고 이를 현장에서 활용할 수 있도록 구체화해 철학상담 영역에서 대표적인 방법론으로 활용되고 있는 넬손과 헥크만의 '소크라테스 대화'에서 나타나는 놀이 요소들에 대해서도 알아볼 것이다.

소크라테스 철학의 방법론이라고 할 수 있는 논박술에서 나타나는 아곤적 요소와 소크라테스가 철학을 펼칠 때 곳곳에서 등장하는 자발

---

35 라베, 『철학상담의 이론과 실제』, 31쪽 참조.

36 독일의 철학자이자 교육자이면서 사회운동가인 넬손(Leonard Nelson, 1882~1927)은 1922년 괴팅겐 강연에서 자신이 새롭게 구상한 소크라테스적 방법을 공개했다. 이후 그의 제자인 구스타브 헥크만(Gustav Heckmann, 1898~1996)은 이를 구체적이고 실용적으로 수정해 '소크라테스 대화'를 발전시켰다(이재현, 「'소크라테스 대화'의 규칙과 대화 지도자의 역할」, 『대동철학』 87, 대동철학회, 2019, 205~206쪽 참조).

37 하위징아는 철학에서 발견되는 놀이의 중심에는 소피스트가 있으며, 이것은 소피스트뿐만 아니라 소크라테스와 플라톤도 활용한 것이라고 이야기한다(하위징아, 『호모루덴스』, 298~299쪽 참조).

성, 시공간의 제약, 무사무욕無私無慾 등 놀이의 일반적 특성은 그의 철학이 놀이 요소를 매우 잘 갖추고 있음을 보여준다. 또한, 이후에 구체화된 넬손과 헥크만의 '소크라테스 대화'에서는 놀이의 중요한 특징인 규칙성을 부여함으로써 놀이 요소를 더욱 강화했다고 할 수 있다. 우리는 본 프로그램을 통해 철학상담 현장에서 소크라테스적 방법을 활용하는 것이 하위징아가 제시한 놀이 '본능'과 어떻게 연결되어 있는지를 검토해보고자 한다. 이러한 검토 과정을 통해 소크라테스적 방법을 현장에 적용할 때 어떤 요소들을 강화해야 하는지, 또는 어떤 요소들을 주의해야 하는지에 대해 살펴보고자 한다.

① 소크라테스 철학의 아곤적 특성: 구술성과 논박술

소크라테스는 주로 대화 방식으로 철학을 펼쳤다. '대화'는 기본적으로 대화자와 대화 상대자 사이에 '소리'로 소통하는 구술성을 전제로 한다. 구술문화와 문자문화의 차이에 대해 깊은 통찰을 보여준 월터 옹은 구술문화에 입각한 사고는 문자문화와 비교하여 논쟁적이라고 지적한다. 구술문화는 상호 논박을 통해 스스로 변호할 수 있지만, 이미 '쓰인 텍스트'는 기본적으로 아무것도 답하지 않는다는 것이다. 쓰기는 추상을 기르는데, 추상은 사람들이 서로 논쟁하는 것에서 지식을 분리해낸다. 쓰기는 아는 주체를 알려지는 객체로부터 떼어놓는다. 구술성은 지식을 인간 생활세계에 파묻힌 채 놓아둠으로써 사람들을 투쟁상황에 위치시킨다.[38]

하위징아 역시 문답 담론의 방식으로 이루어진 수수께끼를 철학의

---

38 옹, 『구술문화와 문자문화』, 88쪽 참조.

기원과 연결하면서 “초창기 그리스 철학자 소피스트와 수사학자에 이르기까지 철학자는 곧 문답 담론의 승자를 의미했다”고 말한다. 따라서 초창기 그리스 철학은 논쟁적이고 아곤적이었으며 이러한 놀이 요소는 소크라테스의 논박술에도 그대로 반영되어 있다. 흔히 논박으로 번역되는 ‘엘렝코스elenchos’라는 단어는 소크라테스 이전 호메로스의 작품 속에서도 나타나는데, 전투에 패한 전사나 자신의 용기나 힘을 입증하는 데 실패한 사람이 느끼는 ‘치욕’이나 ‘수치심’ 같은 감정 상태to elenchos를 의미했으며, 서정시에서는 ‘시험’이나 ‘경합’의 뜻으로 쓰였다.[39] 즉 개인의 가치에 대한 사회의 평가, 그리고 그 평가에 대한 개인의 반응을 담고 있다고 할 수 있다.

이후 아테네에서 민주주의가 정착하면서 이 용어가 주로 사용된 곳은 민회와 법정이었으며, 재판 과정에서 “상대방의 잘못이나 자신의 무고를 드러낸다elenchein”는 의미로 사용되었다. 당시 소송에서는 당사자들 간의 논쟁보다 증인 수와 명성에 의존한 증언들이 입증의 주된 수단이었지만, 소크라테스에 이르러 일방적인 진술monologos의 성격을 갖던 이 단어는 쌍방향으로 진행되는 대화dialogos의 성격으로 의미론적 진화를 겪게 된다.[40] 『변론』의 도입부에 나오는 ‘뿌리 깊고 오래된 고발자들을 올라오게 하거나 논박elenchein할 수 없음을 아쉬워하는’ 대목[41]에서 그의 엘렝코스가 일방 진술의 성격보다는 쌍방으로 진행되는

39 김남두, 『파르메니데스 단편들』, 서울대학교 철학사상연구소, 2006, 58~59쪽.

40 김유석, 「플라톤 초기대화편에 나타난 소크라테스의 엘렝코스」, 『서양고전연구』 35, 서양고전학회, 2009, 58~61쪽 참조.

41 “그들 가운데 아무도 이리로 올라오게 하거나 논박할(elenchein) 수 없고, 순전히 그림자와 싸우듯 항변해야 하며 대답하는 사람 하나 없는 상태에서 논박해야(elenchein) 하니까요.”(『변론』, 18d)

대화의 성격을 지니고 있음을 보여준다.

소크라테스는 『변론』의 '조건부 방면'에 대한 자기 생각을 드러내는 대목(29d~30c)에서 논박을 자신의 철학 행위와 동일시하면서, 논박을 펼치는 이유를 "무지를 깨닫게 하기 위해서"라고 밝힌다. 이렇듯 논박은 소크라테스 철학의 핵심이며 방법론이라고 할 수 있는데, '엘렝코스'라는 단어의 어원과 목적을 고려해볼 때 소크라테스 철학의 핵심은 놀이의 한 요소인 아곤적 요소에 기반하고 있다는 것을 알 수 있다.

② 소크라테스 철학에서 발견되는 놀이의 일반적 특성

플라톤의 대화편에서 소개되는 소크라테스의 철학적 대화는 대부분 특정한 공간에서 이루어지며, 일정한 시간이 지나면 마무리된다. 『변론』은 아테네의 법정이라는 공간에서 재판이 진행되는 동안의 이야기이며, 『에우튀프론』은 아르콘 바실레우스의 주랑에서 대화 상대자인 에우튀프론이 자리를 뜰 때까지의 이야기다. 이것은 거의 모든 대화편에서 동일한데, '대화'라는 그의 철학 방식이 가진 당연한 속성이다. 당시에는 서로 대화하기 위해서는 오늘날과 달리 직접 대면해야 하는 만큼 일정한 공간과 시간의 제약을 받을 수밖에 없다. 이러한 시간의 제약을 아쉬워하며 소크라테스는 대화의 말미에 다음에 다시 만날 것을 제안하기도 한다(『라케스』, 201c; 『테아이테토스』, 210d).[42] 즉, 소크라테스의 대화에는 놀이에서처럼 시공간이 제약이 존재한다.

소크라테스 대화에서 공간의 제약이 있다는 것은 대화 참여자에게

---

42 소크라테스는 대화편 『테아이테토스』에서 테오도로스와 다시 만나기를 기약한 후, 다음 날 '소피스트'에서 다시 만나 철학적 대화를 이어간다.

선택의 자율성이 있다는 것을 의미하기도 한다. 왜냐하면, 대화 상대자가 그 공간을 떠나면 대화는 종료되기 때문이다. 몇몇 대화편에서는 소크라테스와의 다소 힘겨운 대화로 인해 대화 상대자들은 종종 핑곗거리를 찾아 자리를 떠나기도 한다(『에우튀프론』, 15e). 또한, 같은 공간에 있다고 해서 반드시 '소크라테스 대화'에 참여해야 하는 것도 아니다. 『라케스』에서 뤼시마코스와 멜레시아스는 소크라테스가 몇 번 대화에 참여할 것을 권했지만 거절했고, 소크라테스 또한 이를 받아들여 강제로 참여시키지 않는다(『라케스』, 189c~d). 즉, 놀이에서의 자율성과 같이 소크라테스의 대화에서도 참여할 것인가에 대한 선택의 자유는 존재한다는 것이다.

소크라테스는 자신이 철학을 펼칠 때 보수를 받지 않았다는 것을 강조한다. 또한, 그는 공적인 정치활동에 참여하지도 않았다. 오로지 그가 철학을 펼친 이유는 '무지를 깨닫게 하기 위해서'라든가 '더 나은 아테네를 위해서' 같은 비물질적인 이유에서였다. 소크라테스 대화에 참여하는 사람들 또한 논쟁적 대화로 얻어지는 결과물은 일종의 '지혜' 같은 것으로 돈이나 권력 같은 물질적 또는 다른 이익을 위한 것이 아니었다. 당시 소피스트들은 보수를 받았고 그들을 찾아가 수사술을 배웠던 젊은이들의 목적이 정치에 뛰어들기 위해서였다는 것을 생각해 볼 때, 소크라테스 대화는 놀이의 요소인 무사무욕無私無慾적 특성을 잘 갖추고 있다.

지금까지 살펴본 바와 같이 소크라테스 철학에서 나타나는 아곤적 특성, 시공간의 제약, 자발성, 무사무욕은 하위징아가 이야기한 놀이 요소와 상당 부분 일치함을 알 수 있다. 이후에 소크라테스 철학의 방법론을 구체화해 제시한 넬손과 헥크만의 '소크라테스 대화'에서는 진행 과정에서 구체적인 규칙을 부여함으로써 놀이 요소를 더욱 강화하게 된다.

(2) 넬손과 헥크만의 '소크라테스 대화'

넬손과 헥크만에 의해 고유명사화된 '소크라테스 대화'는 철학상담의 주요 방법론으로 주목받고 있다. 애초에 활용은 교육 분야를 중심으로 이루어졌고 지금까지도 활발하게 활용되고 있지만, 최근에는 교육 방법론의 관점에서뿐만 아니라 우울증 등 마음의 문제를 치유하는 데 효과가 있다는 것이 입증되는 등[43] 점차 철학상담의 현장에서도 그 효용성을 검토해나가고 있다. '소크라테스 대화'의 특징은 일정한 규칙이 존재한다는 것이다. 일반적 규칙으로 불리는 이 규칙은 1997년 GSP 총회에서 본격적으로 논의되었고, 대화 지도자인 기젤라 라우파흐스트레이Gisela Raupach-Strey(1946)에 의해 소개되었다. 규칙은 대화의 본질적 요소들에 관련된 구성적 규칙과 대화가 합목적적으로 잘 진행되도록 하는 데 유용한 규제적 규칙으로 나누어져 있다.[44] 여기에서는 규칙을 일일이 소개하기보다 일반적 규칙에서 발견되는 놀이 요소에 대해서만 다루기로 한다.

우선 규칙이 있다는 것 자체가 놀이의 요소다. 규칙은 놀이 개념에서 매우 중요한 요소다. 모든 놀이는 규칙을 갖고 있으며, 그 규칙은 절대

43 김선희A는 우울감을 호소하는 내담자를 대상으로 '소크라테스적 문답법'으로 6회기 간 철학상담을 시행하고 사전과 사후에 '회복탄력성지수' 검사를 시행한 결과 대부분 항목에서 점수가 올라가는 것을 확인했다(김선희, 「'소크라테스적 문답법'과 '셀프-프락시스'기반의 철학상담」, 『철학연구』 109, 2015, 184~185쪽 참조).

44 이재현, 앞의 논문, 219쪽 참조.

적인 구속력을 갖는다. 규칙을 위반하는 자는 '놀이파괴자'다. 놀이파괴자는 게임에서 벗어나버림으로써 놀이 세계의 상대성과 취약성을 폭로하는 역할을 하는 자로 누구보다 위험하다.[45] 규칙은 놀이가 벌어지는 장소와 시간에서만 통용되는 원칙이며, 놀이 요소 중 시간과 공간의 분리나 비일상성과도 밀접한 관계가 있다. 여기서 주목할 만한 하위징아의 주장이 있는데, 규칙으로 인해 놀이 공동체는 게임이 끝난 후에도 항구적인 조직이 되는 경향이 있다는 것이다. 이런 경향은 '소크라테스 대화' 모임이 다양한 주제로 지속될 수 있는 중요한 요소가 될 수 있다.

> 어떤 예외적인 상황 아래 떨어져 있으면서 함께 있다는 느낌, 중요한 것은 어떤 것을 함께 나눈다는 느낌, 세상에서 벗어나 통상적인 규범을 일시적으로 거부한다는 느낌 등은 어느 한 게임이 끝난 뒤에도 지속되는 것이다.[46]

'소크라테스 대화'는 통상 1회 3시간씩 4회기에 걸쳐 12시간 동안 진행된다. 이것은 시간 제약이 분명하다는 것을 의미한다. 또한, 규제적 규칙 중 '참여자 중 누군가 빠진다면, 대화를 계속 진행하지 않기'라는 규칙은 그 장소에서 벗어나면 놀이는 중단됨을 의미하는 것으로 공간의 제약도 분명히 나타나고 있다. 앞서 밝혔듯이 시간과 공간의 제약이 있다는 것은 참여에 대한 자발적인 선택이 가능하다는 것이고, 시간의 제약은 곧 놀이가 반복적으로 일어날 수 있다는 것을 의미한다. 물론 실제 '소크라테스 대화'의 진행 과정에서 결론에 도달하지 못

45 하위징아, 『호모루덴스』, 49~50쪽 참조.
46 같은 책, 51쪽.

하는 아쉬움으로 인해 시간의 제약이라는 요소를 부정적으로 생각할 여지도 있겠지만, 오히려 시간의 제약이 주는 놀이 요소로서의 장점을 잘 활용해야 할 것이다.

'소크라테스 대화'에 참여한 사람들은 궁극적으로 공동의 통찰을 얻기 위해 서로서로 산파 역할을 수행해야 한다. 이것은 구성적 규칙 중 여섯 번째에 잘 나타나 있다. 물론, 산파술은 우선적으로 대화 지도자의 역할이지만 참여자들도 일정 부분 능동적인 역할을 할 수 있도록 각자가 진리를 잉태한 산모이자 출산을 돕는 산파로서 역할을 부여받게 된다.[47] 산파술maieutike은 소크라테스 철학의 핵심 개념이다. 소크라테스는 후기 대화편인 『테아이테토스』에서 스스로 지혜의 산파임을 자처하며 산파술에 대해 아래와 같이 소개한다(『테아이테토스』, 149a~151d).

a) 임신하거나 출산할 나이가 지난 여인들만 산파가 된다.

→ 내 혼은 어떤 지혜로운 발견을 자식으로 낳은 적이 없다(무지의 선언).

b) 여인들이 임신 중인지 아닌지 여느 여자들보다 산파들이 더 잘 알아본다.

→ 배울 능력이 있는 사람과 없는 사람을 수호신dimonion의 허락으로 안다.

c) 산고를 겪게 할 수도 덜어줄 수도 있고, 순산하게 할 수도 유산시킬 수도 있다.

→ 끊임없는 질문으로 대화자의 진리 발견을 돕는다. 진리는 대화자 안에 있다.

47 이재현(2019), 앞의 논문, 216~217쪽 참조.

d) 훌륭한 자녀들을 생산하려면 어떤 여자와 남자가 결합해야 하는지 알고 있다.

→ 지혜롭고 영험한 사람들과의 교제를 주선한다.

e) 모상模相을 낳는 경우와 진짜를 낳는 경우를 구별할 수 있다.

→ 대화자로부터 모상, 즉 어리석은 생각을 제거한다.[48]

산파술이 등장하는 비교적 후기 대화편인 『테아이테토스』 이전의 대화편과 산파술과의 연결고리는 『메논』(81c~d)[49]과 『파이돈』(73c)[50]에 등장하는 '상기설anamnesis'이다. 상기설은 『국가』의 마지막 부분(621a)에도 등장하는 이야기로 저승에는 레테lethe라는 망각의 여신의 이름을 딴 강이 흐르는데, 이 강물을 마시면 이전의 기억을 모두 잃게 되며 죽어서 저승에 가는 망자들은 모두 이 강물을 마셔야 한다는 신화다. 즉, 우리의 혼은 이미 진리aletheia에 대해 모든 것을 알고 있었으며 이 망각의 상태를 벗어나면 진리는 저절로 인식된다는 것이다.

'소크라테스 대화'의 참여자들은 스스로 산파가 되는 순간 상대방을 '진리를 잉태한 산모'로 가정하고 순산할 수 있도록 돕는 산파의 역할을 하게 된다. 또는, 자신이 논박 과정에서 아포리아aporia에 빠져 벗어나지 못하고 있다면 대화 지도자나 다른 참여자들이 달려들어 산파

48 플라톤, 『테아이테토스』, 천병희 역, 파주: 도서출판 숲, 2016, 33~39쪽 참조.

49 "이렇듯 혼은 불멸할뿐더러 거듭 태어나서 이 세상의 것이든 저승의 것이든 모든 것을 다 보았기에 혼이 배우지 못한 것은 아무것도 없네. (…) 한 가지를 상기한 사람이 그가 용감하고 탐구에 지치지 않는다면 다른 것도 자력으로 찾아내지 못할 이유가 없으니까. 탐구와 배움은 사실 상기 이외의 다른 어떤 것도 아니니까 말일세."(플라톤, 『메논』, 천병희 역, 파주: 도서출판 숲, 2019, 148쪽)

50 "선생님께서는 우리가 배움이라고 부르는 것은 상기 이외의 다른 것이 아니라고."(플라톤, 『파이돈』, 천병희 역, 파주: 도서출판 숲, 2012, 151쪽)

역할을 자처할 것이고 자기 자신은 진리를 잉태한 산모의 입장이 되어 진리를 출산할 수 있도록 최선을 다해야 하는 역할을 하게 된다. 이것은 놀이의 요소인 '~인 체하기only pretending'와 연관 지어 생각해볼 수 있다. 가면놀이에서처럼 참여자들은 각자가 쓴 산파의 가면이나 산모의 가면 역할을 '마치 ~인 것처럼' 수행해야 하며, 이러한 역할에 얼마나 진지하게 빠져들 수 있도록 하는가가 놀이의 성패를 가른다. 놀이와 진지함은 언제나 유동적인 관계에 있으므로 놀이가 진지함이 되고, 진지함이 놀이가 된다. '~인 체하기'의 느낌이 있다고 해서 놀이가 진지하게 운영되지 않는 것은 아니다.

(3) '소크라테스 대화'에서의 놀이 요소

하위징아에 의해 새롭게 정의된 놀이 개념은 우리가 생각하는 것보다 훨씬 넓은 범위로 정의된다. 이는 광범위한 언어적·문화적 고찰을 통해 이루어졌으며 그 결과 예술, 스포츠, 소송, 철학뿐만 아니라 전쟁도 놀이 개념에 흡수된다. 여기에서 주목해야 할 것은 무엇이 놀이 요소인지를 밝혀보는 것이다. 하위징아가 제시한 놀이의 특성은 자발성, 비일상성, 무사무욕無私無慾, 시간과 공간의 제약, 고정된 규칙, 경쟁(아곤)적 요소로 요약된다. 이 중에서도 특히 아곤적 요소는 문화를 추동하는 강력한 힘이자 놀이의 핵심적인 요소다.

소크라테스 철학에는 하위징아가 제시한 놀이 요소들이 매우 잘 녹아들어가 있다. 먼저 놀이의 핵심 요소라고 할 수 있는 아곤적 요소는 그가 구술성을 전제로 한 '대화'의 방식으로 철학을 펼쳤다는 점과 논박술(엘렝코스)에서 잘 나타난다. 구술성은 그 속성상 논쟁적이며 '논박술'로 번역되는 엘렝코스는 그 어원에서 수치심, 경합 등의 의미가 담겨있어 그 자체가 아곤적이라고 할 수 있다. 수치심은 소크라테스의 철학이 실천력을 가질 수 있는 매우 중요한 개념이다. 논박의 놀이에서 패한 대화 상대자가 수치심을 느끼지 않는다면 그의 행동이 변화되리라고 기대하기는 어렵기 때문이다. 플라톤의 대화편에서 나타나는 소크라테스 철학은 아곤적 요소 외에도 대화의 장소와 시간에 제약이 있다는 점, 대화 참여에 대한 선택이 자유로웠다는 점, 그가 보수를 받지 않았고 정치에 참여하지도 않았으며 참여자들 또한 대화로 인해 얻어지는 이익이 재산이나 권력이 아니었다는 점에서 놀이의 일반적인 요소들을 매우 잘 갖추고 있다.

놀이의 요소는 소크라테스 철학을 실천적 관점에서 구체화한 넬손과 헥크만의 '소크라테스 대화'에서도 발견되는데, 먼저 일정한 규칙이 정해져 있다는 것이 바로 놀이의 중요한 요소인 '규칙성'을 잘 보여주는 것으로, 이것은 참여자들 간 비일상적 느낌을 공유할 있게 해 지속적인 공동체로의 이행을 용이하게 한다. 시간과 공간의 제약이 있다는 점과 각자가 산파 또는 산모 역할을 한다는 점도 놀이 요소로 볼 수 있다. 특히, 놀이의 중요한 요소인 '~인 체하기'의 관점에서 볼 때 각자가 산파나 산모 역할을 한다는 것은 놀이에 얼마나 진지하게 빠져들 수 있느냐와 직결되어 있다. 몰입이 강해지면 '~인 체하기'라는 느낌조차 사라지는 것이다. 참여자들이 얼마나 놀이에 진지하게 임하느냐에 따라 '소크라테스 대화'의 성패가 갈릴 것이다.

지금까지 하위징아의 관점에서 놀이 요소를 살펴보고 이것이 소크라테스 철학과 넬손과 헥크만의 '소크라테스 대화'에 어떻게 녹아있는지에 대해 알아보았다. 철학상담의 주요 방법론이자 기본적인 상담자의 태도를 제시하고 있는 소크라테스 철학을 하위징아의 놀이 개념으로 고찰해봄으로써 그 활용도를 더욱 높이는 것은 의미 있는 일이다. 아직까지는 철학상담의 방법론이 다양하게 제시되지는 못하고 있고 그 효용성도 현장에서 검증하고 있는 과정이기 때문에 놀이 개념을 철학상담, 더 나아가 인문카운슬링의 방법론에 접목해보는 시도가 활발하게 이루어져야 할 것이다.

2

놀이 형식의 인문카운슬링 프로그램 사례

1) 놀이의 형식적 특성을 강화한 인문카운슬링 프로그램

다음으로 살펴볼 사례는 인문카운슬링 프로그램에 좀 더 적극적으로 놀이 요소를 도입한 사례다. 본 프로그램은 지난 '22년 5월 경북대학교 인문카운슬링센터 활동의 일환으로 진행되었으며, 대학(원)생들을 대상으로 한 주제토의 프로그램이다.[1] 대상집단은 20~30대 청년 7명이며, 2시간씩 총 4회기에 걸쳐 진행했다. 회기별 프로그램의 주제는 '행복', '고통', '소통', '고민'이며 특정한 도서를 기반으로 하지 않

1 '놀이의 형식적 특성을 가미한 인문카운슬링 프로그램' 사례 분석의 내용은 필자가 발표한 다음 논문의 내용을 수정·보완한 것임을 밝힌다(이병돈, 「놀이 요소를 가미한 '인문카운슬링 프로그램'의 효과」, 『인문과학연구』 75, 강원대 인문과학연구소, 2022, 395~426쪽).

고 주제와 관련된 여러 가지 텍스트와 영상 등을 광범위하게 수집하여 별도의 자료를 만들었다.

앞서 사례에서 보았듯이 인문카운슬링 프로그램은 그 자체로도 이미 놀이 요소를 상당히 많이 지니고 있다. 특히 집단대상의 프로그램은 성격 자체가 집단이 행하는 놀이와도 유사한 면이 있다. 이러한 집단대상의 인문카운슬링 프로그램에 추가로 놀이 요소를 적용하여 그 효과를 배가하는 것이 본 프로그램의 목적이다. 프로그램에 적용된 놀이 요소는 하위징아와 카이와 그리고 볼츠의 놀이 개념에서 도입한 '비일상성', '규칙', '게이미피케이션', '우연성'이다. 결론적으로 프로그램에 가미된 놀이 요소는 참여자들에게 '편안한 접근', '몰입경험', '일상과는 다른 즐거움'을 제공하여 프로그램의 재미를 더하고 나아가 프로그램 본연의 목적을 달성하도록 해주었다. 이제부터는 이론적인 배경 및 개발 과정과 함께 놀이 요소를 가장 풍부하게 담아내고 있는 1회기를 중심으로 사례를 살펴보도록 하겠다.

(1) 프로그램의 이론적 배경

놀이에 대해 통찰력 있는 주장을 펼친 하위징아는 놀이를 매우 광범위하게 정의한다. 그에 의하면 놀이의 일반적 특성으로는 '자발성voluntary activity', '비일상성not ordinary or real', '무사무욕無私無慾, disinterestedness', '시공간의 분리distinct from ordinary life both as to locality and duration', '규칙rules' 등이 있는데, 그는 이러한 요소들을 가진 활동들을 폭넓게 놀이와 연관 짓는다. 하위징아에 의해 새롭게 정의된 놀이 개념은 우리가 흔히 사용하는 놀이 개념과 달리 그것이 내포하는 범위가 매우 넓다. 그는 이러한 주장을 뒷받침하기 위해 놀이의 기원에 대한 방대한 언어적 분석을 시도했으며, 이를 통해 확장된 놀이 개념을 정립하기에 이른다. 이러한 관점에서 생각해볼 때 인문카운슬링 프로그램은 일상의 공간에서 분리된 곳에서 일정 시간과 회기 동안 시행된다는 점에서 이미 비일상성과 시공간의 분리라는 놀이 요소를 포함하고 있으며, 그 외에도 그 자체에 많은 놀이적 특성을 내포하고 있다는 점에서 하위징아가 이야기한 확장된 놀이 개념과 관련지을 수 있다.

인문카운슬링 프로그램 참여는 놀이와 마찬가지로 자발적이다. 이는 정신적 질환을 겪고 있는 환자를 대상으로 하는 정신과 치료나 심리상담과는 구별되는 특성이기도 하다. 인문카운슬링 프로그램의 참여자들은 이곳에 참여하는 데 아무런 강제가 없음에도 스스로 홍보물을 보고 참여한 사람들이다. 현재 자신이 겪고 있는 마음의 갈등이나 문제가 있긴 하지만 그것은 소위 '철학적 병'[2]이라고 일컬어지는, 정상인도 흔히 겪는 고민의 수준이며 치료를 요구하는 수준이 아니기에 참여의 강제도 없다. 또한, 참여자들이 프로그램에 참여하는 이유는 물질적인 이익이 있어서도 아니다. 왜냐하면, 인문카운슬링 프로그램은 참여자들에게 어떠한 물질적인 이익도 제공하지 않기 때문이다. 즉 놀이와 유사한 무사무욕, 무목적성의 특징이 있음에도 참여자들은 '재미있을 것 같아서' 자발적으로 참여한다. 물론 프로그램이 지향하고자 하는 '자기성찰', '자기치유', '삶의 의미' 등의 가치들을 얻어갈 수도 있

2 '철학적 병'의 개념은 정상인이 겪는 자아관, 세계관, 사회적 관계, 삶의 의미, 가치 선택 등 인간 존재와 실존 때문에 발생한다(이영의, 2012).

다. 하지만 이것은 "즉물적인 이해관계나 생물적 필요의 충족"[3]이 아니기 때문에 인문카운슬링 프로그램은 여전히 무사무욕의 특성을 가졌다고 할 수 있다. 하위징아 또한 놀이가 궁극적으로 문화에 봉사하고 자연스럽게 집단의 안녕과 복지에 봉사하는 것은 놀이의 무사무욕의 특징에서 벗어나는 것이 아니라고 보았다.[4]

지금까지 살펴본 바와 같이 정상인집단 대상의 인문카운슬링 프로그램은 놀이의 일반적인 특징인 자발성, 비일상성, 무사무욕, 시공간의 분리라는 놀이 요소를 대부분 놀이와 유사한 수준으로 지니고 있다. 이러한 놀이적 특성을 인문카운슬링 프로그램에서 의도적으로 유지하고 강화해야 하는 이유는 그것이 우리가 갖고 있는 놀이 '본능'을 일깨우기 때문이다. 하위징아는 우리의 놀이본능은 "그 어떤 순간에도 강력하게 터져 나와 우리를 놀이의 세계로 밀어 넣는다"[5]고 이야기한다. 참여자의 삶에 진지한 도움을 주고자 하는 인문카운슬링 프로그램은 역설적으로 너무 진지하기만 해서는 안 된다.[6] 놀이의 특징을 잘 반영한 인문카운슬링 프로그램은 자연스럽게 놀이본능을 자극하여 참여자가 놀이하게 할 것이며, 그 자체를 즐기는 동안 참여자는 자연스럽게 삶에 대한 문제에 도움을 받을 것이다. 또한, 놀이 공동체는 "어떤 예외적인 상황 아래 떨어져 있으면서 함께 있다는 느낌, (…) 세상을 벗어나 통상적인 규범을 일시적으로 거부한다는 느낌"[7]을 공유

3 하위징아, 『호모루덴스』, 46쪽.
4 같은 책, 같은 쪽 참조.
5 같은 책, 112쪽.
6 놀이에 몰입한 사람들은 자신이 놀이 중이라는 것을 알지만 진지하게 놀이에 임한다. 볼츠에 의하면 우연성이 강한 놀이에서조차 사람들은 알면서도 기꺼이 속고 놀이에 빠져든다(볼츠, 『놀이하는 인간』, 111~114쪽 참조).
7 하위징아, 『호모루덴스』, 51쪽.

하기에 항구적으로 조직되는 경향이 있다. 물론 몇 회기의 프로그램이 항구성을 지니긴 어렵다고 하더라도 일정 기간 또는 일부 참여자들의 지속적인 네트워킹은 프로그램의 효과를 지속하는 데 도움을 줄 것이다.

(2) 프로그램에 적용된 놀이의 형식적 특성

프로그램에 적용된 놀이 요소는 크게 '새로운 세계(비일상성)', '규칙 도입', '게이미피케이션', '우연성'이다. 하위징아의 확장된 놀이 개념에 의하면 놀이 요소를 포함하고 있는 활동은 넓은 의미에서 놀이의 성격을 가진다고 할 수 있다. 따라서 프로그램에 적용된 놀이 요소는 프로그램 자체를 일종의 놀이로 받아들일 수 있도록 도움을 줄 것이다. 먼저 본 프로그램에서 강화된 비일상성인 새로운 세계로의 진입은 하위징아가 이야기한 일종의 '경기장, 무대, 마법의 동그라미' 같은 개념으로 일상과는 완벽하게 분리된 놀이의 장소다. 볼츠는 이러한 놀이의 특징은 과거 신화가 그랬던 것처럼 '삶의 지평에 유익한 경계선'을 그어준다고 보았으며, 사회학자 알프레드 쉬츠의 표현을 빌려 '꿈과 환상, 예술과 학문, 종교와 광기'와 마찬가지로 놀이 또한 '닫혀진 감각영역'이라고 보았다.[8] 이러한 영역에서는 다른 영역으로의 연결과정 없이 그 안에서 비약하고 발전하게 되며, 이 세계는 판타지 세계이자 가상의 세계이고 『호빗』의 저자 톨킨의 말대로 '제2의 세계'이기 때문에 놀이 참여자는 두 세계를 살아간다는 것이다. 하지만 이때도 놀이

8 볼츠, 『놀이하는 인간』, 58쪽 참조.

는 시간의 제약이 존재하기 때문에 참여자는 언제든 일상으로 다시 돌아갈 수 있다는 점에서 동시에 이중화된 삶을 살아가지는 않는다.[9]

볼츠는 이러한 놀이의 울타리가 '안정'과 '책임감이 없는 쾌락'을 제공한다고 보았다. 즉 놀이 공간에서 "너무 복잡한 관계는 배제되며, 모든 것은 한눈에 파악 가능하고, 위협적인 적은 존재하지 않는"[10] 안전한 세계를 느낄 수 있다. 놀이 세계를 도덕적 세계와 물리적 세계의 중간에 있는 세계라고 보았던 실러는 이러한 놀이 세계를 "즐거운 유희(놀이)와 가상의 제3의 세계"[11]라고도 했다. 이렇듯 놀이는 우리가 속한 현실 세계에서 강제로 따라야 하는 규제나 제도 등에서 벗어나 있으며, 현실에서 각자의 자리와 역할에 따라 주어진 책임감에서도 비켜서 있어 종종 '또 다른 세계'로 설명되곤 한다. 본 프로그램에서는 프로그램이 진행되는 공간과 시간을 현실과는 분리된 '놀이 세계'로 구축함으로써 참여자의 놀이본능을 일깨우고 몰입을 끌어내 프로그램의 효과를 극대화하고자 했다.

두 번째로 본 프로그램에 도입된 놀이 요소는 규칙이다. 물론, 여러 집단 프로그램에서 지켜야 할 기본적인 규칙이 있긴 하지만 본 프로그램에서는 다음과 같은 규칙을 통해 새로운 세계, 우연성 등과 같은 다른 놀이의 요소를 명확하게 해주고, 스스로 규칙을 만들 기회도 제공함으로써 구속을 선택할 수 있도록 했다. 프로그램에 도입된 규칙은 다음과 같다.

---

9 같은 책, 59쪽 참조.

10 같은 책, 119쪽.

11 실러, 『미적 교육론』, 250쪽.

1. 워너비 캐릭터로 변신하기(캐릭터 이름 짓기)
2. 세계의 일은 바깥에 발설하지 않기
3. 다른 캐릭터와 대화 시 '세계의 언어'를 사용하기(○○○ 님, 경어 사용)
4. 토론 시 캐릭터 간 결투는 허용되나 치명적이고 과도한 공격 금지
5. 앉는 자리, 나눔 주제 및 순서 등은 제비뽑기로 결정
6. 집단 미션 퀴즈를 통해 캐릭터의 탁월함을 널리 알리기
7. 미정(이후의 규칙은 직접 만들어주세요)[12]

놀이에서의 규칙은 엄격하며 놀이 세계에서는 규칙에 대한 무조건적 동의만이 가능하다. 이에 대해 볼츠는 놀이 참여자는 '완벽한 질서를 음미하는 사람'이라고 이야기한다. 여기에서 고려되어야 할 중요한 요소는 자발성이다. 이는 하위징아가 놀이의 일반적 특징을 설명하면서 가장 첫 번째로 꼽았던 요소이며, 카이와 또한 놀이의 형식적인 특징 가운데 '자유로운 활동'을 첫 번째로 정의한다. 볼츠 역시 강제성을 갖는 교통규칙이 왜 놀이규칙이 될 수 없는지를 예로 들면서 놀이에서 자발성의 중요성을 강조한다. 볼츠는 "나는 자유롭게 게임에 임한다. 그러나 게임을 하겠다고 함으로써 나는 자발적으로 자유를 포기한다"[13]며 오이겐 핑크의 놀이하는 자의 '자기구속 욕구'를 설명한다. 놀이하는 자는 의심의 여지 없이 규칙을 따름으로써 현실 세계의 '의심'이라는 힘겨움에서 해방되며, 놀이규칙은 참여자에게 무엇이 중요한지를 정의해주고 다른 변수를 제외해줌으로써 참여자에게 통제감을

12 프로그램 초기에는 참여자들이 규칙을 직접 만드는 것에 대해 소극적이었지만, 프로그램이 진행되면서 서로 친밀감이 높아지자 발표 순서를 정하는 규칙에 관해 주사위 활용 등 다양한 아이디어를 제안하며 적극적인 모습을 보였다.

13 볼츠, 『놀이하는 인간』, 75쪽.

선사한다.[14]

현대에 가상공간에서 이루어지는 게임에서의 규칙은 단지 완벽한 질서나 통제감 등을 넘어 그 즐거움의 영역을 더욱 넓혀가고 있다. 온라인 게임에서 게이머는 가상공간을 돌아다니면서 게임이 던진 과제를 탐색하고 파악하는 중에 "의미를 만들며, 또 행위 양식을 발견하고 질서를 부여"[15]한다. 최근 등장한 메타버스 형식의 게임인 「로블록스」나 「이프랜드」 등이 이에 해당한다고 볼 수 있다. 이러한 게임에서는 놀이 참여자가 너무 복잡하진 않지만 공개되어 있지는 않은 규칙을 연구하고 탐색하며 즐기는 일종의 '규칙 찾는 놀이'가 추가된 것이라고 볼 수 있다. 이것은 카이와가 이야기했듯 규칙이 없는 초기 놀이인 파이디아에서 규칙을 만들어 자신을 한정하는 루두스로의 이행에서 놀이 참여자가 "해결하면서 맛보는 즐거움"[16]을 느꼈다면, 현대의 가상공간 놀이에서는 존재하지만 의도적으로 숨겨진 규칙을 탐색하는 과정에서 '발견하면서 맛보는 즐거움'을 느끼는 것으로 진화했다.

본 프로그램에서는 이러한 놀이규칙의 전통적인 장점과 현대의 놀이에서 보이는 장점의 진화 과정을 고려하고자 했다. 즉, 새로운 세계의 기본적인 규칙을 우선은 진행자가 정해주고 자발적인 동의를 구하되 일부 규칙은 참여자 스스로 직접 정할 수 있도록 열어두었다. 또한, 회기마다 제공되는 아이템인 '관점의 확장', '실존적 소통', '논리 기반 치료', '소크라테스 대화법'의 원리에 대해서도 진행자가 직접 설명해

14 같은 책, 77쪽 참조.
15 같은 책, 204쪽.
16 카이와, 『놀이와 인간』, 61쪽.

주기보다 주변의 예시를 먼저 제공하고 그 원리를 참여자가 발견할 수 있도록 유도했다. 그리고 회기별 철학적 아이템의 명칭에 대해서도 마지막에 초성 퀴즈의 형태로 제공하여 숨겨진 원리를 탐색하는 즐거움을 선사하고자 했다. 즉, 참여자 스스로 놀이에 적극적으로 개입할 여지를 둔 것이다.

(3) 프로그램 개발

프로그램 시행 당시 예상보다 길어진 코로나19 팬데믹으로 대학교 수업마저 줌으로 이루어지는 등 청년들의 상호교류와 활동이 줄어들어 대학생의 33%가 지속적인 우울감을 경험할 정도로 코로나블루가 심각해지는 상황을 겪었다.[17] 하지만 이러한 불가피한 시대적 환경을 자기를 돌아보고 삶의 의미를 생각해보는 기회로 삼아보자는 움직임도 일어났다. 본 프로그램에서는 학생 상담센터의 통계자료를 기반으로 주제를 '행복, 고통, 소통, 고민'으로 선정하고 회기를 결정했다. 프로그램 대상자는 20~30대 청년으로 대학(원)생이거나 취준생 또는 사회 초년생이다.[18] 대상자들은 청소년기를 지나면서 자신의 가치관을 일정 부분 정립했지만, 다양한 환경변화와 경험에 노출되어 있어 스스

17 이민준, "[월간중앙] 현장취재 | 우리는 팬데믹 세대, 2022년 우울한 대학생들의 초상", 2022. 2. 26. https://www.joongang.co.kr/article/25051244(검색일: 2022. 3. 1)

18 청년의 범위에 관련해서 대한민국 통계청은 만 15~29세까지를 청년으로 보고 있다. 이에 비해 정부와 지자체의 청년 대상 정책, 대출 지원 등은 만 19~34세를 대상으로 하고 있으며, 현재는 폐지되었지만 2013년 출범한 대통령직속청년위원회는 20~39세까지를 대상으로 했다. 본 프로그램에서는 최근 취업이 늦어지는 상황을 고려해 그 대상을 대학(원)생과 취준생 그리고 사회 초년생까지 폭넓게 아우르기 위해 20~30대를 넓은 의미의 청년으로 보기로 한다.

로 이를 검토하고 수정해나가는 과정에 있다.

하지만 최근 점점 더 어려워지는 취업과 지속하던 코로나19 상황은 가장 활기차야 할 청년 시절을 가장 불안하고 우울한 시기로 만들고 있었다. 소위 캠퍼스 생활은 대폭 축소되었으며 수업마저 온라인으로 이루어지고 있어 또래들과의 교류는 매우 제한적이었다. 사회 초년생들 또한 재택근무가 활성화되어 있고 동료들과의 업무 외 대화나 친교 자리도 점점 더 줄어들고 있던 이러한 대상과 상황에 맞춰 놀이 요소가 가미된 인문카운슬링 프로그램을 개발했다.

본 프로그램의 목표는 자신이 고민하는 가치관과 문제들에 대해 인문 콘텐츠를 매개로 다양한 관점에서 생각해보고 다른 사람들과 이야기를 나누면서 자신의 지평을 확장하는 데 있다. 이를 통해 참여자들은 평소에 진지하게 생각해보지 않았던 삶의 주제들에 대해 고민해보며 스스로 돌아보는 계기를 갖게 될 것이며, 아울러 청년 상호 간의 교류와 소통으로 코로나블루를 극복하는 '슬기로운 청춘생활'을 보낼 수 있을 것이다. 아울러 일반적인 인문카운슬링 프로그램과 달리 본 프로그램에 가미된 놀이 요소가 프로그램의 참여자들에게 어떤 효과를 줄 수 있을지에 대해 밝혀보는 것이 본 프로그램의 목표이기도 하다.

프로그램에서 다룰 주제인 행복, 고통, 소통, 고민의 주제별 기대효과는 다음과 같다. 먼저 '행복'을 주제로 한 회기에서는 행복을 다양한 관점에서 고찰해봄으로써 행복에 대한 생각을 확장할 수 있을 것이다. 다음으로 '고통'을 주제로 한 회기에서는 논리기반치료LBT 기법의 '생각 바꾸기'를 통해 마음의 고통을 다소 완화할 수 있을 것이다. 그리고 '소통'을 주제로 한 회기에서는 실존적 소통에 대한 고찰과 명상을 통해 자기를 돌아보고 삶의 문제에 대해 깊게 고민하고 대화하는 경험을 할 수 있을 것이다. 마지막으로 '고민'을 주제로 한 회기에서는 특정 고민에 대해 각자의 경험을 바탕으로 이야기를 나누는 변형된 형식의 소크라테스 대화법으로 자기 고민에 대한 시야를 넓히는 계기를 제공할 것이다. 또한, 본 프로그램을 통해 익힌 철학적 접근법(세계관 확장, LBT, 명상, 소크라테스 대화법 등)은 게임에서처럼 일종의 '자기치유 아이템'이라는 이름으로 제공되어 향후 유사한 어려움을 겪을 때 도움이 될 수 있을 것이다.

회기별 주제에 따른 이론적 배경은 다음과 같다. 첫 번째 '행복'은 철학상담의 대표적 접근법인 '세계관 해석'을 근거로 한다. 랜 라하브에 의하면 "산다는 것은 자기 자신과 자신의 세계에 대한 특정한 이해 방식을 구현embody하는 것"[19]이다. 진행자는 참여자의 행복에 대한 여러 가지 생각을 끌어내고, 행복에 관한 다양한 철학적 텍스트를 함께 음미하면서 자기의 생각을 구조화하고 비판적으로 검토하는 과정을 돕는다. 행복에 관한 분류는 관련 논문 「아리스토텔레스 윤리학에서 행복, 욕구 만족, 그리고 합리성」(편상범, 2015)[20]을 참고했다.

두 번째 회기인 '고통'은 스토아학파에서부터 누스바움에 이르는 '감정의 인지주의적 특성'을 근거로 만들어진 논리기반치료Logic-based Therapy, LBT 방법을 참고한다.[21] 즉, 마음의 고통은 사건에 대한 우리의 가치평가와 판단에 영향을 받는다는 것이다. LBT는 엘리엇 코헨에 의

19 라베, 『철학 상담의 이론과 실제』, 37쪽.

20 편상범, 「아리스토텔레스 윤리학에서 행복, 욕구 만족, 그리고 합리성」, 『철학사상』 58, 서울대학교 철학사상연구소, 2015, 95~126쪽.

21 최희봉, 「비판적 사고와 철학상담: 코헨의 LBT 5단계를 중심으로」, 『철학논집』 50, 서강대학교 철학연구소, 2017, 165~200쪽.

해 체계화된 철학상담 방법론이며, 이를 집단에 적용하기 위해 문학치료 기법인 동화치료와 접목하여 수정하는 과정을 거쳤다.

세 번째 회기인 '소통'은 야스퍼스의 『철학 II』 중 '실존적 소통' 부분[22]과 관련 논문 「현대인의 소통과 고독에 관한 고찰」(주혜연, 2017)[23]을 참고했으며 명상을 도입했다. 현대의 청년들은 스마트폰과 각종 미디어, SNS의 홍수에 빠져 있지만, 여전히 외로움과 고립감을 느낀다. 이러한 상황에서 현존적 소통과 구분되는 실존적 소통에 대해 알아보고 스스로 고독에 직면하여 본래의 자기를 찾아가는 과정을 경험한다. 또한, 자기 자신을 돌아보는 '집중명상'과 함께 참여자들과 삶의 근본적인 질문들에 대한 깊은 대화를 나누면서 소통의 의미를 새로운 관점에서 다시 생각해본다.

마지막 회기인 '고민'에서는 각자가 품고 있는 문제들을 내놓고 다양한 사람의 이야기를 들어보는 '사유의 확장'을 도입했다. 하지만 자신의 문제를 쉽사리 내놓기는 어렵기에 놀이 요소를 도입하여 이에 대한 거부감을 완화하고자 했다. 먼저 자신의 고민을 종이에 익명으로 쓴 뒤 통에 넣고 무작위로 추첨하여 나눔 주제를 선정한다. 이후 선정된 주제에 대해 각자가 자신의 경험을 바탕으로 자기 이야기를 나눈다. 이때 인생에 대한 충고나 권위 있는 사람의 조언 같은 이야기가 아닌 '자신이 그 일을 겪었을 때의 감정과 생각, 그리고 지금 그 일을 돌아볼 때의 느낌이나 생각'을 솔직하게 나누게 하는 것이 중요하다. 이것은 "스스로의 경험에만 의지해서 이야기한다"는 넬손과 헥크만

22 야스퍼스, 『철학 II』, 105~200쪽.

23 주혜연, 「현대인의 소통과 고독에 관한 고찰: 야스퍼스의 실존철학적 관점에서」, 『철학논집』 50, 서강대학교 철학연구소, 2017, 237~267쪽.

의 소크라테스 대화법에서의 방법을 도입한 것이다.[24]

(4) 프로그램의 진행

인문카운슬링 프로그램은 '인문학을 기반으로 삶의 문제에 도움을 주고자 한다'는 좋은 의도에도 불구하고 아직 크게 주목받지는 못하고 있는 현실이다. 물론 이와 유사한 대안들이 많기 때문이라고 할 수도 있겠지만, 여기에서 그 차이점을 논할 것은 아니다. 우리는 인문카운슬링 프로그램에 위에서 논한 놀이의 특성들을 더욱 강화하거나 추가하여 '놀이의 형식적 특성을 강화한 인문카운슬링 프로그램'을 개발했다. 또한, 이를 실제 현장에 적용해보고 인문카운슬링 프로그램 자체의 효과와 놀이적 특성이 프로그램에 어떤 도움이 되었는지에 대해 검증하고자 한다. 프로그램의 대상은 ○○대학교 재학생을 중심으로 한 청년들이며, 프로그램은 각 2시간씩 4회기에 걸쳐 진행되었고, 참여자는 총 7명이다. 프로그램의 개요는 〈표 11〉과 같다.

표 11. 인문카운슬링 프로그램 세부 내용

<table>
<tr><td>명칭</td><td colspan="3">슬기로운 청춘생활(부제: 자기치유 아이템 대방출)</td></tr>
<tr><td>목적</td><td colspan="3">행복, 고통, 소통, 고민에 대해 인문 콘텐츠를 매개로 다양한 사람들과 대화를 나누어보고, 놀이 요소가 가미된 인문카운슬링 접근법을 경험한다.</td></tr>
<tr><td>일시</td><td colspan="3">2021년 5월 ○월 ○일 ○시 등</td></tr>
<tr><td>대상</td><td>20~30대 청년 7명</td><td>진행 방식</td><td>대면, 집단, 회기당 120분 총 4회</td></tr>
</table>

24 박해용, 『소크라테스 대화법의 이론과 실제』, 파주: 한국학술정보, 2013, 52쪽.

프로그램 내용		
회기	주제	활동 내용
1	행복	• [진행자] 도입: Welcome to Self-Therapy World - 새로운 세계로의 진입(별명 짓기, 규칙 설명 등): 비일상성 강화를 위해 필요할 경우 매 회기 안내 • 행복에 대한 여러 관점의 텍스트/사진 살펴보고 나눔 • [진행자] 행복의 주관적·객관적 접근법 설명(by Parfit) - 쾌락주의, 욕구 만족, 객관적 목록으로 구분 • 각자가 정의한 행복을 분류에 적용해보고 생각 나눔 • 사유놀이: '행복기계'가 있다면 들어갈 것인가?
2	고통	• [진행자] 도입: 고통의 종류 나눔 및 관련 영상 공유 • [진행자] 논리기반치료(LBT) 이론 설명 • 동화의 한 대목으로 LBT 연습해보기 - 『느끼는 대로』(피터 레이놀즈)를 읽고 LBT 적용 연습 - 집단지성을 모으는 게이미피케이션 방식으로 진행 • [진행자] 흔한 비합리적인 전제들 안내 및 사례 제시 - 퀴즈 형식으로 진행하며 원리를 찾아가도록 유도 • 각자의 고통을 LBT로 적용
3	소통	• [진행자] 도입: 각자 일상의 소통 종류 작성 및 나눔(양식 제공) • [진행자] 소통의 종류 안내(현존적 소통 vs. 실존적 소통) - 각 예시를 게이미피케이션 방식으로 찾아가도록 진행 • 집중명상으로 자신을 관찰하기 • 스스로 질문에 답해보기(명상) - (예시) 나는 어떤 사람으로 기억되고 싶은가? • 깊은 대화 나누기
4	고민	• [진행자] 도입: 프로그램 전반의 느낌 나눔 • 자신의 고민 생각해보기 • 함께 이야기 나누기(변형된 소크라테스 대화) - 주제: 최근에 가장 많이 하는 생각(고민)은? - 우연성 도입: 작성한 주제를 상자에서 무작위로 뽑아서 나눔 • [진행자] 전체 마무리(집단 인터뷰 방식 나눔) 및 질문지 작성

우선 위와 같이 구성된 인문카운슬링 프로그램을 확정한 후 새로운 세계(비일상성), 규칙 도입, 게이미피케이션, 우연 등의 놀이 요소를 접목했다. 새로운 세계는 놀이의 일반적 특징 중 비일상성을 더 강화하기

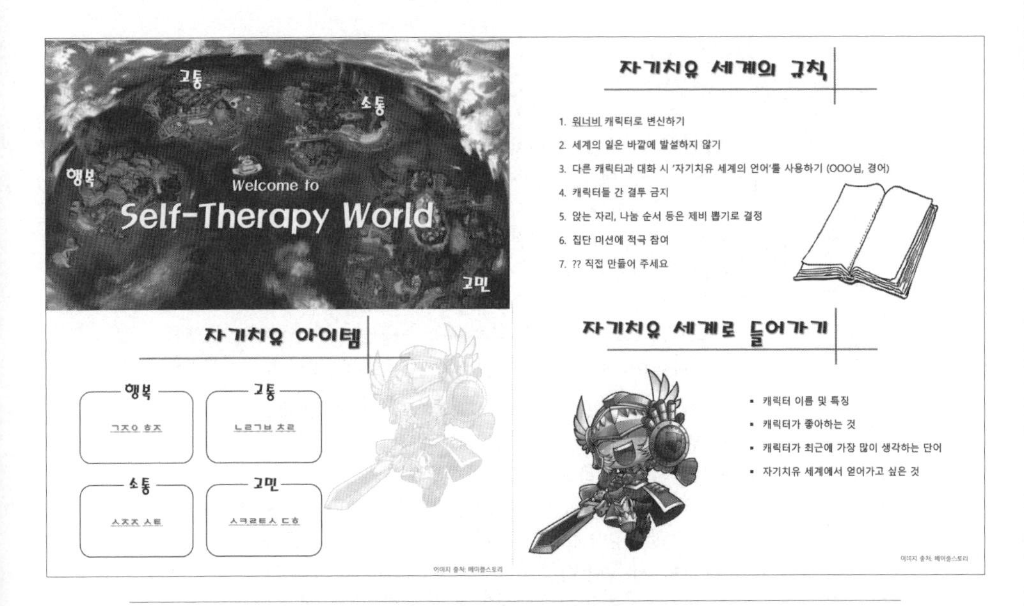

그림 11. 자기치유 세계 안내문

위한 것으로 참여자들은 각자 자신이 원하는 캐릭터가 되어 '자기치유 세계Self-Therapy World'의 행복, 고통, 소통, 고민이라는 섬을 탐험하며 문제해결에 도움이 되는 4개의 아이템을 얻는다. 이러한 새로운 세계관은 그 세계에서만 유효한 호칭 및 언어 등의 장치와 각종 규칙을 통해 더욱 명확하게 느낄 수 있도록 했다. 자기치유 세계의 세계관과 안내문은 〈그림 11〉과 같으며, 이러한 세계관은 프로그램의 1회기 때 공유된다.

회기별 원만한 진행을 위해 연구자들은 〈표 12〉와 같이 구체적인 내용과 시간 계획이 담긴 진행표를 작성했다. 진행표에는 회기 내 각 세션과 활동의 소요 시간과 함께 가이드 문구도 미리 준비해 진행 과정에서의 혼선을 최소화했다. 물론 진행 상황에 따라 진행자가 유동적으로 활용할 여지는 있다. 아울러 회기별로 필요한 철학 텍스트 같은 보조 자료도 사전에 준비하여 프로그램을 진행했다.

표 12. 1회기 진행표 예시

도입 [20분]	• [진행자] 자기치유 세계 및 규칙 안내 • 자기소개: 돌아가며 소개, 기대하는 것(2회 반복으로 마음 열기 유도) • 본 회기 intro: 행복에 대한 각자의 기억 떠올려보고 발표하기 - 이영자 먹방 영상 clip 시청 후 본 session으로 연결 (멘트: 최근에 이렇게 행복을 느껴본 적이 있으신가요?) - 최근에 자신이 행복을 느꼈던 순간에 대해 발표 (멘트: [지금까지는 우리가 개인적으로 경험한] 다양한 행복의 순간을 나눠보았고요, [이번에는] 철학자들이나 문학작품 속에서는 행복을 어떻게 이야기하고 있는지 한번 살펴보기로 하겠습니다.)
세션#1 [30분]	• 행복에 대한 여러 철학자와 문학 Text & 사진 살펴보기 - 각자가 몇 가지를 선택해서 선택한 이유 발표[20분] (멘트: 오랜 시간 동안 고민해온 행복에 대해 여러 의견을 살펴보았고, 또 각자의 의견을 들어봤습니다. 10분간의 휴식 시간을 갖고 난 후 내가 생각하는 행복에 대해 좀 더 구체적으로 알아보겠습니다.)
[10분 Break]	
세션#2 [20분]	• 행복에 관한 생각 작성해보기(10개 내외)[10분] (멘트: 이번 시간에는 내가 생각하는 행복에 대해 좀 더 구체적으로 생각해보겠습니다. 행복했던 경험들 또는 평소에 갖고 있던 행복에 관한 생각들을 바탕으로 세션#1에서 함께 봤던 문장의 형태로 10개 내외의 문장으로 작성해주세요. 질문은 "나에게 행복이란?"입니다.) • 발표(작성한 내용 읽기)[10분]
세션#3 [20분]	• [진행자] 행복 구분 세 가지(쾌락주의, 욕구 만족, 객관적 목록) 설명 • '나의 행복'을 세 가지 구분에 대입해보고 발표[5분] (멘트: 행복을 주관적 접근과 객관적 접근으로 나눌 수 있는데요. 앞서 작성한 나의 행복을 각자 이렇게 분류해봅시다.) • 각자 분류한 결과를 함께 정리해보기[15분] (멘트: 문구가 가장 집중된 분류와 대표적인 문구를 이야기해봅시다.)
마무리 [20분]	• 사유놀이#1: 로버트 노직의 '경험기계'에 들어갈 것인가? #2: 「어바웃 타임」 영상 & 영원회귀 문구 제공 후 상상해보기 (멘트: 여러분은 여러분의 삶이 지금과 똑같이 반복된다면 어떻게 살고 싶으신가요? 오늘 이 시간을 통해 각자의 행복에 대해 생각을 정리해보고 또 생각을 넓히는 계기가 되셨길 바랍니다.)

보조자료는 참여자들의 철학적인 사유를 돕는 목적으로 제공된다. 참여자들은 스스로 자신의 문제를 해결할 잠재력을 모두 갖고 있지만, 그것을 잘 끌어내는 것 또한 인문카운슬링 프로그램을 개발하고 진행하는 사람의 역량이자 의무다. 이러한 관점에서 보조자료는 참여자에게 생각을 강요할 목적이 아닌 다양한 관점을 제시할 목적으로 제공되어야 한다. 보조자료의 종류는 문학과 관련된 자료 또는 철학적 문구 등을 포함했으며, 텍스트 형식의 자료에만 국한하지 않고 영화의 한 장면이나 유튜브 영상 등을 광범위하게 활용했다.

진행자는 앞서 소개한 놀이 세계로의 진입을 위한 '자기치유의 세계관'과 이 세계에서 지켜야 할 규칙을 안내한 후 각자의 캐릭터 이름을 짓도록 한다. 캐릭터의 이름은 평소 자신의 가치관을 반영한 것도 좋고 자신의 희망 사항이 담긴 이름도 좋다. 실제 참여자들은 '마스터', '해피', '남 박사', '리리' 등으로 캐릭터 이름을 지었으며 각자 캐릭터의 의미를 짧게 공유했다. 참여자들은 프로그램에 참여하는 동안 자신의 본명이 아닌 캐릭터의 이름으로, 예를 들면 "마스터 님"과 같이 불리게 된다.

각자 캐릭터 소개를 마치고 나면 본격적인 프로그램이 시작되는데, 처음에는 1회기의 주제인 '행복'에 대해 가볍게 생각해볼 수 있는 동영상을 보조자료로 준비하여 제공한다. 보조자료 영상의 내용은 너무 무겁지 않고 웃음을 자아낼 수 있는 가볍고 짧은 영상으로 준비했다. 영상을 시청한 후 짧게 소감을 나누고 나서 행복에 대해 다양한 관점을 접할 수 있는 텍스트를 미리 준비하여 제공했다. 텍스트는 다양한 문학작품의 문구와 철학자들의 행복에 관한 정의로 몇 가지 예시 중 일부는 아래와 같으며, 이때 글을 남긴 사람의 권위에 참여자가 영향을 받

지 않도록 작자의 이름은 따로 제공하지 않는다.[25]

- 내적 행복이란 인간이 자족하고, 강해지며, 명예를 존중하고, 빛을 발하며, 명랑해지는 것을 의미한다.
- 행복은 알려지지 않은 아름다운 산속을 걷는 것이다.
- 행복은 자기 가족에게 아무것도 부족한 것이 없음을 아는 것이다.
- 돈으로 행복을 살 순 없다. 하지만 행복 바로 옆에 정박할 만큼 큰 요트를 살 수는 있다.
- 성공은 당신이 원하는 걸 얻는 것이고, 행복은 당신이 얻은 것을 원하는 것이다.
- 아름다움과 탁월함 등은 우리에게 쾌락을 제공할 때 가치를 지닌다. 이들이 쾌락을 주지 못한다면 우리는 그것들을 버려야 한다.
- 행복한 삶이란 자신보다 더 큰 어떤 것을 위해 공헌하고 있다는 의미감을 느끼며 살아가는 삶이다.
- 참된 행복은 자연의 법칙과 조화를 이루는 삶이며 내면적 행복이 관행에 따르는 사회, 윤리적 판단이나 운명의 변화에 영향을 받을 수 없도록 행위 하는 삶이다.
- 어떤 사람이 행복한가? 건강하고 부유하며 교양 있는 사람이다.
- 슬기롭고 정직하고 의롭지 않고서는 행복하게 살 수 없고, 행복하지 않고서는 슬기롭고 정직하고 의롭게 될 수 없다.
- 우리를 행복하게 만드는 것은 처한 상황이 아니라 우리 영혼의 기질

25 행복과 관련된 문구들은 『라루스 세계명언 대사전』(모리스 말루), 『꾸뻬씨의 행복여행』(프랑수아 를로르) 등의 도서, 행복과 관련된 철학 서적 및 논문, 인터넷 사이트 등을 참고하여 수집했다.

이다.

• 행복은 이타심에서 나오고 불행은 이기심에서 나온다.

이후 참여자들은 텍스트 중에 자신이 가장 동의하는 문장과 그렇지 않은 문장을 하나씩 선택한 후 그 이유를 나눈다. 이러한 과정은 각자 다른 생각을 사람들과 나눠보는 과정을 통해 관점을 넓히고 스스로를 돌아보는 데 도움이 될 것이다. 여기에 그치지 않고 참여자들은 각자가 생각하는 행복에 대해 글로 작성해보는 시간을 갖게 된다. 생각을 글로 표현하는 것은 다소 어려울 수 있기 때문에 아래의 형식과 같이 질문과 공백이 포함된 문장을 제공하여 참여자들이 이를 완성하도록 한다.[26]

질문: 나에게 행복이란 무엇인가요? 아래 빈칸을 채워주세요.
행복은 ________________________________ 이다.
나는 ________________________________ 할 때 행복하다.
행복은 ________________________________ 에 있다.

자신의 행복에 대해 스스로 정의해보고 나서 다음 활동을 위해 대략 10개 내외의 문장을 작성하도록 유도한다. 충분한 시간을 제공하여 문장을 작성하도록 한 이후에 다양한 행복 이론 중 소개할 만한 이론을 준비하여 참여자들에게 제공한다. 이때 제공하는 이론의 종류에 특별한 제약은 없으나, 본 회기의 목적이 행복에 관한 '관점의 확장'임을 고

26 이러한 방식으로 빈칸을 제공하고 글을 완성하도록 하는 것은 글쓰기 치료나 시 치료 등에서 광범위하게 활용되는 방법으로 글을 쓰는 것에 익숙하지 않은 사람들에게 백지상태에서 문장을 완성하는 것에 대한 부담감을 덜어준다.

행복의 유형

주관적 접근법 | 객관적 접근법

1 쾌락주의 [Hedonism]

2 욕구충족 이론 [Desire satisfaction theory]

3 객관적 목록이론 [Objective list theory]

- 마음 외부의 대상이나 사건과 무관
- 행복은 직접적인 체험을 통해 발생
- 행복한 삶: 마음 내의 쾌락을 극대화, 고통 최소화
- 불교 vs. 감각적 쾌락추구(세븐 나태)

- 다양한 욕구가 실제로 얼마나 충족되었는가에 의존 (욕망 충족 = 쾌락, 욕망 충족의 좌절 = 고통)
- 내부 정신세계 + 외부 환경적 조건
- 무의미한 욕망(돌 옮기기) vs.

- 행복에 관한 특정한 객관적 기준에 주목
- 좋은 행위, 나쁜 행위가 객관적 존재
- 개인의 주관적 선호와는 관계없이 객관적 조건은 그 자체로 좋은 속성이며 삶에 이러한 덕목이 구현되면 바람직하고 행복

그림 12. 파핏의 행복 분류

려하여 〈그림 12〉와 같이 파핏의 행복 분류[27]에 관한 내용을 알기 쉽게 정리하여 제공했다.

참여자들은 행복의 일반적인 분류와 관련된 이론을 접한 후 앞서 자신이 정의했던 행복에 관한 문장들이 어떤 이론과 가까운지를 스스로 생각해보고 분류해보도록 한다. 행복의 유형에 관한 이론을 미리 제공하지 않은 것은 참여자들이 의식적으로 각각의 이론에 적합한 행복을 작성하는 것을 방지하기 위함이다. 또한, 주의해야 할 점은 맨 처음에 제공한 행복과 관련된 다양한 텍스트에서도 세 가지 행복의 유형이 균형감 있게 제공되어야 한다는 것이다. 이러한 섬세한 장치는 인문카운슬링 프로그램의 목적이 새로운 지식의 전달이나 특정한 사

27 영국의 철학자 데릭 파핏(Derek Antony Parfit, 1942~2017)에 의하면 오늘날 행복에 관한 이론은 대체로 쾌락주의(hedonistic theories), 욕구만족 이론(desire-satisfaction theories), 객관적 목록 이론(objective list theories)의 세 가지로 분류된다[편상범(2015), 위의 논문, 96쪽].

유 방식을 강요하는 데 있는 것이 아니라 철학상담과 마찬가지로 스스로 자신을 있는 그대로 돌아보고 답을 찾아가는 데 있기 때문이다. 즉, 프로그램의 개발 단계에서부터 보조자료로 제공되는 자료의 다양성과 함께 제공 순서 또한 각 프로그램의 목적에 알맞도록 고민하는 것이 중요하다.

진행자는 참여자들이 분류에 어려움을 느끼는 문장들이 있다면 함께 분류를 돕는다. 참여자는 이러한 과정을 통해 자신이 평소에 생각하고 있는 행복의 개념이 어떤 이론에 속해 있는지를 스스로 알아갈 수 있게 된다. 어떤 참여자는 일상의 소소한 행복에 집중하는 반면, 다른 참여자는 자신이 세운 목표나 계획이 이루어졌을 때 행복하다고 느끼기도 한다. 그리고 또 다른 참여자는 주변 사람들을 돕거나 선한 영향력을 끼칠 때 행복을 느끼기도 한다. 물론 이러한 관점 중에 정답은 없으며, 단지 본 회기에서는 자신이 어떤 관점으로 행복을 생각하고 있는지를 관조하는 것이다.[28] 이후 참여자들은 〈그림 13〉 같은 간단한 사고실험을 하나 접하게 된다.

사고실험의 내용은 로버트 노직이 제안한 '경험기계'에 관한 실험이다. 이는 「토탈리콜」, 「매트릭스」 등 많은 영화에서도 다루어진 개념으로 '원하는 경험을 완벽하게 느끼게 해주는 기계가 있다면 당신은 들어갈 것인가?'라는 질문으로 시작한다. 이는 노직이 쾌락주의에 대한 반론으로 주관적(심리적) 조건만으로는 행복을 규정하기 어렵다는 것을 주장하기 위한 실험이었다.[29] 이러한 사고실험은 참여자에게 자신

28 랜 라하브에 의하면 철학상담은 '세계관 해석'과 관련이 있다(라베, 앞의 책, 2011, 37~38쪽 참조).

29 노직이 제안한 경험기계는 원하는 경험을 느낄 수 있게 해주는 가상의 기계다. 이러한 경

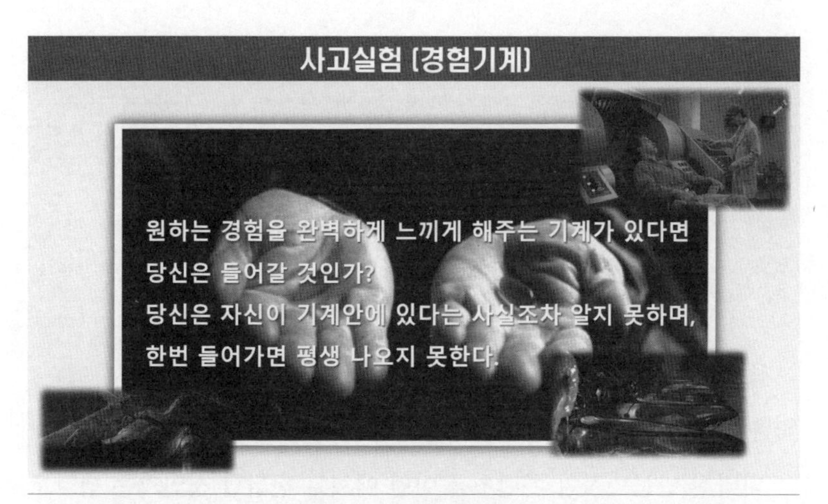

그림 13. 사고실험(경험기계)

이 정의한 행복의 관점에 대해 스스로 비판적인 시각으로 성찰해볼 기회를 제공해줄 수 있다. 이러한 성찰 기회는 짧게 편집본으로 제공된 「어바웃 타임」이라는 영화의 한 장면을 통해서도 가능하다. 영화 「어바웃 타임」(2013)은 리처드 커티스 감독의 작품으로 시간을 되돌릴 수 있는 주인공에 관한 이야기다. 영화에서의 주인공은 시간을 되돌릴 수 있는 특별한 능력이 있는데, 참여자들에게 '만약 자신에게 이러한 능력이 있다면 어떤 시점으로 돌아가고 싶은가?' 또는 '특정한 하루를 반복해서 살 수 있다면 지금과는 다른 하루를 보냈을 것 같은가?' 등의 질문을 던지고 서로의 생각을 나누어보는 시간을 가질 수 있다. 그러한 대화가 마무리되어갈 즈음에 참여자들에게 〈그림 14〉와 같이 니체의

험기계가 현실과 구별할 수 없는 쾌락을 제공해준다고 해도 그것을 행복으로 여기기 어렵다는 것이 '경험기계 반론'이다. 즉, 주관적 조건만으로 행복을 규정할 수 없음을 보여주는 것이 '경험기계' 사유실험의 목적이다(편상범, 「아리스토텔레스 윤리학에서 행복, 욕구 만족, 그리고 합리성」, 『철학사상』 58, 2015, 96쪽 참고).

당신이 지금까지 살았고 살아왔던 것처럼 당신은 이 삶을 한번 더 그리고 무수히 살아야 할 것이다.

당신이 오늘날 자신의 삶에 대한 생각을 긍정할 수 있도록 그렇게 살아야 한다.

_ 프리드리히 니체 "영원 회귀" 中

그림 14. 니체의 '영원회귀' 문구

'영원회귀'에 대한 문구를 제시한다.

다양한 인문학적인 콘텐츠를 어떤 매체로 전달할 것인가는 생각보다 중요한 차이를 줄 수 있다. 소리는 청각을 활용하는 매체적 특성으로 인해 참여적이며 논쟁적이고 하나로 모으는 성질을 갖고 있으며, 이에 반해 문자는 시각을 사용하는 매체적 특성으로 인해 분절적이고 분석적이며 거리를 두는 성질을 갖고 있다. 따라서 적극적인 참여나 첨예한 논쟁이 필요한 경우에는 소리를 활용하는 것이 효과적이며, 한 걸음 물러서서 생각해야 하거나 거리를 두고 분석적으로 사고해야 하는 활동인 경우에는 문자를 활용하는 것이 효과적이다. 철학자의 텍스트를 통해 자신을 천천히 성찰해봐야 하는 상황에 맞게 니체의 '영원회귀' 사상은 텍스트 이미지를 활용해서 제공했다.

다양한 콘텐츠를 활용한 사고실험을 마치고 난 후 참여자들에게 〈그림 15〉와 같이 '초성 퀴즈'를 제공한다. 이것은 볼츠가 이야기했던 일종의 게이미피케이션을 활용한 것으로, 참여자들은 본 회기에서 얻어갈 수 있는 아이템이 무엇인지를 집단지성을 통해 함께 정답을 찾아본다. 물론 정답을 맞힌다고 해서 물질적인 이득이 주어지는 것은 아니지만, 참여자들은 '재미'로 참여하며 즐거워하는 모습을 보인다.

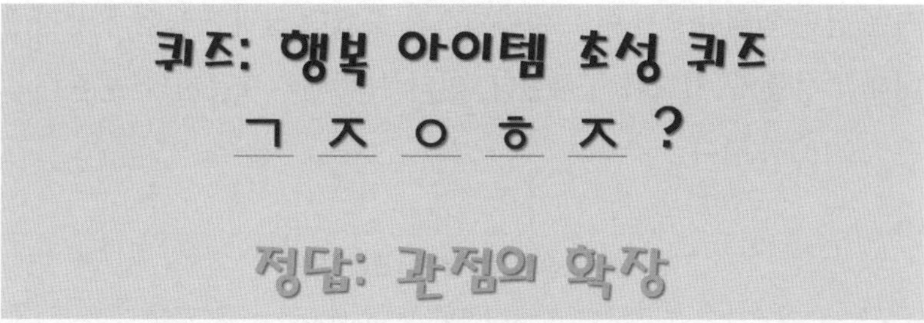

퀴즈: 행복 아이템 초성 퀴즈

ㄱ ㅈ ㅇ ㅎ ㅈ ?

정답: 관점의 확장

그림 15. 행복 아이템 초성 퀴즈

(5) 프로그램의 효과

본 프로그램의 결과분석을 위해 수집한 자료는 프로그램 참여자들이 서면으로 제출한 사후 질문지와 마지막 회기에서 시행한 집단 인터뷰 방식의 나눔이다. 그리고 서면 질문지 내용을 보완하기 위해 일부 참여자에 대해서는 프로그램이 종료되고 나서 일주일 정도 후 별도의 공간에서 개별 심층 인터뷰를 진행했으며, 위 자료에 대한 수집과 활용은 모두 참여자의 동의를 받아서 진행했다. 본 프로그램에서는 4회기 동안 함께 프로그램에 참여하여 서로 친밀감이 높아진 또래 청년들이 자유로운 의사소통과 피드백을 할 수 있도록 하여 효과를 분석하고, 향후 발전 방안을 모색하고자 집단 인터뷰 방식을 선택했다. 더불어 참여자들의 느낌을 표현하는 것을 돕기 위한 매개체로 풍경, 사물, 상황, 인물 등이 담긴 여러 장의 사진을 제공하여 자기의 생각과 느낌을 좀 더 풍부하게 표현할 수 있도록 했다.[30] 추가로 제공된 사후 질문

30 사진을 활용한 활동으로는 19세기 후반에 시작된 심리치료 방법의 하나인 '사진치료'가 있다. 본 프로그램에서 사진을 활용한 것은 그 자체로 심리치료적 목적을 의도했다기보다 사진치료가 갖고 있는 장점을 활용하기 위함이다. 사진을 활용한 활동의 장점은 복잡

지는 집단 인터뷰에서 미처 이야기하지 못했던 솔직한 느낌과 생각에 대해 작성할 수 있도록 구성했다. 인터뷰와 사후 질문지의 질문 내용은 〈표 13〉과 같다.

표 13. 프로그램 참여에 관한 질문

구분	영역	질문 내용
도입	인적 사항	참여자의 나이, 성별 등
주요 질문	프로그램 참여 경험	프로그램 참여 경험에 대한 전반적인 느낌과 생각은 어떠했나요?
		프로그램에서 다룬 주제(행복, 소통, 고통, 고민)는 어떠했나요?
		프로그램 참여 후 변화가 있다면 무엇인가요?
		프로그램에서 기억에 남는 것은 무엇인가요?
		프로그램의 진행자는 어떠했나요?
	놀이 요소 경험	프로그램에 도입된 놀이 요소(별명, 규칙, 우연성, 사유놀이 등)는 어떠했나요?
		프로그램에서 다룬 아이템(관점의 확장, 실존적 소통, 논리기반치료, 소크라테스 대화)은 어떤 의미로 기억되나요?
마무리	프로그램 관련 의견	프로그램의 발전을 위해 제안하고 싶은 것은?
		청년들에게 어떤 프로그램이 유익할까요?

집단 인터뷰와 개인 인터뷰의 내용은 모두 동의를 받아 녹음했으며, 녹음된 인터뷰 자료는 전사하여 축어록을 작성한 후 진행자들의 현장 관찰일지 내용도 함께 포함하여 자료를 분석했다. 수집된 자료를 반복해서 읽으며 유사한 진술 내용을 범주화했고, 타당성 확보를 위해

한 감정이나 생각을 한 장의 사진으로 의미 전달을 할 수 있다는 것과 사진이 자신의 고민이나 감정을 드러내는 촉매제 역할을 할 수 있다는 것이다[신현자 외, 「사진치료 연구의 효과 분석」, 『Global Creative Leader』 11(3), 숭실대학교 영재교육연구소, 2021, 264쪽 참조].

함께 진행한 연구원들과 분석 결과에 대한 의견 검토 과정을 거쳤다. 수집된 자료를 바탕으로 프로그램 참여 경험을 분석한 결과는 〈표 14〉와 같다.

표 14. 프로그램 참여 경험 자료 분석 결과

주제	범주	하위범주
프로그램 참여 경험은 어떠했나?	관점의 확장 경험 (7명)*	• 다른 사람과의 이야기를 통해 관점의 차이 경험 • 당면문제를 해결하기 위한 여러 가지 철학적 접근법을 경험해봄. • 타인을 좀 더 넓은 마음으로 이해해보려는 경험
	위로와 공감의 시간 (7명)	• 내 고민을 이야기할 수 있다는 자체가 위로 • 다른 사람의 고민을 들으면서 나의 고통과 고민이 특별하지 않다는 것에 위로를 받음. • 나의 고통에 대해 객관적으로 바라볼 기회
	내면의 성장 동기부여 (5명)	• 내면이 단단해진 느낌 • 갖춰야 할 내면의 힘에 대한 중요성 자각 • 주제(행복, 고통, 소통, 고민)에 대한 다양한 철학자의 관점과 이론을 알게 됨.
놀이 요소의 경험은 어떠했나?	편안한 접근 (4명)	• 새로운 공간에서 새로운 사람들과 함께하면서 일상에서 벗어난 듯한 편안함을 느낌. • '상담'이 아닌 '놀이'라서 부담 없었음. • 어려운 개념들을 쉽게 접할 수 있었음.
	몰입의 시간 (3명)	• 흥미로운 긴장감이 유발되어 몰입하게 됨. • 재미있는 상황을 가정한 상상력 발휘와 몰입 • 명확한 규칙으로 다른 눈치 볼 일이 적어 프로그램 내용 자체에 몰입함.
	일상과는 다른 즐거움 (6명)	• 새로운 사람들과 평소에는 접하기 어려운 여러 가지 활동과 생각 나눔을 하는 것이 좋았음. • 우연성 요소로 유쾌한 긴장감이 형성됨. • 짧게 느껴졌고 다시 참여하고 싶은 즐거운 경험
프로그램 관련 의견	관련 제안 (3명)	• 연애, 취업 등 좀 더 쉬운 주제로 회기를 늘려서 프로그램을 만들어줬으면 좋겠음.

* 범주별 인원은 전체 누적 참여자(10명)의 질문지와 인터뷰 내용 중 관련 답변 표기

먼저 프로그램의 참여 경험이 어땠는지에 대한 질문에 참여자들은 '관점의 확장', '위로와 공감의 시간', '내면의 성장 동기부여'로 범주화될 수 있는 답변을 보였다. 이는 다양한 철학적 텍스트와 콘텐츠가 참여자들의 사고의 폭을 넓혀주었고 서로 잘 알지 못하는 참여자들 간의 활발한 상호작용으로 각자의 생각을 내놓고 나누는 과정에서 텍스트가 주지 못하는 역동성을 경험한 결과로 보인다. 참여자들은 서로의 다양한 생각을 통해 자신의 관점을 확장하는 한편 위로받고 도전받으며 프로그램에 참여했다. 프로그램 진행 과정에서 보인 참여자들의 모습과 인터뷰를 기반으로 한 구체적인 내용은 아래와 같다.

① 관점의 확장 경험

참여자들은 일상에서 만나던 사람들이 아닌 새로운 사람들과 다양한 관점을 공유하면서 서로를 이해해보려고 노력하는 모습을 보였다. 그 과정에서 각자가 원래 갖고 있던 생각들에 대해 스스로 검토하는 과정이 일어나 사유의 폭이 넓어지기도 하고 자기와 유사한 생각을 하는 사람들의 이야기를 통해서는 자기의 생각을 강화하기도 하는 모습을 보이기도 했다. 또한, 진행자가 미리 준비하여 제시한 주제와 관련된 철학적 보조 텍스트들은 참여자들의 사유의 폭을 넓히는 데 도움을 주었다. 그리고 회기마다 제공된 문제해결을 위한 여러 가지 접근법과 다른 참여자들의 문제해결 방법을 접하면서 당면문제를 해결하는 방법이 여러 가지가 있을 수 있다는 것을 알게 된 계기가 되었다.

> "문제를 해결하는 방식이 사람마다 서로 다르다는 것을 알게 되었다. 내가 주로 사용하는 방법이 통하지 않더라도 여전히 해결할 수 있는 대안

은 있다는 생각이 들었다."

"일방적으로 지식을 전달해주는 강의 방식이 아니라 각각의 주제에 대해 진행자가 다 같이 한번 이야기해보자고 하는 것이 소통이고 카운슬링인 것 같다."

"생각이 다른 사람들의 이야기를 들으면서 타인을 이해하는 넓은 마음을 가져보려고 노력했다. 세상의 일들에는 정답이 없다는 것을 깨달았다."

"예전에는 행복이 가족과 함께 있을 때만 느낄 수 있는 것이라고 생각했는데, 여러 철학자의 말들을 보고 또 다른 사람들이 생각하는 행복에 대해서도 이야기를 나누다 보니 다양한 곳에서 행복을 느낄 수 있다는 것을 알게 되었다."

"다른 사람의 이야기를 들으면서 나와 다른 사람의 관점의 차이를 비교해보면서 내가 갖고 있는 생각에 대해 다시 한번 돌아볼 수 있었다."

"관점을 바꾸어 생각해보면서 내면의 힘의 중요성을 확인해볼 수 있었다. 수시로 다양한 관점으로 내 마음을 체크해야 할 필요성을 느꼈다."

"나와 비슷한 다른 사람의 고민과 이야기를 들으면서 내 행동에 확신과 자신감도 생겼다."

"나보다 나이가 많은 사람들의 고민을 들어볼 기회가 별로 없는데 이번 기회에 접하면서 생각의 폭이 넓어지는 것을 느꼈다."

② 위로와 공감의 시간

참여자들은 자기 이야기를 경청하는 사람들에게 고민을 이야기할 수 있다는 자체에서도 마음의 위로를 받는 느낌을 경험했다. 또한, 각자의 고민을 나누는 과정에서 자신의 고민이 다른 사람들과는 다른 특별한 고민이 아니라는 것을 알게 되었을 때 일종의 안도감을 느꼈다.

진행자가 제시한 논리기반치료를 접하면서 고통스러운 감정에 치우치지 않고 자신의 고통이나 고민을 객관화하여 바라보는 것에 대한 중요성을 자각했으며, 고민이라는 것이 삶의 여정에서 언제든 일어날 수 있는 일인 만큼 감정을 알아차리고 고민을 마주해야겠다는 생각을 했다. 특히, 20대 초반의 청년들은 30대 중·후반 참여자의 힘들었던 시절의 진솔한 이야기에 현재의 삶에 감사하는 모습을 보이기도 했다.

"고민되는 주제로 대화를 나눌 수 있는 장이 있다는 것이 위로가 되었다."

"내가 갖고 있는 여러 가지 고민이 나만의 고민이 아니라 함께 공유하는 고민이었다는 점에서 공감을 받았다."

"내 고민이 크거나 특별하지 않다는 생각이 들었다. 고민의 삶을 즐겨야겠다는 생각이 들었다."

"'고통' 회기를 통해 내가 겪는 고통이 사실은 그렇게까지 고통스러운 게 아닐 수도 있다는 것을 깨달았다."

"논리기반치료를 통해 자기객관화를 할 수 있었고, 감정에 휘둘리기보다는 논리적 추론에 의한 '감정 알아차리기'를 할 수 있어서 좋았다."

"다양한 연령의 사람들과 이야기를 하면서 고통과 고민이 살면서 언제든 일어날 수 있는 일이라는 생각이 들어 위로가 되었다."

"대학생으로서 나이가 많은 사람들의 고민을 접할 기회가 별로 없었는데, 나보다 나이가 많은 사람들도 우울증이 와서 인생을 막 … 그런 이야기를 들었을 때는 내가 시야가 좁아서 나만 힘들구나 했다면 지금에 대해 감사하게 된 계기?"

③ 내면의 성장 동기부여

진행자가 준비한 보조자료들은 참여자들에게 새로운 지식을 전달하는 역할을 하기도 했다. 프로그램 진행 과정에서 참여자들은 진행자가 제시한 철학적 방법론과 텍스트를 처음에는 다소 어렵게 느끼기도 했지만, 실제 자기의 삶에 적용해보는 활동을 통해 철학적 개념과 도구의 효용성을 알게 되었다. 몇 가지 도구와 이론들을 습득한 후에는 살아가면서 이러한 것들을 더 많이 확보하는 것이 삶에 도움이 될 것 같다는 생각을 하게 되었으며, 이는 자연스럽게 내면의 성장을 위한 활동을 시작하는 것에 대한 동기로 작용했다. 하지만 짧은 회기로 인해 프로그램에서 습득한 이론과 방법론의 효과가 지속하기는 어려울 것이라는 회의적인 의견도 있었다.

"행복에 대한 철학자들의 텍스트를 통해 행복의 종류가 다양하고 여러 가지가 있다는 것을 새롭게 알게 되었다."

"소크라테스 대화 방식으로 고민을 나눌 때 경험을 기반으로 이야기하는 것이 중요하다는 것을 알았다. 앞으로 그렇게 해야겠다고 생각했다."

"다른 사람들의 행복을 더 진심으로 이해할 수 있게 된 것 같다."

"지금까지 너무 물질적인 것에만 즐거움을 찾았던 것 같다. 이번 기회를 통해 마음의 만족감을 늘리고 물질에 대한 집착을 줄일 수 있을 것 같다."

"실존적 소통을 통해 '타인의 시선에서의 나'가 아닌 '진정한 나'를 알아갈 수 있다는 것을 알게 되었고, 남들 눈치를 보는 삶이 아닌 주체적인 삶을 살 수 있게 된 것에 도움이 되었다."

"내가 생각하고 있는 개념들에 대해 철학자들의 이론과 다른 참여자들의 말을 통해 보완할 수 있어서 좋았다. 나 자신이 더 단단해진 것 같은 느낌이다."

"공대생이라 쉽게 접하지 못하는 철학적·심리학적 교양을 쌓을 기회였다. 평소 행복에 대해 관심이 많았는데 전문가들의 이야기를 들어서 좋았다."

"내면이 더 강해진 느낌이다. 설명해준 '아이템'들을 경험해보면서 내 안에 갖춰야 할 많은 것들에 대해 생각하게 되었다."

"이걸 다 배운다고 삶이 달라지는 건 한계가 있다고 생각해요. 은연중에 느낄 수는 있겠지만… 체감은 잘 안 될 수도 있을 것 같아요."

(6) 놀이 요소 경험의 효과

본 프로그램에 가미된 놀이 요소는 참여자들에게 '편안한 접근', '몰입의 시간', '일상과는 다른 즐거움'으로 범주화될 수 있는 경험을 제공했다. 무엇보다 참여자들은 프로그램을 재미있어했으며 아무런 부담 없이 즐기는 모습을 보였다. 이것은 프로그램을 일종의 놀이로 여기게 하고자 했던 의도가 무리 없이 반영된 것으로 보인다. 또한, 참여자들은 놀이의 효과라고 할 수 있는 '몰입'과 '일상적이지 않은 즐거움'을 경험했다. 놀이를 명확하게 정의 내리기는 어렵지만, 앞서 논의한 대로 놀이가 '가족 유사성'을 갖고 있다면 놀이의 요소와 효과가 담겨있는 본 프로그램을 일종의 놀이로 간주하는 것도 가능할 것이다. 놀이 요소와 관련하여 프로그램 진행 과정에서 보인 참여자들의 모습과 인터뷰를 기반으로 한 구체적인 내용은 다음과 같다.

① 편안한 접근

철학적 개념과 방법론을 활용한 집단상담 프로그램이었지만, 놀이의 요소를 도입함으로써 참여자들은 부담감을 내려놓고 좀 더 편안하게 접근할 수 있었다. 본명이 아닌 별명을 지어 또 다른 캐릭터로 불리는 경험은 '나'에 대한 이야기를 더 쉽게 끌어내게 했으며 새로운 공간과 시간, 그리고 새로운 규칙을 따르는 상황은 일상과 단절된 느낌을 주는 일종의 '안전한 울타리' 역할을 했다.[31] 또한, 참여자들은 자신의 고민을 종이에 써보는 경험과 이것을 '뽑기통'에 넣고 나눔의 주제로 뽑힐지를 기대하는 일련의 과정을 통해 고민의 내용에 지나치게 진지하게 빠져들었던 상태에서 조금은 벗어나는 모습을 보였다.

"진행자들이 '상담'이 아니라 '놀이'한다는 개념으로 친밀하게 다가와서 분위기가 편했어요."

"본명이 아니라 캐릭터 이름을 정해서 진행하는 부분이 나의 또 다른 자아를 끄집어내는 느낌이 들어서 이야기하는 데 좀 더 쉬웠다."

"학과 활동에서 벗어나 새로운 공간에서 새로운 사람들의 이야기를 들으면서 마음의 긴장이 완화되고 편안한 느낌이 들었다. 나만의 규칙과 룰이 좀 있는 편인데 거기에서 벗어나서 긴장이 풀리고 편안하게 시간을 보냈다."

"자신의 고민을 종이에 쓰고 뽑아서 이야기해보는 시간을 통해 고민을 글로 표현해보고 통에 집어넣고 뽑히기를 기다리는 과정이 내 고민에 대해

---

31 하위징아는 놀이에서의 규칙이 적용되는 특정 공간과 시간은 일종의 '마법의 동그라미' 역할을 하여 놀이 참여자들에게 불완전한 세계와 혼란스러운 일상에 잠정적이고 제한적인 완벽함을 가져다준다고 보았다(하위징아, 『호모루덴스』, 47쪽).

객관화하고 다시 바라볼 수 있게 하는 것 같아서 좋았다."

"어려운 철학적인 개념들과 방법들을 많이 배웠는데 이런 방법들을 '아이템'이라는 단어로 표현하니 뭔가 얻어가는 느낌이고 … 더 쉽게 느껴졌다."

② 몰입의 시간

프로그램에 도입된 놀이 요소 중 우연성은 유쾌한 긴장감을 유발하여 참여자들이 더욱 놀이에 몰입할 수 있도록 도왔다. 칙센트미하이는 자신의 저서 『몰입의 즐거움』에서 "놀이처럼 여겨지는 활동은 대수롭게 여기지 않고 굳이 집중하지 않아도 된다는 것을 알지만, 그때는 의욕이나 만족감이 올라간다"[32]고 했다. 즉, 놀이는 그 본질적인 특성으로 인해 참여자들을 거기에 몰입할 수밖에 없도록 한다. 특히 참여자들은 흥미로운 상황을 가정해서 상상력을 발휘하는 사유놀이[33] 형식의 활동에서 몰입감을 높게 느끼는 것을 경험했다. 토론 나눔을 할 때 발언 순서 뽑기를 통해 선정하는 설정은 발표자들에게 긴장감을 유발하

32 칙센트미하이, 『몰입의 즐거움』, 72쪽.

33 '사유놀이'는 철학적 사고실험을 하나의 놀이로 프로그램에 적용한 것이다. 사고실험은 이성적 사고와 상상력에 의한 실험이며, 상상 가능한 상황을 가정한 후 우리의 판단을 검토해보는 과정이다. 이는 자신의 판단과 반응의 이유를 검토하는 개방적 과정을 거쳐 자신의 가치관을 반성적으로 성찰하게 한다(김선희, 『철학상담 방법론: 철학적 사고실험과 자기치유』, 아카넷, 2016, 31~33쪽 참조). 철학적 사고실험에 관한 기존의 연구는 다음의 논문을 참고하기 바란다. Alexander Becker, "Thought Experiments in Plato," in M. T. Stuart et al. (eds.), *The Routledge Companion to Thought Experiments*, London and New York: Routledge, 2018, pp. 44~56; Edward Grant, "Thought Experiments and the Role of the Imagination," in *A History of Natural Philosophy: From the Ancient World to Nineteenth Century*, Cambridge: Cambridge University Press, 2007, pp. 200~211; Paul Humphreys, "Seven Theses on Thought Experiments," in J. Earman et al. (eds.), *Philosophical Problems of the Internal and External World*, Pittsburgh: University of Pittsburgh Press, 1993, pp. 205~227.

는 효과도 있었지만, 발표 순서에 대한 불필요한 눈치와 고민을 줄여 주어 다른 사람들의 말에 좀 더 귀를 기울이게 해주고 나눔 자체에 몰입할 수 있도록 하는 효과도 있었다.

"우연성이 좋았다. 나눔 주제를 뽑을 때 얻을 수 있는 흥미로운 긴장감이 프로그램의 분위기를 더욱 유쾌하고 몰입할 수 있게 만들었다."

"규칙을 미리 정해서 공지하고 토론하니 호칭, 발표 순서 같은 데 눈치 볼 일 없이 대화 내용 자체에만 신경 쓸 수 있어서 좋았다."

"「어바웃 타임」이라는 영화를 보면서 현재를 두 번 살아간다는 설정이 흥미로웠고, 오늘 하루의 나 자신에게 적용해보았을 때 자연스럽게 오늘의 일들을 상상하게 되면서 빠져드는 느낌이었다."

"'행복' 회기 때 했던 사고실험에서 경험기계에 들어갈 것인가 말 것인가를 생각할 때가 나와 내 주변의 사람들의 상황에 대해 여러 가지 생각을 할 수 있어서 가장 기억에 남았다."

"주제와 목적이 분명하게 정해져 있고 공간이나 시간도 딱 정해져 있어서 명확하게 토론하겠다는 목적을 갖고 참여하니까 더 이야기가 잘되는 것 같았어요. 평소 친구들이나 가족들하고는 이런 이야기를 할 기회가 잘 없으니…."

③ 일상과는 다른 즐거움

참여자들은 기본적으로 본 프로그램을 일상의 활동과는 분리해서 생각했다. 새로운 공간과 사람들을 만나 색다른 활동을 한다는 것에서 일상에서 벗어난 여유와 즐거움을 느꼈으며, 회기가 지날수록 참여자들 간의 친밀감도 높아져 마지막 피드백에서는 '회기를 늘려달라'거나

'다음에 다시 한번 더 했으면 좋겠다'는 반응이 많았다. 하위징아에 의하면 반복은 놀이의 본질적인 특성[34]인데, 이러한 현상이 본 프로그램에서도 나타나는 것을 알 수 있었다. 이것은 강제성이 없는 인문카운슬링 프로그램에서 즐거움과 재미라는 요소가 자발적인 참여에 얼마나 중요한지를 보여준다. 또한, 주사위 던지기나 뽑기, 사진 고르기 등의 활동은 정적인 모임 분위기를 동적으로 바꾸어 참여자들의 긴장 완화에 도움이 되었다. 그리고 우리가 일상에서 겪을 수 있는 많은 고민과 질문을 테이블 위에 꺼내놓고 다양한 방법으로 해결해보려고 하는 시도는 앞으로 자신이 겪을 문제들에 대해서도 좀 더 객관화하여 해결해볼 수 있겠다는 생각으로 연결되었다.

"주변 사람들과는 이런 이야기를 잘 하지 않는데, 여기에 올 때는 내가 관심이 있는 행복이나 다른 주제에 관한 이야기를 하러 간다는 목적이 있으니까 이런 이야기를 나눌 수 있어서 좋았다."

"늘 보던 사람들이 아닌 새로운 사람들과 만나 다양한 이야기를 하면서 이 순간 자체가 여유고 행복이라는 생각이 들었다."

"주사위를 던지는 행위를 통해 정적이던 어색한 분위기에서 동적인 유쾌한 분위기로 탈바꿈할 수 있어서 긴장 완화에 도움이 되었다."

"우리 삶에서 일어나는 고민이나 문제점들을 재미있게 처리해볼 수 있는 관점으로 조금 더 객관적으로 문제를 바라볼 수 있겠다는 생각이 들었다."

"생각을 작성하는 숙제 같은 게 많아서 조금 힘들기도 했지만, 마치고 나니 즐거운 놀이동산에 갔다 온 느낌이었어요."

34 하위징아, 앞의 책, 47쪽.

"다른 데 프로그램도 많이 가봤는데 다른 데서 하는 프로그램과는 달리 뭔가 얻어가는 것도 있고 재미도 있어서 시간이 짧게 느껴졌어요. 다음에는 회기를 좀 더 늘렸으면 좋겠고 다음에도 꼭 참여하고 싶어요."

"그냥 자기 생각을 이야기하는 게 아니라 펼쳐진 사진을 골라 그 사진과 연관 지어 마음을 표현하는 시간이 즐겁고 마음에 들었어요."

(7) 의미와 시사점

인문카운슬링 프로그램에서는 놀이와 마찬가지로 자발성과 재미가 매우 중요한 요소다. 특히 일반인을 대상으로 하는 예방적·발달적 목적의 인문카운슬링 프로그램은 참여에 아무런 강제성이 없기에 자발적인 참여가 필수적인 요소이며, 이를 유도하기 위해서는 참여자들의 놀이본능을 자극하는 것이 유용할 수 있다. 우리는 놀이할 때 '재미있어서 스스로' 놀이에 참여하기 때문이다. 프로그램에 놀이 요소를 접목하는 것에는 다양한 방법이 있겠지만, 본 프로그램에서처럼 이미 인문카운슬링 프로그램이 갖추고 있는 놀이 요소를 강화하는 방식도 있고 새로운 놀이 요소를 추가하는 방식도 가능할 것이다. 지금까지 살펴본 바로는 놀이 요소 중 인문카운슬링 프로그램에서 주목해야 할 부분은 비일상성, 우연성, 규칙 등이다. 이를 통해 일상과는 다른 즐거움과 몰입경험을 제공하는 것은 참여자들에게 즐거움을 선사하여 자발적이고도 반복적인 참여를 끌어내는 데 도움이 될 수 있을 것이다.

또한, 주목해야 할 점은 인문카운슬링 프로그램에서 다루어질 내용도 매우 중요하지만 그에 못지않게 '형식'도 중요하다는 것이다.[35] 특정한 인문카운슬링 프로그램이 어떤 형식으로 다가갈 것인지에 따라 참여자들은 편안함을 느끼기도 하고 부담감을 느끼기도 한다. 앞서 언급했듯 인문카운슬링의 활동 범위는 매우 광범위하기에 그 형식은 교육, 상담, 토론, 나눔, 치유여행 등 여러 가지가 될 수 있다. 그러한 맥락에서 일반인을 위한 예방적·발달적 목적의 프로그램이라면 본 프로그램에서와 같이 '놀이의 형식'을 취하는 것도 좋은 대안이 될 수 있다. 물론 지금도 놀이를 활용한 프로그램들이 놀이치료 영역에서 활발하게 이루어지고 있고 효과를 거두고 있지만, 여기에서 '놀이의 형식을 취한다'는 것은 그것과는 다르다. 프로그램의 내용에 놀이가 들어가 있지 않더라도 놀이 요소들을 적용해서 프로그램을 구성한다면 그러한 프로그램 자체가 하나의 놀이가 될 수 있다. 이것은 '놀이 요소'를 갖춘 것을 '놀이'로 보았던 하위징아, 놀이를 네 가지로 분류하고자 했던 카이와,[36] 그리고 현대의 오디션 프로그램이나 주식시장마저 놀이로 보았던 볼츠의 놀이 개념과도 일치한다. 즉, 참여자들의 놀이본능을 일깨워 프로그램의 효과를 높이기 위해서는 다양한 형식의 프로그램에 놀이 요소를 도입하여 놀이의 형식을 접목하는 것이 유용한 방법이 될 수 있을 것이다.

35 매클루언은 『미디어의 이해』에서 '내용'보다는 그것을 담고 있는 '미디어'가 훨씬 중요하다고 이야기한다. 여기서 그는 미디어를 "인간의 정신이나 육체가 확장된 것"으로 광범위하게 정의했으며, 따라서 그가 설정하는 미디어의 범주는 인간의 확장에 의한 모든 인공물을 포괄한다. 이러한 맥락에서 인문카운슬링 프로그램을 하나의 미디어로 상정해볼 때 프로그램의 내용보다 그 내용을 어떤 미디어에 담을 것인가가 더욱 중요한 논의가 된다(매클루언, 『미디어의 이해』, 8~20쪽 참조).

36 카이와는 놀이를 아곤(Agon, 경쟁), 알레아(Alea, 우연), 미미크리(Mimicry, 모방), 일링크스(Ilinx, 현기증)의 네 가지로 분류할 것을 제안했다. 그는 이러한 4개의 주요 항목이 각 놀이에서 서로 조합되고 우위를 차지하는 것으로 놀이가 확장된다고 보았다.

프로그램의 참여자들이 대부분 만족스러웠다고 느낀 점은 새로운 사람들과 다양한 이야기를 나눌 수 있다는 것이었다. 특히 같은 20~30대 청년이면서도 나이 차이가 나거나 상황이 다른 사람들의 이야기를 들을 때 대화의 다양성은 더욱 증가하여 높은 만족감을 준다는 것을 알 수 있었다. 집단대상 인문카운슬링 프로그램의 참여자를 구성하는 방법은 여러 가지가 있을 수 있다. 특정한 상황에 놓인 사람들에게 맞춤형 프로그램을 제공하는 것도 의미가 있겠지만, 특별한 문제가 없는 일반적인 사람들을 대상으로 폭넓은 이야기를 나누고 여러 가지 삶의 문제와 가치관에 대한 관점을 넓히는 것이 목적이라면 좀 더 다양한 참여자로 집단을 구성하는 것도 좋을 것이다. 다만, 이때 주의해야 할 것은 일단 프로그램에 참여했으면 모두 나이나 사회적 위치를 내려놓고 동등한 입장에서 이야기를 나누어야 한다. 그러한 환경은 별명을 사용하거나 호칭, 경어 사용, 발표 시간 통제의 규칙을 도입하거나 우연성 등의 놀이 요소를 접목하는 것으로 가능할 것이다. 왜냐하면, 놀이는 "현실에는 없는 순수하게 평등한 조건을 놀이하는 자들 사이에 인위적으로 만들어"[37]내는 것이기 때문이다.

마지막으로 참여자들이 특히 기억에 남는다고 했던 '사유놀이'[38]를 향후 인문카운슬링 프로그램에서도 적극적으로 활용할 필요가 있다. 본 프로그램의 참여자들은 가장 기억에 남으면서도 도움이 되었던 활

37 카이와, 『놀이와 인간』, 46쪽.

38 '사유놀이'는 사물의 실체나 개념을 이해하기 위해 가상의 시나리오를 이용한다는 의미의 '사고실험(思考實驗)'을 놀이 형식으로 변형한 것이다. '사고실험' 또는 '사고유희'는 우리에게 수수께끼를 제공해주어 우리를 깊이 숙고하게 하고 마음을 사로잡으며 의식을 일깨우기도 한다(이브 보사르트, 『철학자의 사고실험』, 이원석 역, 서울: 북캠퍼스, 2016, 9~10쪽 참조).

동 중 하나로 사유놀이를 꼽았다. 사실 본 프로그램에서 사유놀이는 개발 당시에는 다른 놀이 요소에 비해 크게 비중을 두지 않아 첫 회기 때 2개만 진행했다. 그 둘은 바로 로버트 노직의 '경험기계'와 니체의 '영원회귀'에 관한 내용을 설명하고 참여자들의 선택을 묻는 방식이었다. 이 두 번의 사유놀이에서 참여자들은 가정된 상황에 매우 깊게 몰입했고, 자신의 일상을 돌아보면서 해당 회기의 주제인 '행복'에 대해 진지하게 고민하는 모습을 보였다.

2) '사유놀이'를 활용한 독서 기반 인문카운슬링 프로그램

본 사례는 앞에서 살펴본 '놀이의 형식적 요소를 가미한 인문카운슬링 프로그램' 사례에서 긍정적인 반응을 얻었던 '사유놀이'를 좀 더 적극적으로 도입한 것이다.[39] 물론 이전 프로그램에서 도입되었던 놀이의 형식적인 요소도 가능한 선에서 유지했다. '사유놀이'라는 용어는 일반적으로 '사고실험Thought Experiment'이라는 단어로 잘 알려져 있다. 사고실험은 말 그대로 머릿속에서 생각으로 진행하는 실험으로 필요한 조건을 가정한 후 일어날 현상을 예측하는 것인데, 이러한 방법은 실제로는 구현하기 어려운 상황이나 조건으로도 가능하다는 장점이 있다. 이러한 사고실험은 과학 분야[40]에서뿐만 아니라 철학이나 문

39 '사유놀이'를 활용한 독서 기반 인문카운슬링 프로그램은 경북대학교 인문카운슬링센터를 통해 '22년 10월에 진행했던 프로그램이다. 프로그램 사례 분석의 내용은 '22학년도 인문카운슬링센터 최종 발표회의 발표 내용을 기반으로 수정 · 보완했다.

40 과학 분야에서 우리에게 잘 알려져 있는 사고실험은 관성의 개념을 발견한 '갈릴레이의 사고실험'이나 양자역학의 불완전성을 비판하기 위한 '슈뢰딩거의 고양이' 같은 실험이

학 등 인문학 분야에서도 광범위하게 활용되고 있다. 존 롤스의 원초적 입장에서의 '무지의 베일 가정', 존 내시의 게임이론에서의 '죄수의 딜레마', 로버트 노직의 '경험기계' 등이 철학 분야에서도 잘 알려진 사고실험이라고 할 수 있다. 이러한 사고실험의 원리에 놀이의 요소를 가미한 '사유놀이'를 인문카운슬링에 적용한다면 참여자들에게 좀 더 쉽고 재미있게 '사고思考'할 기회를 제공할 것이다.

(1) 프로그램의 이론적 배경

본 프로그램은 기본적으로 독서 기반 프로그램이며 토론의 형식을 취한다. 즉, '독서토론'을 기본으로 하되 여러 가지 철학적 요소를 가미한 프로그램으로 볼 수 있다. 먼저 독서토론은 책의 내용을 파악하는 단계를 넘어 다른 사람들과의 논의, 논박, 토론 등의 과정을 통해 자신과 다른 사람들의 생각을 검토하는 과정을 거친다.[41] 독서치료에서의 상호작용을 강조했던 하인스와 하인스베리 또한 토론 과정에서의 상호작용이 감정과 인지적 반응의 통합을 일으켜 마음의 치유에 효과가 있다고 보았다.[42] 본 프로그램의 목적이 '자기성찰', '철학적 사유 방법 경험', '사유의 폭 확장'임을 상기해볼 때 독서토론 자체만으로도 '자기성찰'이나 '사유의 폭 확장'을 일부 달성할 수 있다고 생각한다. 아울러 여기에 추가된 몇몇 철학적 요소는 그 목적을 달성하는 데 더욱

있다.

41 신희선, 「인문학 독서토론 수업을 통한 인성교육의 가능성 고찰」, 『윤리연구』 90, 한국윤리학회, 2013, 321쪽.

42 김현희 외, 『상호작용을 통한 독서치료』, 18쪽 참조.

도움을 준다. 특히 모든 회기에 공통으로 들어가 있는 '사유놀이'는 철학적 사고실험을 하나의 놀이로 프로그램에 적용한 것이다.

사고실험은 이성적 사고와 상상력에 의한 실험이며 상상 가능한 상황을 가정한 후 우리의 판단을 검토해보는 과정으로, 예를 들면 니체의 '영원회귀'나 로버트 노직의 '경험기계' 등이 있다. 이는 자신의 판단과 반응의 이유를 검토하는 개방적 과정을 거쳐 자신의 가치관을 반성적으로 성찰하게 한다. 이러한 과정은 참여자가 철학적인 사유방법을 너무 무겁지 않게 접해볼 수 있도록 하며, 이어지는 '주제토론'에서 자신의 의견에 대한 이성적인 근거를 고민하고 주장을 합리적으로 펼치는 데 도움을 준다.

"철학적 사고실험은 이성적 사고와 상상력에 의한 실험이다."[43] 즉, 철학적 사고실험은 단지 주관적 상상이나 연상에만 그치는 것이 아니라[44] 그 과정에서의 객관적이고 합리적인 근거가 이성에 의해 검토되어야 하며 공유할 수 있는 판단에 도달해야 하는 과정이 중요한 것이다.[45] 이는 '철학 하는 방법'을 남기고자 했던 소크라테스 그리고 철학상담에서 중요하게 여기는 철학적인 사유방식을 훈련하는 것으로도 볼 수 있다. 즉, 우리가 철학적 사고실험을 통해 얻을 수 있는 것은 철학적 결과물인 '철학 내용'이라기보다는 그 결과물에 도달하기까지의 '철학 하는 방법'이다.

철학적 사고실험을 통해 어려운 철학 개념을 가르치고 있는 스위스

43 김선희, 『철학상담 방법론: 철학적 사고실험과 자기치유』, 31쪽.

44 사고실험은 이성적 사고와 상상력에 의한 실험이며 상상 가능한 상황을 가정한 후 우리의 판단을 검토해보는 과정이다. 이는 자신의 판단과 반응의 이유를 검토하는 개방적 과정을 거쳐 자신의 가치관을 반성적으로 성찰하게 한다(같은 책, 31~33쪽 참조).

45 같은 책, 32쪽 참조.

의 철학자 이브 보사르트Yves Bossart(1983~)는 "철학적 사고유희는 깊이 숙고하도록 영감을 줄 뿐만 아니라 어려운 이론을 이해하고 복잡한 문제에 직관적으로 접근하는 데 도움을 준다"[46]고 이야기한다. 그는 다양한 철학적 논의를 일반인이 쉽게 접근할 수 있도록 다양하고 재미있는 질문을 통한 '철학적 사고유희Philosophische Gedankenspiele' 방법을 활용하고 있으며 어려운 철학 개념을 쉽게 가르치려고 노력하고 있다. 이렇듯 철학적 사고실험, 철학적 사고유희 등의 개념은 대표적으로 니체의 '영원회귀'부터 앞서 다루었던 로버트 노직의 '경험기계'에 이르기까지 지속되어왔으며 지금도 철학상담과 교육 분야에서 광범위하게 활용되고 있다.

(2) 프로그램의 개발 과정

본 프로그램은 다양한 연령과 환경의 일반인 집단을 대상으로 하는 인문카운슬링 프로그램으로 '자기성찰', '철학적 사유방법 경험', '사유의 폭 확장'을 목표로 한다. 여기서 '일반인'은 현재 의학적·심리학적으로 문제가 있다고 판단되는 질환이 없는 사람들을 의미한다. 하지만 명확하게 명명되는 병명이 없는 일반인이라고 해서 '마음의 병'이 없는 것은 아니다. 우리는 살아가면서 늘 스스로 깊은 고민의 수렁에 빠지기도 하고 다른 사람들과 심하게 갈등하며 살아가기도 한다. 특히 최근에는 점점 더 각자의 이익을 중심으로 국가·사회·지역 간의 갈등이 심화되고 있으며, 세대·성별·지위·재산 수준 등에 따른 생각의 차

46 보사르트, 『세상과 생각을 여는 철학자의 사고실험』, 9쪽.

이가 심해지고 있다. 이러한 상황에서 각자에게 도움이 되는 또는 이러한 상황의 예방주사 같은 프로그램은 인문카운슬링이 다루어야 할 중요한 영역이다.

이에 필자와 연구원들은 다양한 연령대와 환경의 참여자들이 흥미로운 소설책을 통해 먼저 '자기 생각을 돌아보고(자기성찰)', 재미있는 '사유놀이'를 통해 '철학적 사유방법을 경험'해본 후 다른 사람들과 이야기를 나누며 '사유의 폭을 확장'하는 계기를 마련하는 것을 목표로 본 프로그램을 개발했다. 프로그램은 총 4회기로 회기당 2시간 과정이며 일반인 집단 8명을 대상으로 '22년 10월에 시행했다.

본 프로그램의 이름은 '책으로 만나는 세상'이며, 책을 통해 다른 사람들의 다양한 생각을 들어보고 사유의 폭을 넓히는 것을 목적으로 개발되었다. 개발팀은 대중을 대상으로 폭넓게 활용할 수 있는 집단대상의 인문카운슬링 프로그램을 개발하고자 했으며, 그 목적에 맞게 많은 사람이 흥미를 느낄 만한 베스트셀러 소설책을 기반으로 프로그램을 구성했고, 추가로 회기마다 생각을 함께 나누고 사유를 좀 더 확장할 수 있는 철학적·문학적 요소들을 도입했다. 다양한 연령대의 참여자들이 흥미로운 인문학 콘텐츠(소설책)를 매개로 스스로의 가치관을 성찰할 수 있으며, 상호작용을 통해 서로의 생각에 대해 철학적 대화를 나누면서 사유의 폭을 넓히는 계기를 마련하고자 프로그램을 개발했다.

먼저, 도서를 선정할 때 대중의 흥미를 유발할 수 있는지와 분량이 적절한지 그리고 다양한 연령층이 공감할 수 있는 내용인지를 고려했다. 소설 『불편한 편의점』(김호연)은 총 8개의 에피소드로 구성되어 있으며 각각의 에피소드마다 각기 다른 연령층이 주인공으로 등장하는 옴니버스 방식의 소설이다. 총 260페이지 정도로 분량이 부담 없고 다양한 관점을 가진 등장인물의 이야기가 전개되어 본 프로그램의 취지에 부합하여 텍스트로 선정했다. 다음으로는 개발자들이 함께 책을 읽고 각 에피소드에 맞는 토론 주제를 논의한 후 각자 담당할 회기를 정했다. 선정된 토론 주제는 '편견', '쓸모', '선택', '옳음'이었으며 회기마다 정해진 분량의 내용 안에서 내용과 연계성을 고려하여 좀 더 깊게 고민해볼 수 있는 주제로 선정했다.

이후에는 프로그램의 회기별로 형식의 일관성을 유지하기 위해 공통으로 활용될 틀을 개발했다. 각 회기는 크게 '사유놀이'와 '주제토론' 그리고 '자유토론'으로 구성되어 있다. 먼저 사유놀이는 철학적 사고실험을 하나의 놀이로 접근한 것으로, 특정 상황을 가정해 질문을 던지면 참여자들이 상상력을 발휘해 대답을 선택한 후 그 이유를 밝히고 서로 생각을 비교하는 방식으로 진행된다. 다음으로 주제토론은 책과 관련된 주제를 미리 준비한 보조자료(철학, 문학 텍스트, 영상 등)와 함께 제시한 후 각자의 생각을 정리해서 표현하고 토론하는 것이다. 마지막으로 자유토론은 참여자들이 나누고 싶은 주제를 각자 생각하여 종이에 적고 제출한 종이 중 뽑기로 주제를 선정하고 해당 주제를 토론하는 것이다. 회기별 주제와 공통적인 구성을 표로 나타내면 〈표 15〉와 같다.

참여자들은 회기마다 정해진 분량을 미리 읽고 참여하도록 했고, 회기의 도입부에는 해당 내용을 진행자가 요약해서 공유하는 시간을 가진다. '주제토론' 시 진행자가 미리 준비하여 제공하는 여러 가지 철학적·문학적 텍스트는 하나의 주제를 더욱 다양한 관점으로 바라보는데 도움을 준다. 이는 다양한 세계관을 통한 사유의 확장이 인식의 전환과 사고방식의 변화를 주어 마음의 치유에 도움이 된다는 '장자' 기

표 15. 회기별 주제와 공통적인 구성

회기	주제	활동 내용
1	편견	-『불편한 편의점』1~2장 내용 요약 - 사유놀이, 주제토론, 자유토론
2	쓸모	-『불편한 편의점』3~4장 내용 요약 - 사유놀이, 주제토론, 자유토론
3	선택	-『불편한 편의점』5~6장 내용 요약 - 사유놀이, 주제토론, 자유토론
4	옳음	-『불편한 편의점』7~8장 내용 요약 - 사유놀이, 주제토론, 자유토론

반의 치유와도 연관이 있으며,[47] 철학상담에서의 '세계관 해석'을 강조했던 랜 라하브의 입장과도 맥을 같이한다. 하지만 여기서 진행자가 주의해야 할 것은 자신이 갖고 있는 주제에 대한 생각을 참여자들에게 강요할 목적으로 보조자료를 준비하고 가르치려고 해서는 안 된다는 것이다. 누구나 스스로 자신의 문제를 해결할 수 있는 철학적 사유능력을 소유하고 있다는 것을 전제로 진행자는 집단 토론을 진행할 때도 산파의 역할을 충실하게 수행해야 한다.

전체적으로 1차 개발을 완료한 후에는 연구원들끼리 내부 실습을 거쳐 동료피드백을 시행했다. 이후 동료피드백 내용을 바탕으로 수정했으며, 최종 검토 후 프로그램을 확정했다. 회기별 프로그램 진행을 위해 회기별로 구체적인 진행계획을 작성했으며 진행에 필요한 내용 요약, 사유놀이 보조자료, 주제토론을 위한 보조자료는 별도의 자료를 작성하여 진행 시 공유하도록 했다. 또한, 우연성을 가미한 뽑기식 자

47 최준섭,『장자와 상담』, 2016.

유토론을 위한 포스트잇, 상자 등의 준비물도 진행계획표에 명시했다. 구체적인 진행계획의 예시는 〈표 16〉과 같다.

표 16. 4회기 진행계획서

프로그램	책으로 만나는 세상		
목적	소설 『불편한 편의점』을 읽고 주제토론 및 사고실험을 함께하면서 서로의 생각을 나누고, 다른 사람들의 다양한 생각을 들어보며 사유의 폭을 넓힌다.		
일시	2022년 10월 중		
대상	일반 성인	진행 방식	대면 집단(6명)/120분/총 4회기
진행자	○○○	선정 도서	『불편한 편의점』(나무옆의자)
프로그램 내용			
4회기 (이병돈) 주제: 옳음	**준비물**: 책, 필기도구, 포스트잇, 추첨통, 질문지 ■ 7~8장 정리 및 자기소개(10분) ㅇ 내용 요약: 7, 8장을 대략 훑어보고 떠오르는 단어나 문장 찾기 ■ 사유놀이(30분) ㅇ 철학적 사유방법 연습을 위한 사고실험 등 시행 - 어떤 상황을 가정하고 선택, 사유를 넓힐 수 있는 영상 활용 등 - 자기 생각에 대한 이성적 근거 또는 이유를 밝히는 연습 예시#1) 1년 잠들고 통장에 10억 원이 들어온다면 본인은 얼마나 잠들고 얼마를 받는 것을 선택하겠는가?(하루~몇 년?) 예시#1) 현재의 삶과 완전히 단절된 세상에서 1년을 살 수 있다면 무엇을 하겠는가?(단, 최소한의 의식주는 해결된다) ■ 주제토론(30분) ㅇ 미리 준비된 주제를 보조자료와 함께 공유한 후 생각 나누기 1) 사전 자료 공유: 철학적 개념 관련 보조자료 준비 주제: 다음 중 누가 가장 잘못했다고 생각하는가? 순서를 나열해보고 이유를 이야기해보자(255쪽). - 대리수술을 강요한 원장 - 대리수술을 맡긴 독고 씨 - 대리수술을 한 고스트 닥터 보조자료) 정의(옳음)란 무엇인가?(플라톤, 공리주의, 칸트)		

	■ 자유토론(30분) ㅇ 참여자들이 각자 나누고 싶은 주제를 포스트잇에 써서 추첨 - 1~2장을 통해 같이 얘기해보고 싶은 주제를 공유하고 함께 나눔 ■ 마무리(10분) ㅇ 전체 회기에 대한 느낌 공유 - 철학적 질문과 답변 과정에서 얻어진 생각의 확장, 또는 인상적이었던 문구/내용, 삶에 적용할 수 있는 부분 등 ■ 질문지 작성(10분) - 프로그램을 통해 새롭게 알게 된 점, 전·후 달라진 생각, 만족도, 지금의 감정/느낌(편함, 불편함), 추천 여부, 향후 추천 도서, 사유놀이에 대한 느낌/생각, 자유토론(뽑기)의 형식에 대한 느낌/생각 등 - 각 주제(편견, 쓸모, 선택, 옳음)에 대한 생각의 변화

프로그램의 효과를 알아보기 위해 프로그램의 모든 회기가 종료된 후 참여자들에게 질문지를 작성하도록 했다. 질문지는 각 회기에 진행했던 '사유놀이', '주제토론', '자유토론' 등의 경험에 대한 자신의 느낌과 생각을 자유롭게 기술하는 방식으로 이루어져 있으며 질문지를 통한 효과검증을 보완하기 위해 마지막 회기에 모든 참여자가 함께 본 프로그램에 대한 느낌과 생각 그리고 효과를 집단 인터뷰 방식으로 나누어보는 시간을 가진다. 각 진행자가 기록한 관찰일지도 효과검증의 데이터로 활용하며 참여자들의 사전 동의를 받아 수집한 질문지, 관찰일지, 집단 인터뷰 데이터는 텍스트로 추출하고 의미를 분석하고 범주화하여 프로그램의 효과를 질적으로 검증한다. 사후 질문지의 내용은 〈표 17〉과 같다.

표 17. 사후 질문지

1. 프로그램 중 접한 각각의 경험에 대한 느낌과 생각을 자유롭게 말씀해주세요. (도움이 되었다면 어떤 점이 도움이 되었나요?)
   1) 사유놀이 경험:
   2) 주제토론 경험:
   3) 자유토론 경험:
   4) 기타(   ):

   1-1. 위의 사유놀이/주제토론/자유토론 세 과정 중 가장 흥미로웠던 경험은 무엇인가요? 어떤 점이 흥미로웠나요?
2. 여러 주제로 다양한 사람과 이야기를 나눈 경험에 대한 느낌과 생각을 자유롭게 말씀해주세요. 각각의 주제(편견, 쓸모, 선택, 옳음)와 관련해서 프로그램 참여 후 생각이 달라진 부분이 있나요?
3. 프로그램에 참여한 경험을 떠올릴 때 전반적으로 어떤 감정과 생각이 떠오르는지 자유롭게 작성해주세요.

(3) 프로그램의 진행

프로그램은 회기당 2시간씩 4회기에 걸쳐 진행되었으며, 정해진 분량의 소설책을 읽고 참여해야 하는 프로그램의 특성을 고려해 회기마다 일주일 정도의 여유를 두고 진행했다. 각 회기의 구성은 크게 내용 요약과 사유놀이, 주제토론, 자유토론으로 이루어져 있는데, 지금부터는 필자가 진행했던 4회기를 중심으로 진행 과정을 좀 더 구체적으로 살펴보도록 하겠다. 언급한 바와 같이 처음 약 10분간은 소설의 내용을 요약한 자료를 제공하여 참여자들에게 내용을 다시 떠올려보도록 한다. 〈그림 16〉은 프로그램 진행 시 공유했던 내용 요약 보조자료다.

공유된 자료를 함께 읽어보면서 내용을 다시금 상기하는 한편 각자 미리 준비해온 '기억에 남는 한 문장'을 짧게 공유하는 시간을 가진다. 이러한 과정은 이후 내용을 기반으로 이루어지는 주제토론 시간에 참

[폐기상품이지만 아직 괜찮아]

'**흥신소 곽**'은 '편의점 사장 **아들 민식**'의 제안을 받아 독고씨를 미행한다. **독고씨**는 서울역에서 노숙자들에게 도시락을 사주기도 하고 지하철 수다꾼을 제제하기도 하면서 압구정동의 한 병원으로 들어간다. 곽은 곧 따라 들어가 **원장**을 만나 곽의 과거에 관해 캐물으려 하다 되려 원장에게 경찰 사칭으로 몰려 원장에게 모욕당하고 그의 의뢰를 수락한다. 곽은 치욕스런 마음으로 경비원 **친구인 황**을 만나 소주한잔을 기울이다 '광화문에서밖에 발언권이 없는 돈 없는 늙은이'라는 친구의 신세 한탄에 한없는 부끄러움을 느낀다.

과거 경찰이었던 곽은 아들 레슨비를 위해 뇌물을 받았다가 불명예 퇴직을 당한 이후 줄곧 탐정일을 하고 있지만 능력의 퇴화를 느끼고 있다. 그리고, 돈만 벌 줄 알았던 아버지였던 덕에 가족들에게도 무수한 상처를 주었고 지금은 스스로 자초한 고립에 빠져 있다. 다음 날 편의점에서 독고씨를 염탐하러 간 곽은 독고씨의 진심이 담긴 친절에 그만 울음을 터뜨리고 민식의 의뢰로 독고씨의 뒤를 캐고 있고 원장도 독고씨를 노리고 있다고 실토한다. 하지만 독고씨는 오히려 민식을 안심시키며 죽은 사람 하나를 찾아 달라고 곽에게 의뢰한다. 독고씨의 태도에 마음이 바뀐 곽은 독고씨의 제안을 받아들이고 편의점 야간 알바를 지원할 결심을 한다.

[ALWAYS]

고통스러운 기억을 술로 씻어내려 하며 하루하루를 살아가던 독고씨는 한 노숙자 노인에게 보살핌을 받지만 그 노인은 '내 이름을 기억해달라'는 말을 남기고 죽고 만다. 이후 술에 찌들어 노숙자 생활을 하던 독고씨는 **염여사**와의 만남을 계기로 술을 끊고 편의점에서 일하게 된다. 이후 **시현, 선숙, 동네 할머니들** 등 편의점을 통해 만난 사람들은 독고씨에게 소중한 것들을 깨닫게 해준 인연으로 자리 잡았다. 술을 끊고 얼마 지나지 않아 독고씨는 잃어버렸던 기억을 찾았다. 그는 무능력한 아버지와 집 나간 엄마, 협잡꾼 형이 있는 불우한 가정에서 자랐으며, 성공을 위해 악착같이 공부해 의사가 되었다. 하지만 돈만 밝히는 원장을 만나 대리수술을 하다 환자가 사망하는 의료사고에 휘말리게 되고 이후 가정은 파탄이 나 노숙자 신세로 전락했다.

기억을 되찾은 독고씨는 정작가, 세일즈맨, 곽씨, 선숙씨, 염여사 등 소중한 인연에 감사하며 과거 저지른 모든 잘못을 바로잡으려 노력한다. 가족을 먹여 살리기 위해 양심의 가책에도 불구하고 이런 일을 저질렀다며 자신을 합리화했던 자신의 잘못을 인정하고 가족과 피해자들에게 진정으로 사과하기로 마음 먹는다. 이후 독고씨는 아내와 딸이 있는 대구로 의료봉사를 떠난다.

그림 16. 내용 요약 보조자료

여자들에게 동일한 내용의 이해를 바탕으로 좀 더 깊은 대화를 나눌 수 있도록 한다. 내용 요약이 끝나면 다음으로 사유놀이에 들어간다. 미리 준비된 사유놀이 질문은 해당 회기의 책 내용이나 주제와 관련해서 흥미롭게 이야기해볼 수 있는 질문들로 선정했다. 예를 들면 4회기의 주제는 '옳음', 특히 책의 내용과 연관해서 '돈'과 관련된 선택에서 과

연 어떤 판단이 옳은 것인가에 대한 문제다. 이렇듯 진지하기만 한 질문을 좀 더 흥미롭게 생각해볼 수 있도록 사유놀이의 형식으로 질문을 준비했다. 4회기에 던져진 질문은 아래와 같다.

질문: 1년 잠들고 통장에 10억 원이 들어온다면 본인은 얼마나 잠들고 얼마 받는 것을 선택하겠는가? 그런 선택을 하는 이유는 무엇인가?[48]

참여자들은 위의 가상적인 상황에서 자신의 선택을 상상력과 이성의 조합으로 숙고하는 과정을 거치게 된다. 자신의 선택을 다른 사람들과 나누는 과정에서는 자연스럽게 자신이 생각하고 있는 가치관과 주변 상황들을 이야기하게 되고, 스스로 왜 그런 선택을 하고자 하는지를 합리적인 이유를 들어 다른 사람들에게 설명하게 된다. 정답이 없는 질문이며 선택에 대한 각자 다른 자기만의 이유가 존재하기 때문에 참여자들 간에는 다양한 생각을 가진 다른 사람들의 가치관을 접해보는 시간이다. 참여자들의 대답 중 몇 가지를 소개하면 아래와 같다.

"3년 정도가 적당한 거 같아요. 그냥 지금 상황에서 3년 안에 30억 원을 벌 자신도 없고 3년 정도면 다시 잠에서 깨더라도 바뀐 트렌드를 따라가는 데 무리가 없을 것 같아요."

"1년 잠들고 10억 원 받는 건 너무 액수가 적어요. 요즘 10억 원으로는

48 홍사단 투명사회운동본부 윤리연구센터에서 2015년 9월 전국 초·중·고교생 1만 1,000명을 대상으로 '청소년 정직지수'를 조사한 결과, 고교생의 56%가 "10억 원이 생긴다면 죄를 짓고 1년 정도 감옥에 가도 괜찮다"는 대답을 했다고 12월 29일 밝혔다. 같은 답을 한 초등학생은 17%, 중학생은 39%였다(전수민 기자, 국민일보 2015년 12월 29일자 기사, http://news.kmib.co.kr/article/view.asp?arcid=0923375512&code=11131100&cp=nv).

○○구에 제대로 된 집 한 채 사는 데도 빠듯할 것 같은데, 최소한 그래도 50억 원 정도는 있어야 하지 않을까요? 아직 20대고 하니까 5년 자고 일어나도 괜찮을 것 같아요."

"언제 죽을지도 모르는데 자고 일어나서 통장에 돈은 많이 있는데 얼마 못 살고 죽으면 너무 억울할 것 같아요. 딱히 시간을 정하기는 어렵지만 그래도 자고 일어나서 돈 쓸 시간은 남겨두고 싶네요."

사유놀이 이후 주제토론에서는 소설의 내용과 연관하여 좀 더 깊은 생각을 나누어본다. 4회기에 진행한 주제토론은 돈을 더 벌기 위해 잘못된 선택을 했던 소설 속의 인물 중 누구의 잘못이 가장 크다고 생각하는지를 따져보는 토론이다. 첫 번째 인물은 매출을 올리기 위해 대리수술을 하도록 강요한 성형외과 원장이고, 두 번째 인물은 원장의 지시를 받고 자격이 없는 사람에게 대리수술을 시킨 의사이며, 마지막 인물은 대리수술을 직접 수행한 사람이다. 각각의 인물에 대한 잘잘못을 따지기에 앞서 옳음이란 무엇인지에 대한 다양한 철학적 텍스트를 보조자료로 공유한다. 보조자료의 내용은 다양한 관점에서 옳음에 대해 이야기한 철학자들의 말이며, 아래는 제공된 예시 중 일부다.

"정의란 사람들에게 그들이 마땅히 받아야 할 것을 주는 것이다." - 아리스토텔레스

"당신 자신이나 다른 사람의 인간성을 절대로 수단으로만 대하지 말고 언제나 목적으로 대하도록 행동하라." - 칸트

"나는 지시에 따랐을 뿐이다. 그 지시를 충실히 이행하는 것이 제 임무였다. 오히려 월급을 받으면서 일을 제대로 하지 못하면 양심의 가책을 느

꼈을 것이다." - 아돌프 아이히만

"쾌락은 곧 선이며 행복이다. 반면 고통은 악이고 불행이다. 올바른 행위란 자신이 얻을 수 있는 쾌락의 양을 늘리는 것이고 잘못된 행위는 쾌락의 양을 줄이는 것이다. 따라서 더 많은 사람에게 쾌락을 주는 행위가 도덕적으로 옳다. 윤리적 행위란 결국 그 집단의 최대 행복이다." - 제러미 벤담

보조자료 공유와 주제토론이 끝나고 나면 자유토론이 진행된다. 자유토론은 각자가 토론하고 싶은 주제나 질문을 하나씩 종이에 작성해서 통에 담은 후 진행자가 무작위로 추첨하여 뽑히는 주제 또는 질문에 대해 함께 토론하는 것이다. 이는 놀이의 우연성을 도입한 장치이며, 참여자들의 흥미를 유발하는 효과가 있다. 작성된 내용은 공개하되 작성자는 누구인지 밝힐 의무는 없으나 토론하는 과정에서 자연스럽게 밝혀지는 경우가 대부분이었다.

(4) 프로그램의 효과

프로그램의 세 부분인 사유놀이, 주제토론, 자유토론에 대한 경험을 질문지와 집단 인터뷰를 통해 자료를 수집했으며, 자료의 내용을 바탕으로 각 활동이 참여자들에게 어떤 경험을 제공했는지를 살펴보았다. 다만 참여자 수가 그리 많지 않고 특정 기간에 이루어진 프로그램 경험에 대한 생각과 느낌을 기반으로 하기 때문에 결과를 지나치게 일반화하여 적용하는 것은 경계해야 한다. 프로그램의 참여자들은 가장 흥미로웠던 활동으로 '자유토론'(63%)을 꼽았다. 그 이유로는 각자의 이야기를 통해 친밀감이 느껴졌다는 점과 다양한 관점의 이야

기를 자유롭게 할 수 있었다는 점을 꼽았다. 다음으로 참여자들은 '사유놀이'(25%)에 흥미를 느꼈는데, 주제 자체가 흥미로웠으며 평소에 접하기 힘든 시간이었다는 점을 이유로 꼽았다. 마지막으로 '주제토론'(13%)에 흥미를 느낀 사람들은 제공된 철학적 배경지식을 통해 깊은 생각을 할 수 있어 좋았다는 반응을 보였다.

먼저 사유놀이와 관련해서 참여자들은 제시된 주제 자체를 신선하게 여겼으며, 스스로 질문을 던질 수 있는 흥미로운 활동이었다는 반응이 많았다. '사유놀이'라는 단어 자체가 주는 신선함과 가벼운 느낌, 부담 없음이 활동에 몰입하는 데 도움이 되었고 때로는 진지하게 빠져들게 되어 '돈'과 관련된 질문에서는 현실 감정과 선택 사이에 고민하는 모습을 보이기도 했다. 전반적으로 상상하기를 통해 사유의 폭을 넓힐 수 있었다는 반응이 많아 사유놀이가 추구하는 본연의 목적에도 부합했다. 진행자가 관찰했을 때 사유놀이는 참여자들이 가장 흥미를 많이 느끼면서 활발하게 참여하는 시간이었다. 아래는 사유놀이에 대한 반응 중 일부다.

"평소에 생각하지 않은 주제를 가정하면서 다양하게 생각하는 시간이었음."

"생각의 폭을 넓히는 데 도움이 되었습니다."

"생각해볼 만한 거리를 주셔서 스스로에게 질문을 던질 수 있어서 좋았어요."

"'사유놀이'라는 제목이 신선했고 주제가 마음에 들어서 좋았다."

"주제토론 전에 좀 더 가벼운 느낌으로 이야기를 나누는데 신선한 느낌이었다."

"부담 없이 자신의 생각을 말할 수 있어서 좋았다. 아마 가장 활발한 시간이었던 같다."

"성인이 되고 나서는 잘하지 못했던 상상하기 활동을 할 수 있어서 즐거웠다. 단순히 재미만 있는 것이 아니라 내 사고를 넓혀주고 건설적인 생각을 할 수 있게 해주는 활동이라 더 좋았던 것 같다."

"돈과 관련된 질문에서는 가상으로 재미있게 하고 싶은데 현실 감정은 용납하지 않아 그런 내가 아쉬웠습니다."

"생각의 폭을 넓힐 수 있는 활동이었습니다."

다음으로 주제토론 경험에 대한 참여자들의 반응은 주로 책 내용과 연관된 주제를 통해 깊고 다양하게 생각할 수 있어 좋았다는 반응이 다수였다. 참여자들에게 주제토론 경험은 독서의 부족한 부분을 메우는 활동이었으며, 책 내용을 좀 더 깊게 생각할 수 있도록 해주었다. 또한, 같은 책을 읽은 사람들끼리 한 가지 주제를 갖고 토론하면서 각자 다른 생각들을 펼침으로써 나와 생각이 다른 사람들의 의견을 들을 수 있어서 좋았다는 의견도 있었다. 다음은 주제토론에 대한 반응 중 일부다.

"혼자서는 책을 읽고 나서 여러 가지 생각을 해보는 것이 어려운데, 독서토론의 형식으로 그러한 부족함을 메꿀 수 있어서 더 좋았던 것 같다."

"책의 내용을 여러 관점에서 볼 수 있어서 좋았다."

"책과 연관 지어 토론하면서 책의 내용을 더 심도 있게 다룰 수 있어서 좋았다."

"책을 통해 토론하고 남들의 생각을 들을 수 있어서 좋았다."

"한 가지 주제를 통해 다양한 연령층의 분들과 의견을 나눌 때 같은 의견이 도출되는 과정에서 그 근거가 다른 것도 흥미로웠어요."

"집중도를 높일 수 있어서 좋았음."

"책의 주제를 통해 나의 삶과 나를 돌아보게 했음(좋았음)."

"하나의 선택된 주제로 깊이 있게 다루어 생각을 확장할 수 있었음."

가장 선호도가 높았던 자유토론 경험에 대한 참여자들의 반응은 주제가 제한되어 있지 않아서 스스로 다양한 주제와 질문거리를 던져볼 수 있어서 좋았다는 반응이 다수였다. 참여자들은 스스로 주제를 정한다는 생각에 가장 주도적으로 참여했으며, 다른 사람들이 던지는 질문 내용을 통해 스스로 생각을 돌아보는 도움을 받기도 했다. 전반적으로 각자가 개인적으로 책을 읽고 마음속에 품었던 질문들을 자유롭게 꺼내놓을 수 있었다는 점에서 만족감을 느꼈다. 자유토론에서는 나누고 싶은 질문들을 각자 작성했는데, 아래는 그 질문 내용 중 일부와 참여자들이 자유토론 경험을 통해 느낀 감정과 생각 중 일부다.

〈질문 내용〉

- 나와 남을 비교하는 행위는 나를 발전시킬까, 아니면 더 불행하게 만들까?
- 임 여사는 독고 씨의 사람됨을 알았는데 좋은 사람과 나쁜 사람을 구분하는 노하우는 무엇일까?
- 잘못된 선택을 했을 때 어떻게 대처해야 하는가?
- 나의 절대적인 관점과 반대되는 사람과는 어떻게 해결하면 좋은가?
- 나에게 소중한 인연은 어떤 사람들이 있는가?
- 실패했다고 생각할 때 가장 좋은 해결책은?

• 어떤 점이 만족스럽지 않다고 생각되는 이유는 나 때문인가, 나에게 주어진 상황 때문인가?

〈느낀 점〉

"참여자가 각자 주제를 선택할 수 있는 주도적 활동이었다."

"한 가지 또는 다양한 주제를 통해 토론하므로 다른 사람의 의견과 삶을 들을 수 있어서 좋았다."

"자유롭게 이야기할 수 있어서 좋았다."

"내가 스스로 책에 질문을 던져볼 수 있다는 자체가 좋았다."

"원하는 주제로 다른 사람의 생각을 들어볼 수 있어서 좋았다."

"같은 책을 읽고도 다양하고 다른 질문으로 편하게 이야기를 나눌 수 있었다."

"'자유'라는 이름이 주는 부담감도 있었지만 구애받지 않아서 좋았다."

"다양한 연령대의 분들과 생각의 꼬리를 물고 진행되는 자유토론이 사고의 전환을 가져다준 것 같다. 그래도 확실히 자유토론에서는 사회자의 역할이 중요한 듯하다."

"여러 사람의 질문 내용이 많은 도움이 되었습니다."

마지막으로 프로그램 전반의 경험에 대한 참여자들의 반응은 매우 긍정적이었다. 우선 다양한 연령대의 사람들과 서로 다른 관점의 이야기를 듣는 것 자체만으로도 참여자들은 자기 생각을 돌아보고 사유의 지평을 확장하는 경험을 했다. 또한, 여러 가지 생각을 단순히 늘어놓는 것이 아니라 진행자가 중간에서 생각을 정리해주고 연결고리를 만들어주는 역할을 했을 때 사유의 확장이 더욱 잘 일어났다고 이야기했다. 참여자들은 기대하는 마음으로 토론에 참여했으며, '토론'에 대한 거부감은 프로그램에 적용된 놀이 요소들로 인해 상당 부분 완화된 것으로 보인다. 아래는 프로그램 전반에 대한 참여자들의 반응 중 일부다.

> "새로운 사람을 만나 진솔한 생각을 나눈 것에 감사하고, 다양하고 긍정적인 생각으로 변화해보려고 한다."
>
> "매우 도움이 되었다. 가치가 포함되어있는 회기별 주제들이 나만의 인생에 대한 기준을 정립하는 데 큰 도움이 되었다. 나의 고정관념과 대화방식을 되돌아보게 되었고 인생의 가치들에 대해 생각해보게 되었다."
>
> "나 혼자만의 생각에 갇히기보다는 함께 나누고 나와 다른 생각과 관점을 가져볼 기회를 접할 수 있어 좋았다. 나의 지나간 삶과 과거의 생각, 현재의 생각을 비교해볼 수 있는 시간이었다."
>
> "다른 사람들이 긍정적이구나 느껴서 나도 본받아야겠다고 생각했다. 바꿀 수 있는 부분은 바꾸려고 노력해야겠다고 생각했다."
>
> "사유의 확장이 단순히 내 의견을 말하고 타인의 의견을 들었을 때보다는 진행자 님이 사유의 연결고리를 만들어주시고 다른 분들도 내 의견에 대한 다른 생각들을 말해주셨을 때 훨씬 효과적이었어요!"
>
> "'토론'이라고 하면 거부감을 가지는 사람이 많은데 너무 재미있었다. 어떤 이야기를 할지 기대하며 참여했습니다."
>
> "다양한 연령층을 만나서 토론, 경험 이야기, 책 속에 나온 이야기를 하면서 나 자신을 돌아보게 되고 삶이 재미있어짐."
>
> "다양한 연령층의 참여로 서로의 생각과 젊은이의 발전지향적 사고 공감, 자기반성 및 성찰의 계기가 되었다."

"경직될 수도 있는 생각에 대해 돌아볼 수 있어서 뜻깊은 시간이었음. 경청이 어렵고 중요하다는 것을 한 번 더 깨달음. 생각이 다른 사람의 경험이 담긴 이야기를 이해하는 것이 힘들다는 것을 알게 됨."

"책에 대한 다양한 관점을 바라볼 힘을 기름."

(5) 의미와 시사점

본 프로그램에 적용된 '사유놀이'는 철학상담의 방법론으로도 주목받고 있는 '철학적 사고실험'을 하나의 놀이로 보고 프로그램에 적용한 것이다.[49] 상상력과 이성을 동시에 동원하여 '철학 함을 훈련하는 것'을 지향한다는 점에서 '철학적 사고실험' 그리고 '철학적 사고유희'와 유사한 방법을 취하고 있다. 하지만 인문카운슬링 프로그램에 적용된 '사유놀이'에서는 단지 철학적 개념이나 철학자의 질문만 다루지는 않았다. 우리가 일상에서 흔히 떠올릴 수 있거나 영화나 소설에서 제시되는 재미있는 가정과 질문들을 통해 상상의 나래를 펼쳐보고 이성적인 검토 과정을 거친 나의 선택을 다른 사람들과 공유하는 경험이다.

프로그램의 효과에서도 언급했듯이 참여자들은 사유놀이를 통해 생각의 폭을 넓히고 자신의 선택을 뒷받침할 수 있는 이성적인 근거를 마련하는 경험을 한 후, 주제토론 시간에는 책 내용에 대한 깊은 사고를 하고 다른 사람들과 이야기를 나누는 과정에서 생각을 확장했다. 또한, 마지막 자유토론에서는 책을 읽으면서 함께 이야기 나누고 싶었

49 '사유놀이'는 철학적 사고실험을 하나의 놀이로 프로그램에 적용한 것이다(이병돈, 「놀이 요소를 가미한 '인문카운슬링 프로그램'의 효과」, 『인문과학연구』 75, 강원대학교 인문과학연구소, 417쪽).

던 질문들과 각자의 삶의 이야기를 함께하면서 사고의 전환을 경험하기도 했다. 프로그램에 도입된 사유놀이는 회기의 맨 처음에 배치되어 신선한 질문을 통해 참여자들의 긴장을 덜어주고 흥미를 유발하는 역할을 했다.

사유놀이가 주는 '신선함'은 프로그램 전반에 영향을 끼친다. 자칫 딱딱해질 수 있는 줄거리 파악과 이어지는 주제토론과 자유토론 사이에서 참여자들의 생각을 유연하게 해준다. 회기마다 던져지는 사유놀이의 질문들은 해당 회기의 내용이나 주제와 연관이 있는 것으로 주제에 대해 생각해볼 수 있으면서도 너무 진지하기만 하지 않고 좀 더 흥미롭게 접근할 수 있는 질문들로 구성했다. 볼츠는 '깊이 있는 피상성'이야말로 삶을 살아가는 지혜라고 이야기하면서 "모든 놀이는 깊이 있게 표면적이다. 달리 표현하자면 놀이의 깊이는 그 피상성에 있다. 그것은 무거운 짐을 덜어준다"[50]고 말한다. 즉, 사유놀이는 우리 삶에서 진지하게 고민해야 할 문제를 다루면서도 그것의 무거움을 덜어준다.

4회기에 던진 "1년을 잠들고 10억 원을 받을 수 있다면 어떻게 하겠는가?"라는 질문은 참여자들에게 우리의 삶과 돈에 대해 진지하게 고민을 던지면서도 즐거운 상상으로 인도한다. 이렇듯 즐거운 놀이 형식을 빌려 삶의 가치관이나 철학에 대해 고민할 수 있도록 질문을 던지는 사유놀이는 인문카운슬링이 추구하는 '마음의 문제에 도움을 준다'는 목표를 달성하면서도 참여자들이 부담을 갖지 않고 즐겁게 그 과정에 동참할 수 있도록 해줄 것이다.

---

50 볼츠, 『놀이하는 인간』, 71쪽.

3) 챗GPT와 함께하는 '사유놀이' 프로그램

다음 사례는 앞서 살펴본 '사유놀이를 활용한 독서 기반 인문카운슬링 프로그램' 사례에서 참여자들의 흥미를 끌었던 '사유놀이'를 중심으로 하되 놀이의 요소를 좀 더 적극적으로 도입한 사례다.[51] 지금까지의 프로그램에 가미되었던 놀이의 형식적인 요소인 규칙과 우연성, 비일상성 등을 가능한 선에서 모두 유지했으며, 추가로 게이미피케이션gamification의 요소를 강화하기 위해 가상의 참여자인 '챗GPT'[52]와 피드백(보상) 시스템을 프로그램에 도입했다. 다양한 경험을 가진 사람들과 대화를 나눌 수 있도록 하기 위해 참여자의 연령대도 특정 연령대에 쏠리지 않도록 구성했다. 본 프로그램의 참여자들은 재미있는 사유놀이를 통해 자신의 가치관과 문제들에 대해 성찰해보고 다양한 사람들과의 대화를 통해 사유의 폭을 넓히는 경험을 할 수 있을 것이다.

(1) 프로그램의 이론적 배경

놀이를 '인류 문화와 사회의 발전'이라는 관점에서 의미를 부여했던 20세기와 달리, 21세기에 들어와서 놀이의 의미는 좀 더 개인의 삶의 영역으로 내려왔다.[53] 독일의 철학자 노르베르트 볼츠는 자신의 저

---

51 챗GPT와 함께하는 '사유놀이' 프로그램은 경북대학교 인문카운슬링센터를 통해 '23년 4월에 진행했던 프로그램이다.

52 본 프로그램에서 사용한 챗GPT는 OpenAI에서 제공하는 GPT-4 버전을 사용하며, 프로그램의 보조 진행자로서 토론 과정에서 생기는 여러 가지 질문이나 철학적 개념에 대해 답변해주는 역할을 한다(https://chat.openai.com/?model=gpt-4).

53 20세기 대표적인 놀이철학자인 하위징아는 『호모루덴스』(1938)를 통해 놀이에 대한 논의를 문화로까지 격상시키고자 했으며, 카이와는 『놀이와 인간』(1958)을 통해 놀이의

서 『놀이하는 인간Wer nicht spielt, ist Krank』(2014)에서 놀이를 과도하게 억눌린 현대인에게 일종의 탈출구이자 실험공간으로 제시하며 '마음껏 놀 것'을 주장했다. 그는 현대사회에서 '중독', '생산성 없음' 등 여러 가지 부정적인 요소로 소외당한 놀이의 위상을 다시 세우고자 했다. 또한 게이미피케이션gamification, 즉 놀이가 교육, 정치 등 다른 분야와 접목되어 현실로 침투한 각종 테인먼트~tainment(에듀테인먼트, 폴리테인먼트 등)에 대해서도 긍정하며 놀이의 새로운 가능성을 찾고자 했다. 볼츠는 가상공간에서의 놀이에서도 현실에 버금가는 '몰입'과 '위험한 도전'이 가능하다고 보았으며, 컴퓨터 기반의 '시뮬레이션'에 대해서도 무한한 가능성을 열어둔다. 심리학자이자 교육학자인 칙센트미하이는 그의 저서 『몰입의 즐거움Finding Flow』(1997)에서 놀이에서의 '몰입'을 인생의 '행복'과 비유하며 일과 일상에서 그러한 몰입이 중심이 되어야 한다고 주장한다. 그는 '일과 놀이의 경계'에 대해 기존의 근대 산업사회에서 생산성의 유무를 중심으로 분류했던 것과 다른 관점인 '지루함'과 '불안함'의 사이에 '놀이'를 위치시키며 놀이의 새로운 구분을 제시했다.

볼츠는 놀이의 세계를 에피쿠로스가 이야기한 신들이 살고 있는 '중간세계intermundien'에 비유한다. 놀이라는 울타리 안에서는 모든 것이 한눈에 파악 가능하고, 위협적인 것은 존재하지 않으며, 나의 경험은 예상을 빗나가지 않는다.[54] 볼츠는 이러한 놀이 세계를 실러가 『미

사회학을 정립하고자 했다. 이후 21세기에 놀이에 대해 의미 있는 논의를 펼쳤던 볼츠는 『놀이하는 인간』(2014)을 통해 '삶의 긍정으로서의 놀이'에 대해 논의했으며, 칙센트미하이는 『몰입의 즐거움』(1997)에서 '삶의 태도로서의 놀이'를 이야기한다.

54 볼츠, 『놀이하는 인간』, 118~119쪽 참조.

적 교육론』에서 이야기한 물리적 세계(힘들의 왕국)와 도덕적 세계(법칙의 왕국)의 중간에 존재하는 제3의 왕국(미적 국가)과도 유사한 개념으로 본다.[55] 왜냐하면, 놀이 세계에서는 자연법칙이나 도덕법칙의 지배를 받지 않기 때문이다. "놀이는 현실과는 완전히 다른 규칙이 존재하는 세계"라는 볼츠의 주장은 하위징아가 놀이의 특성으로 규정한 '비일상성'과 '규칙의 존재', 카이와가 놀이의 형식으로 제시한 '비생산적이며 허구적인 활동'과도 일맥상통한다.

이런 중간세계이자 제3의 세계인 놀이 세계는 오늘날 인간의 본성이 억압받는 현실 세계의 사람들이 감정을 분출할 수 있는 '망명지'로 기능한다.[56] 볼츠는 우리의 유전자에 자리 잡은 본능은 석기시대부터 오랜 시간 누적되어왔으나, 현대의 사회체계는 우리의 본능과는 완전히 다른 방향으로 구성되고 있기 때문에 문명화 과정에서 인간의 본능을 보호할 필요가 있음을 주장한다. 즉, 이러한 인간 본능의 '강렬한 에너지'를 분출할 수 있는 곳이 다름 아닌 '놀이 세계'다. 볼츠는 하위징아가 일상과 분리된 놀이 공간으로 제시한 '경기장', '신전 및 마법진'을 예로 들면서 놀이터와 일상의 분명한 구분에 주목한다. 놀이터에서는 어떤 이에게도 책임을 물을 수 없기에 사람들은 세계에 대한 어떤 책임감도 내려놓고 놀이를 즐길 수 있으며, 이러한 조건에서만 인간의 본능에 충실한 '위대한 감정'[57]이 배양될 수 있다. 또한, 놀이터에서 감정이 배양되는 중요한 이유 중 하나는 "우리가 언제라도 컨테이너 밖

---

55 실러는 이러한 '미적인 형성충동'이 인간을 물리적 강제 또는 도덕적 강제에서 해방시켜준다고 보았다(실러, 『미적 교육론』, 250쪽).

56 볼츠, 『놀이하는 인간』, 123쪽.

57 볼츠는 '위대한 감정'의 예시로 '영웅성'이나 '공격성' 등을 꼽는다.

으로 나갈 수 있기 때문"[58]이다.

볼츠는 현대의 안락한 복지사회가 안고 있는 문제점 중 하나로 '지루함'을 꼽는다. "우리는 안락함을 얻는 대신 쾌락을 잃어버렸다"[59]는 볼츠의 표현은 각종 보험이 즐비한 안전한 사회에서는 위험함과 두려움이 주는 흥분과 쾌락은 불가능하다는 이야기다. 우리는 '검증된 안전함'을 선택하면서 니체가 이야기한 '위험한 삶'[60]에서 멀어졌다. 현대인은 노동 후 지루함을 TV를 보며 달래거나 지루함을 잊기 위해 놀이와 스포츠, 마약과 음악을 찾는다. 하지만 지루함을 벗어나기 위해 선택한 일상에서의 '흥분되고자 하는 욕구'는 스트레스를 유발하고, 그 스트레스에서 도피하기 위해 안락함을 추구하는 쳇바퀴를 돌게 된다.[61] 볼츠는 이러한 문제점에 대해 "놀이는 지루함과 스트레스 가운데 놓은 이상적 지점을 찾는 것"[62]을 추구하는 활동이기 때문에 완전히 다른 대안이 될 수 있음을 주장한다.

볼츠에 의하면 놀이는 '위험하지 않은 위험'이자 '연출된 위험 상황'이다. 놀이가 갖는 시공간의 한계와 언제라도 그만둘 수 있는 자율성으로 인해 그것은 우리의 삶에 실제 위험이 아닌 자극제로 다가온다. 제3의 세계인 놀이 세계가 갖는 완벽하게 '통제된 불확실성'은 우

58 볼츠, 『놀이하는 인간』, 125쪽.

59 같은 책, 126쪽.

60 니체는 아타락시아를 추구하는 피론주의자들을 비판하면서 '힘에의 의지론'에 기초하여 '위험한 삶'을 살 것을 촉구하고 있다(황설중, 「아타락시아의 삶과 위험한 삶: 고대 피론주의자들의 삶의 방식에 대한 니체의 비판」, 『니체연구』 37, 한국니체학회, 2020, 7쪽 참조).

61 볼츠는 '위험함'이라는 쾌락이 희생된 복지사회에서 사람들은 '보상적 쾌락'을 추구하게 되며, 이러한 사례는 주식 초단타 매매나 아우토반에서 질주하는 현상에서도 나타난다고 보았다.

62 볼츠, 『놀이하는 인간』, 128쪽.

리에게 쾌감을 선사하며, '마치 위험한 듯 보이는 곳'으로 우리를 인도하여 사회안전망인 복지와 보험이 지배하는 현대 세계가 제공하지 못하는 '긴장된 체험'을 제공한다. 하지만 그것이 '정말 위험한 것'이어서는 안 되며 '마치 위험할 것 같은 정도'에 그쳐야 한다. 또한, 그 위험은 내가 능동적으로 결정하는 위험이며, 우리는 현실과 완벽하게 분리된 놀이 세계에서 삶의 위험이 아닌 놀이에서의 불확실성을 경험하면서 니체가 이야기한 '위험하게 살기'를 경험하게 된다.[63]

볼츠는 놀이의 '통제 가능성'이 비록 환상에 불과하다고 할지라도 그것이 주는 '위험하지 않은 위험'은 여전히 유효하다고 보았다.[64] 일상에서의 우리는 스트레스와 지루함을 반복적으로 오가고 있다. 하지만 제3의 세계이자 구분된 시공간과 규칙으로 '통제된 불확실성'을 제공하는 놀이 세계에는 우리의 본능인 '위대한 감정들'을 연출하면서 그것을 배양할 수 있으며, 안전한 울타리 속에서 니체가 이야기한 '위험한 삶'을 살아볼 수 있다. 이러한 '안전한 위험'이 선사하는 쾌감은 우리를 '몰입'으로 이끈다. 볼츠는 심층 놀이에서 몰입이 '삶의 의미'와 다르지 않다고 보았다. 이는 칙센트미하이가 그의 저서 『몰입의 즐거움』을 통해 주장한 내용과 유사하다.[65] 칙센트미하이는 현대인이 무엇인가에 온 신경을 쏟아야 하는 소위 '노동'을 필요악으로 여기지만, 아

---

63 볼츠, 『놀이하는 인간』, 129~133쪽 참조.

64 '안전한 위험'이 어떻게 '위험한 삶'을 살 수 있는 조건이 되는지에 대해 볼츠는 "도박꾼들은 알면서도 동시에 속고 있다"는 주장을 펼친다. 즉, 당첨 확률을 계산하지 않고 그 한정된 꿈을 즐기려고 복권을 사듯이 우리는 기꺼이 속는다. 이와 유사한 이유로 우리는 비록 안전이 보장된 위험이지만 기꺼이 실제 위험인 듯 속아넘어간다는 것이다(볼츠, 『놀이하는 인간』, 111~114쪽 참조).

65 칙센트미하이는 그의 저서 『몰입의 즐거움』에서 '몰입경험'을 추구하는 것이 궁극적으로 '행복한 삶'과 가장 유사한 삶의 방식임을 주장한다.

무것도 하지 않는 시간을 행복에 이르는 지름길로 여기고 특별한 노력 없이도 즐길 수 있다고 생각하는 것을 경계하라고 한다. 그에 의하면 한가한 여가는 일보다 즐기기가 더 어려우며 목표가 없고 교감을 나눌 타인이 없을 때 사람들은 마음이 붕괴하는 것을 막기 위해 자기도 모르게 TV, 연애소설, 도박, 술, 마약, 섹스 등의 자극에 의존하게 된다.

본 프로그램에서 제공되는 사유놀이의 질문들은 참여자들에게 일종의 '위험하지 않은 위험'에서 살 수 있는 경험이 될 수 있다. 우리는 사유놀이의 가정적 상황을 통해 우리 삶에서 실제로는 일어나기 어려운 상황으로 몰입하면서 들어가 본다. 예를 들면, 시한부 인생을 가정한다거나 초인적인 능력을 갖게 되는 상황을 가정해보는 것이다. 우리는 이러한 다양한 질문이 제공해주는 사유놀이의 세계에서 '통제된 불확실성'과 '긴장된 체험'을 하게 되며, 안전한 울타리 안에서 '위험한 삶'을 살아보는 경험을 하게 될 것이다. 또한, 이러한 사유놀이의 효과를 극대화하기 위해 도입된 게이미피케이션, 우연성, 피드백(보상) 시스템 등은 참여자들에게 사유놀이에 몰입하는 데 도움을 줄 수 있을 것이다.

특히, 새롭게 도입된 챗GPT는 일종의 가상 참여자다. GPT는 Generative Pre-trained Transformer의 약어로 OpenAI에서 개발한 대화형 인공지능 언어모델이다.[66] 챗GPT는 사전에 인터넷을 통해 학습한 방대한 양의 지식을 바탕으로 질문자의 질문에 매우 '그럴듯하게' 대답하도록

66 2018년 처음으로 소개된 GPT는 텍스트 데이터를 활용하여 문장 생성, 번역, 질문 응답 등의 작업에 사용되었으며, 이후 2019년 GPT-2 버전을 거쳐 2020년 GPT-3 버전이 출시되었다. GPT-3 버전은 자연어 처리 능력이 현저히 향상되어 인간과 구별하기 어려울 정도의 이해력과 문장력을 갖추어 전 세계의 이목을 끌었다. 일부 오류가 개선되어 2022년 11월에 출시된 GPT-3.5 버전은 미국 변호사시험 등 각종 시험을 통과하면서 현재도 다양한 분야에서의 활용이 논의되고 있으며, 2023년 3월 출시한 GPT-4 버전은 기존 버전의 오류 가능성을 현저히 줄이면서 그 활용도가 더욱 주목받고 있다.

설계되어 있다. 물론 이 과정에서 주어진 데이터의 한계[67]나 인공지능 모델의 오류로 정확하지 않은 정보가 전달될 확률이 존재하기 때문에 챗GPT의 대답을 모두 신뢰하기는 어렵다. 하지만 일종의 가상 참여자인 챗GPT와 함께하는 경험은 실제 참여자들에게 본 프로그램에 대한 흥미를 유발하고 본격적으로 다루어질 사유놀이에 게이미피케이션의 효과를 부여할 수 있을 것이다. 이것은 볼츠가 이야기했던 다양한 영역에서의 ~테인먼트~tainment가 제공하는 재미, 몰입, 신선함 등의 긍정적인 효과를 포함한다.

(2) 프로그램의 개발 과정

본 프로그램은 다양한 연령대의 참여자 5명으로 구성된 집단을 대상으로 하는 인문카운슬링 프로그램이다. 프로그램의 목적은 삶의 주제에 대해 '사유놀이'를 함께하면서 서로의 생각을 나누고, 다른 사람들의 다양한 생각을 들어보며 사유의 폭을 넓히는 것이며, 회기별 120분씩 총 4회기로 구성되어 있다. 프로그램에 도입된 놀이의 요소는 규칙, 우연성, 비일상성, 게이미피케이션 등이다. 먼저 프로그램의 규칙은 아래와 같다.

[프로그램에 적용되는 규칙]

1. 참여자는 캐릭터명으로 부르며, 대화 시 존칭(~님) 및 존댓말을 사용합니다.

67 현재 챗GPT-4 버전은 2021년 9월까지의 데이터를 기반으로 한다.

2. 이곳에서 나눈 대화는 외부에 이야기하지 않습니다.
3. 생각이 다를 수 있음을 인정하고 다른 참여자를 존중합니다(비난/충고 금지).
4. 다른 참여자의 발언을 끊지 않으며 발언권을 독점하지 않습니다.
5. 사유놀이의 주제는 '룰렛 돌리기'로 정하며, 정해진 주제가 마음에 들지 않으면 참여자 과반의 합의로 룰렛을 한 번 더 돌릴 수 있습니다.
6. 기타 진행에 관한 규칙은 진행자의 요청사항을 따릅니다.

위의 규칙 5와 같이 본 프로그램에서 다룰 사유놀이의 주제는 참여자들이 함께 〈그림 17〉과 같이 인터넷 사이트에서 제공하는 룰렛[68]을 돌려서 정하게 된다. 이것은 회기마다 주제를 정하고 그 주제에 대해 토론하는 기존의 방식에 우연성을 강화한 것이다. 실제로 우리의 삶에

그림 17. 주제 선정(룰렛)

68 '모두의 뽑기대장' 제공(http://classtrip.mireene.com/everyselection_roullet.php)

서 중요한 질문들은 주제와 순서를 정해서 우리에게 주어지지 않는다. 참여자들은 사유놀이 프로그램을 통해 갑작스럽게 주어지는 상황과 삶의 질문들에 대해 선택하고 나누면서 평소에 지니고 있었던 생각들을 다시 돌아보게 된다. 또한, 해당 주제가 마음에 들지 않으면 참여자들 간의 합의에 따라 한 번 더 룰렛판을 돌려볼 수도 있기에 우연이 주는 정해진 한계 내에서 스스로 흥미로운 질문을 선택해서 참여하는 경험을 하도록 했다. 프로그램의 보조 진행자로 함께할 챗GPT는 〈그림 18〉과 같이 컴퓨터로 GPT-4 사이트에 접속한 후 모든 참여자가 화면을 볼 수 있도록 했다. 그리고 사유놀이와 관련된 여러 가지 개념이나 진행 과정에서 올라오는 질문들에 대한 대답을 그 자리에서 바로 보조 진행자인 챗GPT에게 물어보고 답변을 함께 보는 방식으로 가상의 참

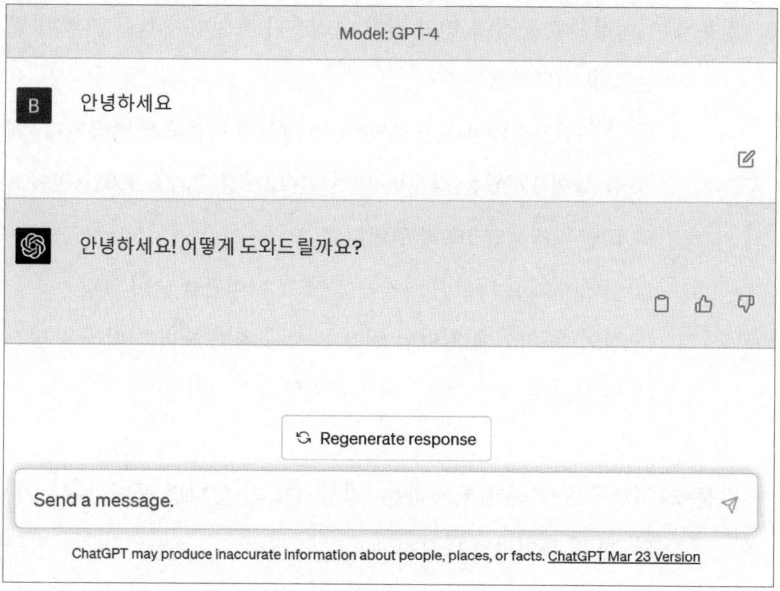

그림 18. 챗GPT 사이트

여자인 챗GPT를 활용하도록 했다.

프로그램은 회기마다 공통적인 형식을 갖도록 구성했으며 사유놀이 그리고 자유토론이 그것이다. 먼저 사유놀이는 이미 설명한 바와 같이 여러 가지 상상의 상황을 가정하여 질문을 던지고 선택한 후 그 선택에 대해 스스로 설명해보는 과정이다. 본 프로그램에서는 총 7개의 사유놀이를 준비했으며, 참여자들은 각 회기의 처음에 룰렛을 돌려 다룰 질문을 선택하게 된다. 각 사유놀이에서 다루게 될 질문 일곱 가지는 우리가 살아가면서 고민하게 되는 죽음, 돈, 삶의 의미, 가치관 등에 대해 근본적인 생각을 해볼 수 있는 것들로 제작하되, 재미있게 몰입할 수 있도록 흥미로운 상황을 가정하여 이러한 철학적 고민을 해볼 수 있도록 아래와 같이 제시했다.

질문#1) 1년 잠들고 통장에 10억 원이 들어온다면 얼마나 잠들고 얼마 받는 것을 선택하겠는가?

① 돈은 1년에 10억 원으로 잠이 든 기간에 비례해서 입금된다. 예를 들어 1개월을 잠들면 10억 원/12개월 = 약 8,300만 원이고 10년을 잠들면 100억 원이다.

② 잠에서 깨고 나서의 신체는 실제 그 나이만큼 늙어 있다.

③ 잠이 든 사이에 일어난 일은 알지 못하며 주변 사람들은 당신이 사고로 의식불명 상태로 누워있다고 생각한다.

질문#2) 경험을 완벽하게 제공하는 '경험기계'가 있다면 들어가겠는가? 단, 한 번 들어가면 나오지 못한다.

① 경험기계에서는 내가 정해놓은 완벽한 조건에서 미리 정해놓

은 여러 가지 행복한 일들을 경험하면서 삶을 살 수 있다.

② 기계가 제공하는 경험은 감각적으로는 현실과 구분 불가능하며, 일단 기계에 들어가고 나면 내가 기계에 들어와 있다는 사실조차 알지 못한다.

③ 실제 세계의 사람들은 내가 경험기계에 들어가 있다는 것을 알고 있으며 더 이상 나를 볼 수 없다.

질문#3) 만약 시간을 돌릴 수 있다면 언제로 돌아갈 것이며, 그때부터 현재의 나이까지 어떻게 살겠는가?

① 시간을 돌려서 돌아가더라도 지금 가진 기억은 유지되지만, 로또 번호나 시험문제 같은 구체적인 것들은 기억하지 못한다.

② 시간을 돌린다고 해서 당신이 처한 환경과 유전적 조건은 변하지 않는다.

③ 시간을 돌린 이후의 삶도 단 한 번만 살 수 있다.

질문#4) 이번 생의 삶을 영원히 반복해서 살아야 한다면 죽음을 앞둔 순간 무엇이 후회로 남겠는가?

① 영원히 반복되는 삶에서의 환경, 사건, 감정 등 모든 것은 변하지 않으며 내 의지로 바꿀 수 없다.

② 각각의 생에서는 지난 생의 구체적인 일들을 기억하지 못하지만, 영원히 반복해서 살고 있다는 사실은 알고 있다.

③ 영원히 반복되는 삶을 멈출 수는 없다.

질문#5) 만약 1년밖에 남지 않았다는 시한부 선고를 받았다면 1년의 시간을 어떻게 보내겠는가?

① 남은 1년 동안 거동이나 정신은 정상적인 수준으로 지낼 수 있다.
② 지금부터 정확하게 1년 뒤에 당신은 눈을 감고 더 이상 깨어나지 않는다.
③ 당신이 이야기하지 않는 이상 주변 사람들은 당신의 삶이 1년 남았다는 것을 알지 못한다.

질문#6) 영원히 살 수 있는 약이 있다면 먹겠는가?
① 단, 노화는 진행된다.
② 한번 영생을 선택하면 되돌릴 수 없으며, 의도적인 죽음을 시도할 경우 다음 날 죽음을 시도할 당시의 상태 그대로 다시 살아난다.
③ 신체적 또는 정신적 고통이나 장애를 겪는 것은 지금과 동일하며 단지 죽음만 피할 수 있다.

질문#7) 한 가지 초능력을 가질 수 있다면 어떤 능력을 갖고 살아가고 싶은가? 그 능력으로 무엇을 하고 싶은가?
① 초능력은 시공간적·물리적 한계 등을 뛰어넘을 수 있는 능력이다.
② 초능력은 단일한 능력에 한정된다(예: 영생의 능력이라고 해서 노화가 멈추지는 않음. 다른 사람의 마음을 조정하는 능력이라고 해서 원래 무슨 마음이었는지를 알 수는 없음).
③ 한번 얻은 능력은 다른 능력으로 변경이 불가능하다.

각 사유놀이의 질문은 영원회귀, 경험기계 등 철학적 사고실험 내용도 있지만, 우리가 살아가면서 흔히 상상의 나래를 펼쳐보는 다양한 상황도 포함되어있다. 철학적 사고실험과 달리 사유놀이는 좀 더 흥미롭고 다양한 질문을 놀이의 방식으로 접근해봄으로써 평소에 자신이 품고 있는 가치관을 돌아보고 삶의 문제를 생각해보기 위해서다. 또한, 전체 회기가 총 4회기임에도 7개의 사유놀이를 준비한 것은 룰렛으로 결정되는 사유놀이 질문들을 가능하면 다양하게 제공하기 위해서다.

사유놀이 이후에 진행되는 자유토론은 사유놀이에서 참여자들 간 생각의 차이로 인해 자연스럽게 발생할 수 있는 의문점들을 주제로 하여 함께 토론해보는 시간이다. 자유토론에서는 참여자들이 함께 이야기 나누고 싶은 주제를 메모지에 작성한 후 접어서 진행자에게 제출하면 진행자는 해당 메모지들을 통에 넣고 무작위로 추첨하여 자유토론 주제를 뽑는다. 무작위 추첨으로 선정된 주제를 누가 작성했는지 밝힐 의무는 없으며, 해당 주제를 중심으로 해서 참여자들은 각자의 사유놀이 선택과 관련된 다양한 의견을 좀 더 깊게 나누게 된다. 프로그램의 마지막에는 피드백(보상) 시스템의 일환으로 '가장 많이 공감한 사유놀이 답변'에 대한 시상을 한다. 이것은 사유놀이에서 각자의 선택을 설명하는 과정에 좀 더 세밀한 주의를 기울이게 하는 효과가 있을 것이다. 단, 시상품은 매우 약소한 것으로 경제적인 이익을 위해 몰입하도록 하는 것이 아니라 시상 순간의 기쁨과 명예를 위해 몰입하도록 유도한다.

(3) 프로그램의 진행과 효과

총 4회기로 구성된 프로그램의 각 회기는 형식적인 일관성을 위해 오프닝(10분), 사유놀이(40분), 휴식(10분), 자유토론(30분), 마무리(20분)로 구성했다. 물론 상황에 따라 각각의 시간은 유동적일 수 있지만, 가능한 한 시작하는 시간과 마치는 시간은 지키도록 했다. 각 회기의 진행을 위해 구체적인 활동계획이 담긴 세부 계획표를 〈표 18〉과 같이 작성했으며, 참여자들에게는 사유놀이 시 생각을 정리할 수 있도록 활동지를 제공했다. 또한, 각 회기의 마지막 마무리 시간에는 프로그램의 참여경험에 대한 질문이 담긴 설문지를 제공하여 작성하도록 했다.

표 18. 프로그램 진행계획

주제	챗GPT와 함께하는 사유놀이		
목적	삶의 주제에 대해 '사유놀이'를 함께하면서 서로의 생각을 나누고, 다른 사람들의 다양한 생각을 들어보며 사유의 폭을 넓힌다.		
일시	2023년 ○월		
대상	일반 성인	진행 방식	대면 집단(5명)/110분/총 4회기
진행자	○○○	장소	인문카운슬링센터
프로그램 내용			

■ 프로그램에 적용되는 규칙

1. 대화 시 존칭(~님) 및 존댓말을 사용합니다.
2. 이곳에서 나눈 대화는 외부에 이야기하지 않습니다.
3. 생각이 다를 수 있음을 인정하고 다른 참여자를 존중합니다(비난/충고 금지).
4. 다른 참여자의 발언을 끊지 않으며 발언권을 독점하지 않습니다.
5. 사유놀이의 주제는 '룰렛 돌리기'로 정하며, 주제가 마음에 들지 않으면 참여자 과반의 합의로 룰렛을 한 번 더 돌릴 수 있습니다.
6. 기타 진행에 관한 규칙은 진행자의 요청사항을 따릅니다.

■ 챗GPT는 OpenAI에서 제공하는 GPT-4 버전을 사용하며, 본 사유놀이 프로그램의 보조 진행자로서 토론 과정에서 생기는 여러 가지 질문이나 철학적 개념에 대해 답변해주는 역할을 합니다. 단, 챗GPT의 정보에 오류 가능성이 존재하므로 진행자가 이를 재검토합니다.

<table>
<tr><td rowspan="3">1회기</td><td>준비물: 필기도구, 이름표, 메모지, 추첨통, 사전/사후 질문지
■ 프로그램 안내 및 사전 질문지 작성(10분)
ㅇ 프로그램 안내, 규칙 소개, 기대하는 바, 연구 동의서 등
■ 자기소개(10분)
ㅇ 캐릭터 이름 선정 및 소개하기
- 프로그램에서 불릴 캐릭터 이름을 이름표에 적기
- 그 이름을 고른 이유와 함께 자기소개하기
ㅇ 보조 진행자(챗GPT) 소개
■ 사유놀이(30분)
ㅇ 어떤 상황을 가정하고 질문 제시(보조 텍스트/영상 등 활용)
예시) 완벽한 경험기계(로버트 노직)가 있다면 들어가겠는가?
ㅇ 활동지에 자신의 선택과 그 이유를 글로 작성
ㅇ 돌아가며 자신의 선택에 대한 이성적 근거 또는 이유 밝히기
ㅇ 각자 나눔 후 서로 궁금한 점 질문/답변하기</td></tr>
<tr><td>[Break Time(10분)]</td></tr>
<tr><td>■ 자유토론(30분)
ㅇ 사유놀이와 연관하여 각자 나누고 싶은 주제/질문을 메모지에 작성
- 답변 대상자 지정 질문도 가능(질문자를 밝힐 의무는 없음)
ㅇ 메모지를 추첨통에 넣고 토론 주제를 추첨하여 토론(1~2개)
■ 마무리(20분)
- Best 공감상 선정(가장 공감하는 답변, 카톡 익명투표 기능 활용)
- 사유놀이와 나눔 과정에서 변화된 생각과 자신의 느낌 등 공유
- 회기에 대한 소감 공유 및 사후 질문지 작성</td></tr>
<tr><td>기대
목표</td><td>- '사유놀이'를 통해 자신의 삶과 가치관을 성찰해본다.
- 토론을 통해 자기 생각을 정리하고 자유롭게 표현할 수 있다.
- 다른 사람과의 상호작용을 통해 다양한 생각을 수용한다.
- 서로의 생각이 다름을 인정하고 사유의 폭을 넓힌다.
- 당연하게 받아들였던 가치들에 대해 비판적으로 바라볼 계기를 마련한다.</td></tr>
</table>

프로그램의 규칙과 과정을 설명한 후 참여자들은 각자가 활동할 캐릭터의 이름을 짓고 캐릭터에 대한 소개를 마친다. 이후 보조 진행자

로 활동할 챗GPT에 대한 소개를 시작으로 본격적인 사유놀이에 들어간다. 챗GPT 소개는 GPT-4에 질문을 던져 스스로 하도록 한다. 프로그램 당일에 챗GPT가 밝힌 본인 소개는 아래와 같다.

(챗GPT) "안녕하세요! 저는 OpenAI에서 개발된 인공지능 언어모델인 ChatGPT입니다. GPT-4 아키텍처를 기반으로 학습되었습니다. 저는 다양한 주제에 대해 이야기하고 질문에 답할 수 있습니다. 제 지식은 2021년 9월까지의 정보를 기반으로 합니다. 어떤 주제로 대화를 나누고 싶으신가요? 도움이 필요한 것이 있다면 편하게 말씀해주세요!"

이후 사유놀이와 자유토론을 진행하게 되는데, 참여자들은 룰렛을 돌려서 질문이 선택되면 한 번에 한해서 합의를 거쳐 다시 룰렛을 돌려볼 수 있다. 질문이 선정된 이후에는 제공된 활동지를 활용해 각각의 질문에 답변하면서 생각을 정리하는 과정을 거친다. 활동지에는 해당 상황을 마주했을 때의 느낌, 자신의 선택, 그리고 그 이유에 대해 스스로 정리해볼 수 있도록 했고, 참여자들은 〈그림 19〉와 같이 작성했다.

먼저 사유놀이와 자유토론의 예시를 2회기를 중심으로 살펴보도록 하겠다. 2회기에서 질문 선정을 위한 룰렛을 돌려서 선정된 사유놀이 질문은 '질문#7'이었으며, 참여자들의 답변을 요약하면 아래와 같다.

질문#7) 한 가지 초능력을 가질 수 있다면 어떤 능력을 갖고 살아가고 싶은가? 그 능력으로 무엇을 하고 싶은가?

① 초능력은 시공간적·물리적 한계 등을 뛰어넘을 수 있는 능력

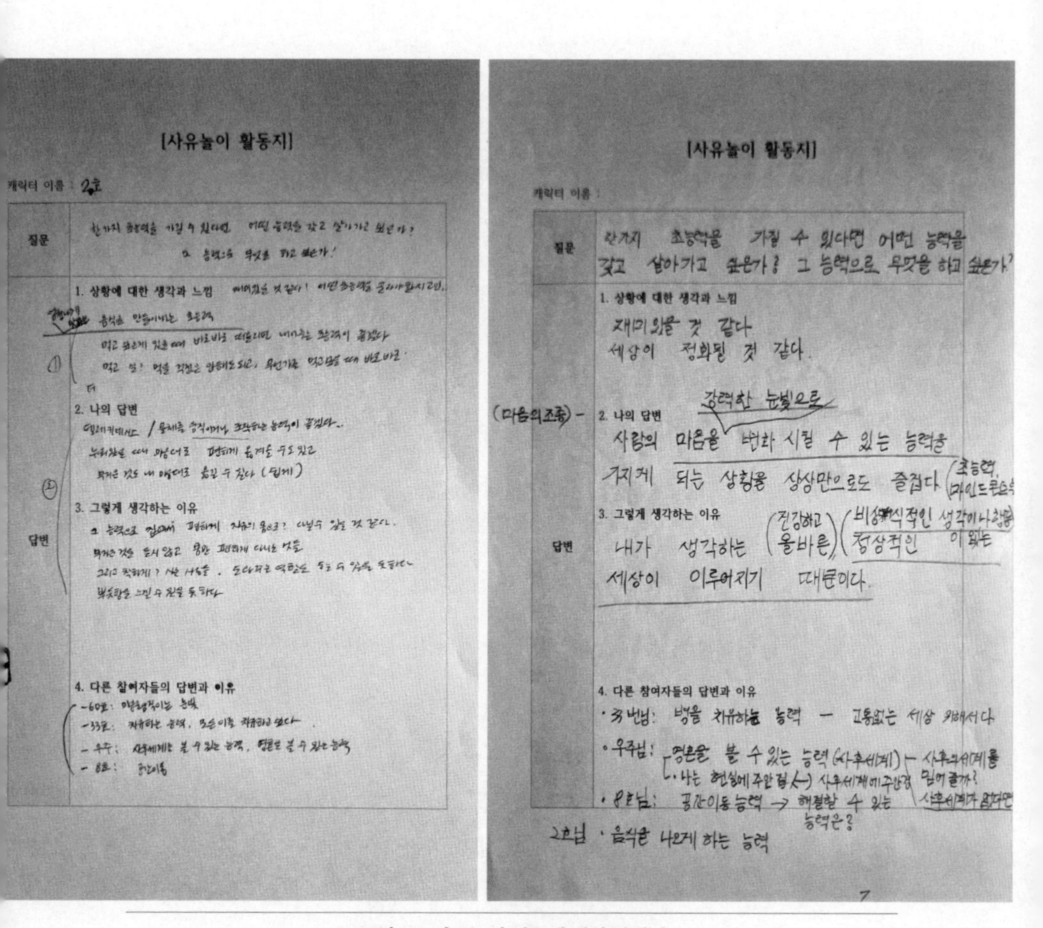

[사유놀이 활동지]

캐릭터 이름 : 2호

질문	한가지 초능력을 가질 수 있다면 어떤 능력을 갖고 살아가고 싶은가? 그 능력으로 무엇을 하고 싶은가!
답변	1. 상황에 대한 생각과 느낌 재미있을 것 같다! 어떤 초능력을 골라야 할지 고민. 음식을 만들어내는 초능력 먹고 싶은게 있을 때 바로바로 떠올리면 나타나는 초능력이 좋겠다 2. 나의 답변 텔레키네시스 / 물체를 움직이거나 조작하는 능력이 좋겠다.. 누워있을 때 마음대로 편하게 옮겨줄 수도 있고 무거운 것도 내 마음대로 옮길 수 있다 (쉽게) 3. 그렇게 생각하는 이유 그 능력으로 집에서 편하게 자유의 몸으로? 다닐수 있을 것 같다. 무거운 것을 들지 않고 몸만 편하게 다니는 것을 4. 다른 참여자들의 답변과 이유 -60호: 마음을 움직이는 눈빛 -33호: 치유하는 능력, 모든 이를 치유하고 싶다 - 우주: 사후세계를 볼 수 있는 능력, 영혼을 볼 수 있는 능력 - 8호: 공간이동

[사유놀이 활동지]

캐릭터 이름 :

질문	한가지 초능력을 가질 수 있다면 어떤 능력을 갖고 살아가고 싶은가? 그 능력으로 무엇을 하고 싶은가?
답변	1. 상황에 대한 생각과 느낌 재미있을 것 같다 세상이 정화될 것 같다. (마음의 조종) - 2. 나의 답변 강력한 눈빛으로 사람의 마음을 변화 시킬 수 있는 능력을 가지게 되는 상황을 상상만으로도 즐겁다 (초능력, 마인드컨트롤) 3. 그렇게 생각하는 이유 내가 생각하는 (진짜하고 올바른) (비상식적인 생각이나 행동이 없는 정상적인) 세상이 이루어지기 때문이다. 4. 다른 참여자들의 답변과 이유 · 33번님: 병을 치유하는 능력 — 고통없는 세상 위해서다 · 우주님: 영혼을 볼 수 있는 능력(사후세계) — 사후의 세계를 믿어 볼까? · 나는 현실에 주안점 ← 사후세계에 무관심 · 8호님: 공간이동 능력 → 해결할 수 있는 능력은? 사후세계가 없다면

2호님 · 음식을 나오게 하는 능력

그림 19. 사유놀이 질문에 대한 답변지

이다.

② 초능력은 단일한 능력에 한정된다(예: 영생의 능력이라고 해서 노화가 멈추지는 않음. 다른 사람의 마음을 조정하는 능력이라고 해서 원래 무슨 마음이었는지를 알 수는 없음).

③ 한번 얻은 능력은 다른 능력으로 변경이 불가능하다.

참여자#1)

- 답변: 사람의 마음을 강력한 눈빛으로 변화시킬 수 있는 능력
- 이유: 내가 생각하는 건강하고 올바른, 비상식적인 생각이나 비정상적인 행동이 없는 세상이 이루어지기 때문이다.

참여자#2)

- 답변: 치유의 능력
- 이유: 질병이 없는 세상, 감정적 상태와 정신이 치유되어서 아픔과 고통이 없는 삶을 누릴 수 있는 세상을 만들고 싶다.

참여자#3)

- 답변: 영혼을 볼 수 있는 능력을 가진다면 좋겠다. 사후 세계가 궁금하다.
- 이유: 우리는 눈에 보이는 세상에 살고 있지만 죽어서 영혼이 진짜로 천국과 지옥으로 나누어져 간다면 현재 살고 있는 분들에게 전해주고 싶다. 죽음 이후의 세계가 어떤지 알고 싶다.

참여자#4)

- 답변: 공간이동 능력
- 이유: 세상을 자유롭게 여행할 것이고, 올바른 일과 사람을 구하는 일을 하는 데 사용하고 싶어서다. 예전부터 꿈꿔왔던 능력이다.

참여자#5)

- 답변: 엄청나게 맛있는 음식을 만들어내는 초능력
- 이유: 맛있는 음식을 떠올리기만 하면 음식이 바로 나온다면 일단 먹을

걱정을 안 해도 되고 먹고 싶을 때 바로바로 먹을 수 있어 좋을 것 같다.

참여자들의 답변과 이유는 각자 돌아가면서 발표했고, 한 사람의 발표가 끝나면 서로 간단한 질문들을 통해 왜 그런 능력이 갖고 싶은지를 좀 더 구체적으로 확인하는 절차를 거쳤다. 이러한 절차는 이후에 진행될 자유토론에서 제안할 토론 주제의 내용을 명확하게 하기 위해서다. 아울러, 활동지를 작성하는 과정에서 참여자들에게 좀 더 다양한 초능력의 종류를 제공하기 위해 보조 진행자인 챗GPT에게 초능력의 종류에 대해 질문을 던졌고, 진행 당일에 챗GPT로부터 얻은 대답은 아래와 같다.[69]

(진행자) "초능력의 종류는 어떤 게 있어?"

(챗GPT) "초능력이란 인간의 일반적인 능력을 넘어선 능력을 말합니다. 일반적으로 초능력은 소설, 만화, 영화 등의 픽션 작품에서 주로 다루어지는 주제입니다. 다양한 종류의 초능력이 존재하며, 몇 가지 예를 들어보겠습니다.

텔레파시(Telepathy): 타인의 마음을 읽거나 생각을 전달하는 능력입니다.

텔레키네시스(Telekinesis): 물체를 움직이거나 조작하는 능력입니다.

예지능력(Precognition): 미래의 사건이나 상황을 예측하는 능력입

69 챗GPT는 기본적으로 앞의 문장을 보고 다음 단어를 확률적으로 선택하여 문장을 구성하기 때문에 같은 질문을 하더라도 대답은 매번 다르게 나올 수 있다.

니다.

시간여행(Time Travel): 시간을 건너뛰어 과거나 미래로 이동하는 능력입니다.

무적(Invulnerability): 모든 종류의 피해로부터 면제되는 능력입니다.

투명화(Invisibility): 보이지 않게 되는 능력입니다.

변신(Shapeshifting): 자신의 형태나 외모를 변화시키는 능력입니다.

마음 조종(Mind Control): 다른 사람의 생각이나 행동을 조종하는 능력입니다.

초속력(Super Speed): 인간의 일반적인 속도를 초월하는 능력입니다.

비행(Flying): 공중을 자유롭게 날아다니는 능력입니다.

이 밖에도 다양한 종류의 초능력이 존재하며, 각각의 초능력은 작품마다 다르게 표현되고 있습니다."

이 외에도 보조 진행자인 챗GPT의 역할은 사유놀이의 결과를 나누는 과정에서 참여자가 이야기한 개념이나 내용에 대해 좀 더 깊은 내용을 알아보기 위해 활용되었다. 참여자#3이 자신의 답변으로 "사후 세계를 보는 초능력을 갖고 싶다"고 이야기하면서 고대의 철학자들이 죽음에 대해 어떻게 생각했는지를 예를 들어 설명하는 과정에서 관련 내용을 챗GPT에게 아래와 같이 물어보고 답변을 얻기도 했다.

(진행자) 에피쿠로스와 소크라테스의 관점에서 죽음이란?

(챗GPT) "에피쿠로스와 소크라테스는 고대 그리스 철학자로, 각자 죽음에 대한 다른 관점을 가지고 있습니다.

에피쿠로스는 죽음을 두려워하지 않는 것이 중요하다고 주장했습니다. 그는 죽음이 인간에게 해를 끼칠 수 없다고 믿었으며, 죽음은 존재하지 않는 상태이기 때문에 우리가 존재하는 동안은 죽음이 없고, 죽음이 찾아오면 우리는 존재하지 않는다고 생각했습니다. 따라서 죽음 자체는 고통이나 불행을 가져오지 않는다고 주장했습니다. 에피쿠로스의 관점에서 죽음은 두려워할 필요가 없는 자연스러운 과정입니다.

소크라테스의 경우, 그는 죽음에 대한 두려움을 인간의 무지로 여겼습니다. 소크라테스는 죽음이 영혼의 불멸에 대한 통찰의 시작이라고 생각했습니다. 그는 인간이 죽음을 경험할 수 없기 때문에 죽음에 대한 지식이 없다고 주장했습니다. 죽음을 두려워하는 것은 미지의 것을 두려워하는 것으로, 이는 인간의 무지를 반영한다고 생각했습니다. 소크라테스는 죽음이 오히려 철학자들에게는 소원이 이루어진 것이라고 말했습니다. 그는 영혼이 물질적인 유혹과 고통에서 벗어나 철학적인 탐구에 더 전념할 수 있는 상태라고 봤습니다.

요약하면, 에피쿠로스는 죽음을 두려워할 필요가 없는 자연스러운 과정으로 보았고, 소크라테스는 죽음을 영혼의 불멸과 지식 탐구의 시작으로 여겼습니다. 두 철학자 모두 죽음을 두려워하는 것은 인간의 무지를 반영한다고 생각했습니다."[70]

---

70 챗GPT의 대답은 항상 오류 가능성을 갖고 있다. 이는 인공지능 언어모델이 학습한 데이터의 한계 또는 문맥 이해의 부족 등 여러 가지 원인으로 발생할 수 있다. 따라서 프로그램을 시작하기 전에 참여자들에게 챗GPT를 소개할 때 오류 가능성에 대해 충분히 설명해야 하며, 진행 과정에서 챗GPT에게 질문을 던지는 것은 정확한 답변을 확인하려고 하는 것이 아니라 본 프로그램에 가미된 게이미피케이션(Gamification)의 한 요소라는 것을 분명히 해야 한다. 또한, 진행자는 챗GPT의 답변에 대해 가능한 수준에서 추가로 정정 또는 부연 설명을 해주는 것이 필요하다. 본 진행자는 에피쿠로스의 죽음에 대한 관점에 대해서는 데모크리토스의 원자론과 연계하여 설명했으며, 소크라테스의 죽음에 대한

이렇게 사유놀이 과정에서 보조 진행자인 챗GPT를 종종 등장시키는 것은 정확한 답변을 얻기 위함이라기보다는 사유놀이의 과정에 게이미피케이션 요소를 가미함으로써 그 자체를 하나의 놀이로 접근하기 위함이다. 물론 챗GPT의 답변에 대한 오류 가능성은 사전에 참여자들에게 충분히 공지했다.

사유놀이에 대한 각자의 생각을 나누고 난 후 이어서 자유토론을 갖게 된다. 사유놀이 과정에서 각자에게 궁금했던 부분이나 의견이 달랐던 부분에 대해 다루고 싶은 토론 주제를 참여자들이 메모지에 작성하여 통에 넣고 진행자가 무작위로 추첨하여 자유토론의 주제를 선정한다. 참여자들이 다루고 싶어 한 자유토론의 주제는 다음과 같으며 선정된 주제는 1번이다.

1) 공간이동이 가능하다면 러시아의 푸틴을 태평양 바다에 빠뜨리겠나?
2) 초능력으로 맛있는 음식을 만들어내지만, 영양가가 없는 음식들만 나온다면 어떻게 하실지?
3) 지금까지 나온 초능력 중 가장 마음에 드는 것은?
4) 초능력을 갖고 있다는 것을 다른 사람들에게 알릴 것인지?

주제 1번을 제안한 참여자는 "치유의 능력으로 고통 없는 세상을 만들고 싶다"고 했던 참여자#2였으며 자신이 던진 질문이라는 것을 스스로 밝혔다. 이 질문을 시작으로 참여자들 간에 자유토론이 이루어졌으며 내용을 요약하자면 아래와 같다.

관점에 대해서는 『변론』에 나오는 죽음과 관련된 텍스트를 설명하되 다양한 해석이 있을 수 있음을 전제했다.

참여자#2) 공간이동이 가능하면 나는 러시아의 푸틴을 태평양에 빠뜨려 죽이고 싶은데 선생님은 어떠신지?

참여자#4) 쉽지 않을 것 같은데요. 크게 보면 좋은 일은 맞는데 어쨌든 누군가를 죽여야 하니까요. 그렇게 능력을 쓰고 싶지는 않습니다.

참여자#2) 나는 그렇게 해야 한다고 생각해요. 나는 내가 같이 죽어야 한다고 해도 그렇게 하는 게 옳다고 생각해요. 너무 많은 사람이 피를 보고 있잖아요.

참여자#4) 그래도 저는 이런 능력을 받았으면 세상에 공짜는 없다고 생각해요. 그래서 이 능력을 사용한다고 하면 사람을 구하는 데 써야지 죽이는 데 쓸 수는 없다고 생각해요.

참여자#1) 저도 살생은 안 할 것 같아요. 무인도에 가두든지 하는 게 옳다고 생각해요. 어쨌든 대안은 있으니까 살생은 안 할 것 같고 내 한 몸 바치는 것도 안 할 것 같아요. 저도 소중하고 가족도 있고. 독립운동처럼 거창한 일도 저는 못 할 것 같고 저는 그냥 소소한 삶이 중요하다고 생각해요.

참여자#3) 푸틴 같은 경우에 저는 생각이 좀 다른데, 지금 미국이 너무 자국 이익만 생각하다 보니까 어쩔 수 없이 저렇게 하는 면도 있는 것 같은데 한쪽 면만 보고 나쁘다고 할 수는 없지 않을까요?

참여자#2) 아무리 이유가 있다고 해도 저는 그렇게 많은 사람을 죽이는 건 안 된다고 생각해요. (…)

참여자들은 자유토론을 통해 각자의 윤리적 가치관에 직면하게 되고, 자신과 다른 윤리적 가치관을 가진 사람들과 서로 대립하게 된다. 물론 이러한 토론에 정답은 없으며 토론 과정을 통해 참여자들이 얻게 되는 것은 서로 다른 사람들과의 대화를 통해 자신의 가치관을 돌아보고 자신과 다른 생각들에 대해 한 번쯤 고민해보는 것이다. 본 프로그램의 목적이 가치관의 성찰과 사유의 확장, 당연하게 생각하던 것을 비판적으로 생각해보기임을 고려할 때 이러한 사유놀이와 자유토론의 과정은 매우 진지한 이야기를 재미있게 접근하여 다루어보는 유용한 방법이 될 수 있다.

다음으로는 3회기에서 이루어진 사유놀이와 자유토론의 예시를 살펴보도록 하겠다. 3회기에서 선정된 질문은 질문#5이며 질문과 참여자들의 답변을 요약해보면 아래와 같다.

질문#5) 만약 1년밖에 남지 않았다는 시한부 선고를 받았다면 남은 1년의 시간을 어떻게 보내겠는가?

① 남은 1년 동안 거동이나 정신은 정상적인 수준으로 지낼 수 있다.

② 지금부터 정확하게 1년 뒤에 당신은 눈을 감고 더 이상 깨어나지 않는다.

③ 당신이 이야기하지 않는 이상 주변 사람들은 당신의 삶이 1년 남았다는 것을 알지 못한다.

참여자#1)

- 답변: 아쉽지만 담담할 것 같기도 하다. 기한이 정해져 있으니 준비를 할 것 같다. 우선 가족들과 함께 잘 가보지 못했던 전라도나 강원도로 여행을 갈 것 같다. 가족들이 1년을 모두 시간을 내기는 어려울 테니 6개월 정도 전에 이야기해서 나를 위해 시간을 내달라고 하고

여행을 가겠다. 그리고 나를 기억할 수 있도록 남은 1년 동안 일기를 쓰고 편지도 남기겠다. 내가 가진 물건들도 정리하고 죽기 전에 내 물건들을 나누어주겠다.

참여자#2)

- 답변: 암담하겠지만 동시에 1년이 남은 것에 대해 감사할 것 같다. 엄마, 아빠, 남편과 함께 여행을 떠날 것이다. 남편에게는 6개월 전에 알려주겠지만 다른 가족들에게는 알리지 않겠다. 여행은 아무런 계획 없이 발길 닿는 대로 떠날 것 같다. 여행에서 돌아오면 집에서 친구들을 만나며 시간을 보내겠다. 나의 삶의 부분들을 함께했던 사람들과 추억하면서 삶을 되돌아보고 정리하지 않을까? 그리고 내 삶의 정리를 글로 남길 것 같다. 일기장이나 블로그에 글을 쓰고 이런 사람도 있었다는 것을 남기고 싶고, 다른 사람들에게 내 살아온 삶을 통해 희망도 주고 싶다.

참여자#3)

- 답변: 아쉽지만 내가 언제 죽을지를 알 수 있다는 것에 감사할 것 같다. 우선 남은 1년 중 1개월은 고민해서 원하는 일들의 목록을 작성할 것이다. 그리고 그 후에 내가 아끼는 가족들과 친구들을 모아놓고 그들도 마음의 준비를 할 수 있도록 진지하게 이야기해주겠다. 죽기 전에 안 하면 후회할 만한 일들의 목록을 작성한 후 1년을 10년처럼 충만하게 살다가 가고 싶다. 나의 빈자리를 크게 느낄 남편과 아이, 엄마 등 가족들에게 최대한 많이 글로 남기고 싶다. 가능하면 예약편지를 걸고 최대한 많이 남기고 싶다. 남은 11개월간은 시간이 되는 소중한 이들과 여행을 떠나겠다. 그리고 내가 살아있을

때 장례식을 해보고 싶기도 하다.

이러한 사유놀이 과정에서 참여자들은 자신이 가장 소중하게 생각하는 사람이나 일 또는 가치가 무엇인지를 다시 한번 돌아보고 다른 사람들과 함께 나누는 경험을 하게 된다. 또한, 이어지는 자유토론을 통해 삶과 죽음에 대해 좀 더 깊게 생각해보는 경험을 하게 된다. 참여자들이 자유토론에서 다루고자 메모지에 적어서 제출한 질문은 아래와 같으며 자유토론에서 다룬 질문은 2번이다.

1) 만약 수명을 정할 수 있다면 몇 살까지 살고 싶나요?
2) 1년 후가 아닌 바로 내일 죽는다면 뭘 하시겠나요?
3) 살아있는 장례식에 대해 더 자세히 이야기하고 싶습니다.
4) 1년이 아니라 2년을 살 수 있다면 어떻게 하시겠어요? 10년이면?

"하루가 남았다면 지금 한창 피어있는 튤립 축제에 가보고 싶어요. 그리고 좋은 영화를 한 편 보고 맛있는 음식과 함께 술을 한잔하고 잠들 것 같아요."

"제일 짧은 비행기를 타고 내가 살았던 이 땅을 위에서 조망해보고 싶어요. 그리고 평소에 올라가던 산에도 한 번 올라가 보고 싶어요."

"하루가 남았다면 가족들에게 편지를 쓰고 평상시처럼 잠들 것 같아요. 일상을 똑같이 보내고 … 어차피 충격을 받을 테니 가족들에게 이야기하지 않을 것 같아요."

참여자들은 죽음에 대해 이야기를 나누는 동안 내내 진지했으며, 과거에 겪었던 주변인들의 죽음에 대한 기억들을 떠올리기도 하고, 자신이 원하는 죽음과 구체적인 장례식에 대해서도 고민하는 모습을 보였다. 또한, 삶에서 남은 시간을 고민하고 계산해보면서 시간의 중요성과 함께 소중하게 생각하는 가치와 남기고 싶은 것에 대해서도 다시 한번 생각하게 되었다.

"제가 본 임종은 대부분 정신이 없을 때 돌아가셔서 아쉬웠어요. 소중한 사람들과 못 다 한 말들을 하고 싶은데 그럴 기회가 없는 거죠. 그래서 저는 살아있는 장례식을 하고 싶어요. 장례식도 가능하면 2주 정도 길게 가지면서 사람들과 약간 … 축제처럼 해보고 싶어요."

"언제 죽을지 알 수 있다는 건 정말 감사할 일인 것 같아요. 추억도 정리하고 소중한 사람들과 여행도 다니면서 정리할 수 있다는 게 감사할 일 아닐까요?"

"얼마 전에 TV에서 본 건데 우리가 살면서 밥 먹고 자고 일하고 뭐 … 이런 시간을 다 빼고 나니까 죽기 전까지 가족들과 함께할 수 있는 시간이 몇 달 정도밖에 없다는 영상을 봤어요. 그래서 지금도 가족들과 가능하면 많은 시간을 보내려고 하고는 있는데, 새삼 그 영상이 다시 생각나네요."

"기한이 정해져 있다면 감사까지는 몰라도 담담할 수는 있을 것 같아요. 가장 추억에 남는 건 역시 여행인 것 같아요. 우리나라에도 안 가본 곳이 많은데 가족들과 그런 곳을 다녀보고 싶네요. 특히 전라도와 강원도는 거의 가본 곳이 없어서 가보고 싶어요."

"물건을 나누더라도 살아있을 때 나눠야지 죽고 나면 죽은 사람 물건을 누군가에게 나눠주기는 어려울 것 같아요. 그래서 살아있는 동안에 많이 나눌 것 같네요."

(4) 의미와 시사점

'챗GPT와 함께하는 사유놀이'는 사유놀이 그리고 이와 연관된 자유토론으로 구성된 프로그램에 게이미피케이션의 요소를 강화하기 위해 챗GPT를 도입한 것이다. 애초에 챗GPT는 또 한 명의 가상의 참여자로 그 역할을 부여하려 했으나 자신의 경험이 없고 자기만의 가치관을 주장하지 못하는 인공지능의 특성상 보조 진행자 역할이 더 적절하다고 판단하여 2회기부터는 보조 진행자로 역할을 변경했다.[71] 1회기의 사유놀이 질문은 질문#3이며 아래와 같았는데, 이어지는 챗GPT의 답변은 너무나 일반적인 답변이어서 다른 참여자들의 흥미를 끌지 못했다.

질문#3) 만약 시간을 돌릴 수 있다면 언제로 돌아갈 것이며, 그때부터 현재의 나이까지 어떻게 살겠는가?

① 시간을 돌려서 돌아가더라도 지금 가진 기억은 유지되지만, 로또 번호나 시험문제 같은 구체적인 것들은 기억하지 못한다.

71 물론 사전에 프롬프트 엔지니어링을 통해 챗GPT에게 특정한 입장에서 주장하도록 설정한다면 가상의 참여자 역할도 가능하다.

② 시간을 돌린다고 해서 당신이 처한 환경과 유전적 조건은 변하지 않는다.

③ 시간을 돌린 이후의 삶도 단 한 번만 살 수 있다.

(챗GPT) "저는 인공지능이기 때문에 시간을 돌릴 수도, 돌아갈 수도 없고 미래를 예측할 수도 없습니다. 또한, 저는 개인적인 경험이나 감정이 없기 때문에 다시 살고 싶은 시기를 선택할 수 없습니다. 하지만 인간의 관점에서 이 질문에 대한 답변을 제공해드릴 수 있습니다.

만약 시간을 돌릴 수 있다면, 개인적인 선택에 따라 다양한 시기를 선택할 수 있겠지요. 어린 시절로 돌아가서 좀 더 즐겁게 보낼 수 있을 것이고, 청소년 시절로 돌아가서 더 열심히 공부할 수도 있을 것입니다. 또한, 성인 시기로 돌아가서 좋은 기회를 놓치지 않거나 실수를 바로잡을 수도 있을 것입니다.

그렇게 시간을 되돌린 후에는, 과거의 경험과 지식을 바탕으로 현재의 나이까지 더 나은 삶을 살 수 있을 것입니다. 가령, 훌륭한 인간관계를 유지하거나, 새로운 기술을 배우거나, 건강을 잘 관리하는 등 여러 방면에서 더 나은 삶을 살 수 있을 것입니다. 그러나 이런 생각은 순전히 가상의 상황이므로, 현실에서는 시간을 되돌릴 수 없으니 지금부터라도 더 나은 삶을 위해 노력하는 것이 중요하겠습니다."

실제로 챗GPT의 역할은 참여자들이 토론하는 과정에서 발생하는 여러 가지 궁금한 점을 질문하고 답변을 받아보는 데 매우 유용했다. 사유놀이와 자유토론으로 구성된 프로그램의 특성상 어떤 개념이나 이론들이 다루어질지 모르는 상황에서 진행자가 모든 경우를 준비할 수는 없기 때문에 다양한 질문에 대해 일반적인 대답을 받아보면서 프로그램을 놀이의 관점으로 접근해보는 정도가 챗GPT의 적당한 역할로 보인다. 참여자들이 특히 흥미를 느꼈던 시간은 사유놀이 질문을 선정하는 인터넷 사이트에서 제공하는 룰렛 돌리기 시간이었다. 어떤 질문이 나올지 모르는 상황에서 룰렛을 돌리는 것에 집중하고, 한 번 더 돌릴지 말지를 고민하는 순간에 참여자들은 이미 놀이의 세계에 몰입하고 있는 것이다. 그런데 여기서 주목해야 할 것은 참여자들의 관심을 끌었던 룰렛 돌리기와 챗GPT 모두 화면 속 가상공간에서 일어나는 일이라는 점이다.

현대의 놀이는 대부분 가상공간에서 일어난다. 게다가 최근에는 '메타(구 페이스북)' 등의 기업이 추구하는 XR(확장현실)[72]이 현실 환경을 기반으로 가상의 그래픽이나 효과를 추가하는 방식으로 진화하여 현실과 가상의 구분도 모호하다.[73] 즉, 현대의 놀이는 실제와 가상이 복합되어 있으며 그 간격은 점점 줄어들고 있다. 물론 가상공간이 갖고 있는 여러 가지 한계[74]에도 불구하고 앞으로도 가상공간에서의 놀이는

---

72 확장현실(XR)은 가상현실(VR)과 증강현실(AR)을 아우르는 혼합현실(MR) 기술을 망라하는 용어다. 가상현실(VR)이 360도 영상을 바탕으로 새로운 현실을 경험하도록 하는 기술이라면, 증강현실(AR)은 실제 사물 위에 컴퓨터그래픽(CG)을 통해 정보와 콘텐츠를 표시한다(ICT 시사상식, 2021).

73 최근에는 실제 실내 자전거를 타고 운동하면서 화면상으로 다른 사람들과 연결하여 서로 경주하는 등의 인터넷 기반 헬스 기기도 많은 인기를 얻고 있으며, 2016년 출시해 세계적인 열광을 불러온 증강현실(AR) 게임인 「포켓몬고」 또한 현실 세계를 돌아다니며 가상의 포켓몬을 사냥하는 게임이다.

74 가상공간의 한계에 대해서는 필자의 「호모루덴스의 현대적 의미와 한계: 볼츠와 드레이퍼스를 중심으로」, 『철학실천과 상담』 12, 한국철학상담치료학회, 2022, 83~103쪽 참조.

지속적으로 발전해나갈 것이다. 따라서 놀이의 요소를 도입하여 인문카운슬링 프로그램의 효과를 높이고 참여자들의 몰입을 끌어내기 위해서는 기존의 놀이 요소와 함께 가상공간에서 이루어지는 여러 가지 도구를 활용하고 접목하려는 노력이 필요할 것이다.

결론

이성과 합리주의, 자본주의 등으로 표현될 수 있는 근대의 유산은 현대를 살아가는 지금 우리에게 놀이의 가치를 또다시 돌아보게 한다. 모든 것의 중심에 경제적 가치를 두고 극단적인 효율화를 추구하며 과학기술에 경도된 근대정신은 이 시대를 살아가는 사람들을 도구화하고 소외와 불안 그리고 가치관의 혼란 같은 마음의 문제를 앓도록 했다. 이러한 문제를 해소하기 위해 대중의 주목을 받기 시작한 정신의학과 심리치료는 시간이 지날수록 여러 가지 한계를 드러내어 인문학을 기반으로 한 다양한 치유 방법이 등장하게 되었다. 이에 이 책에서는 놀이를 기반으로 하는 인문카운슬링 프로그램의 필요성과 효과에 대해 논해보았다.

먼저 2장에서는 아직 그 정의나 방법론에 있어 명확하게 정립되어 있지 않은 '인문카운슬링'의 개념을 정립해보았고, 인접 학문인 철학상담과 인문치료와의 유사성을 살펴보고 의학적 심리치료와의 차이점을 명확하게 했다. 인문카운슬링은 그 대상이 정신의학에서 이야기하는 소위 '환자'가 아닌 자아관, 세계관, 삶의 의미, 가치 혼란 등 철학적 병을 앓고 있는 일반인까지 포함하며 목적 또한 당면한 문제해결에 그치지 않고 근본적인 성찰을 요구한다는 점에서 철학실천과 유사하다. 또한, 인문카운슬링은 용어 자체에서도 알 수 있듯이 방법론에 있어 융합할 수 있는 학문의 범위가 매우 넓으며 일반적인 상담을 포함하여 조언, 교육, 퍼실리테이션, 코칭 등의 영역까지 포함한다. 물론 이러한 성격 또한 넓은 의미의 철학실천과 유사하다고 할 수 있다.

다음으로는 이러한 인문카운슬링에 '놀이'를 접목하기 위해 우선 '놀이'에 대한 철학사적인 논의를 살펴보았다. 이를 통해 놀이는 노동의 반대이며 유치하고 가벼운 활동이자 여가를 보내기 위한 것이라는 좁은 시각을 헤라클레이토스에서부터 볼츠에 이르기까지 이어져 내려오는 놀이에 대한 논의를 통해 해소하고자 했다. 인생을 '놀이하는 아이'에 비유했던 헤라클레이토스에 의해 '놀이의 철학'이 처음 등장했지만, 플라톤에 의해 놀이와 예술[1]은 이데아를 모방mimesis한 현실을 다시 모방한 것으로 이데아와는 가장 멀리 떨어진 활동으로 보았다.

이후 근대에 이르러 미학의 태동과 함께 칸트, 실러 등에 의해 다시 주목받게 되었는데, 칸트는 경험론과 합리론의 한계를 극복하고 미적 판단의 독립적인 지위와 보편성을 확보하고자 했다. 또한, 칸트는 우리의 미적 판단이 우리가 가진 두 가지 인식능력인 상상력Einbildungskraft과 지성Verstand의 조화에서 나타나는 쾌감에 근거한다고 보았다. 실러 또한 당시의 시대적 문제를 해소하기 위해서는 놀이의 힘이 필요하다고 보았다. 실러에 의하면, 인간은 두 가지 다른 충동의 지배를 받는데 인간의 물리적인 현존 또는 감각적인 본성에서 나오는 감각충동der sinnliche Trieb과 이성적인 본성에서 나오는 형식충동der formtrieb이 그것이다. 실러는 두 충동의 조화가 일어나야 인간성이 완성된다고 보았으며, 이것을 일깨우는 것이 내면에서 새로운 충동이자 제3의 충동인 놀이충동spieltrieb이라고 이야기한다. 하지만 근대의 놀이에 대한 논의는 모두 '놀이' 자체가 아닌 '놀이의 역할'에만 주목하면서 놀이를 소극적으로 보았다는 한계를 지닌다.

현대에 이르러 놀이는 니체에 의해 '삶의 놀이'로 다시 태어난다. 니

1 놀이의 철학적 논의에서 예술은 놀이와 거의 같은 활동으로 여겨지며 논의된다. 이는 놀이와 예술이 생명력이나 창조성, 자율성 같은 특성을 거의 대부분 공유한 가족유사성을 갖고 있기 때문이기도 하다. 하위징아는 예술 중에서도 춤이나 시(詩)의 경우 놀이의 완벽한 재현으로 보았다.

체는 그의 철학 전반에 걸쳐 놀이를 드러내며, '위대한 과제'를 대하는 유일한 방법으로 '놀이'를 이야기한다. 이후 하위징아와 카이와에 의해 그 지위가 격상하고 영역이 확대된 '놀이'는 볼츠에 의해 '삶에 대한 긍정'으로 자리매김한다. 현대에서의 놀이는 더 이상 무엇에 봉사하는 것이 아니라 그 자체로 의미 있는 활동이 되며, 하위징아는 이것을 무사무욕無私無慾, disinterestedness, 볼츠는 기능쾌락funktionslust, 칙센트미하이는 자기목적적autotelic이라는 단어로 표현한다. 볼츠는 "놀고 싶으면 놀아라! 양심의 가책을 받지 말고!"라고 선언하며 현대인에게 지금 필요한 것이 '놀이'라며 놀이에 대한 강한 긍정을 표현한다.

이러한 현대의 놀이는 몇 가지 일반적인 특성을 갖는데, 이것은 우리가 흔히 생각하는 좁은 의미의 '놀이'라는 의미와는 완전히 다른 것이다. 노동의 반대나 여가활동, 취미 등과 같이 취급받는 좁은 의미의 놀이와는 달리 하위징아와 카이와 그리고 볼츠와 칙센트미하이에 이르는 현대의 놀이 개념은 인류의 문화와 사회 그리고 삶 전반을 아우르는 개념이며, 우리 인간의 저 밑바탕에 있는 본능에 가까운 것이다. 인문카운슬링에 적용되는 놀이 개념 또한 이러한 놀이의 특성을 고려한 것이기에 현대에 논의되고 있는 놀이의 특성에 대해 살펴보았다.

먼저 놀이를 문화의 관점에서 연구했던 하위징아는 놀이에 관한 현대적 논의의 선구자다. 그는 『호모루덴스』(1938)를 통해 인류의 문명은 놀이 속에서in play, 그리고 놀이로서as play 생겨나고 또 발전해왔다고 이야기하면서 방대한 언어 분석을 바탕으로 놀이의 영역을 확대한다. 결론적으로 이야기하자면 하위징아에게는 놀이의 일반적인 특성인 시공간의 제약, 규칙, 무사무욕無私無慾, 자발성, 비일상성 등의 특성을 가진 모든 활동이 놀이다. 따라서 하위징아는 축제, 의례, 소송, 철학, 예술은 물론이고 심지어 전쟁도 놀이적 특성이 있는 것으로 본다. 특히 그는 집단 놀이에서 문화를 추동한 것은 서로 탁월함arete을 발현하려는 경쟁(아곤)이라며 그 가치에 주목한다.

하위징아 이후 그의 놀이 개념을 비판적으로 계승한 사람은 카이와다. 그는 자신의 저서 『놀이와 인간』(1958)을 통해 놀이와 사회에 대해 매우 진지한 접근을 시도한다. 카이와는 놀이를 새로운 관점으로 바라보며 '경쟁(아곤), 우연(알레아), 모의(미미크리), 현기증(일링크스)'이라는 4개의 주요 항목으로 구분할 것을 제안한다. 또한, 그는 각각의 분류에 더해 자유로운 파이디아paidia, 규제적인 루두스ludus라는 변수를 두어 놀이의 구분을 세분화한다. 카이와는 네 가지 놀이의 분류들끼리 서로 조합을 이루면서 나타난다고 보았으며, 이러한 결합 중에 아곤과 알레아의 조합이 문명화된 사회를 만든다고 이야기한다.

카이와에 이은 '놀이철학자'이자 저명한 미디어 이론가인 노르베르트 볼츠는 『놀이하는 인간』(2014)을 통해 '놀이의 즐거운 학문die frohliche Wissenschaft des Spiel'이라는 삶의 즐거움에 관한 이론을 제시하고자 한다. 볼츠는 특히 우연성 놀이에 주목했으며, 하위징아와 달리 판돈이 걸린 도박이나 중독에 대해서도 다소 파격적으로 긍정적인 입장을 보인다. 볼츠는 텔레비전이나 컴퓨터, 스마트폰과 같이 가상세계에서 이루어지는 놀이와 일상을 게임으로 바꾸는 게이미피케이션, 각종 ~테인먼트~tainment의 긍정적인 면을 이야기한다. 볼츠는 현대인이 '삶의 긍정성'을 회복하기 위해서는 놀이의 기쁨을 양심의 가책 없이 마음 놓고 즐겨야 한다고 주장한다.

미국의 심리학자 미하이 칙센트미하이는 『몰입의 즐거움』(1997)을 통해 몰입적 흐름flow이 삶의 즐거움과 매우 밀접한 관계가 있다고 이야기한다. 그는 놀이에서 나타나는 몰입이 삶을 행복하게 만든다고 주장하면서 놀이를 지루함과 불안함 사이에 위치시킨다. 즉 자신의 능력보다 현저히 낮은 난이도를 가진 일에서는 지루함이 발생하며, 그와 반대로 자신의 능력 대비 너무 높은 난이도를 가진 일에서는 불안이 발생한다는 것이다. 몰입은 능력에 걸맞은 난이도를 만날 때 발생하며, 이것이 칙센트미하이가 이야기하는 놀이다. 그는 '시동 에너지'가 거의 없는 수동적 여가에서는 몰입이 발생하지 않기 때문에 스스로 '능동적 여가'에 자신을 위치시키고 몰입경험을 하려는 것이 중요하다고 한다.

지금까지 살펴본 놀이의 철학사적 논의에서 놀이 개념과 놀이 요소는 인문카운슬링에 놀이를 접목할 때 고려해야 할 매우 중요한 내용이다. 하위징아가 주목한 아곤과 볼츠가 주목한 우연성을 비롯한 놀이의 일반적인 비일상성, 무사무욕, 규칙 등은 인문카운슬링 프로그램과 매우 쉽게 융합된다. 또한, 이러한 놀이의 요소들은 인문카운슬링 프로그램에 원래 존재하는 것이기도 하다. 이후에는 발달적 목적의 집단 대상 인문카운슬링 프로그램 사례 분석을 통해 인문카운슬링 프로그램에 들어가 있는 놀이의 요소를 파악해보았다.

첫 번째 사례는 D중학교 '철학적 독서토론' 프로그램 사례다. 본 프로그램은 중학생 집단을 대상으로 하며 독서토론의 고유한 기능과 장점을 살리기 위해 성독, 관점의 확장, 완독이라는 세 가지 철학적 요소를 추가한 프로그램이다. 시행 결과 학생들의 '자기효능감'과 '학교적응'은 유의미하게 개선되었으며, 아이들은 토론 활동을 매우 재미있다고 인식했다. 학생들은 찬반토론 과정에서 아곤적 요소를 드러내기도 했으며, 팀별로 토론에서 승리하기 위한 전략을 짜는 시간에는 볼츠가 이야기한 게이미피케이션에서의 '집단지성'을 발휘하기도 했고, 토론의 규칙을 매우 중요하게 여기는 모습도 보였다. 비록 학생들에게는 일상인 수업이 일어나는 교실 공간이었지만, 그 시간만큼은 같은 공간이 놀이의 공간으로 바뀌는 것을 볼 수 있었다.

두 번째 사례는 소크라테스 대화다. 소크라테스 대화는 대표적인 철학상담 방법으로 활용되고 있으며 소크라테스 철학의 방법론이라고 할 수 있는 논박술은 아곤적 요소가 매우 잘 나타나 있다. 또한, 플라톤의 대화편에서 소크라테스가 철학을 펼치는 상황을 살펴보면 대화 참여자들의 자발성, 대화가 이루어지고 끝나는 시간과 공간의 제약 그리고 소크라테스가 보여준 무사무욕無私無慾의 태도 등 놀이의 일반적 특성을 곳곳에서 찾을 수 있다. 이러한 점은 그의 철학이 놀이 요소를 매우 잘 갖추고 있음을 보여주는 것이다. 이후에 소크라테스 철학의 방법론을 구체화해 제시한 넬손과 헥크만의 '소크라테스 대화'에서는 진행 과정에서 구체적인 규칙을 부여함으로써 놀이의 요소를 더욱 강화하게 된다.

넬손과 헥크만에 의해 고유명사가 된 '소크라테스 대화'는 철학상담의 주요 방법론으로 주목받고 있으며, 교육 현장뿐만 아니라 철학상담 현장에서도 그 효용성을 입증해나가고 있다. 이 방법론은 규칙이 존재하는데, 본질적 요소들에 관련된 구성적 규칙과 대화가 합목적적으로 잘 진행되도록 하는 데 유용한 규제적 규칙이 그것이다. 이곳에서 진행자는 마치 심판 역할처럼 참여자들이 규칙을 잘 지키는지를 감시할 의무가 있으며, '소크라테스 대화'에 참여한 사람들은 공동의 합의에 이르기 위해 서로서로 산파 역할을 수행해야 할 의무가 있다. 즉, 놀이의 요소 중 '~인 체하기'라는 것이 대화의 공간에서 작동하는 것이다.

다음으로 살펴본 것은 의도적으로 놀이의 요소를 강화한 인문카운슬링 사례가 참여자들에게 어떠한 경험을 제공했는가다. 이를 위해 청년들을 대상으로 시행한 '놀이의 형식적 특성을 가미한 인문카운슬링 프로그램'에서의 효과를 알아보았다. 앞서 두 가지 사례에서 보았듯이 인문카운슬링 프로그램은 그 자체로 이미 놀이의 요소를 상당히 포함하고 있다. 특히 집단을 대상으로 한 발달적 목적의 프로그램은 성격 자체가 '집단놀이'와 유사한 면이 있다. 이러한 집단대상의 인문카운슬링 프로그램에 추가로 놀이 요소를 적용하여 그 효과를 배가하는 것이다.

프로그램에 적용된 놀이 요소는 크게 '새로운 세계(비일상성)', '규칙 도입', '게이미피케이션', '우연성'이다. 구체적으로는 프로그램에 특별한 세계관을 부여하며 그곳에서 활동할 캐릭터의 이름을 별도로 정하고 규칙을 정하는 등의 놀이적 장치를 하는 것이다. 또한, 회기마다 집단지성을 활용할 수 있도록 퀴즈를 제시하거나 토론의 주제를 뽑기로 결정하는 등의 우연성을 부여하는 활동을 통해 놀이 요소를 강화했다. 참여자들은 이러한 놀이 요소를 통해 '편안한 접근', '몰입의 시간', '일상과는 다른 즐거움' 등으로 범주화가 가능한 경험을 한 것으로 나타났다.

여기에서 우리가 주목해야 할 점은 인문카운슬링 프로그램의 내용도 중요하지만 그에 못지않게 '형식'도 중요하다는 것이다. 인문카운슬링 프로그램이 참여자들에게 어떤 형식으로 다가갈 것인지에 따라 참여자들은 부담감을 느끼기도 하고 편안하게 접근하기도 한다. 교육, 상담, 코칭, 토론 등 활동 범위가 매우 광범위한 인문카운슬링의 특성상 그 형식 또한 여러 가지가 될 수 있다. 따라서 일반인을 위한 발달적 목적의 프로그램에서는 '놀이의 형식'을 취하는 것도 좋은 선택이 될 수 있다. 여기에서 말하는 '놀이의 형식'은 하위징아나 카이와 그리고 볼츠, 칙센트미하이 등이 이야기한 놀이 요소들을 의미하며, 이렇게 놀이 요소가 도입된 프로그램은 반드시 특정한 놀이 아이템을 프로그램 중에 활용하지 않더라도 하나의 놀이가 될 수 있다.

다음으로 살펴본 사례는 '사유놀이'를 활용한 독서 기반 인문카운슬링 프로그램이다. '사유놀이'는 철학적 사고실험을 하나의 놀이로 프로그램에 적용한 것이며, 이전 사례에서 일회성으로 도입되어 긍정적인 반응을 얻은 바 있다. 사유놀이에서는 상상 가능한 상황을 가정한 후 선택하고, 그 선택을 검토해보는 과정을 거치게 된다. 예를 들면 니체의 '영원회귀'나 로버트 노직의 '경험기계' 등이 그러한 질문거리가 될 수 있다. 이러한 과정은 자신의 판단과 반응의 이유를 검토하는 개방적 과정을 거쳐 자신의 가치관을 반성적으로 성찰하게 하며, 참여자가 철학적인 사유방법을 너무 무겁지 않게 접해볼 기회를 제공한다.

프로그램의 이름은 '책으로 만나는 세상'이며, 책을 통해 다른 사람들의 다양한 생각을 들어보고 사유의 폭을 넓히는 것을 목적으로 개발되었다. 텍스트는 참여자들의 흥미를 유발할 수 있는 베스트셀러 도서로 선정했고, 회기마다 그 내용과 주제와 연관된 사유실험을 위한 질문거리를 준비했다. 또한, 이전 프로그램에서처럼 적용할 수 있는 '놀이의 형식적인 요소'는 그대로 유지했다. 각 회기는 크게 '사유놀이'와 '주제토론' 그리고 '자유토론'으로 구성되어 있으며 관점의 확장을 위한 보조자료(철학, 문학 텍스트, 영상 등)가 함께 제공되었다.

사유놀이의 경험은 참여자들에게 신선함을 제공했으며, 스스로에게 질문을 던질 수 있는 흥미로운 기회를 제공했다. '사유놀이'라는 단어 자체가 주는 신선함과 가벼운 느낌, 부담 없음이 활동에 몰입하는 데 도움이 되었고 때로는 진지하게 몰입하게 되었다. 사유놀이의 질문들은 해당 회기의 내용이나 주제와 연관이 있는 것이어서 주제에 대해 더 깊게 생각해볼 수 있으면서도 너무 진지하기만 하지 않도록 해준다. 이는 볼츠가 이야기한 '깊이 있는 피상성'이야말로 삶을 살아가는 지혜라는 통찰과 연결 지어볼 수 있다. 그는 "모든 놀이는 깊이 있게 표면적"이라고 말하는데, 그것은 삶에 대한 고민이 가질 수밖에 없는 무거운 짐을 덜어준다는 것이다.

마지막으로 '챗GPT를 활용한 사유놀이 프로그램'을 살펴보았다. 기존의 프로그램에서 매우 긍정적인 반응을 얻었던 '사유놀이'를 강화하는 한편, 최근에 등장한 인공지능 대화 프로그램인 챗GPT를 프로그램에 도입했다. 프로그램을 구성함에 있어서 놀이의 형식적인 요소는 유지 또는 보강했으며, 챗GPT를 도입해 게이미피케이션의 요소를 강화했다. 이는 참여자들의 호기심을 끌기에는 충분했으나 챗GPT의 역할 설정에 있어서 초반에는 다소 혼란이 있었다. 하지만 챗GPT에게 토론 참여자가 아닌 보조 진행자의 역할을 부여한 이후에는 프로그램이 원만하게 진행되었고, 다양한 사유놀이 질문을 통해 참여자들과 의미 있는 대화를 나눌 수 있었다.

이상으로 '놀이'가 인문카운슬링에 어떻게 나타나고 있고 어떤 영향을 주는지 살펴보았다. 여전히 곳곳에 도사리고 있는 근대의 유산이 '제대로 놀이하는 것'을 방해하고 있지만, 헤라클레이토스 이후 칙센트미하이에 이르기까지 논의된 놀이에 대한 철학적 사유는 우리 삶 자체가 놀이가 되도록 살아가는 데 도움을 줄 수 있다고 생각한다. 이러한 관점에서 인문학이 가진 본래의 가치를 회복하여 개인과 사회가 겪고 있는 다양한 마음의 문제를 치유하는 데 실용적이면서도 근본적인 도움을 주고자 하는 인문카운슬링 영역에서도 놀이의 장점을 적극적으로 수용할 필요가 있다.

이 책에서는 집단을 대상으로 하는 발달적 목적의 인문카운슬링 프로그램에 한해서 놀이의 형식적인 특성과 사유놀이를 도입하는 것에 국한하여 그 의미와 효과를 살펴보았지만, 앞으로 그 대상에서나 방법에서도 더욱 다양한 영역에서 놀이와 인문카운슬링의 접목에 대한 논의가 있기를 바란다.

참고문헌

국내 단행본

강경선 외. 『인문치료』. 춘천: 강원대학교 출판부, 2009.
거스리, W. K. C. 『희랍 철학 입문』. 박종현 역. 파주: 서광사, 2000.
김남두. 『파르메니데스 단편들』. 서울대학교 철학사상연구소, 2006.
김석수 외. 『왜 철학상담인가?』. 서울: 학이시습, 2012.
김선희A 외. 『피로 철학상담』. 서울: 도서출판 앨피, 2023.
김선희B. 『철학상담 방법론: 철학적 사고실험과 자기치유』. 파주: 아카넷, 2016.
김춘경 외. 『상호작용 놀이를 통한 집단상담: 이론과 실제』. 서울: 학지사, 2001.
김현희 외. 『상호작용을 통한 독서치료』. 서울: 학지사, 2010.
니체, 프리드리히, 『이 사람을 보라』. 백승영 역. 서울: 책세상, 2002.
______. 『즐거운 학문』. 안성찬 외 역. 서울: 책세상, 2005.
______. 『차라투스트라는 이렇게 말했다』. 정동호 역. 서울: 책세상, 2000.
도리옹, 루이-앙드레. 『소크라테스』. 김유석 역. 서울: 이학사, 2009.
드레이퍼스, 휴버트. 『인터넷의 철학』. 최일만 역. 서울: 필로소픽, 2015.
라베, 피터 B. 『철학상담의 이론과 실제』. 김수배 역. 서울: 시그마프레스, 2010.
라하브, 랜. 『철학상담의 이해와 실천』. 정재원 역. 서울: 시그마프레스, 2013.
매리노프, 루. 『철학으로 마음의 병을 치료한다』. 이종인 역. 서울: 해냄출판사, 2000.
매클루언, 마샬. 『미디어의 이해』. 김상호 역. 서울: 커뮤니케이션북스, 2011.
박해용. 『소크라테스 대화의 이론과 실제』. 파주: 한국학술정보, 2013.
베르더, 루츠 폰. 『치유』. 김재철 외 역. 대구: 경북대학교 출판부, 2017.
벤야민, 발터. 『기술적 복제시대의 예술작품』. 심민철 역. 서울: 도서출판 b, 2019.
보사르트, 이브. 『철학자의 사고실험』. 이원석 역. 서울: 북캠퍼스, 2016.
볼츠, 노르베르트. 『놀이하는 인간』. 윤종석 외 역. 서울: 문예출판사, 2017.
샌델, 마이클. 『공정하다는 착각』. 함규진 역. 서울: 미래엔, 2020.
실러, 프리드리히. 『프리드리히 실러의 미적 교육론』. 윤선구 외 역. 서울: 대화출판사, 2015.
아리스토텔레스. 『니코마코스 윤리학』. 천병희 역. 서울: 도서출판 숲, 2013.
야스퍼스, 칼. 『기술시대의 의사』. 김정현 역. 서울: 책세상, 2010.
______. 『철학 II』. 신옥희 외 역. 파주: 아카넷, 2019.
옹, 월터 J. 『구술문화와 문자문화』. 임명진 역. 서울: 문예출판사, 2018.

이동후. 『월터 옹』. 서울: 커뮤니케이션북스, 2018.
장자. 『장자』. 오강남 역. 서울: 현암사, 2014.
정낙림. 『놀이하는 인간의 철학』. 서울: 책세상, 2017.
조지 오웰. 『동물농장』. 도정일 역. 서울: 민음사, 2020.
최준섭. 『장자와 상담』. 서울: 학지사, 2016.
칙센트미하이, 미하이. 『몰입의 즐거움』. 이희재 역. 서울: 해냄출판사, 2005.
카이와, 로제. 『놀이와 인간』. 이상률 역. 서울: 문예출판사, 1996.
칸트, 임마누엘. 『판단력 비판』. 백종현 역. 파주: 아카넷, 2009
프랭클, 빅터. 『죽음의 수용소에서』. 이시형 역. 파주: 청아출판사, 2005.
프로이트, 지그문트. 『문화에서의 불안』. 강영계 역. 서울: 지식을만드는지식, 2012.
플라톤. 『고르기아스』. 천병희 역. 파주: 도서출판 숲, 2019.
______. 『국가』. 박종현 역. 파주: 서광사, 1997.
______. 『라케스』. 천병희 역. 파주: 도서출판 숲, 2019.
______. 『메논』. 천병희 역. 파주: 도서출판 숲, 2019.
______. 『법률』. 천병희 역. 파주: 도서출판 숲, 2016.
______. 『변론』. 강철웅 역. 파주: 아카넷, 2020.
______. 『소피스트』. 천병희 역. 파주: 도서출판 숲, 2019.
______. 『에우튀프론』. 천병희 역. 파주: 도서출판 숲, 2019.
______. 『테아이테토스』. 천병희 역. 파주: 도서출판 숲, 2016.
______. 『테아이테토스』. 천병희 역. 파주: 도서출판 숲, 2019.
______. 『파이돈』. 천병희 역. 파주: 도서출판 숲, 2012.
______. 『프로타고라스』. 천병희 역. 파주: 도서출판 숲, 2019.
피케티, 토마. 『21세기자본』. 장경덕 외 역. 파주: 글항아리, 2014.
하위징아, 요한. 『호모루덴스』. 이종인 역. 고양: 연암서가, 2010.
한민봉. 『사회복지상담』. 파주: 한국학술정보, 2009.

국내 논문

김기봉. 「'치유의 인문학'이란 무엇인가」. 『철학과 현실』 94. 철학문화연구소, 2012, 37~48쪽.
김석수. 「심리치료와 철학상담의 발전적 관계에 대한 모색」. 『사회와 철학』 17. 사회철학연구회, 2009, 65~96쪽.
김선희A. 「〈출소자 회복력 향상을 위한 철학상담 개발〉 계획서 소개」. 『철학실천과상담』 8, 211~229쪽.
______. 「출소자를 위한 상호통섭적 인문치료의 이론적 접근: 출소자 재사회화 프로그램을 중심으로」. 『인문과학연구』 32. 강원대학교 인문과학연구소, 2012, 403~430쪽.
______. 「'소크라테스적 문답법'과 '셀프-프락시스'기반의 철학상담」. 『철학연구』 109, 2015,

157~190쪽.

_____. 「북한이탈주민의 실존적 정체성에 대한 치료적 물음과 답변의 모색: 철학교육 기반의 철학상담치료를 중심으로」. 『철학실천과 상담』 6. 철학상담치료학회, 133~164쪽.

김유동. 「인문학, 치유, 그리고 우울」. 『인문과학연구』 39. 강원대학교 인문과학연구소, 2013, 437~476쪽.

김유석. 「플라톤 초기대화편에 나타난 소크라테스의 엘렝코스」. 『서양고전연구』 35. 서양고전학회, 2009, 53~89쪽.

김주휘. 「실러의 미적 교육론: 미가 인간의 도덕적 삶에 기여하는 방식: 미적 취향과 형식충동을 중심으로」. 『범한철학』 86. 범한철학회, 2017, 201~234쪽.

박승현. 「철학상담 치료 관점에서 『장자』 읽기」. 『철학 실천과 상담』 2. 한국철학상담치료학회, 2011, 255~276쪽.

배정순. 「가족병리와 인문카운슬링의 역할」. 『대한문학치료연구』 7(1). 대한문학치료학회 2017, 9~25쪽.

서정혁. 「"찬반 대립형 독서토론" 모형 연구: 교보 · 숙명 전국독서토론대회 모형을 중심으로」. 『독서연구』 21. 한국독서학회, 2009, 257~284쪽.

신현자 외. 「사진치료 연구의 효과 분석」. 『Global Creative Leader』 11(3). 숭실대학교 영재교육연구소, 2021, 261~284쪽.

신희선. 「인문학 독서토론 수업을 통한 인성교육의 가능성 고찰」. 『윤리연구』 90. 한국윤리학회, 2013, 313~351쪽.

엄찬호. 「인문학의 치유적 의미에 대하여」. 『인문과학연구』 25. 강원대학교 인문과학연구소, 2010, 421~441쪽.

오지현. 「액션러닝을 적용한 놀이치료 실습교육 프로그램 개발을 위한 실행연구: 예비 놀이치료자의 발달장애아동 놀이치료 실습교육」. 『정서 · 행동장애연구』 35(1). 한국정서행동장애학회, 2019, 251~282쪽.

유민화. 「애착문제 유아의 놀이치료 과정에서의 놀이주제 분석」. 『한국놀이치료학회지(놀이치료연구)』 24(4). 한국놀이치료학회, 2021, 359~377쪽.

이기대. 「독서의 전통적 방법과 낭독의 효과」. 『한국학연구』 70. 고려대학교 한국학연구소, 2019, 105~135쪽.

이병돈. 「놀이와 '아곤'개념의 유형에 관한 연구: 하위징아와 카이와를 중심으로」. 『인문학연구』 125, 2021, 331~352쪽.

_____. 「놀이 요소를 가미한 '인문카운슬링 프로그램'의 효과」. 『인문과학연구』 75. 강원대학교 인문과학연구소, 2022, 395~426쪽.

_____. 「철학적 독서토론 프로그램이 중학생 자기효능감 및 학교적응에 미치는 효과」. 『동서인문』 18. 경북대학교 인문학술원, 2022, 135~173쪽.

_____.「호모루덴스의 현대적 의미와 한계: 볼츠와 드레이퍼스를 중심으로」.『철학실천과 상담』 12. 한국철학상담치료학회, 2022, 83~103쪽.
이보라.「독서활동 중심의 독서토론이 독서 태도에 미치는 영향」.『디지틀도서관』 84. 한국디지틀도서관포럼, 2016, 57~71쪽.
이상봉.「희랍신화와 고대 자연철학에 나타난 놀이 개념 연구」.『철학연구』 124. 대한철학회, 2012, 295~320쪽.
이영의.「논리중심치료의 철학치료적 성격」.『범한철학』 65. 범한철학회, 2012, 147~168쪽.
이은수.「인성교육 참여경험에 관한 질적연구: '심심풀이 M3(Meta-Mind Meditation)' 프로그램 참여 청소년을 중심으로」.『명상심리상담』 27(0), 2022, 69~81쪽.
이재현.「'소크라테스 대화'의 규칙과 대화 지도자의 역할」. 대동철학회 87, 2019, 203~236쪽.
_____.「아리스토텔레스의 아포리아적 변증술에 대한 이해」.『중세철학』 16(0). 한국중세철학회, 2010, 1~36쪽.
이지선 외.「초기 놀이치료 회기에서 유아기 내담아동들의 놀이행동에 대한 내용분석: 언어, 인지, 정서, 사회성, 감각통합 영역을 중심으로」.『한국놀이치료학회지(놀이치료연구)』 21(3). 한국놀이치료학회, 2018, 399~425쪽.
이진남.「소통인문학의 정립을 위한 비판적 제언」.『대동철학』 53. 대동철학회, 2010, 435~449쪽.
_____.「철학상담과 심리상담」.『철학논집』 26. 서강대학교 철학연구소, 2011, 9~34쪽.
_____.「철학상담의 정체성과 심리상담」.『동서사상』 10. 경북대학교 인문학술원, 2011, 131~152쪽.
_____.「철학상담의 한국적 적용을 위한 기초이론연구: 용어 정리와 체계 설정을 위한 제언」.『범한철학』 52, 2009, 331~364쪽.
_____.「철학실천 그리고 문제해결의 과정과 기법들」.『가톨릭철학』 25. 한국가톨릭철학회, 2015, 33~61쪽.
_____.「철학실천과 인문 치료」.『순천향 인문과학논총』 26. 순천향대학교 인문학연구소, 2010, 157~182쪽.
이진오.「빈스방거, 보스, 프랑클의 정신의학과 현존재분석: 철학상담치료 적용 연구」.『철학실천과 상담』 1. 한국철학상담치료학회, 2010, 221~257쪽.
_____.「야스퍼스의 다원주의와 '형식적 지시'로서 철학상담 방법론 연구」.『철학논집』 63. 서강대학교 철학연구소, 2020, 91~124쪽.
_____.「피상적 피로와 실존적 피로: 철학상담 대상 탐색」.『철학사상문화』 41. 동국대학교 동서사상연구소, 2023, 100~125쪽.
_____.「철학상담 방법론에 대한 고찰」.『현대유럽철학연구』 44. 한국현대유럽철학회, 2017, 121~156쪽.
이황직.「개방형 논제 제시 독서토론 모형 연구」.『독서연구』 17. 한국독서학회, 2007, 311~332쪽.
임현정 외.「'한 학기 한 권 읽기' 진로독서 프로그램이 중학생의 진로결정 자기효능감에 미치는 효과」. 『학습자 중심 교과교육연구』 20(19). 학습자중심교과교육학회, 2020, 1135~1152쪽.
전준현. 「메타버스 구성 원리에 대한 연구: 로블록스를 중심으로」. 『영상문화』 38. 한국영상문화학회, 2021, 257~279쪽.
정낙림. 「놀이 사유의 근대적 유형과 니체의 비판」. 『니체연구』 26. 한국니체학회, 2014, 7~49쪽.
_____. 「놀이의 실천철학적 의미」. 『철학연구』 122. 대한철학회, 2012, 317~346쪽.
_____. 「니체의 니힐리즘 극복과 놀이정신」. 『동서정신과학』 16(1). 동서정신과학회, 2013, 17~31쪽.
_____. 「니체의 아곤과 인성교육」. 『문화와 융합』 40(8). 한국문화융합학회, 2018, 99~126쪽.
_____. 「생성의 놀이와 세계 상징으로서 놀이: F. Nietzsche와 E. Fink의 놀이철학」. 『인문학연구』 101. 충남대학교 인문과학연구소, 2015, 605~642쪽.
_____. 「인식과 놀이: 칸트의 놀이 개념을 중심으로」. 『대동철학』 53. 대동철학회, 2010, 201~225쪽.
_____. 「자연성으로서 놀이와 아곤」. 『대동철학』 89. 대동철학회, 2019, 358~382쪽.
_____. 「헤라클레이토스 단편 B52에 대한 연구: 놀이철학의 관점에서」. 『니체연구』 17. 한국니체학회, 2010, 239~277쪽.
정종기. 「면대면 독서토론과 웹기반 독서토론의 효과 비교」. 『한국도서관 · 정보학회지』 36(3). 한국도서관 · 정보학회, 2005, 291~312쪽.
정호선 외. 「독서치료 프로그램이 초등학생의 학교생활 적응에 미치는 영향: 상호작용 놀이 활동을 중심으로」. 『한국비블리아학회지』 31(2). 한국비블리아학회, 2020, 5~26쪽.
조경식. 「프리드리히 실러 『미적 교육론』 논리구조에 관하여」. 『유럽사회문화』 11. 연세대학교 유럽사회문화연구소, 2013, 165~199쪽.
주미정. 「고전문학에서 독서토론의 필요성과 효과」. 『語文學報』 36. 강원대학교 국어교육과, 2016, 157~199쪽.
주혜연. 「현대인의 소통과 고독에 관한 고찰: 야스퍼스의 실존철학적 관점에서」. 『철학논집』 50, 2017, 237~267쪽.
채은영 외. 「국내 집단 놀이치료 프로그램 효과에 대한 메타분석」. 『한국놀이치료학회지(놀이치료연구)』 19(2). 한국놀이치료학회, 2016, 159~177쪽.
최고원. 「놀이이론과 문화분석」. 『현대유럽철학연구』 25. 한국하이데거학회, 2011, 25~52쪽.
최병욱 외. 「출소자의 재사회화를 위한 인문치료 사례연구: 〈셀프 · 행복 프로젝트〉 프로그램을 중심으로」. 『인문과학연구』 35. 강원대학교 인문과학연구소, 605~636쪽.
최준섭 외. 「장자와 상담」. 『초등상담연구』 14(3). 한국초등상담교육학회, 2015, 235~252쪽.
최희봉. 「비판적 사고와 철학상담: 코헨의 Lbt 5단계를 중심으로」. 『철학논집』 50. 2017, 165~200쪽.
_____. 「인문학, 인문학 실천, 그리고 인문치료」. 『인문과학연구』 25, 2010, 327~346쪽.
_____. 「철학상담을 통해서 본 인문치료」. 『대동철학』 53. 대동철학회, 2010, 379~398쪽.
편상범. 「아리스토텔레스 윤리학에서 행복, 욕구 만족, 그리고 합리성」. 『철학사상』 58, 2015,

95~126쪽.

하종수.「엘렝코스를 활용한 토론방식의 시사점: 마르크 소테의 철학카페를 중심으로」.『사고와표현』 36, 2022, 133~162쪽.

한수영.「디지털 전환시대의 책 읽기: 지식콘텐츠, 챗GPT 그리고 고전」.『韓國古典硏究』 60. 한국고전연구학회, 2023, 161~184쪽.

허선영.「발화의 정도에 따른 소리내어 읽기의 효과」.『교양교육연구』 13(5). 한국교양교육학회, 2019, 239~252쪽.

홍경자.「자살자 유가족을 위한 애도의 철학상담」.『철학탐구』 55. 중앙대학교 중앙철학연구소, 2019, 139~171쪽.

홍이빈 외.「놀이치료 인식에 대한 소셜 빅데이터 분석」.『한국놀이치료학회지(놀이치료연구)』 25(4). 한국놀이치료학회, 2022, 331~351쪽.

황설중.「아타락시아의 삶과 위험한 삶: 고대 피론주의자들의 삶의 방식에 대한 니체의 비판」.『니체연구』 37(0), 2020, 7~40쪽.

국외 단행본 및 논문

Achenbach, Gerd B., "Philosophy, Philosophical Practice." and Psychotherapy, in Ran Lahav and Maria da Venza Tillmans, *Essays on philosophical Counseling*, Lanham · New York · London · London: University Press of America, 1995.

Aligica, Paul D. and Anthony J. Evans, "Thought Experiments, Counterfactuals and Comparative Analysis," *The Review of Austrian Economics 22*, 2009, pp. 225~239.

Anchor, Robert. "History and Play: Johan Huizinga and his critics." *History and theory 17(1)*, Wiley for Wesleyan University, 1978, pp. 63~93.

Arthur, Richard, "On Thought Experiments as A Priori Science", *International Studies in the Philosophy of Science 13*, 1999, pp. 215~229.

Becker, Alexander, "Thought Experiments in Plato," in M. T. Stuart et al. (eds.), *The Routledge Companion to Thought Experiments*, London and New York: Routledge, 2018, pp. 44~56.

Blass, Rachel, B., "The 'Person' in Philosophical counseling vs. Psychotherapy and the Possibility of Interchange between the Fields." *Journal of Applied Philosophy 13(3)*, 1996, pp. 279~296.

Bokulich, Alisa, "Rethinking Thought Experiments," *Perspectives on Science 9*, 2001, pp. 285~307.

Brendel, Elke, "The Argument View: Are Thought Experiments Mere Picturesque Arguments?," in M. T. Stuart et al. (eds.), *The Routledge Companion to Thought*

Experiments, London and New York: Routledge, 2018, pp. 281~293.

Caillois, Roger. *Man, Play and Games*, Champaign: University of Illinois Press, 2001.

Chandrasekharan, Sanjay et al, "Computational Modeling: Is This the End of Thought Experiments in Science?," in M. Frappier et al. (eds.), *Thought Experiments in Philosophy, Science, and the Arts*, London: Routledge, 2013, pp. 239~260.

Cohen, Elliot D., "Philosophical Counseling: Some Roles of Critical Thinking." in Ran Lahav and Maria da Venza Tillmans, *Essays on philosophical Counseling*, New York: University Press of America, 1995.

Corcilius, Klaus, "Aristotle and Thought Experiments," in M. T. Stuart et al. (eds.), *The Routledge Companion to Thought Experiments*, London and New York: Routledge, 2018, pp. 57~76.

Davis, E. S., "Implementing play and language therapy to work with preschool children with language and behavioral issues." *International Journal of Play Therapy 30(2)*, 2021, pp. 157~166.

De Mey, Tim, "Tales of the Unexpected: Incongruity–Resolution in Humour Comprehension, Scientific Discovery and Thought Experimentation," *Logic and Logical Philosophy 14*, 2005, pp. 69~88.

De Vaan, Michiel, "consulo," *Etymological Dictionary of Latin and the other Italic Languages*, Boston: Brill, 2008, p. 131.

Grant, Edward, "Thought Experiments and the Role of the Imagination." *A History of Natural Philosophy: From the Ancient World to Nineteenth Century*, Cambridge: Cambridge University Press, 2007, pp. 200~211.

Henricks, Thomas S. "Caillois's 'Man, Play, and Games': An Appreciation and Evaluation." *American Journal of Play 3(2)*, The Strong, 2010, pp. 157~185.

Huizinga, Johan, *Homo Ludens*, New York: Angelico Press, 2016.

Humphreys, Paul, "Seven Theses on Thought Experiments," in J. Earman et al. (eds.), *Philosophical Problems of the Internal and External World*, Pittsburgh: University of Pittsburgh Press, 1993. pp. 205~227.

King, Peter, "Mediaeval Thought–Experiments: The Metamethodology of Mediaeval Science," in T. Horowitz and G. Massey (eds.), *Thought Experiments in Science and Philosophy*, Lanham: Rowman & Littlefield, 1991, pp. 43~64.

Lahav, Ran, "A Conceptual Framework for Philosophical Counseling: Worldview Interpretation." *Essays on philosophical Counseling*, New York: University Press of America, 1995.

Landreth, G., "The freedom to be: Child–centered group play therapy." *The handbook of group play therapy: How to do it, how it works, whom it's best for*, San Francisco: Jossey–Bass, 1999.

Leblanc, M., "A meta–analysis of play therapy outcomes." *Counselling Psychology Quarterly 14(2)*, 2001, pp. 149~163.

Marinoff, Lou, *Plato not Prozac: applying philosophy to everything problem*, New York: Harper Collins, 1999.

_____, *Philosophical Practice*, San Diego: Academic Press, 2002.

McDonald, Peter. "'Homo Ludens': A Renewed Reading." *American Journal of Play 11(2)*, 2019, pp. 247~267.

Morgan, David L and Joan L. Bottorff, "Advancing our craft: Focus group methods and practice." *Qualitative Health Research 20(5)*, 2010, pp. 579~581.

Prensky, M., "Digital Natives, Digital Immigrants Part 1." *On the Horizon 9(5)*, 2001.

Raabe, Peter B., *Issues in Philosophical Counseling*, Westport: Prager, 2002.

_____, *Philosophy's Role in Counseling and Psychotherapy*, Lanham: Jason Aronson, 2014.

Ray, D., "Supervision of basic and advanced skills in play therapy." *Journal of Professional Counseling: Practice, Theory, and Research 32*, 2004, pp. 28~41.

_____, *Advanced play therapy: Essential conditions. knowledge, and skills for child practice*, New York: Routledge, 2010.

Roger, Caillois, *Man, Play and Games*, Champaign: University of Illinois Press, 2001.

Schuster, S. C., "Philosophical Counseling and Humanistic Psychotherapy." *Journal of Psychology and Judaism 20(3)*, 1996.

_____, "Philosophy As If It Matters: The Practice Of Philosophical Counseling." *Critical Review 6(4)*, 1993.

_____, "The Practice of Sartre's Philosophy in Philosophical Counseling and Existential Psychotherapy." *The Jerusalem Philosophical Quarterly 44*, 1995.

_____, *Philosophy Practice: An Alternative to Counseling and Psychotherapy*, Westport: Praeger, 1999.

Sweeney D. S., *Group Play Therapy - A dynamic approach*, Taylor & Francis Ltd. 2014.

VanFleet, R., Sywulak, A. E., & Sniscak, C. C., *Child-centered play therapy*, New York: Guilford Press, 2011.

Wilson, K. and Ryan, V., *Play herapy: A non-directive approach for children and adolescents*, Oxford: Jordan Hill, 2005.

찾아보기

ㄱ

가면 172, 175
가상공간 233
가상현실 202
감각 경험 104
감각충동 108, 109, 388
감정 217, 218
개입주의 188, 189
게이미피케이션 208, 210, 211, 354
경험기계 314
고찰 83
공통감 105
관점의 전환 74
구술문화 250
『국가』 99, 100, 290
규칙 123, 130, 147, 152, 180, 190, 192, 204, 205, 267, 287, 299, 300
기능쾌락 126, 191, 229, 389
『기술적 복제시대의 예술작품』 247

ㄴ

낙타 113
넛지 188, 189
네 단계 모델 253
넬손 287
논리기반치료 304
놀이 21, 106
놀이본능 145, 182, 297
놀이정신 145, 230, 232
놀이충동 108~111, 388
놀이치료 236, 237, 239
놀이파괴자 191, 288
『놀이하는 인간』 186
능동적 여가 223, 224
니체 112~116
니힐리즘 113, 114

ㄷ

대리 178, 179
도덕판단 104
독서치료 83, 245
독서토론 244~247
『동물농장』 258
드라이스 빌레 62
드레이퍼스 233
디뱌티 119
디지털 네이티브 257

ㄹ

라베 58, 60, 61, 253
라하브 61, 73
『라케스』 286
로고스 96
로버트 노직 314
루두스 120, 147, 152~154, 161

ㅁ

마법의 동그라미 192, 195
매리노프 34, 51, 60, 253
매클루언 181, 204

메타버스 205, 209
모방 99
목표 218
몰입 203, 216, 219, 227
몰입경험 182, 219, 220, 232
『몰입의 즐거움』 215
무사무욕 130, 131, 180
문자문화 250
『문화에서의 불안』 188
『미디어의 이해』 181
미미크리 121, 146, 150, 159, 165~168, 173, 180
미적 감정 104
『미적 교육론』 107
미적 판단 103~106

ㅂ

바테스 139
발달적 45
발터 벤야민 247
『법률』 100
『변론』 256, 284, 285
병치 83
볼츠 124~128, 185~202, 204~207
부정적 정의 60
비일상성 123, 130, 132, 180

ㅅ

사고 218
사고실험 332~334
사유놀이 331~333, 337, 342, 351, 362, 365, 394
사유의 확장 74, 84
사자 113
산파술 289, 290
상기설 290
상담 37, 40
상상력 105, 106, 388
상호작용놀이 237~239
샤머니즘 171
세계관 61
세계관 해석 73, 74
소송 135
소크라테스 58, 256, 282, 283
소크라테스 대화 287~289, 292, 392
소피스트 136, 140, 141
수동적 여가 220, 223, 224
『순수이성 비판』 106
슈스터 60
스포츠 144, 151, 193~196
시 139
시공간의 제약 130, 180
시동 에너지 223
신화 140
실러 107~111
실용성 76, 85, 86
실존적 피로 79, 80
『실천이성 비판』 106
심리적 엔트로피 218
심리치료 48~51, 56

ㅇ

아곤 115, 116, 118, 121, 132, 133, 146, 147, 149, 159, 165~167, 173, 174, 180, 230, 267
아두로 118
아두르마 118
아포리아 138, 290

아헨바흐 57, 60, 62
알레아 121, 146, 148, 149, 159, 165~167, 173, 174, 180, 197
야스퍼스 50, 87
어린아이 114
『에우튀프론』 285
엔트로피 227
엘렝코스 284, 285, 292
예방적 45
예술 142
우연놀이 122, 158, 161, 200
우연성 196~201
이다 용스마 62
이브 보사르트 335
이진오 79
『이 사람을 보라』 112
인문실천 69
인문치료 48, 64, 65, 70
인문카운슬링 22~24, 29, 39, 44, 56, 64, 70
인문학 30~33, 35
인식 83
인식판단 104
일링크스 121, 146, 151, 165~168, 173, 180
일중독자 222

ㅈ

자기목적성 225~227
자기목적적 389
자기적용 83
자기치료 58
자기치유 75
자기효능감 269, 270
자발성 130, 180
『장자』 252
전쟁 136
정상인 78, 79
정신의학 48
제의 195, 196
조지 오웰 258
죄수의 딜레마 207, 231
중간대상 206
중간세계 354
중독 187, 188, 213
지성 105, 388

ㅊ

차가운 미디어 204
『차라투스투라는 이렇게 말했다』 113
철학 138
철학교육 66
철학상담 48, 53, 56, 59, 62, 64, 66, 70
철학실천 20, 66
철학적 병 54, 55, 296
철학치료 66
철학카페 66, 89
축제 170, 171, 196
취미 105, 154
치유 36, 37
칙센트미하이 182, 215, 218, 219, 221, 224, 225

ㅋ

카운슬링 35, 37
카이와 121~124, 146~155, 158~161, 173, 178, 179
칸트 103, 104, 106

크리다티 119

ㅌ

탁월함 115, 134, 192, 193
『테아이테토스』 289, 290
테인먼트 208
팃포탯 231

ㅍ

파이디아 98, 99, 118, 146, 152, 153, 161
『판단력 비판』 106
퍼실리테이션 44~46, 76, 77, 81
평준화 230, 231
포괄자론 87
포틀래치 133
프로이트 188, 236
플라톤 98~102
피드백 219
피로사회 79
피상적 피로 79

ㅎ

하위징아 116~121, 130, 132~143
학교적응 269, 270
행복 217
허그헬무트 236
헤라클레이토스 95~98
헥크만 287
형식충동 108, 109, 388
호모루덴스 116, 117
『호모루덴스』 135
호모소시올로지쿠스 185, 207
호모에코노미쿠스 185, 207
화면놀이 202
힐링 33

ABC

B52 96
PEACE 모델 56, 253